관세사

3개년 기출문제집

1차 | 한권으로 끝내기

시대에듀

머리말 PREFACE

편저자의 말

현재 세계정세는 단순히 국제화(Internationalization)와 세계화(Globalization)라는 개념을 넘어서서 각국은 하나의 생활권이자 하나의 커다란 국가라는 개념으로 변모되어 가고 있습니다. 특히 거스를 수 없는 세계적 흐름인 FTA의 확산으로 무역은 날로 중요성을 더해 가고 있습니다.

바야흐로 세계는 무역장벽이 철폐되는 FTA 시대에 진입하고 있으며
이런 추세는 점차 가속화될 것입니다.

이런 상황하에서 관세사(Certified Customs Broker)라는 직업은 점점 더 중요해지고 있으며 1년에 한 번 치러지는 관세사 시험은 높은 난이도에도 불구하고 응시생이 상당히 많은 편으로 이 직종의 인기를 실감할 수 있습니다.

관세사 시험은 1차 객관식, 그리고 2차 논술형의 구성이며 1차 시험의 합격률은 연도별로 차이는 있으나 대략 30%선, 2차 시험의 합격률은 10% 미만으로 집계가 되고 있습니다.

1차 시험은 모두 객관식이라는 점과 합격률의 수치만 보고 다소 느슨하게 준비하는 수험생도 있을 수 있는데 1차 시험의 과목이 2차와도 연결되기 때문에 1차 시험부터 완벽하게 이해하여 넘어가지 않으면 운 좋게 1차 시험을 통과하였다고 하더라도 난이도가 매우 높은 2차 시험을 준비하면서 바로 좌절을 맛보게 될 가능성이 큽니다.

본서는 1차에서 치러지는 관세법개론, 무역영어, 내국소비세법, 그리고 회계학의 네 과목을 묶은 구성으로 방대한 내용 중 각 과목에서 가장 중요한 이론만을 엄선하여 수험생 여러분이 어려운 관세사 시험에 조금이나마 더 가벼운 마음으로 다가갈 수 있도록 준비하였습니다.

각 과목에서 다루어지는 이론과 출제예상문제를 여러 차례 숙독하여
자신만만한 마음가짐으로 시험장에 도착할 수 있도록 하십시오.

본서의 제1과목에서는 개정된 최신 관세법을 발 빠르게 반영하여 다소 실시기간이 먼 다음 해 시험을 문제없이 대비할 수 있도록 하였으며, 제2과목에서는 방대한 무역규칙 중 특히 나올 가능성이 있는 부분만을 골라 시험에 많이 나오지 않는 부분은 과감하게 생략하는 구성을 취하였습니다. 제3과목은 기출문제 분석 및 현행법령을 최대한 반영하였고 수식 및 도식을 통해 자칫 어렵게 느껴지는 내용을 보다 편안한 마음으로 접할 수 있도록 하였으며, 제4과목인 회계학은 수험생들이 가장 어렵게 느낄 수 있는 과목으로 최대한 상세한 풀이를 통해 조금이나마 쉽게 다가갈 수 있도록 하였습니다.

관세사의 꿈을 이루고자 도전하는 수험생 여러분의 합격을 진심으로 기원합니다.

편저자 올림

편집자의 말

먼저 올해 저희 시대에듀 합격자 시리즈 〈2025 관세사 1차 3개년 기출문제집〉을 선택해 주신 독자 여러분들께 감사의 인사를 올립니다. 이번에 출간한 저희 교재는 독자님들의 합격에 대한 간절함이 얼마나 큰 줄 알기에 저자와 편집자 간 치열한 개정방향 논의를 통해 독자님들께서 합격에 더욱 가깝게 다가설 수 있도록 꼼꼼하게 구성되었습니다.

이에 본서를 여러분 앞에 내놓게 되었습니다. 이 책의 특징은 다음과 같습니다.

첫 째 2024년 관세사 1차 시험을 완벽히 분석하여 출제빈도표, 출제경향분석을 수록하였습니다. 따라서 저희 교재를 통해 학습하시는 독자님들께서는 가장 최신의 출제흐름을 파악하고 이를 바탕으로 최신 출제유형에 완벽히 대비하여 2025년 관세사 1차 시험장에 들어가실 수 있습니다. 또한 시험에 출제된 내용 중 도서에 수록되어 있지 않던 내용도 도서에 새롭게 수록하여 2025년 시험에 대비하실 수 있도록 하였습니다.

둘 째 현직 관세사인 저자들이 꼼꼼하게 최신 개정 법령을 검토하여 이를 모두 교재에 충실히 담아냈습니다. 참고한 법령의 시행일은 다음과 같습니다.

「관세법」(25.01.01), 시행령(25.01.01), 시행규칙(25.01.01)
「자유무역협정의 이행을 위한 관세법의 특례에 관한 법률」(24.03.01), 시행령(24.03.01), 시행규칙(24.05.03)
「부가가치세법」(24.07.01), 시행령(25.01.01), 시행규칙(24.07.01)
「개별소비세법」(25.01.01), 시행령(24.07.01), 시행규칙(24.03.22)
「주세법」(24.05.17), 시행령(24.05.17), 시행규칙(24.05.17)

이처럼 수시로 개정되는 법령을 가장 최신으로 반영하였기 때문에 독자님들께서는 안심하고 학습하실 수 있습니다.

사람의 인연은 길에서 우연하게 만나거나 함께 살아가는 것만을 의미하지는 않습니다.
책을 펴내는 출판사와 그 책을 읽는 독자의 만남도 소중한 인연입니다.
세계를 무대로 대한민국 무역 일선에서 활약하게 될 예비 관세사 여러분의 건승을 빕니다.
끝으로 시대에듀는 항상 독자의 마음을 헤아리기 위해 노력하고 있습니다. 늘 독자와 함께하겠습니다.

편집자 드림

시험안내 INFORMATION

◇ 관세사란?

관세사란 화주로부터 위탁받아 수출입업체를 대리하여 다음과 같은 업무를 수행하는 직업을 말합니다. 관세청에서 주관하고 한국산업인력공단에서 시행하는 국가전문자격시험을 거치면 관세사 자격을 취득할 수 있습니다.

◇ 관세사가 하는 일

수출입통관	기업구제	FTA 활용 지원
수출입신고 수출입요건확인 관세환급 관세 및 무역관련 컨설팅	세관 조사 입회대리 기업심사, ACVA 신청 이의신청 · 심사청구, 심판청구 AEO, 관세평가 등 기업 컨설팅	FTA 적응요건 심사 FTA 원산지 관리 FTA 검증 조력 FTA 활용 컨설팅

◇ 관세사 현황

구 분	개 인		합 동			관세법인			통관취급법인			합 계		
	사무소수	관세사수	본 사	사무소수	관세사수	본 사	사무소수	관세사수	본 사	사무소수	관세사수	본 사	사무소수	관세사수
전 국	3	3	0	0	0	0	0	13	0	0	0	3	3	16
서울 · 중부	213	235	28	34	66	69	152	566	1	1	1	311	400	868
인천 · 경기	288	306	25	37	62	43	169	341	13	14	17	369	508	726
부산 · 경남	77	84	25	28	63	24	108	294	2	3	3	128	216	444
대구 · 경북	24	25	6	6	14	10	26	72	0	0	0	40	56	111
광주 · 전라	25	27	3	6	10	0	23	31	0	0	0	28	54	68
합 계	630	680	87	111	215	146	478	1,317	16	18	21	879	1,237	2,233

※ 해당 자료는 한국관세사회에 등록된 관세사의 통계 자료를 바탕으로 작성되었습니다(2024.04 기준).

◇ 시험과목 및 방법

구 분	교 시	과 목	문항수	시험시간	시험방법
1차 시험	1교시	• 관세법개론 • 무역영어	각 40문항	80분	객관식 (5지선다)
	2교시	• 내국소비세법 • 회계학	각 40문항	80분	
2차 시험	1교시	관세법	4문항	80분	논술형
	2교시	관세율표 및 상품학	4문항	80분	
	3교시	관세평가	4문항	80분	
	4교시	무역실무	4문항	80분	

※ 2022년도 제39회 관세사 자격시험부터 제2차 시험 출제문항 수가 과목별 총 6문항(50점 1문항, 10점 5문항)에서 과목별 총 4문항(30점 2문항, 20점 2문항)으로 변경되었습니다.

◇ 합격기준

구 분	합격기준
1차 시험	매 과목 100점을 만점으로 하여 매 과목 40점 이상, 전 과목 평균 60점 이상 득점한 자
2차 시험	매 과목 100점을 만점으로 하여 매 과목 40점 이상, 전 과목 평균 60점 이상 득점한 자 ※ 다만, 매 과목 40점 이상, 전 과목 평균 60점 이상을 득점한 자가 최소합격인원에 미달하는 경우에는 동 최소합격인원의 범위 안에서 매 과목 40점 이상을 득점한 자 중에서 전 과목 평균득점에 의한 고득점자 순으로 합격자를 결정 ※ 위의 단서규정에 따라 합격자를 결정함에 있어서 동점자로 인하여 최소합격인원을 초과하는 경우에는 당해 동점자 모두를 합격자로 결정. 이 경우 동점자의 점수계산은 소수점 이하 둘째 자리까지 계산

※ 정확한 자격시험정보의 확인을 위하여 반드시 시행처 사이트(www.q-net.or.kr/site/customs)를 방문하시기를 당부드립니다.

◇ 시험일정

구 분	접수기간	시험일정	의견제시기간	최종정답 발표기간	합격자 발표기간
2024년 41회 1차	24.01.29～24.02.02 빈자리 추가접수 기간 24.03.07～24.03.08	24.03.16	24.03.16～ 24.03.22	24.04.17～ 24.06.15	24.04.17～ 24.06.15
2024년 41회 2차	24.04.29～24.05.03 빈자리 추가접수 기간 24.06.06～24.06.07	24.06.15	–	–	24.10.16～ 24.12.13

※ 2025년 시험일정이 아직 발표되지 않은 관계로 2024년 자료를 수록하였습니다. 정확한 시험일정의 확인을 위하여 반드시 시행처 사이트(www.q-net.or.kr/site/customs)를 확인하시기 바랍니다.

시험분석 데이터 ANALYSIS

◇ 2024년 1차 시험 성적 통계

과 목	응시자(명)	평균(점)	과락(명)	과락률(%)
관세법개론	1,499	50.3	403	26.9
무역영어	1,499	46.3	608	40.6
내국소비세법	1,487	55.2	411	27.6
회계학	1,487	37.6	861	57.9

◇ 1차 시험 과목별 평균

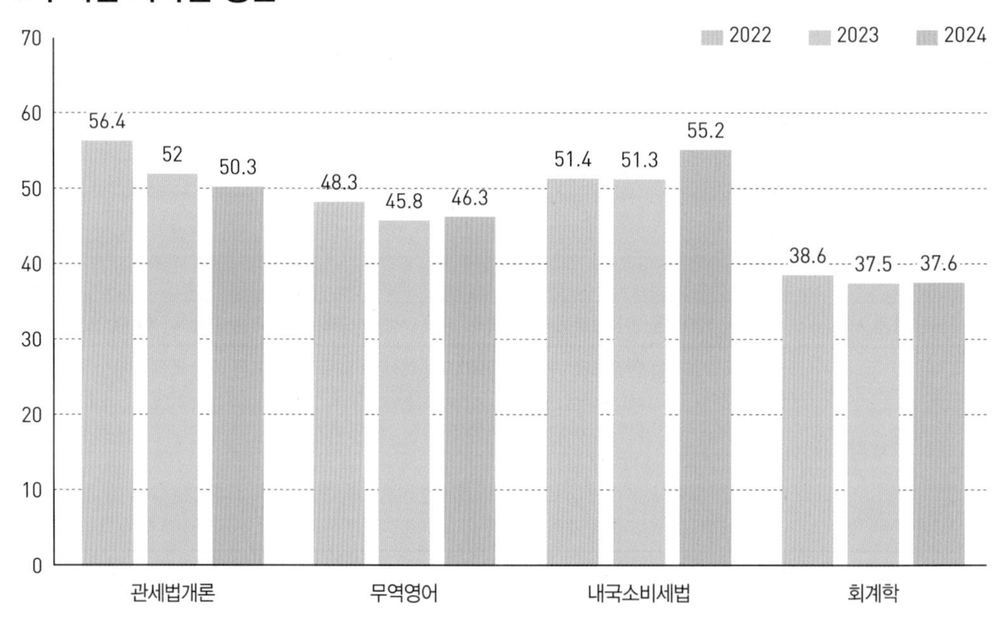

◇ 2024년 1차 시험 합격자 통계

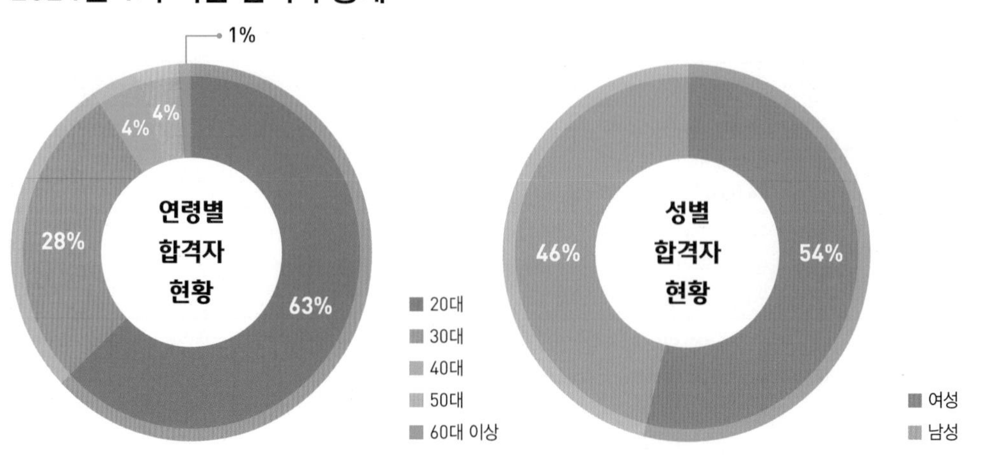

◇ 출제빈도표

출제연도 및 출제영역 / 문제유형	2022년 1차				2023년 1차				2024년 1차			
	관세법 개론	무역 영어	내국 소비 세법	회계학	관세법 개론	무역 영어	내국 소비 세법	회계학	관세법 개론	무역 영어	내국 소비 세법	회계학
관세법 기본	2	–	–	–	2	–	–	–	4	–	–	–
과세요건	4	–	–	–	5	–	–	–	4	–	–	–
부과와 징수	8	–	–	–	3	–	–	–	4	–	–	–
감면/환급/분할납부	3	–	–	–	5	–	–	–	4	–	–	–
납세자 권리/불복절차	1	–	–	–	3	–	–	–	2	–	–	–
운송/통관	11	–	–	–	12	–	–	–	12	–	–	–
처벌/보칙	5	–	–	–	4	–	–	–	4	–	–	–
FTA	6	–	–	–	6	–	–	–	6	–	–	–
무역일반	–	1	–	–	–	1	–	–	–	2	–	–
무역규칙	–	34	–	–	–	38	–	–	–	35	–	–
무역용어	–	5	–	–	–	1	–	–	–	3	–	–
부가가치세법	–	–	30	–	–	–	30	–	–	–	30	–
개별소비세법	–	–	6	–	–	–	6	–	–	–	6	–
주세법	–	–	4	–	–	–	4	–	–	–	4	–
재무회계	–	–	–	30	–	–	–	30	–	–	–	30
원가관리회계	–	–	–	10	–	–	–	10	–	–	–	10
총 계	40	40	40	40	40	40	40	40	40	40	40	40

※ 위의 문제유형별 빈도는 절대적인 기준에 의한 것이 아니므로 일부는 관점에 따라 다른 유형에 속할 수도 있습니다.

2024년 제41회 관세사 1차 시험 기출문제 유형 분석 결과

제1과목 관세법개론

2024년 관세법개론은 작년과 비슷한 수준의 난이도로 출제되었습니다. 관세법과 관세법 시행령에서 대부분 출제되어 까다롭게 느껴지는 부분은 많지 않았을 것입니다.
출제영역별 문제 수를 작년과 비교해보면, 영역별로 1~2문제 가량의 증감이 있으나 큰 틀에서의 변동은 없다고 볼 수 있습니다. 작년과 재작년에 6문제가 출제되었던 FTA 관세특례법에서 올해도 6문제가 출제되었으며, 전통적으로 가장 출제 비중이 높은 '운송/통관' 파트에서 작년과 마찬가지로 12문제가 출제되었습니다.
비록 난이도가 눈에 띄게 상승하지는 않았지만 기본적인 법 규정의 출제 비중이 높은 만큼 이를 정확히 숙지하는 것이 가장 중요합니다. 출제 비중이 가장 높은 '운송/통관' 파트를 눈여겨 보아야 하고, FTA 관세특례법에서도 지속적으로 출제가 많이 되고 있으니 이 부분의 기본적인 내용을 잘 학습하셔야 합니다.

제2과목 무역영어

제2과목인 무역영어의 난이도는 작년과 비슷한 수준이었습니다. 그리고 출제된 문제의 대부분(약 88%)이 국제협약에서 정한 내용을 기초로 출제되었습니다. 따라서 무역실무에 대한 전반적인 이해와 더불어 국제무역과 관련된 다양한 국제협약의 내용을 정확하게 알고 있어야 좋은 성적을 거둘 수 있었을 것입니다.
국제협약과 관련된 문항들은 앞선 연도들의 시험과 유사하게 원문 내용을 바탕으로 출제하면서 규정 내 용어의 변경(부정어의 사용, 조동사의 변경, 주어의 변경 등)을 통해 정답을 고르는 데 어려움을 겪게 하였습니다. 따라서, 각 국제협약의 내용을 충분히 숙지하여 영문 문장 내의 변경된 내용을 골라내야 하는 어려움도 따랐을 것입니다.
수험생 여러분은 이러한 출제경향을 인지하고 무역영어 시험에서 원하는 수준의 점수를 취득할 전략을 세울 필요가 있을 것입니다. 즉, 무역영어 시험에 출제되는 방대한 범위의 국제협약을 모두 암기한다는 것은 현실적으로 어려울 것이므로 Incoterms 2020, UCP 600, CISG, Hague Rules, ICC, MIA와 같이 출제빈도가 상대적으로 높은 국제협약을 집중적으로 학습하고, 뉴욕협약, CMI 통일규칙과 같은 기타 국제협약에 대해서는 전반적인 내용 및 용어를 숙지하는 것 위주로 학습하는 것도 중요한 전략이 될 수 있을 것입니다.

제3과목 내국소비세법

부가가치세법 75%(30문제), 개별소비세법 15%(6문제), 주세법 10%(4문제)가 출제되어 작년과 동일한 비중으로 출제되었습니다.

부가가치세법 법령에 규정된 내용을 근거로 문제가 출제되므로, 관련 규정을 정확히 숙지하는 것이 필요합니다. 왜냐하면, 출제된 문제들이 대부분 법 규정에 대해 일부 수정(부정어의 사용, 기간의 변경, 예외/제외 사항을 반대되는 문구로 표현 등)을 가하여 수험생을 혼란에 빠트리고 있기 때문입니다. 계산 문제(3문제)의 경우도 제시된 숫자 등으로 계산하는 방법 자체는 크게 어려움이 없었을 것이나, 법 규정에 대한 정확한 이해 및 암기가 필요했을 것입니다.

개별소비세법 법령에 규정된 내용을 근거로 문제가 출제되므로, 관련 규정을 정확히 숙지하는 것이 필요합니다. 개별소비세법은 출제 범위가 넓지 않고, 사례형 문제가 최근 출제되지 않으므로, 매년 주로 출제되는 규정(과세대상, 과세시기, 기준가격, 미납세 반출 등)은 충분히 숙지하여 놓치는 문제가 없어야 할 것입니다.

주세법 법령에 규정된 내용을 근거로 문제가 출제되므로, 관련 규정을 정확히 숙지하는 것이 필요합니다. 출제 범위가 넓지 않으므로, 기출문제를 중심으로 학습하여 문제 형태에 적응하는 것이 좋은 전략이 될 것입니다.

제4과목 회계학

재무회계 75%(30문제), 원가관리회계 25%(10문제)로 작년과 동일한 비중으로 출제되었습니다. 이 중 계산문제가 70%(28문제)로 자산, 부채, 수익, 비용의 기본적인 계산을 어떻게 적용해야 하는지에 대한 이해가 바탕이 되어야만 풀 수 있는 현금흐름표 파트에서 출제가 많이 되어 당황하신 분들이 많았을 것으로 보입니다. 기출문제를 반복적으로 풀어보는 것이 중요합니다.
계산연습을 통해 시간이 많이 소요되는 유형과 파트를 파악하여 실제 시험에서는 패스하거나 전체 문제를 푼 후 여유시간에 접근하는 방법의 수험전략이 필요할 것입니다.

재무회계 전체 30문제 중 계산문제가 63%(19문제), 이론문제가 37%(11문제)로 계산문제 중심으로 출제되고 있습니다. 공정가치, 주식기준보상 관련 이론 문제가 비교적 어렵게 출제되었다는 점에 주목할 필요가 있습니다. 교재의 '알아두기' 파트에서도 기출이 출제되는 경우가 많아서 개념 부분을 전체적으로 읽고 이해해보는 것이 중요합니다. 계산문제에서는 현금흐름표 관련 문제들이 어려운 편이라 당황한 수험생들이 많았을 것으로 예상됩니다. 기출문제를 반복적으로 풀어봄으로써 빈출 문제유형에 익숙해지는 방식으로 학습하여야 합니다.

원가관리회계 계산문제 중심(90%)으로 출제되었습니다. 계산문제의 난이도가 매년 상승하고 있어 개념을 정확히 이해하고 적용하여 푸는 방식으로 접근하여야 합니다. 특히 73번 문제는 종합원가계산과 결합원가계산의 혼합문제라서 2가지 이론과 풀이법을 모두 알아야 풀 수 있는 문제였습니다. 그래서 난이도도 높고 시간도 오래 걸리기에 이러한 문제들은 과감하게 스킵하고 풀 수 있는 문제들에 시간을 배분하는 현명함이 필요합니다.

합격수기 REVIEW

합격생 조*영

관세사 1차를 준비하며 시대에듀의 〈2020 관세사 1차 스타트 합격반〉을 들었습니다. 처음에는 모르는 내용들밖에 없어서 훑어보듯 가볍게 들었고 2차시에는 보다 집중해서 들었습니다. 처음 들을 때는 필기도 안하고 오직 듣기만 했습니다. 두 번째부터는 중요한 부분에 인덱스를 붙여 표시해 둔 후 다음 날 공부할 때 다시 읽고 나서 다음 강의를 듣는 식으로 학습을 했습니다.

강의별로 공부 방법을 말씀드리자면, 먼저 관세법은 외울게 많아 어려웠는데 강사님이 두문자(頭文字)를 따서 외우는 방법을 추천해 주셔서 시도해 보았고 다행히 저에게는 그 방법이 제일 잘 맞았습니다.

무역영어는 단순하게 정말 많이 읽어보는 것이 답인 것 같습니다. 대신 문제가 제일 많이 나오는 부분인 인코텀즈나 CISG는 15번을 읽었다면 상대적으로 문제가 덜 나오는 뉴욕 협약이나 MIA 부분은 10번 읽는 식으로 협약별로 회독수를 조절했습니다.

내국소비세법은 관세법만큼 외울 부분이 많고 각각의 법조항이 다양하기 때문에 관세법 공부방법과 마찬가지로 두문자를 따서 외우는 방법을 택하여 학습했습니다.

마지막으로 회계학은 이론도 중요하지만 역시 문제를 많이 풀어보는 것이 가장 중요하다고 생각합니다. 그래서 이론은 2~3번 읽고, 기출문제집 한 권을 사서 전부 다 풀고 시험장에 들어갔습니다. 회계학 과목은 시간도 부족하고 문제도 어려워 그냥 문제를 읽는 동시에 바로바로 풀어야 하기 때문에 '아 이걸 어떻게 풀지'하고 생각할 여유가 없었습니다. 그래서 최대한 다양한 유형의 문제를 미리 접해보고 시험장에 들어가는 것이 좋을 것 같습니다.

시험 전 남은 2주간은 실제 시험 환경으로 꾸며놓고 학습했습니다. 예를 들면 실제 시험시간인 9시 30분부터 12시 40분까지 시간을 맞춰서 연습을 하는 식입니다. 하루는 시험루틴에 맞춰 기출문제를 풀고 다음 날까지 틀린 문제를 복습했습니다. 그리고 시험 전날은 전체적으로 과목별 통계를 내어 가장 많이 틀린 부분만 읽었습니다.

기본적으로 5번 이상씩 읽는 것이 중요하다고 생각하지만 그만큼 중요한 것은 모르는 문제를 과감히 뛰어넘을 수 있어야 한다는 것입니다. 한 문제당 1분 이상의 시간을 쓰면 시험시간이 모자랍니다. 헷갈리거나 아예 모르는 문제는 그냥 찍고 넘어가고 남는 시간에 아는 문제를 더 푸는 것이 효율적인 시험전략이라고 생각합니다.

관세사 시험의 첫 발을 내딛으시는 분들 모두 좋은 결과를 거두셨으면 좋겠습니다!!

합격생 이*지

관세사 1차 시험 준비를 위해 시대에듀를 전적으로 믿고 공부했습니다. 처음 관세사 시험을 공부하기로 마음먹고 시작했을 때는 직장과 병행하고 있어서 절대적인 공부량이 부족했습니다. 그래서 작년 12월 중순 직장을 그만두며 관세사 시험에 완전히 집중했고 3~4개월간 모든 열정을 시험 준비에 불태웠습니다.

우선 매일 전과목을 골고루 공부하자는 목표를 잡고 시작했는데, 전과목을 꾸준히 끌고 가는 것이 중요한 것 같습니다. 앞으로 공부하시는 분들도 이런 학습방식을 추천합니다. 관세법은 강사님께서 앞글자를 따서 암기하는 방법을 말씀해 주셔서, 이를 응용하여 2차 시험에 대비하여 웬만한 것들을 외우면서 공부했습니다. 처음에는 정독으로 여러 번 읽었고 어느 정도 이해가 된 다음에는 본격적으로 암기를 했습니다.

학습방법으로는 문제풀이와 병행하기를 추천해 드립니다. 문제를 풀어보면서 시험 빈출내용과 학습 시 놓치는 부분을 알 수 있고, 어떤 부분에 포인트를 맞춰 공부할 지도 알 수 있습니다. 처음에는 연필로 줄을 긋고, 그다음에는 파란 볼펜, 빨간 볼펜, 형광펜 등으로 핵심 포인트에 표시해가며 학습했습니다. 시험에 가까워지니 표시해둔 주요 부분을 중심으로 2~3시간 만에 1회독도 가능하게 되었습니다.

무역영어는 강사님 말씀처럼 다독이 가장 중요한 것 같습니다. 저의 경우, 무역에 대한 지식이 부족해 무역실무 관련 책을 2~3번 읽으며 기본 이론을 습득한 후 무역영어를 공부하였습니다. 기본적인 지식을 습득한 상태에서 무역영어를 학습하는 것이 영문으로 된 문제를 푸는데 효과적이어서 결과적으로 이번 시험에서 90점이라는 고득점도 가능했습니다.

내국소비세법의 경우, 강사님이 너무나 쉽게 설명을 해주시고 시험에 나올 포인트와 암기 요령까지 잘 알려주셔서 어렵지 않게 공부할 수 있었고, 노력 대비 점수도 잘 나올 수 있었습니다. 시대에듀 강사님들께서 이끌어주시는 대로 잘 따라간 덕분이라고 생각합니다.

회계학은 워낙 어려워서 과락만 면하자는 마음으로 준비를 했습니다. 완전히 이해가 되지 않더라도 문제풀이를 병행했습니다. 이론을 공부하면서 이해되지 않던 부분이 오히려 문제를 풀면서 이해가 되는 경우가 많았고, 또 문제를 푸는 요령을 외우면 이해가 완벽하게 되지 않아도 풀리는 문제도 있었습니다. 그리고 이론파트에서는 시험에 잘 나오는 부분이 어느 정도 정해져 있어 이해가 안 되더라도 그냥 암기하시길 추천합니다. 시험에 나오는 부분과 기출유형은 비슷하게 출제되므로 가능하면 빠른 시간 안에 정확하게 풀 수 있도록 반복했습니다. 저의 경우 기본서와 기출문제집만으로도 충분했습니다.

반복, 정확한 풀이, 속도 이 세 가지를 목표로 했고, 덕분에 과락을 무난히 면하며 합격할 수 있었습니다.

관세사 시험은 1차부터 쉽지 않은 싸움입니다. 그만큼 각오를 단단히 하는 것이 중요합니다. 떨어지면 안 된다는 절박한 심정으로 인내하면 결과는 충분히 나오리라 생각합니다.

※ 시대에듀 홈페이지에 남겨주신 합격수기를 바탕으로 재구성하였습니다.

이 책의 목차 CONTENTS

PART 1

관세법개론

관세사 1차 3개년

관련법령은 수시로 개정될 수 있으니 관세법령정보포털(http://unipass.customs.co.kr/clip/index.do)의 내용을 필수적으로 참고하시어 학습하시기를 권유합니다.

※ 추록(최신 개정법령) : 도서출간 이후 법령개정사항은 도서의 내용에 맞게 수정하여 도서업데이트 게시판에 업로드합니다(시대에듀 : 홈 ▶학습자료실 ▶도서업데이트).

남에게 이기는 방법의 하나는 예의범절로 이기는 것이다.

- 조쉬 빌링스 -

제1과목

2022 관세법개론

1교시 응시시간 : 80분 과목당 문항 수 : 40문항

01 관세법상 용어의 정의로 옳지 않은 것은?

① 국제무역선이란 무역을 위하여 우리나라와 외국 간을 운항하는 선박을 말한다.
② 항공기용품이란 선박용품에 준하는 물품으로서 해당 항공기에서만 사용되는 것을 말한다.
③ 환적이란 동일한 세관의 관할구역에서 입국 또는 입항하는 운송수단에서 출국 또는 출항하는 운송수단으로 물품을 옮겨 싣는 것을 말한다.
④ 반송이란 국내에 도착한 외국물품이 수입통관절차를 거치고 다시 외국으로 반출되는 것을 말한다.
⑤ 복합환적이란 입국 또는 입항하는 운송수단의 물품을 다른 세관의 관할구역으로 운송하여 출국 또는 출항하는 운송수단으로 옮겨 싣는 것을 말한다.

해설

④ 반송이란 국내에 도착한 외국물품이 수입통관절차를 거치지 아니하고 다시 외국으로 반출되는 것을 말한다(관세법 제2조 제3호).
① 관세법 제2조 제6호
② 관세법 제2조 제11호
③ 관세법 제2조 제14호
⑤ 관세법 제2조 제15호

02 관세법령상 신고서류의 보관기간에 관한 설명으로 옳지 않은 것은?

① 보세화물반출입에 관한 자료는 해당 신고에 대한 수리일부터 3년이다.
② 수입물품 가격결정에 관한 자료는 해당 신고에 대한 수리일부터 5년이다.
③ 수입거래관련 계약서 또는 이에 갈음하는 서류는 해당 신고에 대한 수리일부터 5년이다.
④ 수출물품·반송물품 가격결정에 관한 자료는 해당 신고에 대한 수리일부터 3년이다.
⑤ 적재화물목록에 관한 자료는 해당 신고에 대한 수리일부터 2년이다.

정답 01 ④ 02 ①

해설

신고서류의 보관기간(관세법 시행령 제3조 제1항)

1. 다음의 어느 하나에 해당하는 서류 : 해당 신고에 대한 수리일부터 5년
   가. 수입신고필증
   나. 수입거래관련 계약서 또는 이에 갈음하는 서류
   다. 제237조에 따른 지식재산권의 거래에 관련된 계약서 또는 이에 갈음하는 서류
   라. 수입물품 가격결정에 관한 자료
2. 다음의 어느 하나에 해당하는 서류 : 해당 신고에 대한 수리일부터 3년
   가. 수출신고필증
   나. 반송신고필증
   다. 수출물품·반송물품 가격결정에 관한 자료
   라. 수출거래·반송거래 관련 계약서 또는 이에 갈음하는 서류
3. 다음의 어느 하나에 해당하는 서류 : 해당 신고에 대한 수리일부터 2년
   가. 보세화물반출입에 관한 자료
   나. 적재화물목록에 관한 자료
   다. 보세운송에 관한 자료

03 관세법상 납세의무자에 관한 설명으로 옳지 않은 것은?

① 「관세법」 제253조(수입신고 전의 물품 반출) 제4항에 따라 관세를 징수하는 물품인 경우 해당 물품을 즉시 반출한 자는 납세의무자가 된다.

② 우편으로 수입되는 물품인 경우 그 수취인은 납세의무자가 된다.

③ 수입을 위탁받아 수입업체가 대행수입한 물품인 경우 대통령령으로 정하는 상업서류에 적힌 물품수신인은 납세의무자가 된다.

④ 화주가 불분명하고 수입물품이 수입신고 전에 양도된 경우 그 양수인은 납세의무자가 된다.

⑤ 「관세법」 제160조(장치물품의 폐기) 제2항에 따라 관세를 징수하는 물품인 경우 운영인 또는 보관인은 납세의무자가 된다.

해설

③ 수입을 위탁받아 수입업체가 대행수입한 물품인 경우인 경우 그 물품의 수입을 위탁한 자가 납세의무자가 된다(관세법 제19조 제1항 제1호 가목).

① 관세법 제19조 제1항 제8호

② 관세법 제19조 제1항 제9호

④ 관세법 제19조 제1항 제1호 다목

⑤ 관세법 제19조 제1항 제4호

03 ③ 정답

04 관세법령상 담보의 제공절차 등에 관한 설명으로 옳지 않은 것은?

① 금전을 담보로 제공하려는 자는 「국고금 관리법 시행령」 제11조 제1항 각 호의 금융기관 중 관세청장이 지정한 금융기관에 이를 납입하고 그 확인서를 담보제공서에 첨부해야 한다.
② 관세의 담보를 제공하고자 하는 자는 담보의 종류・수량・금액 및 담보사유를 기재한 담보제공서를 세관장에게 제출하여야 한다.
③ 지방채를 담보로 제공하려는 자는 해당 채권에 관하여 모든 권리를 행사할 수 있는 자의 위임장을 담보제공서에 첨부하여야 한다.
④ 관세가 확정되지 아니한 경우에는 제공하고자 하는 담보의 금액은 관세청장이 정하는 금액으로 한다.
⑤ 관세의 담보를 제공하고자 하는 자가 담보액의 확정일부터 5일 이내에 담보를 제공하지 아니하는 경우 관세청장은 「관세법」 제39조(부과고지)에 따른 납부고지를 할 수 있다.

해설

⑤ 관세의 담보를 제공하고자 하는 자가 담보액의 확정일부터 10일 이내에 담보를 제공하지 아니하는 경우 세관장은 「관세법」 제39조(부과고지)에 따른 납부고지를 할 수 있다(관세법 시행령 제10조 제9항 제1호).
① 관세법 시행령 제10조 제2항
② 관세법 시행령 제10조 제1항
③ 관세법 시행령 제10조 제3항
④ 관세법 시행령 제10조 제8항

05 관세법령상 납세담보에 관한 설명으로 옳지 않은 것은?

① 담보를 포괄하여 제공할 수 있는 요건, 그 담보의 종류 기타 필요한 사항은 세관장이 정한다.
② 세관장은 납세의무자가 매각예정일 1일 전까지 관세와 비용을 납부하는 때에는 담보물의 매각을 중지하여야 한다.
③ 관세의 담보를 제공한 자는 당해 담보물의 가격감소에 따라 세관장이 담보물의 증가 또는 변경을 통지한 때에는 지체 없이 이를 이행하여야 한다.
④ 세관장은 제공된 담보물을 매각하고자 하는 때에는 담보제공자의 주소・성명・담보물의 종류・수량, 매각사유, 매각장소, 매각일시 기타 필요한 사항을 공고하여야 한다.
⑤ 관세의 담보를 제공한 자는 은행지급보증에 의한 납세보증보험기간을 변경하고자 하는 때에는 세관장의 승인을 얻어야 한다.

해설

① 담보를 포괄하여 제공할 수 있는 요건, 그 담보의 종류 기타 필요한 사항은 관세청장이 정한다(관세법 시행령 제11조 제2항).
② 관세법 시행령 제14조 제2항
③ 관세법 시행령 제12조 제1항
④ 관세법 시행령 제14조 제1항
⑤ 관세법 시행령 제12조 제2항

정답 04 ⑤ 05 ①

06 **관세법령상 과세가격 결정의 원칙과 관련하여 '우리나라에 수출하기 위하여 판매되는 물품의 범위'에 해당하지 않는 것을 모두 고른 것은?**

> ㄱ. 수입 후 경매 등을 통하여 판매가격이 결정되는 위탁판매수입물품
> ㄴ. 산업쓰레기 등 수출자의 부담으로 국내에서 폐기하기 위하여 수입하는 물품
> ㄷ. 별개의 독립된 법적 사업체가 아닌 지점 등에서 수입하는 물품
> ㄹ. 수입자의 책임으로 국내에서 판매하기 위하여 수입하는 물품

① ㄱ, ㄷ
② ㄱ, ㄹ
③ ㄴ, ㄷ
④ ㄴ, ㄹ
⑤ ㄱ, ㄴ, ㄷ

해설

우리나라에 수출하기 위하여 판매되는 물품의 범위(관세법 시행령 제17조)
우리나라에 수출하기 위하여 판매되는 물품에는 다음의 물품은 포함되지 아니하는 것으로 한다.
1. 무상으로 국내에 도착하는 물품
2. 국내 도착 후 경매 등을 통해 판매가격이 결정되는 위탁판매물품
3. 수출자의 책임으로 국내에서 판매하기 위해 국내에 도착하는 물품
4. 별개의 독립된 법적 사업체가 아닌 지점 등과의 거래에 따라 국내에 도착하는 물품
5. 임대차계약에 따라 국내에 도착하는 물품
6. 무상으로 임차하여 국내에 도착하는 물품
7. 산업쓰레기 등 수출자의 부담으로 국내에서 폐기하기 위해 국내에 도착하는 물품

※ 관세법 시행령의 개정에 따라 '수입'이 '국내 도착' 또는 '국내에 도착'으로, '위탁판매수입물품'이 '위탁판매물품'으로, '지점 등에서'가 '지점 등과의 거래에 따라'로 변경되었다.

07 **관세법상 세액의 확정에 관한 설명으로 옳지 않은 것은?**

① 납세의무자가 부족한 세액에 대한 세액의 보정을 신청한 경우에는 해당 보정신청을 한 날까지 해당 관세를 납부하여야 한다.
② 납세신고, 자율심사 및 「관세법」 제38조(신고납부) 제4항에 따른 세액의 정정과 관련하여 그 방법 및 절차 등 필요한 사항은 대통령령으로 정한다.
③ 납세의무자는 납세신고한 세액을 납부하기 전에 그 세액이 과부족하다는 것을 알게 되었을 때에는 납세신고한 세액을 정정할 수 있으며, 이 경우 납부기한은 당초의 납부기한으로 한다.
④ 납세의무자는 신고납부한 세액이 과다한 것을 알게 되었을 때에는 최초로 납세신고를 한 날부터 5년 이내에 대통령령으로 정하는 바에 따라 신고한 세액의 경정을 세관장에게 청구할 수 있다.
⑤ 납세의무자는 세액산출의 기초가 되는 과세가격 또는 품목분류 등에 오류가 있는 것을 알게 되었을 때에는 신고납부한 날부터 6개월 이내에 대통령령으로 정하는 바에 따라 해당 세액을 보정하여 줄 것을 세관장에게 신청할 수 있다.

06 ⑤ 07 ① 정답

해설

① 납세의무자가 부족한 세액에 대한 세액의 보정을 신청한 경우에는 해당 보정신청을 한 날의 다음 날까지 해당 관세를 납부하여야 한다(관세법 제38조의2 제4항).
② 관세법 제38조 제5항
③ 관세법 제38조 제4항
④ 관세법 제38조의3 제2항
⑤ 관세법 제38조의2 제1항

08 관세법령상 관세체납정리위원회에 관한 설명으로 옳지 않은 것은?

① 관세체납정리위원회 보궐위원의 임기는 전임위원 임기의 남은 기간으로 한다.
② 관세체납정리위원회는 위원장 1인을 포함한 6인 이상 8인 이내의 위원으로 구성한다.
③ 관세체납정리위원회의 위원장은 당해 위원회에서 의결된 사항을 관세청장에게 통보하여야 한다.
④ 세관장은 관세체납정리위원회의 위원이 관할 구역 내에 거주하지 아니하게 된 경우에는 해당 위원을 해임 또는 해촉할 수 있다.
⑤ 관세체납정리위원회의 회의의 의사는 위원장을 포함한 재적위원 과반수의 출석으로 개의하고 출석위원 과반수의 찬성으로 의결한다.

해설

② 관세체납정리위원회는 위원장 1인을 포함한 5인 이상 7인 이내의 위원으로 구성한다(관세법 시행령 제42조 제2항).
① 관세법 시행령 제42조 제4항
③ 관세법 시행령 제48조
④ 관세법 시행령 제43조 제7호
⑤ 관세법 시행령 제45조 제2항

09 관세법상 관세환급금의 환급에 관한 내용으로 (   )에 들어갈 사항으로 옳은 것은?

> 세관장은 납세의무자가 관세·가산세 또는 강제징수비의 과오납금 또는 「관세법」에 따라 환급하여야 할 환급세액의 환급을 청구할 때에는 대통령령으로 정하는 바에 따라 지체 없이 이를 관세환급금으로 결정하고 (   ) 이내에 환급하여야 하며, 세관장이 확인한 관세환급금은 납세의무자가 환급을 청구하지 아니하더라도 환급하여야 한다.

① 7일
② 15일
③ 30일
④ 3개월
⑤ 6개월

해설

세관장은 납세의무자가 관세 · 가산세 또는 강제징수비로 납부한 금액 중 잘못 납부하거나 초과하여 납부한 금액 또는 「관세법」에 따라 환급하여야 할 환급세액의 환급을 청구할 때에는 대통령령으로 정하는 바에 따라 지체 없이 이를 관세환급금으로 결정하고 30일 이내에 환급하여야 하며, 세관장이 확인한 관세환급금은 납세의무자가 환급을 청구하지 아니하더라도 환급하여야 한다(관세법 제46조 제1항).

※ 관세법의 개정에 따라 '강제징수비의 과오납금'이 '강제징수비로 납부한 금액 중 잘못 납부하거나 초과하여 납부한 금액'으로 변경되었다.

10 관세법령상 잠정가격의 신고 등에 관한 내용으로 (   )에 들어갈 사항을 순서대로 올바르게 나열한 것은?

> 잠정가격으로 가격신고를 한 자는 (   )년의 범위 안에서 구매자와 판매자 간의 거래계약의 내용 등을 고려하여 세관장이 지정하는 기간 내에 확정된 가격을 신고하여야 한다. 이 경우 잠정가격으로 가격신고를 한 자는 관세청장이 정하는 바에 따라 전단에 따른 신고기간이 끝나기 (   )일 전까지 확정가격의 계산을 위한 가산율을 산정해 줄 것을 요청할 수 있다.

① 1, 10
② 1, 15
③ 1, 30
④ 2, 15
⑤ 2, 30

해설

잠정가격으로 가격신고를 한 자는 2년의 범위 안에서 구매자와 판매자 간의 거래계약의 내용 등을 고려하여 세관장이 지정하는 기간 내에 확정된 가격을 신고하여야 한다. 이 경우 잠정가격으로 가격신고를 한 자는 관세청장이 정하는 바에 따라 전단에 따른 신고기간이 끝나기 30일 전까지 확정가격의 계산을 위한 가산율을 산정해 줄 것을 요청할 수 있다(관세법 시행령 제16조 제3항).

11 관세법령상 간이세율을 적용할 수 있는 물품은?

① 탁송품
② 종량세가 적용되는 물품
③ 수입신고를 하여야 하는 우편물
④ 관세가 감면되는 물품
⑤ 관세청장이 정한 고가품

해설

간이세율의 적용(관세법 제81조 제1항)
다음의 어느 하나에 해당하는 물품 중 대통령령으로 정하는 물품에 대하여는 다른 법령에도 불구하고 간이세율을 적용할 수 있다.

1. 여행자 또는 외국을 오가는 운송수단의 승무원이 휴대하여 수입하는 물품
2. 우편물. 다만, 제258조(우편물통관에 대한 결정) 제2항에 따라 제241조(수출 · 수입 또는 반송의 신고) 제1항에 따른 수입신고를 하여야 하는 우편물은 제외한다.
4. 탁송품 또는 별송품

10 ⑤ 11 ① 정답

12 관세법령상 품목분류의 변경 사유에 해당하지 않는 것은?

① 관계법령의 개정에 따라 당해 물품의 품목분류가 변경된 경우
② 동일 또는 유사한 물품에 대하여 서로 다른 품목분류가 있는 경우
③ 신청인의 허위자료 제출 등으로 품목분류에 중대한 착오가 생긴 경우
④ 이의신청 등 불복 또는 소송이 진행 중이어서 품목분류 재심사의 신청이 반려된 경우
⑤ 「통일상품명 및 부호체계에 관한 국제협약」에 따른 관세협력이사회의 권고가 있는 경우

해설

품목분류의 변경(관세법 시행령 제107조 제1항)
법 제87조(특정물품에 적용되는 품목분류의 변경 및 적용) 제1항에서 "관세청장이 직권으로 한 품목분류를 변경하여야 할 부득이한 사유가 생겼을 경우 등 대통령령으로 정하는 경우"란 다음의 경우를 말한다.
3. 신청인의 허위자료 제출 등으로 품목분류에 중대한 착오가 생긴 경우
4. 협약에 따른 관세협력이사회의 권고 또는 결정 및 법원의 확정판결이 있는 경우
5. 동일 또는 유사한 물품에 대하여 서로 다른 품목분류가 있는 경우
※ 시험 당시에는 ④가 정답이었으나, 관세법의 개정에 따라 제1호와 제2호가 삭제됨으로써 현재 정답은 없다.

13 관세법령상 덤핑방지관세부과와 관련하여 실질적 피해 등의 판정을 위해 검토해야 하는 사항이 아닌 것은?

① 덤핑물품의 가격
② 덤핌방지관세 부과에 따른 보상 수준
③ 국내산업의 가동률 · 재고
④ 덤핑차액의 정도
⑤ 덤핑물품의 수입물량

해설

실질적 피해 등의 판정(관세법 시행령 제63조 제1항)
무역위원회는 제61조에 따라 실질적 피해 등의 사실을 조사 · 판정하는 때에는 다음의 사항을 포함한 실질적 증거에 근거해야 한다.
1. 덤핑물품의 수입물량(당해 물품의 수입이 절대적으로 또는 국내생산이나 국내소비에 대하여 상대적으로 뚜렷하게 증가되었는지 여부를 포함)
2. 덤핑물품의 가격(국내 동종물품의 가격과 비교하여 뚜렷하게 하락되었는지 여부를 포함)
3. 덤핑차액의 정도(덤핑물품의 수입가격이 수출국내 정상가격과 비교하여 뚜렷하게 하락되었는지 여부를 포함)
4. 국내산업의 생산량 · 가동률 · 재고 · 판매량 · 시장점유율 · 가격(가격하락 또는 인상억제의 효과를 포함) · 이윤 · 생산성 · 투자수익 · 현금수지 · 고용 · 임금 · 성장 · 자본조달 · 투자능력
5. 제1호 및 제2호의 내용이 국내산업에 미치는 실재적 또는 잠재적 영향

정답 12 해설참조 13 ②

14 관세법령상 관세가 면제되는 여행자 휴대품 등에 관한 내용으로 (　　)에 들어갈 사항으로 옳은 것은?

> 여행자의 별송품은 천재지변 등 부득이한 사유가 있는 경우를 제외하고는 여행자가 입국한 날부터 (　　) 이내에 도착한 것이어야 한다.

① 2월
② 6월
③ 10월
④ 1년
⑤ 5년

해설

여행자의 별송품은 천재지변 등 부득이한 사유가 있는 경우를 제외하고는 여행자가 입국한 날부터 6월 이내에 도착한 것이어야 한다(관세법 시행규칙 제48조 제6항).

15 관세법령상 재수출면세 대상물품이 아닌 것은?

① 국제적인 회의·회합 등에서 사용하기 위한 물품
② 수출물품 및 수입물품의 검사 또는 시험을 위한 기계·기구
③ 관세청장이 정하는 수출입물품·반송물품 및 환적물품을 운송하기 위한 차량
④ 항공 및 해상화물운송용 파렛트
⑤ 우리나라와 외국 간에 건설될 교량, 통신시설, 그 밖에 이에 준하는 시설의 건설에 필요한 물품

해설

⑤ 우리나라와 외국 간에 건설될 교량, 통신시설, 해저통로, 그 밖에 이에 준하는 시설의 건설 또는 수리에 필요한 물품은 특정물품 면세에 해당한다(관세법 제93조 제11호).

재수출면세 대상물품 및 가산세 징수 대상물품(관세법 시행규칙 제50조 제1항)
7. 국제적인 회의·회합 등에서 사용하기 위한 물품
12. 수출물품 및 수입물품의 검사 또는 시험을 위한 기계·기구
14. 관세청장이 정하는 수출입물품·반송물품 및 환적물품을 운송하기 위한 차량
19. 항공 및 해상화물운송용 파렛트

14 ② 15 ⑤ 정답

16 관세법령상 잠정세율에 관한 설명으로 옳지 않은 것은?

① 기본세율과의 세율차를 좁히도록 잠정세율을 올리거나 내릴 수 있다.
② 잠정세율은 기본세율에 우선하여 적용된다.
③ 관계부처의 장은 잠정세율 인상 또는 인하의 필요가 있다고 인정되는 때에는 이를 기획재정부장관에게 요청할 수 있다.
④ 기획재정부장관은 잠정세율의 적용정지 등에 관한 사항을 조사하기 위하여 필요하다고 인정되는 때에는 기타 이해관계인에게 관련 자료의 제출을 요청할 수 있다.
⑤ 잠정세율의 적용을 받는 물품과 관련이 있는 관계부처의 장은 그 물품의 전부 또는 일부에 대하여 잠정세율의 적용을 정지할 수 있다.

해설

⑤ 관세율표 중 잠정세율의 적용을 받는 물품과 관련이 있는 관계부처의 장은 그 물품의 전부 또는 일부에 대하여 잠정세율의 적용정지를 기획재정부장관에게 요청할 수 있다(관세법 시행령 제57조 제1항).
① 관세법 제50조 제4항
② 관세법 제50조 제1항
③ 관세법 시행령 제57조 제1항
④ 관세법 시행령 제57조 제3항

17 관세법령상 관세 환급 및 분할납부에 관한 설명으로 옳은 것은?

① 수입신고가 수리된 개인의 자가사용물품이 수입한 상태 그대로 수입신고 수리일부터 6개월 이내에 보세구역에 반입하였다가 다시 수출하는 경우에는 수입할 때 납부한 관세를 환급한다.
② 세관장은 천재지변으로 「관세법」에 따른 신고, 신청, 청구를 정하여진 기한까지 할 수 없다고 인정될 때에는 2년을 넘지 아니하는 기간을 정하여 대통령령으로 정하는 바에 따라 관세를 분할하여 납부하게 할 수 있다.
③ 분할납부를 승인받은 자가 파산선고를 받은 경우에는 그 청산인이 관세를 납부하여야 한다.
④ 분할납부의 승인을 받은 자는 해당 물품을 수입신고 수리일부터 6개월 이내에 설치 또는 사용할 장소에 반입하여야 한다.
⑤ 분할납부의 승인을 받은 자가 물품의 반입 지연사유로 인하여 세관장에게 반입 기한의 연장을 신청한 경우 세관장은 수입신고 수리일부터 6개월의 범위에서 해당 기한을 연장할 수 있다.

해설

① 관세법 제106조의2 제1항 제1호
② 세관장은 천재지변이나 「관세법」에 따른 신고, 신청, 청구, 그 밖의 서류의 제출, 통지, 납부 또는 징수를 정하여진 기한까지 할 수 없다고 인정될 때에는 1년을 넘지 아니하는 기간을 정하여 대통령령으로 정하는 바에 따라 관세를 분할하여 납부하게 할 수 있다(관세법 제107조 제1항).
③ 분할납부를 승인받은 자가 파산선고를 받은 경우에는 그 파산관재인이 관세를 납부하여야 한다(관세법 제107조 제7항).
④ 분할납부의 승인을 받은 자는 해당 물품을 수입신고 수리일부터 1개월 이내에 설치 또는 사용할 장소에 반입하여야 한다(관세법 시행령 제129조 제1항).
⑤ 분할납부의 승인을 받은 자가 물품의 반입 지연사유로 인하여 세관장에게 반입 기한의 연장을 신청한 경우 세관장은 수입신고 수리일부터 3개월의 범위에서 해당 기한을 연장할 수 있다(관세법 시행령 제129조 제3항).

정답 16 ⑤ 17 ①

18 관세법령상 심사청구 등에 관한 설명으로 옳지 않은 것은?

① 재결청이 처분의 집행 또는 절차의 속행 때문에 심사청구인에게 중대한 손해가 생기는 것을 예방할 긴급한 필요성이 있다고 인정할 때에는 처분의 집행 또는 절차 속행의 전부 또는 일부의 정지를 결정할 수 있다.

② 심사청구인의 주소 또는 거소가 불명하여 결정 등을 통지할 수 없어 그 요지를 당해 재결관서의 게시판에 공고를 한 때에는 그 공고가 있은 날부터 15일을 경과한 날에 결정 등의 통지를 받은 것으로 본다.

③ 관세심사위원회의 위원장이 필요하다고 인정하는 경우를 제외하고 관세심사위원회의 회의는 공개하지 아니한다.

④ 심사청구가 있으면 관세청장은 관세심사위원회의 의결에 따라 결정하여야 하나 심사청구의 대상이 되는 처분이 존재하지 아니하는 경우에는 그러하지 아니하다.

⑤ 관세청장은 관세심사위원회의 의결이 법령에 명백히 위반된다고 판단하는 경우 구체적인 사유를 적어 서면으로 관세심사위원회에 한 차례에 한정하여 다시 심의할 것을 요청할 수 있다.

해설

② 심사청구인의 주소 또는 거소가 불명하여 결정 등을 통지할 수 없어 그 요지를 당해 재결관서의 게시판에 공고를 한 때에는 그 공고가 있은 날부터 10일을 경과한 날에 결정 등의 통지를 받은 것으로 본다(관세법 시행령 제151조 제3항).
① 관세법 제125조 제1항 단서
③ 관세법 제127조 제3항
④ 관세법 제127조 제1항, 시행령 제150조 제2호
⑤ 관세법 제127조 제2항

19 관세법상 물품의 하역에 관한 설명으로 옳은 것을 모두 고른 것은?

ㄱ. 국제무역선에 물품을 하역하려면 관세청장에게 신고해야 한다.
ㄴ. 세관장의 허가를 받았을 때에는 국제무역선에 내국물품을 적재할 수 있다.
ㄷ. 국제무역선이 국제항의 바깥에서 물품을 하역하거나 환적하려는 경우에는 선장은 세관장의 허가를 받아야 한다.
ㄹ. 세관장은 항외하역 허가의 신청을 받은 날부터 20일 이내에 허가 여부를 신청인에게 통지하여야 한다.

① ㄱ
② ㄱ, ㄴ
③ ㄴ, ㄷ
④ ㄷ, ㄹ
⑤ ㄱ, ㄷ, ㄹ

해설

ㄴ. 관세법 제140조 제6항
ㄷ. 관세법 제142조 제1항
ㄱ. 국제무역선에 물품을 하역하려면 세관장에게 신고해야 한다(관세법 제140조 제4항).
ㄹ. 세관장은 항회하역 허가의 신청을 받은 날부터 10일 이내에 허가 여부를 신청인에게 통지하여야 한다(관세법 제142조 제3항).

18 ② 19 ③ 정답

20 관세법령상 세관장이 특허보세구역에 물품반입을 정지할 수 있는 경우가 아닌 것은?

① 1년 동안 계속하여 물품의 반입・반출 실적이 없는 경우

② 3개월 이상 보세작업을 하지 않은 경우

③ 「관세법 시행령」 제207조에 따른 재고조사 결과 원자재소요량 관리가 적정하지 않은 경우

④ 특허보세구역의 운영인이 최근 1년 이내에 법에 따른 절차 등을 위반한 경우 등 관세청장이 정하는 사유에 해당하는 경우

⑤ 특허보세구역의 운영인이나 그 사용인이 「관세법」 또는 「관세법」에 따른 명령을 위반한 경우

해설

② 6개월 이상 보세작업을 하지 않은 경우 세관장은 특허보세구역에 물품반입을 정지할 수 있다(관세법 시행령 제193조의2 제2호).

① 관세법 시행령 제193조의2 제2호

③ 관세법 시행령 제193조의2 제1호

④ 관세법 시행령 제193조의2 제3호

⑤ 관세법 제178조 제1항 제2호

21 관세법령상 보세구역에 관한 설명으로 옳은 것은?

① 보세공장에서는 세관장의 승인을 받지 아니하고는 내국물품만을 원료로 하거나 재료로 하여 제조・가공하거나 그 밖에 이와 비슷한 작업을 할 수 없다.

② 세관장은 보세공장 외 작업 허가의 신청을 받은 날부터 7일 이내에 허가 여부를 신청인에게 통지하여야 한다.

③ 보세건설장 운영인은 보세건설장에 반입한 외국물품을 사용한 건설공사가 완료된 때에 해당 물품에 대하여 수입신고를 하여야 한다.

④ 특허보세구역의 운영인이 그 장치물품의 종류를 변경하거나 그 특허작업의 종류 또는 작업의 원재료를 변경하고자 하는 때에는 그 사유를 기재한 신청서를 세관장에게 제출하여 그 승인을 얻어야 한다.

⑤ 보세공장 외 작업허가를 받은 자는 허가받은 기간이 끝나는 날부터 10일 이내에 세관장에게 보세공장 외 작업완료 결과를 통보해야 한다.

해설

④ 관세법 시행령 제190조 제1항

① 보세공장에서는 세관장의 허가를 받지 아니하고는 내국물품만을 원료로 하거나 재료로 하여 제조・가공하거나 그 밖에 이와 비슷한 작업을 할 수 없다(관세법 제185조 제2항).

② 세관장은 보세공장 외 작업 허가의 신청을 받은 날부터 10일 이내에 허가 여부를 신청인에게 통지하여야 한다(관세법 제187조 제2항).

③ 보세건설장 운영인은 보세건설장에 외국물품을 반입하였을 때에는 사용 전에 해당 물품에 대하여 수입신고를 하여야 한다(관세법 제192조).

⑤ 보세공장 외 작업허가를 받은 자는 허가받은 기간이 끝나는 날부터 5일 이내에 세관장에게 보세공장 외 작업완료 결과를 통보해야 한다(관세법 시행령 제203조 제5항).

정답 20 ② 21 ④

22 관세법상 종합보세구역에 관한 설명으로 옳지 않은 것은?

① 종합보세구역에서 종합보세기능을 수행하려는 자는 그 기능을 정하여 세관장에게 종합보세사업장의 설치・운영에 관한 신고를 하여야 한다.
② 종합보세사업장의 운영인은 그가 수행하는 종합보세기능을 변경하려면 세관장에게 이를 신고하여야 한다.
③ 종합보세구역에 반입・반출되는 물품이 내국물품인 경우에는 기획재정부령으로 정하는 바에 따라 반입・반출 신고를 생략하거나 간소한 방법으로 반입・반출하게 할 수 있다.
④ 종합보세구역에 장치된 물품에 대하여 보수작업을 하거나 종합보세구역 밖에서 보세작업을 하려는 자는 세관장에게 신고하여야 한다.
⑤ 세관장은 종합보세구역에 반입・반출되는 물량이 감소하여 종합보세구역을 존속시킬 필요가 없다고 인정될 때에는 종합보세구역의 지정을 취소할 수 있다.

해설

⑤ 관세청장은 종합보세구역에 반입・반출되는 물량이 감소하여 종합보세구역을 존속시킬 필요가 없다고 인정될 때에는 종합보세구역의 지정을 취소할 수 있다(관세법 제204조 제1항).
① 관세법 제198조 제1항
② 관세법 제198조 제3항
③ 관세법 제199조 제2항
④ 관세법 제202조 제2항

23 관세법상 보세운송업자에 관한 내용으로 (　　)에 들어갈 사항을 순서대로 올바르게 나열한 것은?

> 세관장은 보세운송업자 등이 보세운송업자 등의 업무와 관련하여 「관세법」에 따른 명령을 위반한 경우에는 (　　)의 범위에서 업무정지 또는 그 밖에 필요한 조치를 할 수 있다. 그러나 세관장은 업무정지가 그 이용자에게 심한 불편을 주거나 공익을 해칠 우려가 있을 경우에는 보세운송업자 등에게 업무정지처분을 갈음하여 해당 업무 유지에 따른 매출액의 (　　) 이하의 과징금을 부과할 수 있다.

① 6개월, 100분의 3
② 6개월, 100분의 5
③ 6개월, 100분의 7
④ 1년, 100분의 3
⑤ 1년, 100분의 5

22 ⑤ 23 ① 정답

해설

보세운송업자 등의 행정제재(관세법 제224조 제1항, 제2항)

① 세관장은 관세청장이 정하는 바에 따라 보세운송업자 등이 다음의 어느 하나에 해당하는 경우에는 등록의 취소, 6개월의 범위에서의 업무정지 또는 그 밖에 필요한 조치를 할 수 있다. 다만, 제1호 및 제2호에 해당하는 경우에는 등록을 취소하여야 한다.

1. 거짓이나 그 밖의 부정한 방법으로 등록을 한 경우
2. 제175조(운영인의 결격사유) 각 호의 어느 하나에 해당하는 경우. 다만, 제175조 제8호에 해당하는 경우로서 같은 조 제2호 또는 제3호에 해당하는 사람을 임원으로 하는 법인이 3개월 이내에 해당 임원을 변경한 경우에는 그러하지 아니하다.
3. 「항만운송사업법」 등 관련 법령에 따라 면허・허가・지정・등록 등이 취소되거나 사업정지처분을 받은 경우
4. 보세운송업자 등(그 임직원 및 사용인을 포함)이 보세운송업자 등의 업무와 관련하여 「관세법」이나 「관세법」에 따른 명령을 위반한 경우

4의2. 제223조의2(보세운송업자 등의 명의대여 등의 금지)를 위반한 경우

5. 보세운송업자 등(그 임직원 및 사용인을 포함)이 보세운송업자 등의 업무와 관련하여 「개별소비세법」 제29조 제1항 또는 「교통・에너지・환경세법」 제25조 제1항에 따른 과태료를 부과받은 경우

② 세관장은 제1항에 따른 업무정지가 그 이용자에게 심한 불편을 주거나 공익을 해칠 우려가 있을 경우에는 보세운송업자 등에게 업무정지처분을 갈음하여 해당 업무 유지에 따른 매출액의 100분의 3 이하의 과징금을 부과할 수 있다. 이 경우 매출액 산정, 과징금의 금액 및 과징금의 납부기한 등에 관하여 필요한 사항은 대통령령으로 정한다.

24 관세법령상 위탁판매의 방법으로 매각될 수 있는 대상이 아닌 것은?

① 부패하거나 부패의 우려가 있는 물품
② 기간경과로 사용할 수 없게 되거나 상품가치가 현저히 감소할 우려가 있는 물품
③ 1회 이상 경쟁입찰에 부쳐도 매각되지 아니한 물품
④ 공매하는 경우 공매에 전문지식이 필요하여 직접 공매하기에 부적합한 물품
⑤ 경매나 수의계약으로도 매각되지 아니한 물품

해설

③ 2회 이상 경쟁입찰에 부쳐도 매각되지 아니한 물품은 경매나 수의계약으로 매각할 수 있으며(관세법 제210조 제3항 제1호), 이에 따른 방법으로도 매각되지 아니한 물품과 대통령령으로 정하는 물품은 위탁판매의 방법으로 매각할 수 있다(관세법 제210조 제4항).
① 관세법 시행령 제222조 제5항 제1호
② 관세법 시행령 제222조 제5항 제2호
④ 관세법 시행령 제222조 제5항 제3호
⑤ 관세법 제210조 제4항

정답 24 ③

25 관세법령상 일반물품의 원산지결정과 관련하여 해당 물품이 2개국 이상에 걸쳐 생산 · 가공 또는 제조된 경우에 원산지로 인정될 수 있는 작업은?

① 단순한 조립작업
② 가축의 도축작업
③ 판매를 위한 물품의 포장개선작업
④ 보세구역장치 중에 있는 물품의 보존을 위하여 필요한 작업
⑤ 원산지가 다른 물품과 혼합하여 그 물품의 본질적 특성을 부여하기에 충분한 정도의 실질적 생산작업

해설

원산지 확인 기준(관세법 제229조 제1항)

이 법, 조약, 협정 등에 따른 관세의 부과 · 징수, 수출입물품의 통관, 제233조(원산지증명서 등의 확인요청 및 조사) 제3항의 확인요청에 따른 조사 등을 위하여 원산지를 확인할 때에는 다음의 어느 하나에 해당하는 나라를 원산지로 한다.

1. 해당 물품의 전부를 생산 · 가공 · 제조한 나라
2. 해당 물품이 2개국 이상에 걸쳐 생산 · 가공 또는 제조된 경우에는 그 물품의 본질적 특성을 부여하기에 충분한 정도의 실질적인 생산 · 가공 · 제조 과정이 최종적으로 수행된 나라

26 관세법령상 물품을 수입하는 경우 신고기한 경과 시에 부과되는 가산세율로 옳은 것은?

① 신고기한이 경과한 날부터 9일이 되는 날 신고를 한 때 – 당해 물품의 과세가격의 1천분의 1
② 신고기한이 경과한 날부터 29일이 되는 날 신고를 한 때 – 당해 물품의 과세가격의 1천분의 5
③ 신고기한이 경과한 날부터 59일이 되는 날 신고를 한 때 – 당해 물품의 과세가격의 1천분의 10
④ 신고기한이 경과한 날부터 89일이 되는 날 신고를 한 때 – 당해 물품의 과세가격의 1천분의 15
⑤ 신고기한이 경과한 날부터 99일이 되는 날 신고를 한 때 – 당해 물품의 과세가격의 1천분의 20

해설

가산세율(관세법 시행령 제247조 제1항)

1. 신고기한이 경과한 날부터 20일 내에 신고를 한 때에는 당해 물품의 과세가격의 1천분의 5
2. 신고기한이 경과한 날부터 50일 내에 신고를 한 때에는 당해 물품의 과세가격의 1천분의 10
3. 신고기한이 경과한 날부터 80일 내에 신고를 한 때에는 당해 물품의 과세가격의 1천분의 15
4. 제1호 내지 제3호 외의 경우에는 당해 물품의 과세가격의 1천분의 20

25 ⑤ 26 ⑤ 정답

27 관세법령상 수입신고 수리 전 물품 반출 시 담보제공이 생략될 수 있는 물품이 아닌 것은?

① 지방자치단체가 수입하는 물품

② 「지방공기업법」에 따라 설립된 지방공단이 수입하는 물품

③ 최근 1년간 법 위반 사실이 없는 신용평가기관으로부터 신용도가 높은 것으로 평가를 받은 자가 수입하는 물품

④ 수출용원재료 등 수입물품의 성질, 반입사유 등을 고려할 때 관세채권의 확보에 지장이 없다고 관세청장이 인정하는 물품

⑤ 거주 이전의 사유, 납부할 세액 등을 고려할 때 관세채권의 확보에 지장이 없다고 관세청장이 정하여 고시하는 기준에 해당하는 자의 이사물품

해설

신고 수리 전 반출(관세법 시행령 제256조 제3항)

다음의 어느 하나에 해당하는 물품에 대해서는 담보의 제공을 생략할 수 있다. 다만, 제2호 및 제3호의 물품을 수입하는 자 중 관세 등의 체납, 불성실신고 등의 사유로 담보 제공을 생략하는 것이 타당하지 아니하다고 관세청장이 인정하는 자가 수입하는 물품에 대해서는 담보를 제공하게 할 수 있다.

1. 국가, 지방자치단체, 「공공기관의 운영에 관한 법률」 제4조에 따른 공공기관, 「지방공기업법」 제49조에 따라 설립된 지방공사 및 같은 법 제79조에 따라 설립된 지방공단이 수입하는 물품
2. 법 제90조(학술연구용품의 감면) 제1항 제1호 및 제2호에 따른 기관이 수입하는 물품
3. 최근 2년간 법 위반[관세청장이 법 제270조(관세포탈죄 등) · 제276조(허위신고죄 등) 및 제277조(과태료)에 따른 처벌을 받은 자로서 재범의 우려가 없다고 인정하는 경우를 제외] 사실이 없는 수출입자 또는 신용평가기관으로부터 신용도가 높은 것으로 평가를 받은 자로서 관세청장이 정하는 자가 수입하는 물품
4. 수출용원재료 등 수입물품의 성질, 반입사유 등을 고려할 때 관세채권의 확보에 지장이 없다고 관세청장이 인정하는 물품
5. 거주 이전(移轉)의 사유, 납부할 세액 등을 고려할 때 관세채권의 확보에 지장이 없다고 관세청장이 정하여 고시하는 기준에 해당하는 자의 이사물품

정답 27 ③

28 관세법령상 우편물에 관한 설명으로 옳지 않은 것은?

① 반송하려는 서신은 통관우체국을 경유하지 않아도 된다.
② 통관우체국은 체신관서 중에서 관세청장이 지정한다.
③ 우편물이 법령에 따라 수출입이 금지되는 물품인 경우 해당 우편물의 수취인이나 발송인은 「관세법」 제241조(수출·수입 또는 반송의 신고) 제1항에 따른 신고를 하여야 한다.
④ 체신관서는 관세를 징수하여야 하는 우편물은 관세를 징수하기 전에 수취인에게 내줄 수 없다.
⑤ 우편물에 대한 관세의 납세의무는 해당 우편물이 반송되어도 소멸하지 않는다.

해설

⑤ 우편물에 대한 관세의 납세의무는 해당 우편물이 반송되면 소멸한다(관세법 제261조).
① 관세법 제256조 제1항
② 관세법 제256조 제2항
③ 관세법 제258조 제2항, 시행령 제261조 제1호
④ 관세법 제260조 제2항

29 관세법령상 세관공무원의 물품검사 등과 관련하여 '자료를 갖춰 두어야 하는 영업장'에 해당하지 않는 것은?

① 최근 1년간 수입물품의 매출액이 10억 원인 수입물품만을 취급하는 상설영업장
② 통신판매하는 자로서 최근 1년간 수입물품의 매출액이 15억 원인 상설영업장
③ 최근 2개월간 수입물품의 매출액이 1억 원인 백화점
④ 최근 1년간 수입물품의 매출액이 전체 매출액의 20퍼센트인 상설영업장
⑤ 외국에서 생산된 물품을 판매하는 상설영업장의 판매자가 최근 2년 이내에 「관세법」 위반으로 처벌받은 사실이 있는 경우 그 상설영업장

해설

장부 또는 자료의 제출 등(관세법 제266조 제2항, 시행규칙 제80조)
다음에 해당하는 상설영업장을 갖추고 외국에서 생산한 물품을 판매하는 자는 해당 물품에 관하여 세금계산서나 수입 사실 등을 증명하는 자료를 영업장에 갖춰두어야 한다.
1. 백화점
2. 최근 1년간 수입물품의 매출액이 5억 원 이상인 수입물품만을 취급하거나 수입물품을 할인판매하는 상설영업장
3. 통신판매하는 자로서 최근 1년간 수입물품의 매출액이 10억 원 이상인 상설영업장
4. 관세청장이 정하는 물품을 판매하는 자로서 최근 1년간 수입물품의 매출액이 전체 매출액의 30퍼센트를 초과하는 상설영업장
5. 상설영업장의 판매자 또는 그 대리인이 최근 3년 이내에 「관세법」 또는 「관세사법」 위반으로 처벌받은 사실이 있는 경우 그 상설영업장

28 ⑤ 29 ④ 정답

30 관세법상 벌칙에 관한 설명으로 옳지 않은 것은?

① 「관세법」 제268조의2(전자문서 위조·변조죄 등)의 죄를 저지른 자에 대해서는 징역과 벌금이 병과되지 않는다.

② 그 정황을 알면서 「관세법」 제269조(밀수출입죄)에 따른 행위를 방조한 자는 정범에 준하여 처벌한다.

③ 「관세법」 제270조의2(가격조작죄)의 죄를 저지를 목적으로 그 예비를 한 자는 본죄의 2분의 1을 감경하여 처벌한다.

④ 「관세법」 제270조(관세포탈죄 등)의 미수범은 본죄에 준하여 처벌한다.

⑤ 납세의무자가 강제징수를 면탈할 목적으로 그 재산을 은닉·탈루하였을 때에는 3년 이하의 징역 또는 3천만 원 이하의 벌금에 처한다.

해설

③ 제268조의2(전자문서 위조·변조죄 등), 제269조(밀수출입죄) 및 제270조(관세포탈죄 등)의 죄를 저지를 목적으로 그 예비를 한 자는 본죄의 2분의 1을 감경하여 처벌한다(관세법 제271조 제3항).

① 제269조부터 제271조(밀수출입죄, 관세포탈죄, 가격조작죄, 미수범)까지 및 제274조(밀수품의 취득죄 등)의 죄를 저지른 자는 정상(情狀)에 따라 징역과 벌금을 병과할 수 있다(관세법 제275조). 따라서 제268조의2는 징역과 벌금이 병과되지 않는다.

② 그 정황을 알면서 제269조(밀수출입죄) 및 제270조(관세포탈죄 등)에 따른 행위를 교사하거나 방조한 자는 정범(正犯)에 준하여 처벌한다(관세법 제271조 제1항).

④ 제268조의2(전자문서 위조·변조죄 등), 제269조(밀수출입죄) 및 제270조(관세포탈죄 등)의 미수범은 본죄에 준하여 처벌한다(관세법 제271조 제2항).

⑤ 납세의무자 또는 납세의무자의 재산을 점유하는 자가 강제징수를 면탈할 목적 또는 면탈하게 할 목적으로 그 재산을 은닉·탈루하거나 거짓 계약을 하였을 때에는 3년 이하의 징역 또는 3천만 원 이하의 벌금에 처한다(관세법 제275의2 제1항).

31 관세법령상 과세자료의 범위 및 제출시기 등과 관련하여 과세자료제출기관과 과세자료명의 연결이 옳지 않은 것은?

① 농림축산식품부 – 「관세법 시행령」 제94조(농림축산물에 대한 양허세율의 적용신청)에 따른 양허세율 적용의 추천에 관한 자료

② 환경부 – 「관세법」 제92조(정부용품 등의 면세) 제7호에 따라 상수도 수질 측정 또는 보전・향상을 위하여 수입하는 물품에 대한 관세 면제를 위한 신청에 관한 자료

③ 산업통상자원부 – 「관세법」 제93조(특정물품의 면세 등) 제3호에 따라 핵사고 또는 방사능 긴급사태 복구지원과 구호를 위하여 기증되는 물품에 대한 관세 면제를 위한 신청에 관한 자료

④ 방위사업청 – 「방위사업법」 제57조의2에 따른 군수품무역대리업의 등록을 한 업체의 사업자등록번호

⑤ 행정안전부 – 「지방세법」 제55조에 따른 제조자 또는 수입판매업자의 반출신고에 관한 자료

해설

과세자료의 범위 및 제출시기 등(관세법 시행령 별표 3)

번 호	과세자료제출기관	과세자료명
2	농림축산식품부	제94조에 따른 양허세율 적용의 추천에 관한 자료
8	환경부	법 제92조 제7호에 따라 상수도 수질 측정 또는 보전・향상을 위하여 수입하는 물품에 대한 관세 면제를 위한 신청에 관한 자료
10	<u>원자력안전위원회</u>	법 제93조 제3호에 따라 핵사고 또는 방사능 긴급사태 복구지원과 구호를 위하여 기증되는 물품에 대한 관세 면제를 위한 신청에 관한 자료
43	행정안전부	「지방세법」 제55조에 따른 제조자 또는 수입판매업자의 반출신고에 관한 자료
56	방위사업청	「방위사업법」 제57조의2에 따른 군수품무역대리업의 등록을 한 업체의 사업자등록번호

32 관세법상 관세범 조사에 관한 설명으로 옳지 않은 것은?

① 조서는 세관공무원이 진술자에게 읽어 주거나 열람하게 하여 기재 사실에 서로 다른 점이 있는지 물어보아야 한다.

② 현행범인이 아닌 관세범에 대한 조사로서 긴급히 처리할 필요가 있을 때에는 그 주요 내용을 적은 서면으로 조서를 대신할 수 있다.

③ 점유자 또는 보관자가 임의로 제출한 물품이나 남겨 둔 물품은 영장 없이 압수할 수 있다.

④ 관세범의 현행범인이 그 장소에 있을 때에는 누구든지 체포할 수 있다.

⑤ 압수물품은 편의에 따라 소지자나 시・군・읍・면사무소에 보관시킬 수 있다.

해설

② <u>현행범인에 대한 조사</u>로서 긴급히 처리할 필요가 있을 때에는 그 주요 내용을 적은 서면으로 조서를 대신할 수 있다(관세법 제293조 제1항).

① 관세법 제292조 제2항

③ 관세법 제296조 제2항

④ 관세법 제298조 제1항

⑤ 관세법 제303조 제2항

31 ③ 32 ② 정답

33 관세법령상 '개청시간 및 물품취급시간 외 통관절차 등에 관한 수수료'에 관한 내용으로 (   )에 들어갈 사항을 순서대로 올바르게 나열한 것은?

> 「관세법」 제321조 제3항의 규정에 의하여 납부하여야 하는 개청시간 외 통관절차·보세운송절차 또는 입출항절차에 관한 수수료는 기본수수료 (ㄱ)원[휴일은 (ㄴ)원]에 다음 각 호의 구분에 의한 금액을 합한 금액으로 한다. 다만, 수출물품의 통관절차 또는 출항절차에 관한 수수료는 수입물품의 통관절차 또는 출항절차에 관한 수수료의 4분의 1에 상당하는 금액으로 한다.
> 1. 오전 6시부터 오후 6시까지 – 1시간당 3천 원
> 2. 오후 6시부터 오후 10시까지 – 1시간당 (ㄷ) 원
> 3. 오후 10시부터 그 다음날 오전 6시까지 – 1시간당 7천 원

① ㄱ – 2천, ㄴ – 1만, ㄷ – 4천

② ㄱ – 2천, ㄴ – 1만2천, ㄷ – 5천

③ ㄱ – 4천, ㄴ – 1만, ㄷ – 4천8백

④ ㄱ – 4천, ㄴ – 1만2천, ㄷ – 4천8백

⑤ ㄱ – 5천, ㄴ – 1만, ㄷ – 5천

해설

개청시간 및 물품취급시간 외 통관절차 등에 관한 수수료(관세법 시행규칙 제81조 제1항)

법 제321조(세관의 업무시간·물품취급시간) 제3항의 규정에 의하여 납부하여야 하는 개청시간 외 통관절차·보세운송절차 또는 입출항절차에 관한 수수료(구호용 물품의 경우 당해 수수료를 면제)는 기본수수료 4천 원(휴일은 1만2천 원)에 다음의 구분에 의한 금액을 합한 금액으로 한다. 다만, 수출물품의 통관절차 또는 출항절차에 관한 수수료는 수입물품의 통관절차 또는 출항절차에 관한 수수료의 4분의 1에 상당하는 금액으로 한다.

1. 오전 6시부터 오후 6시까지 : 1시간당 3천 원
2. 오후 6시부터 오후 10시까지 : 1시간당 4천8백 원
3. 오후 10시부터 그다음 날 오전 6시까지 : 1시간당 7천 원

34 관세법상 외국물품으로서 적법하게 수입된 것으로 보고 관세 등을 따로 징수하지 아니하는 물품을 모두 고른 것은?

ㄱ. 「관세법」에 따라 몰수된 물품
ㄴ. 여행자가 운송수단에서 소비한 휴대품
ㄷ. 법령에 따라 국고에 귀속된 물품
ㄹ. 체신관서가 보관 중인 우편물
ㅁ. 「관세법」 제273조(범죄에 사용된 물품의 몰수 등)에 해당하여 「관세법」에 따른 통고처분으로 납부된 물품

① ㄴ, ㄹ
② ㄹ, ㅁ
③ ㄱ, ㄴ, ㄷ
④ ㄱ, ㄷ, ㅁ
⑤ ㄴ, ㄷ, ㄹ, ㅁ

해설

수출입의 의제(관세법 제240조 제1항)
다음의 어느 하나에 해당하는 외국물품은 이 법에 따라 적법하게 수입된 것으로 보고 관세 등을 따로 징수하지 아니한다.
1. 체신관서가 수취인에게 내준 우편물
2. 이 법에 따라 매각된 물품
3. 이 법에 따라 몰수된 물품
4. 제269조(밀수출입죄), 제272조(밀수 전용 운반기구의 몰수), 제273조(범죄에 사용된 물품의 몰수 등) 또는 제274조(밀수품의 취득죄 등) 제1항 제1호에 해당하여 이 법에 따른 통고처분으로 납부된 물품
5. 법령에 따라 국고에 귀속된 물품
6. 제282조(몰수·추징) 제3항에 따라 몰수를 갈음하여 추징된 물품

35 자유무역협정의 이행을 위한 관세법의 특례에 관한 법령상 원산지증명서 발급기관으로 옳은 것을 모두 고른 것은?

ㄱ. 브루나이다루살람을 원산지로 하는 물품 – 브루나이 상공회의소
ㄴ. 미얀마연방을 원산지로 하는 물품 – 미얀마 상무부
ㄷ. 일본국을 원산지로 하는 물품 – 일본 상공회의소
ㄹ. 말레이시아를 원산지로 하는 물품 – 말레이시아 국제통상산업부
ㅁ. 인도를 원산지로 하는 물품 – 인도 세관
ㅂ. 필리핀공화국을 원산지로 하는 물품 – 필리핀 세관

① ㄱ, ㄷ
② ㄷ, ㄹ
③ ㄱ, ㅁ, ㅂ
④ ㄴ, ㄷ, ㄹ, ㅂ
⑤ ㄴ, ㄹ, ㅁ, ㅂ

34 ④ 35 ④ 정답

해설

원산지증명서의 발급기관[자유무역협정(FTA)관세법 시행규칙 제8조 제4항, 제11항]

④ 인도와의 협정에 따라 원산지증명서를 발급하는 기관은 다음과 같다.

1. 인도를 원산지로 하는 물품 : 인도수출검사위원회, 섬유위원회(Textile Committee) 및 수산물수출개발원(Marine Products Export Development Authority)

⑪ 「역내포괄적경제동반자협정」에 따라 원산지증명서를 발급하는 기관은 다음과 같다.

1. 브루나이다루살람을 원산지로 하는 물품 : 브루나이 재정경제부
5. 말레이시아를 원산지로 하는 물품 : 말레이시아 국제통상산업부
6. 미얀마연방을 원산지로 하는 물품 : 미얀마 상무부
7. 필리핀공화국을 원산지로 하는 물품 : 필리핀 세관
13. 일본국을 원산지로 하는 물품 : 일본 상공회의소

36 자유무역협정의 이행을 위한 관세법의 특례에 관한 법령상 체약상대국의 요청에 따른 원산지 조사결과 통지 기간으로 옳은 것은?

① 터키 - 조사 요청일부터 15개월 이내
② 영국 - 조사 요청일부터 10개월 이내
③ 인도 - 조사 요청을 접수한 날부터 10개월 이내
④ 아세안회원국 - 조사 요청을 접수한 날부터 10개월 이내
⑤ 콜롬비아 - 조사 요청일부터 6개월 이내

해설

체약상대국의 요청에 따른 원산지 조사[자유무역협정(FTA)관세법 시행령 제13조 제1항]

관세청장 또는 세관장은 체약상대국의 관세당국으로부터 수출물품에 대한 원산지 조사 요청을 받은 경우에는 다음의 구분에 따른 기간 내에 조사결과를 통지해야 한다.

2. 아세안회원국 : 조사 요청을 접수한 날부터 2개월. 다만, 아세안회원국의 관세당국과 협의하여 아세안회원국과의 협정 부속서 3 부록 1 제14조 제1항 라목에 따라 조사 요청을 접수한 날부터 6개월의 범위에서 그 기간을 연장할 수 있다.
3. 인도 : 조사 요청을 접수한 날부터 3개월. 다만, 인도의 관세당국과 협의하여 인도와의 협정 제4.11조 제1항 라목에 따라 조사 요청을 접수한 날부터 6개월의 범위에서 그 기간을 연장할 수 있다.
6. 터키 : 조사 요청일부터 10개월
7. 콜롬비아 : 조사 요청일부터 150일
11. 영국 : 조사 요청일부터 10개월

정답 36 ②

37 자유무역협정의 이행을 위한 관세법의 특례에 관한 법령상 긴급관세조치를 연장하는 경우 긴급관세조치(잠정긴급관세조치 기간 포함)의 적용 시 총기간의 최대한으로 옳은 것은?

① 중국을 원산지로 하는 수입물품 - 3년
② 뉴질랜드를 원산지로 하는 수입물품 - 3년
③ 캐나다를 원산지로 하는 수입물품 - 3년
④ 영국을 원산지로 하는 수입물품 - 3년
⑤ 유럽연합당사자를 원산지로 하는 수입물품 - 3년

해설

긴급관세조치 과도기간 및 적용기간의 범위[자유무역협정(FTA)관세법 시행령 제23조 제3항]
재심사 결과에 따라 긴급관세조치 기간을 연장하는 경우 잠정긴급관세조치 기간, 긴급관세조치 기간 및 그 연장기간을 포함한 긴급관세조치의 총기간은 다음의 구분에 따른 기간을 초과할 수 없다.
5. 유럽연합당사자를 원산지로 하는 수입물품 : 4년
11. 캐나다를 원산지로 하는 수입물품 : 4년
12. 뉴질랜드를 원산지로 하는 수입물품 : 3년
14. 중국을 원산지로 하는 수입물품 : 4년
16. 영국을 원산지로 하는 수입물품 : 4년

38 자유무역협정의 이행을 위한 관세법의 특례에 관한 법률상 벌칙에 관한 내용으로 (　　)에 들어갈 사항으로 옳은 것은?

> 제38조(비밀유지 의무)를 위반하여 비밀취급자료를 타인에게 제공 또는 누설하거나 목적 외의 용도로 사용한 자는 3년 이하의 징역 또는 (　　) 이하의 벌금에 처한다.

① 1천만 원
② 2천만 원
③ 3천만 원
④ 4천만 원
⑤ 5천만 원

해설

제38조(비밀유지 의무)를 위반하여 비밀취급자료를 타인에게 제공 또는 누설하거나 목적 외의 용도로 사용한 자는 3년 이하의 징역 또는 3천만 원 이하의 벌금에 처한다[자유무역협정(FTA)관세법 제44조 제1항].

37 ② 38 ③ 정답

39 **자유무역협정의 이행을 위한 관세법의 특례에 관한 법령상 중국과의 협정에 따라 관세가 면제되는 일시 수입물품에 해당하지 않는 것은? (단, 수입신고 수리일부터 2년의 범위에서 다시 수출하기 위한 물품에 한한다)**

① 수리 또는 개조를 위한 물품
② 방송・영화 촬영 장비 등 일시 입국하는 사람의 영업활동, 거래 또는 직업 수행에 필요한 전문장비
③ 운동경기용 물품
④ 전시 또는 시연을 위한 물품
⑤ 상용견품

해설

관세가 면제되는 일시수입물품 등[자유무역협정(FTA)관세법 시행규칙 제30조 제1항]
법 제30조(일시수입물품 등에 대한 관세의 면제) 제1항 제1호에 따라 관세가 면제되는 물품은 다음의 물품으로서 칠레・페루・미합중국・캐나다・콜롬비아・뉴질랜드・캄보디아・베트남・이스라엘 및 중미 공화국들과의 협정, 「역내포괄적경제동반자협정」에 따라 해당 체약상대국으로부터 수입되는 물품으로 한다. 다만, 호주와의 협정에 따라 관세가 면제되는 물품은 다음의 물품 중 제6호의 물품으로 한정하고, 중국과의 협정에 따라 관세가 면제되는 물품은 다음의 물품 중 제1호부터 제4호까지의 물품으로 한정하며, 캄보디아와의 협정 및 「역내포괄적경제동반자협정」에 따라 관세가 면제되는 물품은 다음의 물품 중 제1호부터 제5호까지의 물품으로 한정한다.

1. 언론장비, 텔레비전 방송용 장비, 소프트웨어, 방송・영화 촬영 장비 등 일시 입국하는 사람의 영업활동, 거래 또는 직업 수행에 필요한 전문장비
2. 전시 또는 시연을 위한 물품(구성부품, 보조기구와 부속품을 포함)
3. 운동경기용 물품(시범용 또는 훈련용 물품을 포함)
4. 상용견품
5. 물품 또는 용역을 판매하거나 임대하기 위하여 그 성질・작동 등을 보여주는 시연용 영상 또는 음향 기록매체. 다만, 일반대중을 위한 방송용은 제외한다.
6. 수리 또는 개조를 위한 물품

2022년 제39회

정답 39 ①

40 **자유무역협정의 이행을 위한 관세법의 특례에 관한 법령상 업체별 원산지인증수출자의 인증요건이 아닌 것은?**

① 원산지인증수출자 인증신청일 이전 최근 2년간 「자유무역협정의 이행을 위한 관세법의 특례에 관한 법률」 제17조 제1항 또는 제18조 제1항에 따른 서면조사 또는 현지조사를 거부한 사실이 없을 것

② 수출실적이 있는 물품 또는 새롭게 수출하려는 물품이 원산지 결정기준을 충족하는 물품(품목번호 6단위 기준)임을 증명할 수 있는 전산처리시스템을 보유하고 있거나 그 밖의 방법으로 증명할 능력이 있을 것

③ 원산지증명서 작성대장을 비치·관리하고 기획재정부령으로 정하는 원산지관리전담자를 지정·운영할 것

④ 수출입물품의 안전한 관리를 확보할 수 있는 운영시스템, 거래업체, 운송수단 및 직원교육체계 등을 갖출 것

⑤ 원산지인증수출자 인증신청일 이전 최근 2년간 속임수 또는 부정한 방법으로 원산지증명서를 발급신청하거나 작성·발급한 사실이 없을 것

해설

원산지인증수출자의 인증요건[자유무역협정(FTA)관세법 시행령 제7조 제1호]

업체별 원산지인증수출자 : 다음의 요건을 모두 갖춘 수출자 또는 생산자

가. 수출실적이 있는 물품 또는 새롭게 수출하려는 물품이 법 제7조에 따른 원산지 결정기준을 충족하는 물품(품목번호 6단위를 기준으로 함)임을 증명할 수 있는 전산처리시스템을 보유하고 있거나 그 밖의 방법으로 증명할 능력이 있을 것

나. 원산지인증수출자 인증신청일 이전 최근 2년간 법 제17조(원산지에 관한 조사) 제1항 또는 제18조(체약상대국의 요청에 따른 원산지 조사) 제1항에 따른 서면조사 또는 현지조사를 거부한 사실이 없을 것

다. 원산지증명서 작성대장을 비치·관리하고 기획재정부령으로 정하는 원산지관리전담자를 지정·운영할 것

라. 원산지인증수출자 인증신청일 이전 최근 2년간 제10조(보관대상 원산지증빙서류 등) 제1항 제2호(수출자가 보관해야 하는 서류) 및 제3호(생산자가 보관해야 하는 서류)에 따른 서류의 보관의무를 위반한 사실이 없을 것

마. 원산지인증수출자 인증신청일 이전 최근 2년간 속임수 또는 부정한 방법으로 원산지증명서를 발급신청하거나 작성·발급한 사실이 없을 것

40 ④ 정답

2023 관세법개론

1교시 응시시간 : 80분　과목당 문항 수 : 40문항

01 관세법령상 관세환급금의 환급에 관한 설명으로 옳지 않은 것은?

① 세관장은 납세의무자가 환급세액의 환급을 청구할 때에는 대통령령으로 정하는 바에 따라 지체 없이 이를 관세환급금으로 결정하고 30일 이내에 환급하여야 한다.
② 세관장이 확인한 관세환급금은 납세의무자가 환급을 청구하지 아니하더라도 환급하여야 한다.
③ 관세환급금에 관한 권리는 제3자에게 양도할 수 있다.
④ 관세환급금을 환급받을 자가 환급통지서 발행일부터 1년 내에 환급금을 지급받지 못한 때에는 세관장에게 다시 환급절차를 밟을 것을 요구할 수 있다.
⑤ 세관장은 분기별 관세환급금결정액보고서를 작성하여 기획재정부장관에게 제출하여야 한다.

해설

⑤ 세관장은 매월 관세환급금결정액보고서를 작성하여 기획재정부장관에게 제출하여야 한다(관세법 시행령 제51조 제3항).
①·② 관세법 제46조 제1항
③ 관세법 제46조 제3항
④ 관세법 시행령 제55조 제3항

02 관세법상 납세의무자에 관한 설명으로 옳지 않은 것은?

① 납세의무자는 신고납부한 세액이 부족하다는 것을 알게 된 때에는 신고납부한 날부터 1년 이내에 해당 세액을 보정(補正)하여 줄 것을 세관장에게 신청할 수 있다.
② 우편으로 수입되는 물품인 경우에는 그 수취인이 납세의무자가 된다.
③ 보세운송물품이 도난품인 경우 보세운송을 신고하거나 승인을 받은 자가 납세의무자가 된다.
④ 다른 법령에 따라 관세의 납부를 보증한 자는 보증액의 범위에서 납세의무를 진다.
⑤ 납세의무자인 법인이 「채무자 회생 및 파산에 관한 법률」 제215조에 따라 신회사를 설립하는 경우 신회사가 관세·가산세 및 강제징수비를 연대하여 납부할 의무를 진다.

해설

① 납세의무자는 신고납부한 세액이 부족하다는 것을 알게 되거나 세액산출의 기초가 되는 과세가격 또는 품목분류 등에 오류가 있는 것을 알게 되었을 때에는 신고납부한 날부터 6개월 이내에 해당 세액을 보정(補正)하여 줄 것을 세관장에게 신청할 수 있다(관세법 제38조의2 제1항).
② 관세법 제19조 제1항 제9호
③ 관세법 제19조 제1항 제10호 나목
④ 관세법 제19조 제3항
⑤ 관세법 제19조 제6항 제3호

정답 01 ⑤　02 ①

03 관세법령상 신고서류의 보관기간으로 옳지 않은 것은?

① 수입신고필증 - 해당 신고에 대한 수리일부터 5년
② 반송신고필증 - 해당 신고에 대한 수리일부터 3년
③ 보세운송에 관한 자료 - 해당 신고에 대한 수리일부터 2년
④ 수입물품 가격결정에 관한 자료 - 해당 신고에 대한 수리일부터 3년
⑤ 수출신고필증 - 해당 신고에 대한 수리일부터 3년

해설

장부 등의 보관(관세법 시행령 제3조 제1항)

구분	서류
해당 신고에 대한 수리일부터 5년	• 수입신고필증 • 수입거래관련 계약서 또는 이에 갈음하는 서류 • 지식재산권의 거래에 관련된 계약서 또는 이에 갈음하는 서류 • 수입물품 가격결정에 관한 자료
해당 신고에 대한 수리일부터 3년	• 수출신고필증 • 반송신고필증 • 수출물품·반송물품 가격결정에 관한 자료 • 수출거래·반송거래 관련 계약서 또는 이에 갈음하는 서류
해당 신고에 대한 수리일부터 2년	• 보세화물반출입에 관한 자료 • 적재화물목록에 관한 자료 • 보세운송에 관한 자료

04 관세법령상 관세부과 제척기간의 기산일에 관한 규정의 일부이다. 옳은 것을 모두 고른 것은?

> 법 제21조 제1항에 따른 관세부과의 제척기간을 산정할 때 (ㄱ)수입신고한 날의 다음 날을 관세를 부과할 수 있는 날로 한다. 다만, 다음 각 호의 경우에는 해당 호에 규정된 날을 관세를 부과할 수 있는 날로 한다.
> 1. 〈생 략〉
> 2. 의무불이행 등의 사유로 감면된 관세를 징수하는 경우에는 (ㄴ)그 사유가 발생한 날
> 3. 〈생 략〉
> 4. 과다환급 또는 부정환급 등의 사유로 관세를 징수하는 경우에는 (ㄷ)환급한 날의 다음 날
> 5. 〈생 략〉

① ㄴ
② ㄱ, ㄴ
③ ㄱ, ㄷ
④ ㄴ, ㄷ
⑤ ㄱ, ㄴ, ㄷ

03 ④ 04 ③ 정답

해설

관세부과 제척기간의 기산일(관세법 시행령 제6조)

법 제21조(관세부과의 제척기간) 제1항에 따른 관세부과의 제척기간을 산정할 때 수입신고한 날의 다음 날을 관세를 부과할 수 있는 날로 한다. 다만, 다음 각 호의 경우에는 해당 호에 규정된 날을 관세를 부과할 수 있는 날로 한다.

1. 법 제16조(과세물건 확정의 시기) 제1호 내지 제11호에 해당되는 경우에는 그 사실이 발생한 날의 다음 날
2. 의무불이행 등의 사유로 감면된 관세를 징수하는 경우에는 그 사유가 발생한 날의 다음 날
3. 보세건설장에 반입된 외국물품의 경우에는 다음 각 목의 날중 먼저 도래한 날의 다음 날
   가. 제211조의 규정에 의하여 건설공사 완료보고를 한 날
   나. 법 제176조의 규정에 의한 특허기간(특허기간을 연장한 경우에는 연장기간)이 만료되는 날
4. 과다환급 또는 부정환급 등의 사유로 관세를 징수하는 경우에는 환급한 날의 다음 날
5. 법 제28조에 따라 잠정가격을 신고한 후 확정된 가격을 신고한 경우에는 확정된 가격을 신고한 날의 다음 날(다만, 기간 내에 확정된 가격을 신고하지 아니하는 경우에는 해당 기간의 만료일의 다음 날)

05 관세법령상 관세부과의 제척기간에 관한 설명으로 옳지 않은 것은?

① 「감사원법」에 따른 심사청구에 대한 결정이 있은 경우 그 결정이 확정된 날부터 1년까지는 해당 결정이나 경정청구에 따라 경정이나 그 밖에 필요한 처분을 할 수 있다.

② 부정한 방법으로 관세를 감면받은 경우 관세부과의 제척기간은 10년이다.

③ 이의신청에 대한 결정이 있은 경우 그 결정이 확정된 날부터 1년까지는 해당 결정이나 경정청구에 따라 경정이나 그 밖에 필요한 처분을 할 수 있다.

④ 관세의 납부독촉이 있더라도 관세부과의 제척기간은 중단되지 않는다.

⑤ 「관세법」에 따라 잠정가격을 신고한 경우 관세부과 제척기간의 기산일은 잠정가격신고를 한 날의 다음 날이다.

해설

⑤ 「관세법」에 따라 잠정가격을 신고한 후 확정된 가격을 신고한 경우에는 확정된 가격을 신고한 날의 다음 날을 관세를 부과할 수 있는 날로 한다(관세법 시행령 제6조 제5호).

① 관세법 제21조 제2항 제1호 나목

② 관세법 제21조 제1항

③ 관세법 제21조 제2항 제1호 가목

④ 관세부과의 제척기간은 권리관계를 조속히 확정시키기 위하여 정한 부과권의 존속기간을 말하는 것이므로 징수권의 소멸시효와는 달리 기간의 중단이나 정지가 인정되지 않는다.

정답 05 ⑤

06 관세법령상 공시송달을 할 수 있는 경우에 관한 내용이다. (ㄱ), (ㄴ)에 들어갈 사항으로 옳은 것은?

> 세관공무원이 (ㄱ)회 이상 납세자를 방문[처음 방문한 날과 마지막 방문한 날 사이의 기간이 (ㄴ)일(기간을 계산할 때 공휴일, 대체공휴일, 토요일 및 일요일은 산입하지 않는다) 이상이어야 한다]해 서류를 교부하려고 하였으나 수취인이 부재중인 것으로 확인되어 납부기한까지 송달이 곤란하다고 인정되는 경우

① ㄱ - 1, ㄴ - 3
② ㄱ - 2, ㄴ - 2
③ ㄱ - 2, ㄴ - 3
④ ㄱ - 3, ㄴ - 3
⑤ ㄱ - 3, ㄴ - 4

해설

공시송달(관세법 시행령 제2조의2)
법 제11조(납부고지서의 송달) 제2항 제3호에서 "등기우편으로 송달하였으나 수취인 부재로 반송되는 경우 등 대통령령으로 정하는 경우"란 다음의 어느 하나에 해당하는 경우를 말한다.

1. 서류를 등기우편으로 송달하였으나 수취인이 부재중(不在中)인 것으로 확인되어 반송됨으로써 납부기한까지 송달이 곤란하다고 인정되는 경우
2. 세관공무원이 2회 이상 납세자를 방문[처음 방문한 날과 마지막 방문한 날 사이의 기간이 3일(기간을 계산할 때 공휴일, 대체공휴일, 토요일 및 일요일은 산입하지 않는다) 이상이어야 한다]해 서류를 교부하려고 하였으나 수취인이 부재중인 것으로 확인되어 납부기한까지 송달이 곤란하다고 인정되는 경우

07 관세법령상 기간과 기한에 관한 설명으로 옳지 않은 것은?

① 천재지변을 이유로 납부기한을 연장받고자 하는 자가 세관장에게 제출하는 신청서의 기재사항에 연장받고자 하는 기간은 포함되지 않는다.
② 수입신고 수리 전 반출승인을 받은 경우에는 그 승인일을 수입신고의 수리일로 본다.
③ 기한이 체신관서의 휴무일인 경우에는 그다음 날을 기한으로 한다.
④ 관세를 월별납부하고자 하는 자는 납세실적 및 수출입실적에 관한 서류 등 관세청장이 정하는 서류를 갖추어 세관장에게 월별납부의 승인을 신청하여야 한다.
⑤ 세관장은 천재지변으로 「관세법」에 따른 신고를 정하여진 기한까지 할 수 없다고 인정되는 경우에는 1년을 넘지 아니하는 기간을 정하여 그 기한을 연장할 수 있다.

해설

① 법 제10조(천재지변 등으로 인한 기한의 연장)의 규정에 의하여 납부기한을 연장받고자 하는 자는 납세의무자의 성명·주소 및 상호, 납부기한을 연장받고자 하는 세액 및 당해 물품의 신고일자·신고번호·품명·규격·수량 및 가격, 납부기한을 연장받고자 하는 사유 및 기간을 기재한 신청서를 당해 납부기한이 종료되기 전에 세관장에게 제출하여야 한다(관세법 시행령 제2조 제3항).
② 관세법 제8조 제1항
③ 관세법 제8조 제3항 제4호, 시행령 제1조의4 제1항
④ 관세법 시행령 제1조의5 제1항
⑤ 관세법 제10조

06 ③ 07 ① 정답

08 관세법령상 관세징수권 및 환급청구권의 소멸시효에 관한 설명으로 옳은 것은?

① 압류는 관세징수권 소멸시효의 정지사유에 해당한다.

② 7억 원의 관세(내국세를 포함한다)의 징수권에 대한 소멸시효는 7년이다.

③ 관세징수권의 소멸시효는 관세징수권을 행사할 수 있는 날의 다음 날부터 기산한다.

④ 부과고지하는 관세의 경우 납부고지를 받은 날부터 15일이 경과한 날이 관세징수권 소멸시효의 기산일이다.

⑤ 착오납부로 인한 환급의 경우 그 납부일이 관세환급청구권 소멸시효의 기산일이다.

해설

⑤ 관세법 시행령 제7조 제2항 제2호
① 압류는 관세징수권 소멸시효의 중단사유에 해당한다(관세법 제23조 제1항 제8호).
② 5억 원 이상의 관세(내국세를 포함)의 징수권에 대한 소멸시효는 10년이다(관세법 제22조 제1항 제1호).
③ 관세의 징수권은 이를 행사할 수 있는 날부터 규정에 따른 기간 동안 행사하지 아니하면 소멸시효가 완성된다(관세법 제22조 제1항).
④ 부과고지하는 관세의 경우 납부고지를 받은 날부터 15일이 경과한 날의 다음 날이 관세징수권 소멸시효의 기산일이다(관세법 시행령 제7조 제1항 제3호).

09 관세법령상 과세가격의 신고 및 결정에 관한 설명으로 옳은 것은?

① 구매자가 부담하는 중개료는 과세가격에 포함되지 않는다.

② 세관장은 과세가격을 결정하는 데에 사용한 방법과 과세가격 및 그 산출근거를 납세의무자에게 구두 또는 서면으로 통보하여야 한다.

③ 과세가격의 신고는 관세청장에게 한다.

④ 납세의무자가 가격신고를 할 때 신고하여야 할 가격이 확정되지 아니한 경우로서 과세가격 결정방법의 사전심사를 신청한 경우에는 잠정가격으로 가격신고를 할 수 있다.

⑤ 납세의무자가 동일한 공급자로부터 계속하여 수입하고 있음에도 불구하고 신고한 가격에 현저한 변동이 있는 경우는 과세가격으로 인정하기 곤란한 경우에 해당하지 않는다.

해설

④ 관세법 제28조 제1항, 시행령 제16조 제1항 제2의2호
① 구매자가 부담하는 수수료와 중개료는 수입물품의 과세가격에 포함된다. 다만, 구매수수료는 제외한다(관세법 제30조 제1항 제1호).
② 세관장은 납세의무자가 서면으로 요청하면 과세가격을 결정하는 데에 사용한 방법과 과세가격 및 그 산출근거를 그 납세의무자에게 서면으로 통보하여야 한다(관세법 제36조).
③ 관세의 납세의무자는 수입신고를 할 때 대통령령으로 정하는 바에 따라 세관장에게 해당 물품의 가격에 대한 신고를 하여야 한다(관세법 제27조 제1항).
⑤ 납세의무자가 동일한 공급자로부터 계속하여 수입하고 있음에도 불구하고 신고한 가격에 현저한 변동이 있는 경우는 과세가격으로 인정하기 곤란한 경우에 해당한다(관세법 제30조 제4항, 시행령 제24조 제1항 제2호).

정답 08 ⑤ 09 ④

10 관세법령상 관세의 납세담보에 관한 설명으로 옳은 것은?

① 금전은 담보로 제공할 수 없다.
② 담보제공자가 세관장에게 제출하는 담보제공서에는 담보사유를 기재한다.
③ 담보물인 토지의 평가는 「상속세 및 증여세법」 제61조를 준용하여 평가한 가액으로 할 수 없다.
④ 보험에 든 건물을 담보로 제공하려는 경우 그 보험기간은 담보를 필요로 하는 기간으로 한다.
⑤ 담보물이 납세보증보험증권인 경우 이를 매각하는 방법으로 관세충당한다.

해설

② 관세법 시행령 제10조 제1항
① 「관세법」에 따라 제공하는 담보의 종류에는 금전, 국채 또는 지방채, 세관장이 인정하는 유가증권, 납세보증보험증권, 토지, 보험에 가입된 등기 또는 등록된 건물·공장재단·광업재단·선박·항공기 또는 건설기계, 세관장이 인정하는 보증인의 납세보증서가 있다(관세법 제24조 제1항).
③ 담보물인 토지 또는 건물의 평가는 「상속세 및 증여세법」 제61조를 준용하여 평가한 가액으로 한다(관세법 시행령 제9조 제2항 제1호).
④ 보험에 든 건물·공장재단·광업재단·선박·항공기나 건설기계를 담보로 제공하려는 자는 그 보험증권을 제출하여야 한다. 이 경우에 그 보험기간은 담보를 필요로 하는 기간에 30일 이상을 더한 것이어야 한다(관세법 시행령 제10조 제7항).
⑤ 담보물이 납세보증보험증권 및 세관장이 인정하는 보증인의 납세보증서에 해당하는 경우 그 보증인에게 담보한 관세에 상당하는 금액을 납부할 것을 즉시 통보하는 방법으로 관세충당한다(관세법 시행규칙 제1조의3 제2호).

11 관세법령상 본부세관에 두는 납세자보호위원회의 위원 구성에 관한 내용이다. (ㄱ), (ㄴ)에 들어갈 사항으로 옳은 것은?

> • (ㄱ) 1명
> • 변호사, 관세사, 교수 등으로서 관세·법률·재정 분야에 관한 학식과 경험이 풍부한 사람 중에서 (ㄴ)이 성별을 고려하여 위촉하는 17명 이내의 사람

① ㄱ - 납세자보호관, ㄴ - 해당 세관장
② ㄱ - 납세자보호관, ㄴ - 관세청장
③ ㄱ - 납세자보호담당관, ㄴ - 해당 세관장
④ ㄱ - 납세자보호담당관, ㄴ - 관세청장
⑤ ㄱ - 납세자보호담당관, ㄴ - 기획재정부장관

10 ② 11 해설참조 정답

해설

납세자보호위원회의 위원(관세법 시행령 제144조의3 제2항 제1호)

1. 본부세관에 두는 위원회 : 다음 각 목의 사람
   가. 납세자보호담당관 1명
   나. 해당 본부세관의 5급 이상의 공무원 중 본부세관장이 임명하는 7명 이내의 사람
   다. 관세청장이 정하는 일선세관의 5급 이상의 공무원 중 본부세관장이 임명하는 40명 이내의 사람(일선세관별 임명 위원은 5명 이내로 한다)
   라. 관세·법률·재정 분야에 관한 전문적인 학식과 경험이 풍부한 사람으로서 본부세관장이 성별을 고려하여 위촉하는 32명 이내의 사람
   마. 관세·법률·재정 분야에 관한 전문적인 학식과 경험이 풍부한 사람으로서 일선세관장이 성별을 고려하여 추천한 사람 중에서 본부세관장이 위촉하는 80명 이내의 사람(일선세관별 위촉 위원은 10명 이내로 한다)

※ 시험 당시에는 ③이 정답이었으나, 관세법의 개정에 따라 현재 정답은 없다.

12 관세법령상 심사청구인의 대리인에 관한 설명으로 옳지 않은 것은?

① 심사청구인은 관세사를 대리인으로 선임할 수 있다.

② 심사청구인은 청구의 대상이 3천만 원인 경우 배우자를 대리인으로 선임할 수 있다.

③ 대리인은 본인을 위해 청구에 관한 모든 행위를 할 수 있으나, 청구의 취하는 특별한 위임을 받은 경우에만 할 수 있다.

④ 대리인을 해임하였을 때에는 그 뜻을 서면으로 해당 재결청에 신고하여야 한다.

⑤ 대리인의 권한은 서면으로 증명하여야 한다.

해설

② 이의신청인, 심사청구인 또는 심판청구인은 신청 또는 청구의 대상이 3천만 원 미만인 경우에는 배우자, 4촌 이내의 혈족 또는 배우자의 4촌 이내의 혈족을 대리인으로 선임할 수 있다(관세법 제126조 제2항, 시행령 제149조의2).

① 관세법 제126조 제1항

③ 관세법 제126조 제4항

④ 관세법 제126조 제5항

⑤ 관세법 제126조 제3항

정답 12 ②

13 관세법령상 간이세율을 적용하는 물품과 그 세율이 옳은 것을 모두 고른 것은? (단, 간이세율을 적용하지 아니하는 경우에 해당하지 않으며, 기본관세율이 10퍼센트 이상인 것으로서 개별소비세가 과세되지 않는다)

ㄱ. 모피의류 – 19퍼센트
ㄴ. 신발류 – 18퍼센트
ㄷ. 녹용 – 21퍼센트

① ㄱ
② ㄴ
③ ㄱ, ㄷ
④ ㄴ, ㄷ
⑤ ㄱ, ㄴ, ㄷ

해설

간이세율(관세법 시행령 별표 2)

품 명	세율(%)
1. 다음 각 목의 어느 하나에 해당하는 물품 중 개별소비세가 과세되는 물품	
가. 투전기, 오락용 사행기구 그 밖의 오락용품	47
나. 보석・진주・별갑・산호・호박 및 상아와 이를 사용한 제품, 귀금속 제품	721,200원 + 4,808,000원을 초과하는 금액의 45
다. 고급 시계, 고급 가방	288,450원 + 1,923,000원을 초과하는 금액의 45
3. 다음 각 목의 어느 하나에 해당하는 물품 중 기본관세율이 10퍼센트 이상인 것으로서 개별소비세가 과세되지 아니하는 물품	
가. 모피의류, 모피의류의 부속품 그 밖의 모피제품	19
나. 가죽제 또는 콤포지션레더제의 의류와 그 부속품, 방직용 섬유와 방직용 섬유의 제품, 신발류	18
다. 녹 용	21
4. 제1호부터 제3호까지에 해당하지 않는 물품. 다만, 고급모피와 그 제품, 고급융단, 고급가구, 승용자동차, 수렵용 총포류, 주류 및 담배는 제외한다.	15

13 ⑤ 정답

14 관세법령상 관세에 관한 편익을 받을 수 있는 지역과 국가의 연결이 옳은 것은?

① 아시아 – 네팔
② 중동 – 시리아
③ 대양주 – 뉴질랜드
④ 아프리카 – 가나
⑤ 유럽 – 리히텐슈타인

해설

편익관세 대상국가(관세법 시행령 제95조 제1항)

지 역	국 가
1. 아시아	부탄
2. 중 동	이란 · 이라크 · 레바논 · 시리아
3. 대양주	나우루
4. 아프리카	코모로 · 에티오피아 · 소말리아
5. 유 럽	안도라 · 모나코 · 산마리노 · 바티칸 · 덴마크(그린란드 및 페로제도에 한정)

15 관세법상 고액 · 상습체납자의 감치(監置)에 관한 설명으로 옳지 않은 것은?

① 법원은 체납자를 30일의 범위에서 감치할 수 있다.
② 세관장이 부과 · 징수하는 내국세는 감치의 대상이 되는 체납 관세에 포함되지 않는다.
③ 법원의 감치 결정에 대해서는 즉시항고를 할 수 있다.
④ 관세를 5회 체납하고 있고 체납금액의 합계가 1억 원인 경우는 감치의 대상이 아니다.
⑤ 관세청장은 체납자의 감치를 신청하기 전에 체납자에게 소명자료를 제출하거나 의견을 진술할 수 있는 기회를 주어야 한다.

해설

①·② 법원은 검사의 청구에 따라 체납자가 규정된 사유에 모두 해당하는 경우 결정으로 30일의 범위에서 체납된 관세(세관장이 부과·징수하는 내국세 등을 포함)가 납부될 때까지 그 체납자를 감치(監置)에 처할 수 있다(관세법 제116조의4 제1항).
③ 관세법 제116조의4 제4항
④ 관세를 3회 이상 체납하고 있고, 체납발생일부터 각 1년이 경과하였으며, 체납금액의 합계가 2억 원 이상인 경우 감치에 처할 수 있다(관세법 제116조의4 제1항 제1호).
⑤ 관세법 제116조의4 제3항

정답 14 ② 15 ②

16 관세법령상 수입 시 관세가 면제될 수 있는 소액물품 등에 해당하지 않는 것은? (단, 상업용 견본품 또는 광고용품임을 전제한다)

① 판매를 위한 물품의 상품목록 · 가격표
② 과세가격이 미화 300달러인 물품으로서 견본품으로 사용될 것으로 인정되는 물품
③ 물품이 천공되어 견본품으로 사용될 것으로 인정되는 물품
④ 임대를 위한 물품의 교역안내서
⑤ 물품의 형상 · 성질 및 성능으로 보아 견본품으로 사용될 것으로 인정되는 물품

해설

관세가 면제되는 소액물품(관세법 시행규칙 제45조 제1항)
법 제94조(소액물품 등의 면세) 제3호(상업용 견본품 또는 광고용품으로서 기획재정부령으로 정하는 물품)에 따라 관세가 면제되는 물품은 다음과 같다.

1. 물품이 천공 또는 절단되었거나 통상적인 조건으로 판매할 수 없는 상태로 처리되어 견본품으로 사용될 것으로 인정되는 물품
2. 판매 또는 임대를 위한 물품의 상품목록 · 가격표 및 교역안내서 등
3. 과세가격이 미화 250달러 이하인 물품으로서 견본품으로 사용될 것으로 인정되는 물품
4. 물품의 형상 · 성질 및 성능으로 보아 견본품으로 사용될 것으로 인정되는 물품

17 관세법령상 국제무역선이 국제항이 아닌 지역에 출입하는 경우 받아야 할 허가에 관한 설명으로 옳지 않은 것은?

① 출입허가 수수료의 산정 금액이 3만 원에 미달하는 경우에는 3만 원으로 한다.
② 출입허가 신청서는 국제무역선 항행의 편의도모나 그 밖의 특별한 사정이 있는 경우에는 관할 세관장이 아닌 다른 세관장에게 제출할 수 있다.
③ 세관장은 출입허가의 신청을 받은 날부터 10일 이내에 허가 여부를 신청인에게 통지하여야 한다.
④ 출입허가 수수료의 총액은 50만 원을 초과하지 못한다.
⑤ 국제항의 협소 등 입항여건을 고려하여 관세청장이 정하는 일정한 장소에 입항하는 경우에는 출입허가 수수료를 징수하지 않는다.

해설

① 국제항이 아닌 지역에 출입하기 위하여 내야 하는 수수료는 규정에 따라 계산하되, 산정된 금액이 1만 원에 미달하는 경우에는 1만 원으로 한다(관세법 시행규칙 제62조 제1항)
② 관세법 시행령 제156조 제1항 단서
③ 관세법 제134조 제3항
④ 관세법 시행규칙 제62조 제1항
⑤ 관세법 시행규칙 제62조 제2항 제4호

16 ② 17 ① 정답

18 관세법상 긴급관세에 관한 설명으로 옳은 것을 모두 고른 것은?

> ㄱ. 긴급관세의 부과 또는 수입수량제한 등의 조치 여부를 결정한 때에는 잠정긴급관세의 부과를 중단한다.
> ㄴ. 긴급관세의 부과는 부과조치 결정 시행일부터 3개월 이전에 수입된 물품에 소급하여 적용한다.
> ㄷ. 긴급관세에 대한 재심사 결과에 따라 부과내용이 변경될 수 있으며, 이 경우 변경된 내용은 최초의 조치내용보다 강화될 수 있다.

① ㄱ
② ㄴ
③ ㄱ, ㄴ
④ ㄴ, ㄷ
⑤ ㄱ, ㄴ, ㄷ

해설

ㄱ. 관세법 제66조 제2항
ㄴ. 긴급관세의 부과와 잠정긴급관세의 부과는 각각의 부과조치 결정 시행일 이후 수입되는 물품에 한정하여 적용한다(관세법 제65조 제4항).
ㄷ. 기획재정부장관은 필요하다고 인정되는 때에는 긴급관세의 부과결정에 대하여 재심사를 할 수 있으며, 재심사 결과에 따라 부과내용을 변경할 수 있다. 이 경우 변경된 내용은 최초의 조치내용보다 더 강화되어서는 아니된다(관세법 제67조).

2023년 제40회

19 관세법령상 세관장이 승객예약자료를 요청한 경우 해당 선박회사 또는 항공사가 제출해야 할 시한으로 옳지 않은 것은?

① 출항하는 선박은 출항 후 3시간 이내
② 출항하는 항공기는 출항 후 3시간 이내
③ 입항하는 선박은 운항예정시간이 2시간인 경우 입항 30분 전까지
④ 입항하는 항공기는 운항예정시간이 5시간인 경우 입항 30분 전까지
⑤ 입항하는 항공기는 운항예정시간이 7시간인 경우 입항 1시간 전까지

해설

승객예약자료 제출시한(관세법 시행규칙 제62조의3)
1. 출항하는 선박 또는 항공기의 경우 : 출항 후 3시간 이내
2. 입항하는 선박 또는 항공기의 경우 : 입항 1시간 전까지. 다만, 운항예정시간이 3시간 이내인 경우에는 입항 30분 전까지 할 수 있다.

정답 18 ① 19 ④

20 관세법령상 재수출감면 대상물품에 해당하기 위해 갖추어야 할 요건의 일부이다. (ㄱ), (ㄴ)에 들어갈 사항으로 옳은 것은?

> • 「법인세법 시행규칙」 제15조의 규정에 의한 내용연수가 (ㄱ)년(금형의 경우에는 2년) 이상인 물품
> • 개당 또는 셋트당 관세액이 (ㄴ)만 원 이상인 물품

① ㄱ - 3, ㄴ - 300
② ㄱ - 3, ㄴ - 500
③ ㄱ - 5, ㄴ - 500
④ ㄱ - 5, ㄴ - 700
⑤ ㄱ - 5, ㄴ - 1,000

해설

재수출감면 및 가산세징수 대상물품(관세법 시행규칙 제52조)
법 제98조(재수출 감면) 제1항의 규정에 의하여 관세가 감면되거나 동조 제2항의 규정에 의하여 가산세가 징수되는 물품은 다음의 요건을 갖춘 물품으로서 국내제작이 곤란함을 당해 물품의 생산에 관한 업무를 관장하는 중앙행정기관의 장 또는 그 위임을 받은 자가 확인하고 추천하는 기관 또는 기업이 수입하는 물품에 한한다.
1. 「법인세법 시행규칙」 제15조의 규정에 의한 내용연수가 5년(금형의 경우에는 2년) 이상인 물품
2. 개당 또는 셋트당 관세액이 500만 원 이상인 물품

21 관세법령상 수출입신고대상 우편물이 아닌 것은? (단, 우편물임을 전제로 한다)

① 위탁판매수출을 위하여 우리나라와 외국 간에 무상으로 수출하는 물품 및 그 물품의 원・부자재
② 법령에 따라 수출입이 제한되거나 금지되는 물품
③ 「대외무역법」에 따른 수출입의 승인을 받은 우편물
④ 판매를 목적으로 반입하는 물품 또는 대가를 지급하였거나 지급하여야 할 물품(통관허용 여부 및 과세대상 여부에 관하여 관세청장이 정한 기준에 해당하는 것으로 한정)
⑤ 「관세법」 제226조에 따라 세관장의 확인이 필요한 물품

해설

우편물통관에 대한 결정(관세법 제258조)
① 통관우체국의 장은 세관장이 우편물에 대하여 수출・수입 또는 반송을 할 수 없다고 결정하였을 때에는 그 우편물을 발송하거나 수취인에게 내줄 수 없다.
② 우편물이 「대외무역법」에 따른 수출입의 승인을 받은 것이거나 그 밖에 대통령령으로 정하는 기준에 해당하는 것일 때에는 해당 우편물의 수취인이나 발송인은 신고를 하여야 한다.

20 ③ 21 ① 정답

수출입신고대상 우편물(관세법 시행령 제261조)
법 제258조 제2항에서 "대통령령으로 정하는 기준에 해당하는 것"이란 다음의 어느 하나에 해당하는 우편물을 말한다.
1. 법령에 따라 수출입이 제한되거나 금지되는 물품
2. 법 제226조(허가・승인 등의 증명 및 확인)에 따라 세관장의 확인이 필요한 물품
3. 판매를 목적으로 반입하는 물품 또는 대가를 지급하였거나 지급하여야 할 물품(통관허용 여부 및 과세대상 여부에 관하여 관세청장이 정한 기준에 해당하는 것으로 한정)
4. 가공무역을 위하여 우리나라와 외국 간에 무상으로 수출입하는 물품 및 그 물품의 원・부자재
4의2. 다음의 어느 하나에 해당하는 물품
가. 「건강기능식품에 관한 법률」에 따른 건강기능식품
나. 「약사법」에 따른 의약품
다. 그 밖에 가목 및 나목의 물품과 유사한 물품으로서 관세청장이 국민보건을 위하여 수출입신고가 필요하다고 인정하여 고시하는 물품
5. 그 밖에 수출입신고가 필요하다고 인정되는 물품으로서 관세청장이 정하는 금액을 초과하는 물품

22 **관세법령상 일반물품의 원산지결정기준에 관한 내용이다. (ㄱ), (ㄴ)에 들어갈 사항으로 옳은 것은?**

> 관세청장은 6단위 품목번호의 변경만으로 「관세법」 제229조 제1항 제2호의 규정에 의한 본질적 특성을 부여하기에 충분한 정도의 실질적인 생산과정을 거친 것으로 인정하기 곤란한 품목에 대하여는 (ㄱ)・(ㄴ) 등을 고려하여 품목별로 원산지기준을 따로 정할 수 있다.

① ㄱ - 생산국가, ㄴ - 수출국사정
② ㄱ - 생산국가, ㄴ - 수입국사정
③ ㄱ - 생산공정, ㄴ - 소득수준
④ ㄱ - 주요공정, ㄴ - 부가가치
⑤ ㄱ - 가공공정, ㄴ - 생산가치

해설

관세청장은 6단위 품목번호의 변경만으로 「관세법」 제229조(원산지 확인 기준) 제1항 제2호의 규정에 의한 본질적 특성을 부여하기에 충분한 정도의 실질적인 생산과정을 거친 것으로 인정하기 곤란한 품목에 대하여는 주요공정・부가가치 등을 고려하여 품목별로 원산지기준을 따로 정할 수 있다(관세법 시행규칙 제74조 제3항).

정답 22 ④

23 관세법령상 물품의 검사에 관한 설명으로 옳지 않은 것은?

① 기획재정부장관은 「관세법」에 따른 세관공무원의 적법한 물품검사로 인하여 물품에 손실이 발생한 경우 그 손실을 입은 자에게 보상하여야 한다.

② 관세청장은 검사의 효율을 거두기 위하여 검사대상, 검사범위, 검사방법 등에 관하여 필요한 기준을 정할 수 있다.

③ 화주는 수입신고를 하려는 물품에 대하여 수입신고 전에 관세청장이 정하는 바에 따라 확인을 할 수 있다.

④ 세관공무원은 수출·수입 또는 반송하려는 물품에 대하여 검사를 할 수 있다.

⑤ 물품의 검사에 대한 손실보상 금액은 해당 물품을 수리할 수 없는 경우에는 「관세법」 제30조부터 제35조까지의 규정에 따른 해당 물품의 과세가격에 상당하는 금액으로 한다.

해설

물품 등의 검사에 대한 손실보상의 금액(관세법 시행령 제251조의2)

① 법 제246조의2 제1항에 따른 손실보상의 대상은 세관공무원의 적법한 물품검사로 손실이 발생한 다음 각 호의 어느 하나에 해당하는 것으로 한다.

1. 검사 대상 물품
2. 제1호의 물품을 포장한 용기 또는 운반·운송하는 수단

② 법 제246조의2 제1항에 따른 손실보상의 금액은 다음 각 호의 구분에 따른 금액으로 한다.

1. <u>해당 물품 등을 수리할 수 없는 경우</u> : 다음 각 목의 구분에 따른 금액
   가. 제1항 제1호에 해당하는 경우 : 법 제30조부터 제35조까지의 규정에 따른 해당 물품의 과세가격에 상당하는 금액. 다만, 과세가격에 상당하는 금액을 산정할 수 없는 경우에는 구매가격 및 손실을 입은 자가 청구하는 금액을 고려하여 관세청장이 합리적인 범위에서 인정하는 금액으로 한다.
   나. 제1항 제2호에 해당하는 경우 : 구매가격 및 손실을 입은 자가 청구하는 금액을 고려하여 관세청장이 합리적인 범위에서 인정하는 금액
2. 해당 물품 등을 수리할 수 있는 경우: 수리비에 상당하는 금액. 다만, 제1호에 따른 금액을 한도로 한다.

※ 시험 당시에는 ①이 정답이었으나, 관세법 시행령의 개정에 따라 현재 정답은 없다.

24 관세법령상 보세운송업자 등에 대한 과징금 부과기준에 관한 내용이다. (ㄱ), (ㄴ)에 들어갈 사항으로 옳은 것은?

> 세관장은 「관세법 시행령」 제231조의2 제1항에 따라 산정된 과징금 금액의 (ㄱ) 범위에서 사업규모, 위반행위의 정도 및 위반횟수 등을 고려하여 그 금액을 가중하거나 감경할 수 있다. 이 경우 과징금을 가중하는 때에는 과징금 총액이 「관세법 시행령」 제231조의2 제2항에 따라 산정된 (ㄴ)의 100분의 3을 초과할 수 없다.

① ㄱ - 3분의 1, ㄴ - 월간매출액
② ㄱ - 3분의 1, ㄴ - 연간매출액
③ ㄱ - 4분의 1, ㄴ - 연간매출액
④ ㄱ - 4분의 1, ㄴ - 월간매출액
⑤ ㄱ - 5분의 1, ㄴ - 연간매출액

23 해설참조 24 ③ 정답

해설

세관장은 제1항에 따라 산정된 과징금 금액의 4분의 1 범위에서 사업규모, 위반행위의 정도 및 위반횟수 등을 고려하여 그 금액을 가중하거나 감경할 수 있다. 이 경우 과징금을 가중하는 때에는 과징금 총액이 제2항에 따라 산정된 연간매출액의 100분의 3을 초과할 수 없다(관세법 시행령 제231조의2 제3항).

25 관세법령상 수출·수입 또는 반송 신고의 취하 및 각하에 관한 설명으로 옳지 않은 것은?

① 세관장은 신고를 각하한 때에는 각하한 날로부터 10일 이내에 그 신고인에게 각하사유 등을 기재한 통지서를 송부하여야 한다.

② 세관장은 신고가 그 요건을 갖추지 못하였거나 부정한 방법으로 신고되었을 때에는 해당 수출·수입 또는 반송의 신고를 각하할 수 있다.

③ 수입 및 반송의 신고는 운송수단, 관세통로, 하역통로 또는 「관세법」에 규정된 장치 장소에서 물품을 반출한 후에는 취하할 수 없다.

④ 수출·수입 또는 반송의 신고를 수리한 후 신고의 취하를 승인한 때에는 신고수리의 효력이 상실된다.

⑤ 세관장은 수출·수입 또는 반송 신고 취하 승인의 신청을 받은 날부터 10일 이내에 승인 여부를 신청인에게 통지하여야 한다.

해설

① 세관장은 신고를 각하한 때에는 즉시 그 신고인에게 신고의 종류, 신고연월일 및 신고번호, 각하사유를 기재한 통지서를 송부하여야 한다(관세법 시행령 제254조).
② 관세법 제250조 제3항
③ 관세법 제250조 제1항 단서
④ 관세법 제250조 제2항
⑤ 관세법 제250조 제4항

26 관세법령상 수입물품을 제조·가공하는 것을 목적으로 하는 보세공장의 업종에서 제외되는 것을 모두 고른 것은?

ㄱ. 외국원료만을 원재료로 하여 물품을 제조·가공하는 업종
ㄴ. 「관세법」 제73조의 규정에 의하여 국내외 가격차에 상당하는 율로 양허한 농·임·축산물을 원재료로 하는 물품을 제조·가공하는 업종
ㄷ. 보세공장의 운영인으로 하여금 보세작업으로 생산된 제품에 소요된 원자재소요량을 계산하여야 하는 업종
ㄹ. 국민보건 또는 환경보전에 지장을 초래하거나 풍속을 해하는 물품을 제조·가공하는 업종으로 세관장이 인정하는 업종

① ㄱ, ㄴ
② ㄴ, ㄹ
③ ㄱ, ㄴ, ㄹ
④ ㄱ, ㄷ, ㄹ
⑤ ㄱ, ㄴ, ㄷ, ㄹ

해설

보세공장업종의 제한(관세법 시행규칙 제69조)
법 제185조(보세공장) 제5항에 따른 수입물품을 제조・가공하는 것을 목적으로 하는 보세공장의 업종은 다음 각 호에 규정된 업종을 제외한 업종으로 한다.

1. 법 제73조(국제협력관세)의 규정에 의하여 국내외 가격차에 상당하는 율로 양허한 농・임・축산물을 원재료로 하는 물품을 제조・가공하는 업종
2. 국민보건 또는 환경보전에 지장을 초래하거나 풍속을 해하는 물품을 제조・가공하는 업종으로 세관장이 인정하는 업종

27 관세법령상 수출입안전관리우수업체에 대한 사후관리와 공인 취소에 관한 설명으로 옳은 것은?

① 수출입안전관리우수업체가 합병을 한 경우에는 합병일로부터 10일 이내에 관세평가분류원장에게 보고하여야 한다.
② 관세청장은 「관세법」에 따른 안전관리 기준을 충족하지 못하는 경우에는 공인을 취소할 수 있다.
③ 관세평가분류원장은 관할지역에 있는 수출입안전관리우수업체의 안전관리 기준 충족 여부를 주기적으로 확인하여야 한다.
④ 관세평가분류원장은 수출입안전관리우수업체의 안전관리 기준의 충족 여부에 대한 평가를 하여 업체를 관할하는 세관장에게 통지하여야 한다.
⑤ 관세평가분류원장은 수출입안전관리우수업체별로 안전관리 기준의 충족 여부를 평가하는 관리책임자를 지정해야 한다.

해설

② 관세법 제255조의5 제3호
① 수출입안전관리우수업체가 양도, 양수, 분할 또는 합병하거나 그 밖에 관세청장이 정하여 고시하는 변동사항이 발생한 경우에는 그 변동사항이 발생한 날부터 30일 이내에 그 사항을 관세청장에게 보고하여야 한다(관세법 제255조의4 제3항).
③ 관세청장은 수출입안전관리우수업체가 안전관리 기준을 충족하는지를 주기적으로 확인하여야 한다(관세법 제255조의4 제1항).
④ 관세청장은 수출입안전관리우수업체에 안전관리 기준의 충족 여부를 자율적으로 평가하도록 하여 대통령령으로 정하는 바에 따라 그 결과를 보고하게 할 수 있다(관세법 제255조의4 제2항).
⑤ 수출입안전관리우수업체는 안전관리 기준의 충족 여부를 평가・보고하는 관리책임자를 지정해야 한다(관세법 시행령 제259조의5 제1항).

28 관세법령상 종합보세구역에서 소비하거나 사용되는 물품 가운데 수입통관 후 소비・사용하여야 하는 것을 모두 고른 것은?

ㄱ. 제조・가공에 사용되는 시설기계류 및 그 수리용 물품
ㄴ. 연료・윤활유・사무용품 등 제조・가공에 직접적으로 사용되지 아니하는 물품
ㄷ. 세관장의 허가를 받고 내국물품만을 원료로 하여 제조・가공 등을 하는 경우 그 원료 또는 재료

① ㄱ
② ㄴ
③ ㄱ, ㄴ
④ ㄴ, ㄷ
⑤ ㄱ, ㄴ, ㄷ

27 ② 28 ③ 정답

해설

수입통관 후 소비 또는 사용하는 물품(관세법 시행규칙 제71조)
법 제200조(반출입물품의 범위 등) 제1항의 규정에 의하여 수입통관 후 소비 또는 사용하여야 하는 물품은 다음 각 호의 것으로 한다.
1. 제조・가공에 사용되는 시설기계류 및 그 수리용 물품
2. 연료・윤활유・사무용품 등 제조・가공에 직접적으로 사용되지 아니하는 물품

내국물품 반출입신고의 생략(관세법 시행규칙 제70조)
세관장은 법 제199조(종합보세구역에의 물품의 반입・반출 등) 제2항의 규정에 의하여 다음에 해당하지 아니하는 경우에는 반출입신고를 생략하게 할 수 있다.
1. 법 제185조(보세공장) 제2항의 규정에 의하여 세관장의 허가를 받고 내국물품만을 원료로 하여 제조・가공 등을 하는 경우 그 원료 또는 재료
2. 법 제188조(제품과세) 단서의 규정에 의한 혼용작업에 소요되는 원재료
3. 법 제196조(보세판매장)의 규정에 의한 보세판매장에서 판매하고자 하는 물품
4. 당해 내국물품이 외국에서 생산된 물품으로서 종합보세구역 안의 외국물품과 구별되는 필요가 있는 물품(보세전시장의 기능을 수행하는 경우에 한함)

29 관세법령상 화물관리인에 관한 설명으로 옳지 않은 것은?

① 세관장이 관리하는 시설이 아닌 경우에는 세관장은 해당 시설의 소유자나 관리자와 협의하여 화물관리인을 지정하여야 한다.
② 세관장은 불가피한 사유로 화물관리인을 지정할 수 없을 때에는 화주를 대신하여 직접 화물관리를 할 수 있다.
③ 관세행정 또는 보세화물의 관리와 관련 있는 비영리법인은 화물관리인으로 지정받을 수 있다.
④ 세관장은 직접 물품관리를 하는 국가기관의 장이 세관장의 화물관리인 지정 요청을 승낙하면 그를 화물관리인으로 지정한다.
⑤ 세관장은 화물관리인이 그 지정의 취소를 요청하여 지정을 취소하는 경우 청문을 하여야 한다.

해설

① 관세법 제172조 제2항 단서
② 관세법 제172조 제5항 전단
③ 관세법 시행령 제187조 제1항 제2호
④ 관세법 시행령 제187조 제2항 제1호

화물관리인의 지정 취소(관세법 시행령 제187조의2)
① 세관장은 다음 각 호의 어느 하나에 해당하는 사유가 발생한 경우에는 화물관리인의 지정을 취소할 수 있다. 이 경우 제1항 제3호에 해당하는 자에 대한 지정을 취소할 때에는 해당 시설의 소유자 또는 관리자에게 미리 그 사실을 통보하여야 한다.
  1. 거짓이나 그 밖의 부정한 방법으로 지정을 받은 경우
  2. 화물관리인이 법 제175조(운영인의 결격사유) 각 호의 어느 하나에 해당하는 경우
  3. 화물관리인이 세관장 또는 해당 시설의 소유자・관리자와 맺은 화물관리업무에 관한 약정을 위반하여 해당 지정장치장의 질서유지 및 화물의 안전관리에 중대한 지장을 초래하는 경우
  4. 화물관리인이 그 지정의 취소를 요청하는 경우
② 세관장은 제1항 제1호부터 제3호까지의 규정에 따라 화물관리인의 지정을 취소하려는 경우에는 청문을 하여야 한다.

정답 29 ⑤

30 **관세법령상 관세청장이 수출입물품의 제조·운송·보관 또는 통관 등 무역과 관련된 자 가운데 안전관리 기준의 준수 정도에 대한 측정·평가를 할 수 있는 대상이 아닌 자는?**

① 보세운송업자
② 「관세법」에 따른 관세의 납세의무자
③ 관세법상 보세화물을 취급하는 선박회사 또는 항공사
④ 「자유무역지역의 지정 및 운영에 관한 법률」에 따른 입주기업체
⑤ 국가관세종합정보망 운영사업자

해설

준수도 측정·평가의 절차 및 활용 등(관세법 시행령 제259조의6 제1항)
관세청장은 법 제255조의7(수출입 안전관리 기준 준수도의 측정·평가) 제1항에 따라 연 4회의 범위에서 다음의 어느 하나에 해당하는 자를 대상으로 안전관리 기준의 준수 정도에 대한 측정·평가를 할 수 있다.
1. 운영인
2. 「관세법」에 따른 납세의무자
3. 「관세법」에 따른 화물관리인
4. 「관세법」에 따른 선박회사 또는 항공사
5. 「관세법」에 따른 수출·수입·반송 등의 신고인(화주를 포함)
6. 「관세법」 및 「관세법 시행령」에 따른 특별통관 대상 업체
7. 보세운송업자 등
8. 「자유무역지역의 지정 및 운영에 관한 법률」에 따른 입주기업체

31 **관세법상 가격조작죄에 관한 규정의 일부이다. (   )에 들어갈 사항으로 옳은 것은?**

> 다음 각 호의 신청 또는 신고를 할 때 부당하게 재물이나 재산상 이득을 취득하거나 제3자로 하여금 이를 취득하게 할 목적으로 물품의 가격을 조작하여 신청 또는 신고한 자는 2년 이하의 징역 또는 물품원가와 (   ) 중 높은 금액 이하의 벌금에 처한다.
> 1. 제38조의2 제1항·제2항에 따른 보정신청
> 2.~4. 〈생 략〉

① 1천만 원
② 2천만 원
③ 3천만 원
④ 4천만 원
⑤ 5천만 원

해설

가격조작죄(관세법 제270조의2)
다음 각 호의 신청 또는 신고를 할 때 부당하게 재물이나 재산상 이득을 취득하거나 제3자로 하여금 이를 취득하게 할 목적으로 물품의 가격을 조작하여 신청 또는 신고한 자는 2년 이하의 징역 또는 물품원가와 5천만 원 중 높은 금액 이하의 벌금에 처한다.
1. 제38조의2(보정) 제1항·제2항에 따른 보정신청
2. 제38조의3(수정 및 경정) 제1항에 따른 수정신고
3. 제241조(수출·수입 또는 반송의 신고) 제1항·제2항에 따른 신고
4. 제244조(입항전수입신고) 제1항에 따른 신고

30 ⑤ 31 ⑤ 정답

32 관세법령상 관세범칙조사심의위원회의 구성 및 운영에 관한 설명으로 옳지 않은 것은?

① 관세범칙조사심의위원회의 회의는 위원장을 포함한 재적위원 과반수의 출석으로 개의하고, 출석위원 과반수의 찬성으로 의결한다.

② 관세범칙조사심의위원회의 사무를 처리하기 위하여 간사 1명을 두고, 간사는 위원장이 관세청 소속 공무원 중에서 지명한다.

③ 관세범칙조사심의위원회의 회의와 회의록은 공개하지 않는다. 다만, 위원장이 필요하다고 인정하는 경우에는 공개할 수 있다.

④ 관세범칙조사심의위원회의 위원장은 관세청 차장이 된다.

⑤ 관세범칙조사심의위원회는 의안에 관하여 필요하다고 인정되는 때에는 공무원 등 관계자에게 출석을 요청하여 의견을 들을 수 있고 관련 기관에 필요한 자료를 요청할 수 있다.

해설

④ 관세범칙조사심의위원회의 위원장은 관세청의 3급부터 5급까지에 해당하는 공무원 중 관세청장이 지정하는 사람이 된다 (관세법 시행령 제266조의2 제3항 전단).

① 관세법 시행령 제266조의5 제2항

② 관세법 시행령 제266조의5 제3항

③ 관세법 시행령 제266조의5 제6항

⑤ 관세법 시행령 제266조의5 제7항

2023년 제40회

33 관세법상 벌칙에 관한 설명으로 옳은 것은?

① 부정한 방법으로 관세를 감면받거나 관세를 감면받은 물품에 대한 관세의 징수를 면탈한 자는 5년 이하의 징역에 처한다.

② 부정한 방법으로 관세를 환급받은 자는 5년 이하의 징역에 처한다.

③ 세관공무원이 그 직무와 관련하여 금품을 수수(收受)하였을 때에는 「국가공무원법」 제82조에 따른 징계절차에서 그 금품 수수액의 5배 내의 징계부가금 부과 의결을 징계위원회에 요구하여야 한다.

④ 「관세법」 제269조(밀수출입죄)의 죄를 저지를 목적으로 그 예비를 한 자도 본죄와 동일하게 처벌해야 한다.

⑤ 관세청장 또는 세관장은 세관공무원에게 금품을 공여한 자에 대해서는 그 금품 상당액의 6배의 과태료를 부과・징수한다.

정답 32 ④ 33 ③

해설

③ 관세법 제277조의2 제1항

① 부정한 방법으로 관세를 감면받거나 관세를 감면받은 물품에 대한 관세의 징수를 면탈한 자는 3년 이하의 징역에 처하거나, 감면받거나 면탈한 관세액의 5배 이하에 상당하는 벌금에 처한다(관세법 제270조 제4항).

② 부정한 방법으로 관세를 환급받은 자는 3년 이하의 징역 또는 환급받은 세액의 5배 이하에 상당하는 벌금에 처한다. 이 경우 세관장은 부정한 방법으로 환급받은 세액을 즉시 징수한다(관세법 제270조 제5항).

④ 「관세법」 제268조의2(전자문서 위조·변조죄 등), 제269조(밀수출입죄) 및 제270조(관세포탈죄 등)의 죄를 저지를 목적으로 그 예비를 한 자는 본죄의 2분의 1을 감경하여 처벌한다(관세법 제271조 제3항).

⑤ 관세청장 또는 세관장은 세관공무원에게 금품을 공여한 자에 대해서는 대통령령으로 정하는 바에 따라 그 금품 상당액의 2배 이상 5배 내의 과태료를 부과·징수한다. 다만, 「형법」 등 다른 법률에 따라 형사처벌을 받은 경우에는 과태료를 부과하지 아니하고, 과태료를 부과한 후 형사처벌을 받은 경우에는 과태료 부과를 취소한다(관세법 제277조의2 제5항).

34 관세법령상 체납자 은닉재산을 신고한 자에 대하여 지급하는 포상금 지급률에 관한 내용이다. (ㄱ), (ㄴ)에 들어갈 사항으로 옳은 것은?

은닉재산 신고를 통하여 징수된 금액	지급률
5억 원 초과 20억 원 이하	1억 원 + 5억 원 초과 금액의 100분의 (ㄱ)
20억 원 초과 30억 원 이하	3억 2천5백만 원 + 20억 원 초과 금액의 100분의 (ㄴ)

① ㄱ - 20, ㄴ - 15

② ㄱ - 20, ㄴ - 10

③ ㄱ - 15, ㄴ - 15

④ ㄱ - 15, ㄴ - 10

⑤ ㄱ - 10, ㄴ - 10

해설

체납자의 은닉재산 신고 포상금 지급률(관세법 시행령 제277조 제4항)

체납자의 은닉재산을 신고한 자에 대해서는 은닉재산의 신고를 통하여 징수된 금액(징수금액)에 다음의 지급률을 곱하여 계산한 금액을 포상금으로 지급할 수 있다. 다만, 10억 원을 초과하는 부분은 지급하지 않는다.

징수금액	지급률
2천만 원 이상 5억 원 이하	100분의 20
5억 원 초과 20억 원 이하	1억 원 + 5억 원 초과 금액의 100분의 15
20억 원 초과 30억 원 이하	3억 2천5백만 원 + 20억 원 초과 금액의 100분의 10
30억 원 초과	4억 2천5백만 원 + 30억 원 초과 금액의 100분의 5

34 ④ 정답

35 자유무역협정의 이행을 위한 관세법의 특례에 관한 법령상 체약상대국을 원산지로 하는 수입물품에 대한 긴급관세조치(잠정긴급관세조치 기간 포함)를 적용할 수 있는 최대기간으로 옳지 않은 것은? (단, 기간연장은 고려하지 아니한다)

① 캐나다를 원산지로 하는 수입물품 – 2년
② 호주를 원산지로 하는 수입물품 – 2년
③ 인도를 원산지로 하는 수입물품 – 2년
④ 아세안회원국을 원산지로 하는 수입물품 – 2년
⑤ 싱가포르를 원산지로 하는 수입물품 – 2년

해설

긴급관세조치 과도기간 및 적용기간의 범위[자유무역협정(FTA)관세법 시행령 제23조 제2항]
체약상대국을 원산지로 하는 수입물품에 대한 긴급관세조치 적용기간은 법 제23조 제1항에 따른 잠정긴급관세조치 기간을 포함하여 다음 각 호의 구분에 따른 기간을 초과할 수 없다.
1. 싱가포르를 원산지로 하는 수입물품 : 2년
3. 아세안회원국을 원산지로 하는 수입물품 : 3년
4. 인도를 원산지로 하는 수입물품 : 2년
10. 호주를 원산지로 하는 수입물품 : 2년
11. 캐나다를 원산지로 하는 수입물품 : 2년

36 자유무역협정의 이행을 위한 관세법의 특례에 관한 법령상 수입자가 원산지의 확인과 협정관세의 적용을 위해 보관해야 하는 서류를 모두 고른 것은?

ㄱ. 원가계산서·원재료내역서 및 공정명세서
ㄴ. 해당 물품 및 원재료의 출납·재고관리 대장
ㄷ. 수입신고필증
ㄹ. 지식재산권 거래 관련 계약서

① ㄱ, ㄴ
② ㄱ, ㄷ
③ ㄴ, ㄷ
④ ㄴ, ㄹ
⑤ ㄷ, ㄹ

정답 35 ④ 36 ⑤

해설

ㄱ・ㄴ 생산자가 보관해야 하는 서류[자유무역협정(FTA)관세법 시행령 제10조 제1항 제3호 바목, 사목].

수입자가 보관해야 하는 서류[자유무역협정(FTA)관세법 시행령 제10조 제1항 제1호]

가. 원산지증명서(전자문서를 포함) 사본. 다만, 협정에 따라 수입자의 증명 또는 인지에 기초하여 협정관세 적용신청을 하는 경우로서 수출자 또는 생산자로부터 원산지증명서를 발급받지 아니한 경우에는 그 수입물품이 협정관세의 적용대상임을 증명하는 서류를 말한다.

나. 수입신고필증

다. 수입거래 관련 계약서

라. 지식재산권 거래 관련 계약서

마. 수입물품의 과세가격 결정에 관한 자료

바. 수입물품의 국제운송 관련 서류

사. 사전심사서 사본 및 사전심사에 필요한 증빙서류(사전심사서를 받은 경우만 해당)

37 자유무역협정의 이행을 위한 관세법의 특례에 관한 법령상 용어의 정의이다. (　　)에 들어갈 것으로 옳은 것은?

> (　　)(이)란 다른 물품의 생산에 사용되는 원재료・구성물품・부분품 또는 부속품을 말한다.

① 재 료

② 호(號)

③ 류(類)

④ 공용품

⑤ 소호(小號)

해설

① 자유무역협정(FTA)관세법 시행규칙 제2조 제3호

②・③・⑤ "류(類)"・"호(號)" 또는 "소호(小號)"란 「관세법 시행령」 제98조 제1항에 따라 기획재정부장관이 고시하는 「관세・통계통합품목분류표」에 따른 품목분류상의 2단위・4단위 또는 6단위의 품목번호를 각각 말한다[자유무역협정(FTA)관세법 시행규칙 제2조 제2호].

37 ① 정답

38 자유무역협정의 이행을 위한 관세법의 특례에 관한 법령상 각 협정에 따른 원산지증명서의 유효기간이다. (　　)에 들어갈 사항을 순서대로 옳게 나열한 것은?

- 페루와의 협정 – 서명일부터 (　　)년. 다만, 원산지증명서에 기재된 물품이 비당사국(非當事國) 관세당국의 관할하에 일시적으로 보관된 경우에는 (　　)년으로 한다.
- 이스라엘과의 협정 – 발급일 또는 서명일부터 (　　)개월

① 1, 1, 6
② 1, 2, 6
③ 1, 2, 12
④ 2, 2, 18
⑤ 2, 4, 18

해설

각 협정에 따른 원산지증명서의 유효기간[자유무역협정(FTA)관세법 시행령 제6조 제2항]
각 협정에 따른 유효기간은 다음의 경우를 제외하고는 발급일 또는 서명일부터 1년으로 한다.
3. 페루와의 협정 : 서명일부터 1년. 다만, 원산지증명서에 기재된 물품이 비당사국(非當事國) 관세당국의 관할하에 일시적으로 보관된 경우에는 2년
12. 이스라엘과의 협정 : 발급일 또는 서명일부터 12개월

39 자유무역협정의 이행을 위한 관세법의 특례에 관한 법령상 체약상대국과 원산지조사결과를 통지하여야 하는 기간의 연결이 옳은 것은?

① 유럽자유무역연합회원국 – 조사 요청일로부터 18개월 이내
② 콜롬비아 – 조사 요청일로부터 150일 이내
③ 중미 공화국들 – 조사 요청을 접수한 날의 다음 날부터 180일 이내
④ 유럽연합당사자 – 조사 요청일로부터 12개월 이내
⑤ 페루 – 조사 요청을 접수한 날의 다음 날부터 180일 이내

해설

체약상대국의 요청에 따른 원산지 조사[자유무역협정(FTA)관세법 시행령 제13조 제1항]
관세청장 또는 세관장은 체약상대국의 관세당국으로부터 수출물품에 대한 법 제18조 제1항에 따른 원산지 조사 요청을 받은 경우에는 다음 각 호의 구분에 따른 기간 내에 조사결과를 통지해야 한다.
1. 유럽자유무역연합회원국 : 조사 요청일부터 15개월
4. 유럽연합당사자 : 조사 요청일부터 10개월
5. 페루 : 조사 요청을 접수한 날부터 150일
7. 콜롬비아 : 조사 요청일부터 150일
10. 중미 공화국들 : 조사 요청을 접수한 날의 다음 날부터 150일

정답 38 ③ 39 ②

40 **자유무역협정의 이행을 위한 관세법의 특례에 관한 법령상 캄보디아와의 협정 및 「역내포괄적경제동반협정」에 따라 관세가 면제되는 일시수입물품이 아닌 것은?**

① 상용견품
② 운동경기용 물품(시범용 또는 훈련용 물품을 포함)
③ 전시 또는 시연을 위한 물품(구성부품, 보조기구와 부속품을 포함)
④ 수리 또는 개조를 위한 물품
⑤ 언론장비, 텔레비전 방송용 장비, 소프트웨어, 방송・영화 촬영 장비 등 일시 입국하는 사람의 영업활동, 거래 또는 직업 수행에 필요한 전문장비

해설

관세가 면제되는 일시수입물품 등[자유무역협정(FTA)관세법 시행규칙 제30조 제1항]
관세가 면제되는 물품은 다음 각 호의 물품으로서 칠레・페루・미합중국・캐나다・콜롬비아・뉴질랜드・캄보디아・베트남・이스라엘 및 중미 공화국들과의 협정, 「역내포괄적경제동반자협정」에 따라 해당 체약상대국으로부터 수입되는 물품으로 한다. 다만, 호주와의 협정에 따라 관세가 면제되는 물품은 다음 각 호의 물품 중 제6호의 물품으로 한정하고, 중국과의 협정에 따라 관세가 면제되는 물품은 다음 각 호의 물품 중 제1호부터 제4호까지의 물품으로 한정하며, 캄보디아와의 협정 및 「역내포괄적경제동반자협정」에 따라 관세가 면제되는 물품은 다음 각 호의 물품 중 제1호부터 제5호까지의 물품으로 한정한다.

1. 언론장비, 텔레비전 방송용 장비, 소프트웨어, 방송・영화 촬영 장비 등 일시 입국하는 사람의 영업활동, 거래 또는 직업 수행에 필요한 전문장비
2. 전시 또는 시연을 위한 물품(구성부품, 보조기구와 부속품을 포함)
3. 운동경기용 물품(시범용 또는 훈련용 물품을 포함)
4. 상용견품
5. 물품 또는 용역을 판매하거나 임대하기 위하여 그 성질・작동 등을 보여주는 시연용 영상 또는 음향 기록매체. 다만, 일반대중을 위한 방송용은 제외한다.
6. 수리 또는 개조를 위한 물품

40 ④ 정답

제1과목

2024 관세법개론

1교시 응시시간 : 80분 과목당 문항 수 : 40문항

01 관세법상 수입물품에 대하여 세관장이 부과 · 징수하는 내국세에 포함되지 않는 것은?

① 주 세
② 소득세
③ 개별소비세
④ 부가가치세
⑤ 농어촌특별세

해설

수입물품에 대하여 세관장이 부과 · 징수하는 부가가치세, 지방소비세, 담배소비세, 지방교육세, 개별소비세, 주세, 교육세, 교통 · 에너지 · 환경세 및 농어촌특별세(이하 "내국세등"이라 하되, 내국세등의 가산세 및 강제징수비를 포함한다)의 부과 · 징수 · 환급 등에 관하여 「국세기본법」, 「국세징수법」, 「부가가치세법」, 「지방세법」, 「개별소비세법」, 「주세법」, 「교육세법」, 「교통 · 에너지 · 환경세법」 및 「농어촌특별세법」의 규정과 이 법의 규정이 상충되는 경우에는 이 법의 규정을 우선하여 적용한다(관세법 제4조 제1항).

02 관세법상 용어에 관한 설명으로 옳은 것은?

① 국내에 도착하여 수입통관절차를 거친 외국물품이 다시 외국으로 반출되는 것은 "반송"에 해당한다.
② 지정장치장의 화물관리인 지정을 받은 자는 "운영인"에 해당한다.
③ 관세의 과세표준과 세액을 결정하기 위하여 서면으로 납세자의 장부 · 서류를 조사하는 것은 "관세조사"에 해당하지만 통합조사의 원칙에 따라 통합하여 조사하는 경우는 "관세조사"에 해당하지 않는다.
④ 외국물품이더라도 선박용품 · 항공기용품 또는 차량용품을 운송수단 안에서 그 용도에 따라 소비하는 경우는 "수입"에 해당하지 않는다.
⑤ 상업서류, 견본품, 자가사용물품, 그 밖에 이와 유사한 물품으로서 국제무역선을 이용하여 물품을 휴대하여 반출입하는 것을 업으로 하는 자에게 위탁하여 우리나라에 반입하는 물품은 "탁송품"에 해당한다.

해설

④ 관세법 제2조 제1호, 관세법 제239조 제1호
① "반송"이란 국내에 도착한 외국물품이 수입통관절차를 거치지 아니하고 다시 외국으로 반출되는 것을 말한다(관세법 제2조 제3호).
② "운영인"이란 특허보세구역의 설치 · 운영에 관한 특허를 받은 자 또는 종합보세사업장의 설치 · 운영에 관한 신고를 한 자를 말한다(관세법 제2조 제16호).
③ "관세조사"란 관세의 과세표준과 세액을 결정 또는 경정하기 위하여 방문 또는 서면으로 납세자의 장부 · 서류 또는 그 밖의 물건을 조사(통합조사의 원칙에 따라 통합하여 조사하는 것을 포함한다)하는 것을 말한다(관세법 제2조 제20호).
⑤ "탁송품"이란 상업서류, 견본품, 자가사용물품, 그 밖에 이와 유사한 물품으로서 국제무역선 · 국제무역기 또는 국경출입차량을 이용한 물품의 송달을 업으로 하는 자(물품을 휴대하여 반출입하는 것을 업으로 하는 자는 제외한다)에게 위탁하여 우리나라에 반입하거나 외국으로 반출하는 물품을 말한다(관세법 제2조 제18호).

정답 01 ② 02 ④

03 관세법상 외국물품인 것은?

① 세관장으로부터 기간과 장소를 지정받아 보세구역 밖에서 한 보수작업으로 외국물품에 부가된 내국물품
② 수입신고 전 즉시반출신고를 하고 반출된 물품
③ 수입신고 수리 전 반출승인을 받아 반출된 물품
④ 입항 전 수입신고가 수리된 물품
⑤ 우리나라 선박이 공해에서 포획한 수산물

해설

① 보세구역에서의 보수작업이 곤란하다고 세관장이 인정할 때 기간과 장소를 지정받아 보세구역 밖에서 한 보수작업으로 외국물품에 부가된 내국물품은 외국물품으로 본다(관세법 제158조 제1항, 제5항).

내국물품(관세법 제2조 제5호)
가. 우리나라에 있는 물품으로서 외국물품이 아닌 것
나. 우리나라의 선박 등이 공해에서 채집하거나 포획한 수산물 등
다. 입항전수입신고가 수리된 물품
라. 수입신고 수리 전 반출승인을 받아 반출된 물품
마. 수입신고 전 즉시반출신고를 하고 반출된 물품

04 관세법령상 납세담보에 관한 설명으로 옳지 않은 것은?

① 토지를 담보로 제공하려는 자는 저당권을 설정하는 데에 필요한 서류를 담보제공서에 첨부하여야 한다.
② 담보물인 토지 또는 건물의 평가는 「감정평가 및 감정평가사에 관한 법률」에 따른 감정평가법인 등의 평가액에 따른다.
③ 세관장은 관세의 담보를 제공하고자 하는 자가 담보액의 확정일부터 10일 이내에 담보를 제공하지 아니하는 경우에는 납세의무자에게 납부고지를 할 수 있다.
④ 세관장은 관세의 납세의무자가 아닌 자가 관세의 납부를 보증한 경우 그 담보로 관세에 충당하고 남은 금액이 있을 때에는 그 보증인에게 이를 직접 돌려주어야 한다.
⑤ 납세보증보험증권을 담보로 제공하는 경우 담보가 되는 보험의 기간은 해당 담보를 필요로 하는 기간으로 하되, 납부기한이 확정되지 아니한 경우에는 관세청장이 정하는 기간으로 한다.

해설

② 담보물인 토지 또는 건물의 평가는 「상속세 및 증여세법」 제61조를 준용하여 평가한 가액에 따른다(관세법 시행령 제9조 제2항 제1호).
① 관세법 시행령 제10조 제6항
③ 관세법 시행령 제10조 제9항 제1호
④ 관세법 제25조 제3항
⑤ 관세법 시행령 제10조 제5항

03 ① 04 ② 정답

05 관세법령상 관세부과의 제척기간과 관세징수권의 소멸시효에 관한 설명으로 옳은 것은?

① 부정환급을 이유로 관세를 징수하는 경우에는 환급한 날을 제척기간의 기산일로 한다.
② 납부독촉을 하면 제척기간은 중단된다.
③ 사해행위 취소소송으로 인한 소멸시효 정지의 효력은 소송이 취하된 경우에는 소멸되나 각하된 경우에는 지속된다.
④ 가압류를 한 경우에는 소멸시효가 중단된다.
⑤ 소멸시효는 관세의 분할납부기간 중에는 진행하지 아니한다.

해설

⑤ 관세법 제23조 제3항
① 과다환급 또는 부정환급 등의 사유로 관세를 징수하는 경우에는 환급한 날의 다음 날을 제척기간의 기산일로 한다(관세법 시행령 제6조 제4호).
② 납부독촉을 하면 관세징수권의 소멸시효가 중단된다(관세법 제23조 제1항 제3호).
③ 사해행위 취소소송으로 인한 시효정지의 효력은 소송이 각하, 기각 또는 취하된 경우에는 효력이 없다(관세법 제23조 제4항).
④ 관세법 제23조 제1항

관세징수권의 소멸시효 중단사유(관세법 제23조 제1항)
1. 납부고지
2. 경정처분
3. 납부독촉
4. 통고처분
5. 고 발
6. 「특정범죄 가중처벌 등에 관한 법률」 제16조에 따른 공소제기
7. 교부청구
8. 압 류

2024년 제41회

06 관세법상 담보의 종류 중 세관장이 요청하면 특정인이 납부하여야 하는 금액을 일정 기일 이후에는 언제든지 세관장에게 지급한다는 내용이어야 하는 것을 모두 고른 것은?

ㄱ. 납세보증보험증권
ㄴ. 세관장이 인정하는 유가증권
ㄷ. 국채 또는 지방채
ㄹ. 세관장이 인정하는 보증인의 납세보증서

① ㄱ
② ㄱ, ㄹ
③ ㄴ, ㄷ
④ ㄴ, ㄷ, ㄹ
⑤ ㄱ, ㄴ, ㄷ, ㄹ

해설

납세보증보험증권 및 세관장이 인정하는 보증인의 납세보증서는 세관장이 요청하면 특정인이 납부하여야 하는 금액을 일정 기일 이후에는 언제든지 세관장에게 지급한다는 내용의 것이어야 한다(관세법 제24조 제2항).

정답 05 ⑤ 06 ②

07 관세법령상 관세환급금의 환급 등에 관한 설명으로 옳지 않은 것은?

① 세관장이 확인한 관세환급금은 납세의무자가 환급을 청구하지 아니하더라도 환급하여야 한다.

② 세관장은 관세환급금의 과다환급액을 징수할 때에는 과다환급을 한 날의 다음 날부터 징수결정을 하는 날까지의 기간에 대하여 대통령령으로 정하는 이율에 따라 계산한 금액을 과다환급액에 더하여야 한다.

③ 세관장은 환급금지급계정에 이체된 금액으로부터 당해 회계연도의 환급통지서 발행금액 중 다음 회계연도 1월 15일까지 지급하지 못한 환급금을 세관환급금지급미필이월계정에 이월하여 정리하여야 한다.

④ 세관환급금지급미필이월계정에 이월한 금액 중 환급통지서발행일부터 1년 내에 지급하지 못한 금액은 그 기간이 만료한 날이 속하는 회계연도의 세입에 편입하여야 한다.

⑤ 관세환급금을 환급받을 자가 환급통지서발행일부터 1년 내에 환급금을 지급받지 못한 때에는 세관장에게 다시 환급절차를 밟을 것을 요구할 수 있으며, 세관장은 이를 조사·확인하여 그 지급에 필요한 조치를 하여야 한다.

해설

③ 한국은행은 세관장이 환급금지급계정에 이체된 금액으로부터 당해 회계연도의 환급통지서 발행금액 중 다음 회계연도 1월 15일까지 지급하지 못한 환급금을 세관환급금지급미필이월계정에 이월하여 정리하여야 한다(관세법 시행령 제55조 제1항).
① 관세법 제46조 제1항
② 관세법 제47조 제2항
④ 관세법 시행령 제55조 제2항
⑤ 관세법 시행령 제55조 제3항

08 관세법령상 관세의 신고납부에 관한 설명으로 옳지 않은 것은?

① 세관장의 세액심사는 수입신고 수리 전에는 할 수 없다.

② 세관장은 자율심사업체에게 수출입업무의 처리방법 및 체계 등에 관한 관세청장이 정한 자료를 제공하여야 한다.

③ 관세납부대행기관은 납세자로부터 신용카드 등에 의한 관세납부대행용역의 대가로 기획재정부령으로 정하는 바에 따라 납부대행수수료를 받을 수 있다.

④ 납세의무자가 신고납부한 세액이 부족하여 수정신고한 경우에는 수정신고한 날의 다음 날까지 해당 관세를 납부하여야 한다.

⑤ 납세의무자는 납세신고한 세액을 납부하기 전에 그 세액이 과부족하다는 것을 알게 되었을 때에는 납세신고한 세액을 정정할 수 있고, 이 경우 납부기한은 당초의 납부기한으로 한다.

해설

① 신고한 세액에 대하여 관세채권을 확보하기가 곤란하거나, 수입신고를 수리한 후 세액심사를 하는 것이 적당하지 아니하다고 인정하여 기획재정부령으로 정하는 물품의 경우에는 수입신고를 수리하기 전에 세액심사를 할 수 있다(관세법 제38조 제2항 단서).
② 관세법 시행령 제32조의2 제2항
③ 관세법 시행령 제32조의5 제3항
④ 관세법 제38조의3 제1항
⑤ 관세법 제38조 제4항

07 ③ 08 ① 정답

09 관세법 시행규칙 제9조의3(관세 등 환급가산금의 이율)의 내용이다. (　　)에 들어갈 숫자는?

> 관세법 시행령 제56조(관세환급가산금 등의 결정) 제2항에서 "기획재정부령으로 정하는 이자율"이란 연 1천분의 (　　)을/를 말한다.

① 10　② 12
③ 19　④ 24
⑤ 29

해설

관세법 시행령 제56조(관세환급가산금 등의 결정) 제2항에서 "기획재정부령으로 정하는 이자율"이란 연 1천분의 35를 말한다(관세법 시행규칙 제9조의3).

※ 시험 당시에는 ⑤가 정답이었으나, 관세법 시행규칙의 개정에 따라 관세환급가산금의 이율이 '연 1천분의 29'에서 '연 1천분의 35'로 변경되었다. 따라서 현재 정답은 없다.

10 관세법령상 '신고서류'와 해당 신고에 대한 수리일부터의 '신고서류 보관기간'의 연결로 옳지 않은 것은?

① 보세운송에 관한 자료 - 2년
② 수입거래관련 계약서 - 3년
③ 수출신고필증 - 3년
④ 반송신고필증 - 3년
⑤ 수입물품 가격결정에 관한 자료 - 5년

해설

장부 등의 보관(관세법 시행령 제3조 제1항)

1. 다음의 어느 하나에 해당하는 서류 : 해당 신고에 대한 수리일부터 5년
   가. 수입신고필증
   나. 수입거래관련 계약서 또는 이에 갈음하는 서류
   다. 제237조에 따른 지식재산권의 거래에 관련된 계약서 또는 이에 갈음하는 서류
   라. 수입물품 가격결정에 관한 자료
2. 다음의 어느 하나에 해당하는 서류 : 해당 신고에 대한 수리일부터 3년
   가. 수출신고필증
   나. 반송신고필증
   다. 수출물품·반송물품 가격결정에 관한 자료
   라. 수출거래·반송거래 관련 계약서 또는 이에 갈음하는 서류
3. 다음의 어느 하나에 해당하는 서류 : 해당 신고에 대한 수리일부터 2년
   가. 보세화물반출입에 관한 자료
   나. 적재화물목록에 관한 자료
   다. 보세운송에 관한 자료

정답 09 해설참조 10 ②

11 관세법령상 물품이 수입될 때 관세의 면제 대상이 아닌 것은?

① 기록문서 또는 그 밖의 서류
② 우리나라 선박이 외국 정부의 허가를 받아 외국의 영해에서 채집하거나 포획한 수산물
③ 정부와 체결한 사업계약을 수행하기 위하여 외국계약자가 계약조건에 따라 수입하는 업무용품
④ 우리나라 거주자가 받는 소액물품 중 물품가격이 미화 250달러의 물품으로서 자가사용 물품으로 인정되는 것
⑤ 천재지변 등 부득이한 사유가 있는 경우를 제외하고 여행자가 입국한 날부터 6월 이내에 도착한 여행자의 별송품으로서 여행자의 입국 사유 등을 고려하여 세관장이 타당하다고 인정한 것

해설

④ 우리나라 거주자가 받는 소액물품 중 물품가격이 미화 150달러 이하의 물품으로서 자가사용 물품으로 인정되는 것이 관세의 면제 대상 물품이다(관세법 제94조 제4호, 관세법 시행규칙 제45조 제2항 제1호).
① 관세법 제94조 제2호
② 관세법 제93조 제4호
③ 관세법 제88조 제1항 제5호
⑤ 관세법 제96조 제1항 제1호, 관세법 시행규칙 제48조 제6항

12 관세법령상 납세자의 권리에 관한 설명으로 옳지 않은 것은?

① 은행이 급부 · 지원 등의 대상자 선정 및 그 자격을 조사 · 심사하는 데 필요한 과세정보를 요구하는 때에는 은행이 당사자의 동의를 받지 않은 경우라도 세관공무원은 과세정보를 제공할 수 있다.
② 세관공무원이 납세자의 장부 등을 세관관서에 일시 보관하는 경우에는 납세자로부터 일시 보관 동의서를 받아야 하며, 일시 보관증을 교부하여야 한다.
③ 세관공무원은 부정 · 불공정무역 등 경제질서 교란 등을 통한 탈세혐의가 있는 자에 대하여 일제조사를 하는 경우에는 해당 사안에 대하여 이미 조사를 받은 자를 다시 조사할 수 있다.
④ 납세자는 세관공무원에게 관세조사를 받는 경우에 관세사로 하여금 조사에 참여하게 할 수 있다.
⑤ 관세청장은 체납액의 부과결정의 취소에 따라 체납된 관세(세관장이 부과 · 징수하는 내국세 등을 포함)가 5천만 원 미만이 된 경우 즉시 법무부장관에게 해당 체납자의 출국금지 또는 출국정지의 해제를 요청하여야 한다.

해설

① 은행이 급부 · 지원 등의 대상자 선정 및 그 자격을 조사 · 심사하는 데 필요한 과세정보를 당사자의 동의를 받아 요구하는 경우 세관공무원은 그 사용 목적에 맞는 범위에서 납세자의 과세정보를 제공할 수 있다(관세법 제116조 제1항 제5호 다목).
② 관세법 제114조의2 제3항
③ 관세법 제111조 제2항 제5호, 관세법 시행령 제136조
④ 관세법 제112조
⑤ 관세법 제116조의5 제3항 제4호, 관세법 시행령 제141조의12 제1항 제1호

11 ④ 12 ① 정답

13 관세법령상 등록해야 하는 보세운송업자 등에 해당하지 않는 자는?

① 국제무역선에 물품을 하역하는 것을 업으로 하는 자
② 「전자상거래 등에서의 소비자보호에 관한 법률」에 따라 통신판매업자로 신고한 자로서 직전 연도 구매대행한 수입물품의 총 물품가격이 10억 원 이상인 구매대행업자
③ 국제항 안에 있는 보세구역에서 물품을 제조하는 것을 업으로 하는 자
④ 국제무역선을 이용하여 상업서류나 그 밖의 견본품 등을 송달하는 것을 업으로 하는 자
⑤ 국제무역기에 항공기 안에서 판매할 물품을 공급하는 것을 업으로 하는 자

해설

보세운송업자 등의 등록 및 보고(관세법 제222조 제1항, 관세법 시행령 제231조 제1항)
다음의 어느 하나에 해당하는 보세운송업자 등은 대통령령으로 정하는 바에 따라 관세청장이나 세관장에게 등록하여야 한다.
1. 보세운송업자
2. 보세화물을 취급하려는 자로서 다른 법령에 따라 화물운송의 주선을 업으로 하는 자("화물운송주선업자")
3. 국제무역선・국제무역기 또는 국경출입차량에 물품을 하역하는 것을 업으로 하는 자
4. 국제무역선・국제무역기 또는 국경출입차량에 다음의 어느 하나에 해당하는 물품 등을 공급하는 것을 업으로 하는 자
   가. 선박용품
   나. 항공기용품
   다. 차량용품
   라. 선박・항공기 또는 철도차량 안에서 판매할 물품
   마. 용 역
5. 국제항 안에 있는 보세구역에서 물품이나 용역을 제공하는 것을 업으로 하는 자
6. 국제무역선・국제무역기 또는 국경출입차량을 이용하여 상업서류나 그 밖의 견본품 등을 송달하는 것을 업으로 하는 자
7. 구매대행업자 중 대통령령으로 정하는 자 : 「전자상거래 등에서의 소비자보호에 관한 법률」에 따라 통신판매업자로 신고한 자로서 직전 연도 구매대행한 수입물품의 총 물품가격이 10억 원 이상인 자

14 관세법상 보세운송업자 등의 등록의 효력상실 사유를 모두 고른 것은?

ㄱ. 법인인 보세운송업자 등이 해산된 경우
ㄴ. 거짓이나 그 밖의 부정한 방법으로 등록을 하여 그 등록이 취소된 경우
ㄷ. 「관세법」을 위반하여 징역형의 집행유예를 선고받고 그 유예기간 중에 있는 자가 보세운송업자 등으로 등록하여 그 등록이 취소된 경우

① ㄱ
② ㄷ
③ ㄱ, ㄴ
④ ㄴ, ㄷ
⑤ ㄱ, ㄴ, ㄷ

해설

ㄱ. 관세법 제224조의2 제2호
ㄴ. 관세법 제224조의2 제4호, 관세법 제224조 제1항 제1호
ㄷ. 관세법 제224조의2 제4호, 관세법 제224조 제1항 제2호, 관세법 제175조 제5호

정답 13 ③ 14 ⑤

15 관세법상 관세의 감면에 관한 내용이다. (　　)에 들어갈 사항을 옳게 나열한 것은?

> 세관장은 법 제97조(재수출면세) 제1항에 따라 관세를 면제받은 물품 중 (ㄱ)령으로 정하는 물품이 같은 항에 규정된 기간 내에 수출되지 아니한 경우에는 (ㄴ)만 원을 넘지 아니하는 범위에서 해당 물품에 부과될 관세의 100분의 (ㄷ)에 상당하는 금액을 가산세로 징수한다.

① ㄱ - 대통령, ㄴ - 300, ㄷ - 20
② ㄱ - 대통령, ㄴ - 500, ㄷ - 30
③ ㄱ - 기획재정부, ㄴ - 300, ㄷ - 20
④ ㄱ - 기획재정부, ㄴ - 500, ㄷ - 20
⑤ ㄱ - 기획재정부, ㄴ - 500, ㄷ - 30

해설

재수출면세(관세법 제97조 제4항)
세관장은 제1항에 따라 관세를 면제받은 물품 중 기획재정부령으로 정하는 물품이 같은 항에 규정된 기간 내에 수출되지 아니한 경우에는 500만 원을 넘지 아니하는 범위에서 해당 물품에 부과될 관세의 100분의 20에 상당하는 금액을 가산세로 징수한다.

16 관세법령상 심사청구에 관한 설명으로 옳은 것은?

① 심사청구서를 제출받은 세관장은 이를 받은 날부터 7일 내에 그 심사청구서에 의견서를 첨부하여 관세청장에게 보내야 한다.
② 관세청장은 심사청구의 내용이나 절차가 보정할 수 있다고 인정되는 경우에는 30일 이내의 기간을 정하여 해당 사항을 보정할 것을 요구할 수 있다.
③ 심사청구인은 청구의 대상이 3천만 원 미만인 경우라도 배우자를 대리인으로 선임할 수 없다.
④ 관세심사위원회의 위원장은 위원회의 의결에 따라 심사청구에 대한 결정을 하여야 한다.
⑤ 심사청구는 해당 처분이 내려진 날부터 90일 이내에 제기하여야 한다.

해설

① 관세법 제122조 제3항
② 관세청장은 심사청구의 내용이나 절차가 보정할 수 있다고 인정되는 경우에는 20일 이내의 기간을 정하여 해당 사항을 보정할 것을 요구할 수 있다(관세법 제123조 제1항).
③ 이의신청인, 심사청구인 또는 심판청구인은 신청 또는 청구의 대상이 3천만 원 미만인 경우에는 배우자, 4촌 이내의 혈족 또는 배우자의 4촌 이내의 혈족을 대리인으로 선임할 수 있다(관세법 제126조 제2항, 관세법 시행령 제149조의2).
④ 관세청장은 관세심사위원회의 의결에 따라 심사청구에 대한 결정을 하여야 한다(관세법 제127조 제1항).
⑤ 심사청구는 그 처분을 한 것을 안 날(처분의 통지를 받았을 때에는 그 통지를 받은 날)부터 90일 이내에 제기하여야 한다(관세법 제119조 제5항).

15 ④ 16 ① 정답

17 관세법령상 관세청장이 보세판매장에 대한 특허 심사 평가기준을 정할 때 고려요소가 아닌 것은?

① 중소기업제품의 판매 실적 등 경제·사회 발전을 위한 공헌도
② 관세 관계 법령에 따른 의무·명령 등의 위반 여부
③ 관광 인프라 등 주변 환경요소
④ 「자본시장과 금융투자업에 관한 법률」에 따른 상호출자제한기업집단에 속한 기업의 주주 및 임원 구성
⑤ 재무건전성 등 보세판매장 운영인의 경영 능력

해설

보세판매장 특허 심사 평가기준 결정 시 고려요소(관세법 시행령 제192조의3 제2항)

1. 제189조에 따른 특허보세구역의 설치·운영에 관한 특허를 받을 수 있는 요건의 충족 여부
2. 관세 관계 법령에 따른 의무·명령 등의 위반 여부
3. 재무건전성 등 보세판매장 운영인의 경영 능력
4. 중소기업제품의 판매 실적 등 경제·사회 발전을 위한 공헌도
5. 관광 인프라 등 주변 환경요소
6. 기업이익의 사회 환원 정도
7. 「독점규제 및 공정거래에 관한 법률」 제31조 제1항에 따른 상호출자제한기업집단에 속한 기업과 「중소기업기본법」 제2조에 따른 중소기업 및 중견기업 간의 상생협력을 위한 노력 정도

18 관세법상 장치기간경과물품 매각에 관한 설명으로 옳은 것은?

① 매각하는 장치기간경과물품의 질권자나 유치권자는 해당 물품을 매각한 날부터 3개월 이내에 그 권리를 증명하는 서류를 세관장에게 제출하여야 한다.
② 경쟁입찰의 방법으로 매각하려는 경우 매각되지 아니하였을 때에는 3일 이상의 간격을 두어 다시 입찰에 부칠 수 있다.
③ 세관장은 매각대금을 관세, 그 매각비용, 각종 세금의 순으로 충당한다.
④ 세관장은 장치기간경과물품을 매각할 때에는 매각 물건, 매각 수량, 매각 예정가격 등을 매각 시작 15일 전에 공고하여야 한다.
⑤ 장치기간경과물품의 매각은 일반경쟁입찰·지명경쟁입찰·수의계약·경매 및 위탁판매의 방법으로 하여야 한다.

해설

⑤ 관세법 제210조 제1항
① 매각하는 물품의 질권자나 유치권자는 해당 물품을 매각한 날부터 1개월 이내에 그 권리를 증명하는 서류를 세관장에게 제출하여야 한다(관세법 제211조 제2항).
② 경쟁입찰의 방법으로 매각하려는 경우 매각되지 아니하였을 때에는 5일 이상의 간격을 두어 다시 입찰에 부칠 수 있다(관세법 제210조 제2항).
③ 세관장은 매각대금을 그 매각비용, 관세, 각종 세금의 순으로 충당한다(관세법 제211조 제1항).
④ 세관장은 장치기간경과물품을 매각할 때에는 매각 물건, 매각 수량, 매각 예정가격 등을 매각 시작 10일 전에 공고하여야 한다(관세법 제210조 제7항).

정답 17 ④ 18 ⑤

19 관세법상 보세구역에 관한 내용이다. (   )에 들어갈 사항을 옳게 나열한 것은?

> • (ㄱ)이 정하는 보세구역에 반입되어 수입신고가 수리된 물품의 화주 또는 반입자는 그 (ㄴ)부터 15일 이내에 해당 물품을 보세구역으로부터 반출하여야 한다.
> • 보세구역의 화물관리인이나 운영인은 자율관리보세구역의 지정을 받으려면 (ㄷ)에게 지정을 신청하여야 한다.

① ㄱ - 관세청장, ㄴ - 수입신고일, ㄷ - 세관장
② ㄱ - 관세청장, ㄴ - 수입신고 수리일, ㄷ - 관세청장
③ ㄱ - 관세청장, ㄴ - 수입신고 수리일, ㄷ - 세관장
④ ㄱ - 세관장, ㄴ - 수입신고 수리일, ㄷ - 세관장
⑤ ㄱ - 세관장, ㄴ - 수입신고일, ㄷ - 관세청장

해설

• 관세청장이 정하는 보세구역에 반입되어 수입신고가 수리된 물품의 화주 또는 반입자는 그 수입신고 수리일부터 15일 이내에 해당 물품을 보세구역으로부터 반출하여야 한다(관세법 제157조의2).
• 보세구역의 화물관리인이나 운영인은 자율관리보세구역의 지정을 받으려면 세관장에게 지정을 신청하여야 한다(관세법 제164조 제2항).

20 관세법령상 운송수단에 관한 설명으로 옳은 것은?

① 국제무역선이 국제항이 아닌 지역에 출입하기 위하여 내야 하는 수수료의 총액은 50만 원을 초과하지 못한다.
② 통관역은 국외와 연결되고 국경에 근접한 철도역 중에서 세관장이 지정하고, 통관장은 관세통로에 접속한 장소 중에서 관세청장이 지정한다.
③ 관세청장이 출항절차를 신속하게 진행하기 위하여 필요하다고 인정하여 출항허가 후 10일의 범위에서 따로 기간을 정하는 경우 국제무역선의 선장은 그 기간 내에 적재화물목록을 제출할 수 있다.
④ 국제무역선인 5천톤급 이상의 선박이 연간 40회 이상 입항하거나 입항할 것으로 예상되어야 국제항으로 지정될 수 있다.
⑤ 국제무역선이 국제항의 바깥에서 물품을 하역하거나 환적하려는 경우 납부하여야 하는 항외하역에 관한 허가수수료는 하역 1일마다 3만 원으로 한다.

19 ③ 20 ① 정답

해설

① 관세법 시행규칙 제62조 제1항
② 통관역은 국외와 연결되고 국경에 근접한 철도역 중에서 관세청장이 지정하고, 통관장은 관세통로에 접속한 장소 중에서 세관장이 지정한다(관세법 제148조 제3항・제4항).
③ 세관장이 출항절차를 신속하게 진행하기 위하여 필요하다고 인정하여 출항허가 후 7일의 범위에서 따로 기간을 정하는 경우 국제무역선이나 국제무역기의 선장이나 기장은 그 기간 내에 적재화물목록을 제출할 수 있다(관세법 제136조 제2항 단서).
④ 국제무역선인 5천톤급 이상의 선박이 연간 50회 이상 입항하거나 입항할 것으로 예상되어야 국제항으로 지정될 수 있다(관세법 시행령 제155조의2 제1항 제3호 나목).
⑤ 국제무역선이 국제항의 바깥에서 물품을 하역하거나 환적하려는 경우 납부하여야 하는 항외하역에 관한 허가수수료는 하역 1일마다 4만 원으로 한다(관세법 제142조 제2항, 관세법 시행규칙 제63조).

21 **관세법령상 세관장이 수출물품의 생산자와 수출자에게 공통적으로 제출을 요구할 수 있는 원산지증명서 확인자료가 아닌 것은? (단, 두 당사자는 원산지증명서를 발급받음)**

① 원가계산서・원재료내역서 및 공정명세서
② 수출신고필증
③ 해당 물품 및 원재료의 출납・재고관리대장
④ 원산지증명서 발급 신청서류
⑤ 해당 물품 및 원재료의 생산 또는 구입 관련 증명 서류

해설

② 수출신고필증은 수출물품의 수출자가 제출하는 자료에 해당한다(관세법 시행령 제236조의6 제1항 제2호 나목).

원산지증명서확인자료 등(관세법 시행령 제236조의6 제1항)

1. 수출물품의 생산자가 제출하는 자료
   가. 수출자에게 해당 물품의 원산지를 증명하기 위하여 제공한 서류
   나. 수출자와의 물품공급계약서
   다. 해당 물품의 생산에 사용된 원재료의 수입신고필증(생산자 명의로 수입신고한 경우만 해당)
   라. 해당 물품 및 원재료의 생산 또는 구입 관련 증명 서류
   마. 원가계산서・원재료내역서 및 공정명세서
   바. 해당 물품 및 원재료의 출납・재고관리대장
   아. 원산지증명서 발급 신청서류(전자문서를 포함하며, 생산자가 원산지증명서를 발급받은 경우만 해당)
   사. 해당 물품의 생산에 사용된 재료를 공급하거나 생산한 자가 그 재료의 원산지를 증명하기 위하여 작성하여 생산자에게 제공한 서류
2. 수출물품의 수출자가 제출하는 자료
   가. 원산지증명서가 발급된 물품을 수입하는 국가의 수입자에게 제공한 원산지증명서(전자문서를 포함한다)
   나. 수출신고필증
   다. 수출거래 관련 계약서
   라. 원산지증명서 발급 신청서류(전자문서를 포함하며, 수출자가 원산지증명서를 발급받은 경우만 해당)
   마. 제1호 라목부터 바목까지의 서류(수출자가 원산지증명서를 발급받은 경우만 해당)

정답 21 ②

22 관세법상 무역원활화 기본계획에 포함되는 사항을 모두 고른 것은?

ㄱ. 무역원활화 정책의 기본 방향에 관한 사항
ㄴ. 무역원활화 기반 시설의 구축과 운영에 관한 사항
ㄷ. 무역원활화의 환경조성에 관한 사항
ㄹ. 무역원활화와 관련된 국제협력에 관한 사항

① ㄱ, ㄷ
② ㄴ, ㄷ
③ ㄴ, ㄹ
④ ㄱ, ㄷ, ㄹ
⑤ ㄱ, ㄴ, ㄷ, ㄹ

해설

무역원활화 기본계획에 포함되는 사항(관세법 제240조의4 제1항)

1. 무역원활화 정책의 기본 방향에 관한 사항
2. 무역원활화 기반 시설의 구축과 운영에 관한 사항
3. 무역원활화의 환경조성에 관한 사항
4. 무역원활화와 관련된 국제협력에 관한 사항
5. 무역원활화와 관련된 통계자료의 수집·분석 및 활용방안에 관한 사항
6. 무역원활화 촉진을 위한 재원 확보 및 배분에 관한 사항
7. 그 밖에 무역원활화를 촉진하기 위하여 필요한 사항

23 관세법령상 원산지표시위반단속기관협의회에 관한 설명으로 옳지 않은 것은?

① 위원장 1명을 포함하여 25명 이내의 위원으로 구성한다.
② 위원장은 원산지표시 위반 단속업무를 관장하는 관세청의 고위공무원단에 속하는 공무원 중에서 관세청장이 지정하는 사람이 된다.
③ 위원에는 특별자치도의 장이 지정하는 과장급 공무원 1명도 포함된다.
④ 위원장이 부득이한 사유로 직무를 수행하지 못하는 경우에는 관세청장이 미리 지명한 사람이 직무를 대행한다.
⑤ 원산지표시 위반 단속업무에 필요한 정보교류에 관한 사항은 협의사항에 포함된다.

해설

④ 위원장이 부득이한 사유로 직무를 수행하지 못하는 경우에는 위원장이 미리 지명한 사람이 직무를 대행한다(관세법 시행령 제236조의9 제4항).
① 관세법 시행령 제236조의9 제2항
② 관세법 시행령 제236조의9 제3항
③ 관세법 시행령 제236조의9 제3항 제4호
⑤ 관세법 시행령 제236조의9 제1항 제1호

22 ⑤ 23 ④ 정답

24 관세법령상 관세청장이 전자상거래물품에 대하여 따로 정할 수 있는 통관에 필요한 사항으로 명시되어 있지 않은 것은?

① 물품검사장소
② 관세 등에 대한 납부방법
③ 수출입신고 방법 및 절차
④ 특별통관 대상 거래물품
⑤ 특별통관 대상 업체

해설

전자상거래물품의 특별통관 등(관세법 시행령 제258조 제1항)
관세청장은 법 제254조 제1항에 따라 전자상거래물품에 대하여 다음의 사항을 따로 정할 수 있다.
1. 특별통관 대상 거래물품 또는 업체
2. 수출입신고 방법 및 절차
3. 관세 등에 대한 납부방법
4. 물품검사방법
5. 그 밖에 관세청장이 필요하다고 인정하는 사항

25 관세법령상 가산세율에 관한 내용이다. ( )에 들어갈 숫자를 옳게 나열한 것은?

> • 법 제241조(수출 · 수입 또는 반송의 신고) 제4항의 규정에 의한 가산세액은 다음의 율에 의하여 산출한다.
> – 법 제241조 제3항의 규정에 의한 신고기한이 경과한 날부터 (ㄱ)일 내에 신고를 한 때에는 당해 물품의 과세가격의 1천분의 5
> – 신고기한이 경과한 날부터 50일 내에 신고를 한 때에는 당해 물품의 과세가격의 1천분의 (ㄴ)

① ㄱ – 20, ㄴ – 10
② ㄱ – 20, ㄴ – 15
③ ㄱ – 20, ㄴ – 20
④ ㄱ – 30, ㄴ – 15
⑤ ㄱ – 30, ㄴ – 20

해설

가산세율(관세법 시행령 제247조 제1항)
법 제241조(수출 · 수입 또는 반송의 신고) 제4항의 규정에 의한 가산세액은 다음의 율에 의하여 산출한다.
1. 법 제241조 제3항의 규정에 의한 기한(신고기한)이 경과한 날부터 20일 내에 신고를 한 때 : 당해 물품의 과세가격의 1천분의 5
2. 신고기한이 경과한 날부터 50일 내에 신고를 한 때 : 당해 물품의 과세가격의 1천분의 10
3. 신고기한이 경과한 날부터 80일 내에 신고를 한 때 : 당해 물품의 과세가격의 1천분의 15
4. 제1호 내지 제3호 외의 경우 : 당해 물품의 과세가격의 1천분의 20

정답 24 ① 25 ①

26 관세법상 과세자료 요청 등에 관한 설명으로 옳지 않은 것은?

① 관세청장은 국가기관 및 지방자치단체 등 관계 기관 등에 대하여 관세의 부과・징수 및 통관에 관계되는 자료 또는 통계를 요청할 수 있다.

② 「여신전문금융업법」에 따른 신용카드업자와 여신전문금융업협회는 과세자료제출기관에 해당한다.

③ 과세자료제출기관의 장이 분기별로 관세청장 또는 세관장에게 과세자료를 제출하는 경우에는 그 기관이 접수하거나 작성한 자료의 목록을 함께 제출하여야 한다.

④ 과세자료 비밀유지의무를 위반한 자는 1년 이하의 징역 또는 3천만 원 이하의 벌금에 처하며, 이에 따른 징역 또는 벌금은 병과할 수 없다.

⑤ 관세청장은 우리나라로 반입되거나 우리나라에서 반출되는 물품의 안전 관리를 위하여 필요한 경우 중앙행정기관의 장에게 해당 기관이 보유한 「관세법」에서 정한 구비조건・품질 등을 위반한 물품에 관한 정보 등을 제공하여 줄 것을 요청할 수 있다.

해설

④ 과세자료의 비밀유지의무를 위반한 자는 3년 이하의 징역 또는 1천만 원 이하의 벌금에 처하며, 이에 따른 징역과 벌금은 병과할 수 있다(관세법 제264조의9).

① 관세법 제264조

② 관세법 제264조의2 제5호

③ 관세법 제264조의4 제2항

⑤ 관세법 제264조의10 제1항

27 관세법 제269조(밀수출입죄)에 관한 내용이다. (　　)에 들어갈 숫자를 옳게 나열한 것은?

- 관세법 제241조(수출・수입 또는 반송의 신고) 제1항・제2항에 따른 신고를 하였으나 해당 수입물품과 다른 물품으로 신고하여 수입한 자는 (ㄱ)년 이하의 징역 또는 관세액의 (ㄴ)배와 물품원가 중 높은 금액 이하에 상당하는 벌금에 처한다.
- 관세법 제241조 제1항 및 제2항에 따른 신고를 하지 아니하고 물품을 수출하거나 반송한 자는 (ㄷ)년 이하의 징역 또는 물품원가 이하에 상당하는 벌금에 처한다.

① ㄱ – 3, ㄴ – 5, ㄷ – 1

② ㄱ – 3, ㄴ – 5, ㄷ – 3

③ ㄱ – 3, ㄴ – 10, ㄷ – 3

④ ㄱ – 5, ㄴ – 5, ㄷ – 1

⑤ ㄱ – 5, ㄴ – 10, ㄷ – 3

26 ④ 27 ⑤ 정답

해설

밀수출입죄(관세법 제269조 제2항 · 제3항)

② 다음의 어느 하나에 해당하는 자는 5년 이하의 징역 또는 관세액의 10배와 물품원가 중 높은 금액 이하에 상당하는 벌금에 처한다.

1. 제241조(수출 · 수입 또는 반송의 신고) 제1항 · 제2항에 따른 신고 또는 입항전수입신고를 하지 아니하고 물품을 수입한 자(즉시반출신고를 한 자는 제외)
2. 제241조 제1항 · 제2항에 따른 신고 또는 입항전수입신고를 하였으나 해당 수입물품과 다른 물품으로 신고하여 수입한 자

③ 다음의 어느 하나에 해당하는 자는 3년 이하의 징역 또는 물품원가 이하에 상당하는 벌금에 처한다.

1. 제241조 제1항 및 제2항에 따른 신고를 하지 아니하고 물품을 수출하거나 반송한 자
2. 제241조 제1항 및 제2항에 따른 신고를 하였으나 해당 수출물품 또는 반송물품과 다른 물품으로 신고하여 수출하거나 반송한 자

28 관세법령상 관세청장이 마약류 관련 정보의 제출을 요구할 수 있는 관계 중앙행정기관의 장으로 옳지 않은 것은?

① 과학기술정보통신부장관

② 경찰청장

③ 법무부장관

④ 외교부장관

⑤ 검찰총장

해설

관세청장이 마약류 관련 정보의 제출을 요구할 수 있는 관계 중앙행정기관의 장(관세법 시행령 제263조의3)

1. 과학기술정보통신부장관
2. 외교부장관
3. 법무부장관
4. 검찰총장

29 관세법령상 검증 · 수색 또는 압수조서의 기재사항이 아닌 것은?

① 당해 물품의 품명 및 수량

② 포장의 종류 · 기호 · 번호 및 개수

③ 검증 · 수색 또는 압수의 장소 및 일시

④ 조사를 한 사람과 참여자의 주소 또는 거소와 성명

⑤ 보관장소

해설

관세법 시행령 제269조(검증 · 수색 또는 압수조서의 기재사항)

1. 당해 물품의 품명 및 수량
2. 포장의 종류 · 기호 · 번호 및 개수
3. 검증 · 수색 또는 압수의 장소 및 일시
4. 소유자 또는 소지자의 주소 또는 거소와 성명
5. 보관장소

정답 28 ② 29 ④

30 관세법 시행령 제284조(매각 및 폐기의 공고)에 의해 일반경쟁입찰의 방법으로 물품을 매각하고자 하는 때에 공고하여야 할 사항으로 명시되어 있지 않은 것은?

① 당해 물품의 품명·규격 및 수량
② 포장의 종류 및 개수
③ 화주의 주소 및 성명
④ 매각사유
⑤ 매각의 일시 및 장소

해설

일반경쟁입찰로 물품 매각 시 공고하여야 할 사항(관세법 시행령 제284조 제1항)
1. 당해 물품의 품명·규격 및 수량
2. 포장의 종류 및 개수
3. 매각의 일시 및 장소
4. 매각사유
5. 기타 필요한 사항

31 관세법상 덤핑방지관세에 관한 설명으로 옳지 않은 것은?

① 기획재정부장관은 덤핑방지관세를 부과할 때 관련 산업의 경쟁력 향상, 국내 시장구조, 물가안정, 통상협력 등을 고려할 필요가 있는 경우에는 이를 조사하여 반영할 수 있다.
② 덤핑방지관세의 부과와 잠정조치는 각각의 조치일 이후 수입되는 물품에 대하여 적용되나, 잠정조치가 적용된 물품에 대하여 국제협약에서 달리 정하는 경우에는 그 물품에 대하여도 덤핑방지관세를 부과할 수 있다.
③ 기획재정부장관은 필요하다고 인정될 때에는 대통령령으로 정하는 바에 따라 덤핑방지조치에 대하여 재심사를 할 수 있다.
④ 기획재정부장관은 덤핑방지조치에 대한 재심사에 필요한 사항으로서 덤핑방지조치 물품의 수입 및 징수실적 등 대통령령으로 정하는 사항을 조사할 수 있다.
⑤ 덤핑방지조치는 기획재정부령으로 그 적용시한을 따로 정하는 경우를 제외하고는 해당 덤핑방지조치의 시행일부터 3년이 지나면 그 효력을 잃는다.

해설

⑤ 덤핑방지조치는 기획재정부령으로 그 적용시한을 따로 정하는 경우를 제외하고는 해당 덤핑방지조치의 시행일부터 5년이 지나면 그 효력을 잃는다(관세법 제56조 제3항).
① 관세법 제52조 제2항
② 관세법 제55조
③ 관세법 제56조 제1항
④ 관세법 제56조 제2항

30 ③ 31 ⑤ 정답

32 관세법령상 관세청장이 관세품목분류위원회의 위원을 해임 또는 해촉할 수 있는 사유가 아닌 것은?

① 심신장애로 인하여 직무를 수행할 수 없게 된 경우
② 직무와 관련된 비위사실이 있는 경우
③ 위원 스스로 직무를 수행하는 것이 곤란하다고 의사를 밝히는 경우
④ 직무태만, 품위손상이나 그 밖의 사유로 인하여 위원으로 적합하지 아니하다고 인정되는 경우
⑤ 위원이 해당 안건 당사자의 대리인이어서 그 심의 · 의결에서 회피한 경우

해설

관세청장이 관세품목분류위원회의 위원을 해임 · 해촉할 수 있는 사유(관세법 시행령 제100조 제4항)
관세청장은 관세품목분류위원회의 위원이 다음의 어느 하나에 해당하는 경우에는 해당 위원을 해임 또는 해촉할 수 있다.
1. 심신장애로 인하여 직무를 수행할 수 없게 된 경우
2. 직무와 관련된 비위사실이 있는 경우
3. 직무태만, 품위손상이나 그 밖의 사유로 인하여 위원으로 적합하지 아니하다고 인정되는 경우
4. 위원 스스로 직무를 수행하는 것이 곤란하다고 의사를 밝히는 경우
5. 제101조의2(관세품목분류위원회 위원의 제척 · 회피) 제1항 각 호의 어느 하나에 해당함에도 불구하고 회피하지 아니한 경우

33 관세법령상 관계행정기관의 장 또는 이해관계인이 계절관세의 부과를 요청하고자 하는 때에 제출하여야 하는 자료가 아닌 것은?

① 품명 · 규격 · 용도 및 대체물품
② 계절관세를 적용하고자 하는 이유 및 그 적용기간
③ 최근 1년간의 월별 수입가격 및 주요 국제상품시장의 가격동향
④ 최근 1년간의 월별 동종물품 · 유사물품 또는 대체물품별 국내외 가격동향
⑤ 변경하고자 하는 세율과 그 산출내역

해설

계절관세(관세법 시행령 제93조 제1항)
관계행정기관의 장 또는 이해관계인이 계절관세의 부과를 요청하고자 하는 때에는 당해 물품에 관련한 다음의 사항에 관한 자료를 기획재정부장관에게 제출하여야 한다.
1. 품명 · 규격 · 용도 및 대체물품
2. 최근 1년간의 월별 수입가격 및 주요 국제상품시장의 가격동향
3. 최근 1년간의 월별 주요국내제조업체별 공장도가격
4. 당해 물품 및 주요관련제품의 생산자물가지수 · 소비자물가지수 및 수입물가지수
5. 계절관세를 적용하고자 하는 이유 및 그 적용기간
6. 계절별 수급실적 및 전망
7. 변경하고자 하는 세율과 그 산출내역

정답 32 ⑤ 33 ④

34 **관세법령상 여행자 휴대품임에도 불구하고 간이세율을 적용하지 않는 물품을 모두 고른 것은? (단, 제시되지 않은 조건은 고려하지 않음)**

> ㄱ. 개별소비세가 과세되는 고급 시계
> ㄴ. 수출용원재료
> ㄷ. 관세율이 무세인 물품과 관세가 감면되는 물품
> ㄹ. 기본관세율이 10% 이상인 신발(개별소비세가 과세되지 않는 것)

① ㄱ
② ㄱ, ㄹ
③ ㄴ, ㄷ
④ ㄴ, ㄷ, ㄹ
⑤ ㄱ, ㄴ, ㄷ, ㄹ

해설

간이세율을 적용하지 않는 물품(관세법 시행령 제96조 제2항)
1. <u>관세율이 무세인 물품과 관세가 감면되는 물품</u>
2. <u>수출용원재료</u>
3. 법 제11장(벌칙)의 범칙행위에 관련된 물품
4. 종량세가 적용되는 물품
5. 다음 중 어느 하나에 해당하는 물품으로서 관세청장이 정하는 물품
   가. 상업용으로 인정되는 수량의 물품
   나. 고가품
   다. 당해 물품의 수입이 국내산업을 저해할 우려가 있는 물품
   라. 법 제81조(간이세율의 적용) 제4항의 규정에 의한 단일한 간이세율의 적용이 과세형평을 현저히 저해할 우려가 있는 물품
6. 화주가 수입신고를 할 때에 과세대상물품의 전부에 대하여 간이세율의 적용을 받지 아니할 것을 요청한 경우의 당해 물품

35 **자유무역협정의 이행을 위한 관세법의 특례에 관한 법령상 관세청장이 협정을 통일적이고 효율적으로 시행하기 위하여 협정에서 정하는 바에 따라 체약상대국의 관세당국과 협력할 수 있는 사항으로 명시되어 있지 않은 것은?**

① 통관 절차의 간소화
② 세관기술의 지원
③ 수출입물품의 원산지에 관한 조사에 필요한 정보 교환
④ 원산지인증수출자와 물류종사자에 대한 교육·훈련에 관한 사항
⑤ 전자무역환경의 증진 등 통관절차의 개선·발전에 관한 사항

34 ③ 35 ④ 정답

해설

체약상대국의 관세당국과 협력할 수 있는 사항[자유무역협정(FTA)관세법 제33조 제2항, 자유무역협정(FTA)관세법 시행령 제41조 제1항]

1. 통관 절차의 간소화
2. 다른 법률에 저촉되지 아니하는 범위에서의 정보 교환
3. 세관기술의 지원
4. 체약상대국의 관세당국과 기획재정부령으로 정하는 기관이 작성·발급하는 원산지증명서에 포함되는 정보를 전자적으로 교환하는 시스템의 구축·운영
5. 그 밖에 협정을 통일적으로 이행하고 효율적으로 시행하기 위하여 필요한 사항으로서 대통령령으로 정하는 사항
   - 원산지 확인에 필요한 상호행정지원에 관한 사항
   - 원산지와 관련되는 법령의 교환에 관한 사항
   - 서류 없는 통관절차의 구축, 전자무역환경의 증진 등 통관절차의 개선·발전에 관한 사항
   - 세관공무원과 통관종사자에 대한 교육·훈련에 관한 사항
   - 수출입물품의 원산지에 관한 조사에 필요한 정보 교환
   - 그 밖에 법 제33조(상호협력) 제1항에 따른 협의기구에서 합의한 사항

36 자유무역협정의 이행을 위한 관세법의 특례에 관한 법령상 '체약상대국'과 '원산지 조사결과 통지 기간'의 연결로 옳은 것은?

① 캄보디아 - 조사 요청을 접수한 날부터 150일
② 역내경제협정당사국 - 조사 요청일부터 150일
③ 이스라엘 - 조사 요청일부터 15개월
④ 인도네시아 - 조사 요청을 접수한 날부터 6개월
⑤ 중미 공화국들 - 조사 요청을 접수한 날의 다음 날부터 150일

해설

체약상대국의 요청에 따른 원산지 조사결과 통지 기간[자유무역협정(FTA)관세법 시행령 제13조 제1항]

10. 중미 공화국들 : 조사 요청을 접수한 날의 다음 날부터 150일
12. 인도네시아 : 조사 요청을 접수한 날부터 2개월(인도네시아 관세당국이 추가 정보를 요청하는 경우에는 그 요청을 받은 날부터 4개월 이내)
13. 이스라엘 : 조사 요청일부터 10개월(이스라엘 관세당국이 추가 정보를 요청하는 경우에는 그 요청을 받은 날부터 90일 이내)
14. 역내경제협정당사국 : 조사 요청을 접수한 날부터 90일
15. 캄보디아 : 조사 요청을 접수한 날부터 90일

정답 36 ⑤

37 **자유무역협정의 이행을 위한 관세법의 특례에 관한 법령상 '물품'과 '원산지증명서 발급기관'의 연결로 옳은 것은?**

① 스위스치즈 - 유럽자유무역연합 농업국이 인증한 기관
② 호주를 원산지로 하는 물품 - Trade Window Origin Pty Limited
③ 베트남을 원산지로 하는 물품 - 베트남 세관
④ 캄보디아왕국을 원산지로 하는 물품 - 캄보디아 재무부 관세국
⑤ 이스라엘을 원산지로 하는 물품 - International Export Certification Services

해설

원산지증명서의 발급기관[자유무역협정(FTA)관세법 시행규칙 제8조]
② 호주를 원산지로 하는 물품 : 호주상공회의소(Australian Chamber of Commerce and Industry, ACCI), 호주산업협회(Australian Industry Group, AiG), International Export Certification Services, Trade Window Origin Pty Limited
① 스위스치즈 : 스위스연방농업국이 인증한 기관
③ 베트남사회주의공화국을 원산지로 하는 물품 : 베트남 산업무역부
④ 캄보디아왕국을 원산지로 하는 물품 : 캄보디아 상무부
⑤ 이스라엘을 원산지로 하는 물품 : 재무부 이스라엘조세당국 관세국

38 **자유무역협정의 이행을 위한 관세법의 특례에 관한 법령상 '협정'과 '원산지증명서 유효기간'의 연결로 옳은 것은?**

① 뉴질랜드와의 협정 - 서명일부터 4년
② 미합중국과의 협정 - 서명일부터 2년
③ 캄보디아와의 협정 - 발급일 또는 서명일부터 1년
④ 호주와의 협정 - 발급일 또는 서명일부터 1년
⑤ 역내경제협정당사국과의 협정 - 발급일 또는 서명일부터 2년

해설

협정에 따른 원산지증명서의 유효기간[자유무역협정(FTA)관세법 시행령 제6조 제2항]
① 뉴질랜드와의 협정 : 서명일부터 2년
② 미합중국과의 협정 : 서명일부터 4년
④ 호주와의 협정 : 발급일 또는 서명일부터 2년
⑤ 역내경제협정당사국과의 협정 : 발급일 또는 서명일부터 1년

37 ② 38 ③ 정답

39 자유무역협정의 이행을 위한 관세법의 특례에 관한 법령상 '보관자'와 '보관대상 원산지증빙서류'의 연결로 옳은 것은?

① 수입자 – 원가계산서·원재료내역서 및 공정명세서
② 수입자 – 해당 물품 생산 및 원재료의 생산 또는 구입 관련 증빙서류
③ 수출자 – 해당 물품의 구입 관련 증빙서류 및 출납·재고관리대장
④ 생산자 – 지식재산권 거래 관련 계약서
⑤ 생산자 – 수출거래 관련 계약서

해설

보관대상 원산지증빙서류 등[자유무역협정(FTA)관세법 시행령 제10조 제1항]

보관자	보관대상 원산지증빙서류
수입자	• 원산지증명서 사본 • 수입신고필증 • 수입거래 관련 계약서 • 지식재산권 거래 관련 계약서 • 수입물품의 과세가격 결정에 관한 자료 • 수입물품의 국제운송 관련 서류 • 사전심사서 사본 및 사전심사에 필요한 증빙서류(사전심사서를 받은 경우만)
수출자	• 체약상대국의 수입자에게 제공한 원산지증명서(전자문서 포함) 사본 및 원산지증명서 발급 신청서류(전자문서 포함) 사본 • 수출신고필증 • 수출거래 관련 계약서 • 해당 물품의 구입 관련 증빙서류 및 출납·재고관리대장 • 생산자 또는 해당 물품의 생산에 사용된 재료를 공급하거나 생산한 자가 해당 물품의 원산지증명을 위하여 작성한 후 수출자에게 제공한 서류
생산자	• 수출자 또는 체약상대국의 수입자에게 해당 물품의 원산지증명을 위하여 작성·제공한 서류 • 해당 물품의 생산에 사용된 원재료의 수입신고필증(생산자의 명의로 수입신고한 경우만) • 수출자와의 물품공급계약서 • 해당 물품의 생산에 사용된 재료를 공급하거나 생산한 자가 해당 재료의 원산지증명을 위하여 작성한 후 생산자에게 제공한 서류 • 해당 물품 생산 및 원재료의 생산 또는 구입 관련 증빙서류 • 원가계산서·원재료내역서 및 공정명세서 • 해당 물품 및 원재료의 출납·재고관리대장

정답 39 ③

40 **자유무역협정의 이행을 위한 관세법의 특례에 관한 법률상 벌칙에 관한 설명으로 옳은 것은?**

① 비밀유지의무를 위반하여 비밀취급자료를 타인에게 제공 또는 누설하거나 목적 외의 용도로 사용한 자는 5년 이하의 징역 또는 5천만 원 이하의 벌금에 처한다.

② 협정 및 「자유무역협정의 이행을 위한 관세법의 특례에 관한 법률」에 따른 원산지증빙서류를 속임수 또는 그 밖의 부정한 방법으로 신청하여 발급받았거나 작성・발급한 자는 2천만 원 이하의 벌금에 처한다.

③ 정당한 사유 없이 원산지증빙서류 등 관련 서류를 보관하지 아니한 자는 5천만 원 이하의 벌금에 처한다.

④ 원산지 등에 대한 사전심사에 필요한 자료를 거짓으로 제출하거나 고의로 제출하지 아니한 자는 3천만 원 이하의 벌금에 처한다.

⑤ 과실로 협정 및 「자유무역협정의 이행을 위한 관세법의 특례에 관한 법률」에 따른 원산지증빙서류를 사실과 다르게 신청하여 발급받았거나 작성・발급한 자는 500만 원 이하의 벌금에 처한다.

해설

② 자유무역협정(FTA)관세법 제44조 제2항 제1호

① 비밀유지의무를 위반하여 비밀취급자료를 타인에게 제공 또는 누설하거나 목적 외의 용도로 사용한 자는 3년 이하의 징역 또는 3천만 원 이하의 벌금에 처한다[자유무역협정(FTA)관세법 제44조 제1항].

③ 정당한 사유 없이 원산지증빙서류 등 관련 서류를 보관하지 아니한 자는 2천만 원 이하의 벌금에 처한다[자유무역협정(FTA)관세법 제44조 제2항 제3호).

④ 원산지 등에 대한 사전심사에 필요한 자료를 거짓으로 제출하거나 고의로 제출하지 아니한 자는 2천만 원 이하의 벌금에 처한다[자유무역협정(FTA)관세법 제44조 제2항 제6호].

⑤ 과실로 협정 및 「자유무역협정의 이행을 위한 관세법의 특례에 관한 법률」에 따른 원산지증빙서류를 사실과 다르게 신청하여 발급받았거나 작성・발급한 자는 300만 원 이하의 벌금에 처한다[자유무역협정(FTA)관세법 제44조 제3항].

40 ② 정답

PART 2
무역영어

관세사 1차 3개년

관련법령은 수시로 개정될 수 있으니 관세법령정보포털(http://unipass.customs.co.kr/clip/index.do)의 내용을 필수적으로 참고하시어 학습하시기를 권유합니다.

※ 추록(최신 개정법령) : 도서출간 이후 법령개정사항은 도서의 내용에 맞게 수정하여 도서업데이트 게시판에 업로드합니다(시대에듀 : 홈 ▶학습자료실 ▶도서업데이트).

아이들이 답이 있는 질문을 하기 시작하면 그들이 성장하고 있음을 알 수 있다.

– 존 J. 플롬프 –

제2과목

2022 무역영어

1교시 응시시간 : 80분　과목당 문항 수 : 40문항

01 국제물품매매계약에 관한 유엔협약(CISG, 1980) 제19조의 일부이다. (　　)에 공통으로 들어갈 용어는?

- A reply to an offer which purports to be an acceptance but contains additional or different terms which do not (　　) alter the terms of the offer constitutes an acceptance, unless the offeror, without undue delay, objects orally to the discrepancy or dispatches a notice to that effect.
- Additional or different terms relating, among other things, to the price, payment, quality and quantity of the goods, place and time of delivery, extent of one party's liability to the other or the settlement of disputes are considered to alter the terms of the offer (　　).

① seriously　② materially
③ effectively　④ severely
⑤ mainly

해설

국제물품매매계약에 관한 유엔협약(CISG, 1980) 제19조
- 승낙을 의도하고 있고, 청약의 조건을 실질적으로(materially) 변경하지 않는 추가적인 또는 상이한 조건들을 포함하는 청약에 대한 회답은 승낙이 된다. 단, 청약자가 부당한 지체없이 상이한 조건에 대해 구두로 이의를 제기하거나 그러한 취지의 통지를 발송하는 경우에는 그러하지 아니하다.
- 특히 대금 또는 대금지급, 물품의 품질과 수량, 물품 인도 장소와 시기, 상대방에 대한 당사자 일방의 책임범위 또는 분쟁해결에 대한 추가적인 또는 상이한 조건은 청약 조건을 실질적으로(materially) 변경하는 것으로 간주한다.

정답 01 ②

02 국제물품매매계약에 관한 유엔협약(CISG, 1980) 제47조, 제48조, 제61조, 제62조에 관한 설명으로 옳지 않은 것은?

① Period of grace must be granted to the buyer by a court or arbitral tribunal when the seller resorts to a remedy for breach of contract.

② The buyer may fix an additional period of time of reasonable length for performance by the seller of his obligations.

③ If the seller requests the buyer to make known whether he will accept performance and the buyer does not comply with the request within a reasonable time, the seller may perform within the time indicated in his request.

④ The seller may require the buyer to pay the price, take delivery or perform his other obligations, unless the seller has resorted to a remedy which is inconsistent with this requirement.

⑤ The seller is not deprived of any right he may have to claim damages by exercising his right to other remedies.

해설

① No period of grace must → may be granted to the buyer by a court or arbitral tribunal when the seller resorts to a remedy for breach of contract(제61조).
매도인이 계약위반에 대한 구제를 구하는 경우, 법원 또는 중재 재판부는 매수인에게 유예기간을 부여할 수 없다(No ~ may).

② 매수인은 매도인의 의무이행을 위해 합리적인 추가 기간을 설정할 수 있다(제47조).

③ 매도인이 매수인에게 의무이행의 수락 여부를 알려달라고 요구하였으나 매수인이 합리적인 기간 내에 그 요청을 따르지 않는다면, 매도인은 그 요청에 명시된 기간 내에 의무를 이행할 수 있다(제48조).

④ 매도인은 매수인에게 대금의 지급, 인도의 수령 또는 기타 의무이행을 청구할 수 있다. 다만, 매도인이 이러한 청구와 모순되지 않는 구제를 구한 경우에는 그러하지 않는다(제62조).

⑤ 매도인이 손해배상을 청구할 수 있는 권리는 다른 구제를 구하는 권리의 행사로 인해 상실되지 않는다(제61조).

03 국제물품매매계약에 관한 유엔협약(CISG, 1980) 제81조의 일부이다. (   )에 들어갈 용어로 옳은 것은?

> A party who has performed the contract either wholly or in part may claim restitution from the other party of whatever the first party has supplied or paid under the contract. If both parties are bound to make restitution, they must do so (   ).

① sequentially
② concurrently
③ fairly
④ duly
⑤ negotiably

02 ① 03 ② 정답

해설

국제물품매매계약에 관한 유엔협약(CISG, 1980) 제81조
계약의 전부 또는 일부를 이행한 당사자는 상대방에게 계약하에서 자신이 이미 공급 또는 지급한 것에 대한 반환을 청구할 수 있다. 당사자 쌍방이 모두 반환하여야 하는 경우에는, 이를 동시에(concurrently) 반환하여야 한다.

04 국제물품매매계약에 관한 유엔협약(CISG, 1980) 제32조, 제35조, 제37조, 제38조, 제58조에 관한 설명으로 옳지 않은 것은?

① The seller must deliver goods which are of the quantity, quality and description required by the contract and which are contained or packaged in the manner required by the contract.

② If the seller is bound to arrange for carriage of the goods, he must make such contracts as are necessary for carriage to the place fixed by means of transportation appropriate in the circumstances and according to the usual terms for such transportation.

③ If the buyer is not bound to pay the price at any other specific time, he must pay it when the seller places either the goods or documents controlling their disposition at the buyer's disposal in accordance with the contract and this Convention.

④ The buyer must examine the goods, or cause them to be examined, within as short a period as is practicable in the circumstances.

⑤ If the seller has delivered goods before the date for delivery, he may, up to that date, deliver any missing part or make up any sufficiency in the quantity of the goods delivered, or deliver goods in replacement of any conforming goods delivered, provided that the exercise of this right does not cause the buyer unreasonable inconvenience or unreasonable expense.

해설

⑤ If the seller has delivered goods before the date for delivery, he may, up to that date, deliver any missing part or make up any sufficiency → deficiency in the quantity of the goods delivered, or deliver goods in replacement of any conforming → non-conforming goods delivered or remedy any lack of conformity in the goods delivered, provided that the exercise of this right does not cause the buyer unreasonable inconvenience or unreasonable expense(제37조).
매도인이 인도기일 전에 물품을 인도한 경우에는, 매수인에게 불합리한 불편이나 비용을 발생시키지 않는 한 매도인은 그 기일까지 인도된 물품의 누락분을 인도하거나, 수량 부족(deficiency)을 해결하거나, 인도된 부적합(non-conforming) 물품의 대체품을 인도하거나 인도된 물품의 부적합을 보완할 수 있다.

① 매도인은 계약에서 정한 물품의 수량, 품질 및 상품명세와 일치하고, 계약에서 정한 방법으로 용기에 담거나 포장된 물품을 인도하여야 한다(제35조).

② 매도인이 물품의 운송을 수배해야 하는 경우, 매도인은 그 상황에 적절한 운송수단 및 그 운송수단을 위한 통상의 조건에 따라 지정된 장소까지의 운송을 위해 필요한 계약을 체결하여야 한다(제32조).

③ 매수인이 특정한 시기에 대금을 지급할 의무가 없는 경우, 매수인은 매도인이 계약과 본 협약에 따라 물품 또는 그 처분을 지배하는 서류를 매수인의 처분하에 두는 때에 대금을 지급하여야 한다(제58조).

④ 매수인은 그 사정에 따라 실행가능한 단기간 내에 물품을 검사하거나 검사하게 하여야 한다(제38조).

정답 04 ⑤

05 국제물품매매계약에 관한 유엔협약(CISG, 1980) 제85조, 제86조, 제87조, 제88조에 관한 설명으로 옳지 않은 것은?

① If the buyer is in delay in taking delivery of the goods or, where payment of the price and delivery of the goods are to be made concurrently, if he fails to pay the price, and the seller is either in possession of the goods or otherwise able to control their disposition, the seller must take such steps as are reasonable in the circumstances to preserve them.

② If the buyer has received the goods and intends to exercise any right under the contract or this Convention to reject them, he must take such steps to preserve them as are reasonable in the circumstances.

③ A party selling the goods has the right to retain out of the proceeds of sale an amount equal to the reasonable profit, cost and expenses of preserving the goods and of selling them. He may retain the balance.

④ If the goods are subject to rapid deterioration or their preservation would involve unreasonable expense, a party who is bound to preserve the goods in accordance with article 85 or 86 must take reasonable measures to sell them.

⑤ A party who is bound to take steps to preserve the goods may deposit them in a warehouse of a third person at the expense of the other party provided that the expense incurred is not unreasonable.

해설

③ A party selling the goods has the right to retain out of the proceeds of sale an amount equal to the reasonable expenses of preserving the goods and of selling them. He may retain → must account to the other party for the balance(제88조).
물품 매각 당사자는 매각 대금으로부터 물품의 보관과 그 매각에 소요된 합리적인 비용과 동등한 금액을 보유할 권리가 있다. 그 차액은 상대방에게 반환되어야 한다(must account to the other party for).

① 매수인인 물품 인도 수령을 지체할 경우 또는 대금지급과 물품인도가 동시에 이루어져야 함에도 매수인이 대금을 지급하지 않은 경우로서, 매도인이 물품을 점유하거나 그 밖의 방법으로 그 처분을 지배할 수 있는 경우, 매도인은 물품을 보관하기 위해 그 상황에서 합리적인 조치를 취해야 한다(제85조).

② 매수인이 물품을 수령한 후에 그 물품을 거절하기 위해 계약 또는 본 협약에 따른 권리를 행사하고자 하는 경우, 매수인은 물품을 보관하기 위하여 그 상황에서 합리적인 조치를 취해야 한다(제86조).

④ 물품이 급속히 훼손되기 쉬운 것이나 그 보관에 불합리한 비용이 요구되는 경우, 제85조 또는 제86조에 따라 물품을 보관해야 하는 당사자는 이를 매각하기 위한 합리적인 조치를 취해야 한다(제88조).

⑤ 물품을 보관하기 위한 조치를 취해야 하는 당사자는 그 비용이 불합리하지 않은 한, 상대방의 비용으로 물품을 제3자의 창고에 임치할 수 있다(제87조).

05 ③ 정답

06 Incoterms® 2020상 거래조건별 당사자 의무조항을 바르게 나열한 것을 모두 고른 것은?

ㄱ. A1/B1 General obligations – A2/B2 Licences, authorizations, security clearances and other formalities
ㄴ. A3/B3 Transfer of risks – A4/B4 Taking delivery
ㄷ. A5/B5 Insurance – A6/B6 Delivery/Transport document
ㄹ. A7/B7 Export/Import clearance – A8/B8 Checking/Packaging/Marking
ㅁ. A9/B9 Allocation of costs – A10/B10 Assistance with information and related costs

① ㄱ, ㄴ
② ㄱ, ㅁ
③ ㄴ, ㄷ
④ ㄷ, ㄹ
⑤ ㄹ, ㅁ

해설

Incoterms® 2020상 거래조건별 당사자 의무조항
A1/B1 General obligations(일반 의무)
A2/B2 Delivery/Taking delivery(인도/인도의 수령)
A3/B3 Transfer of risks(위험이전)
A4/B4 Carriage(운송)
A5/B5 Insurance(보험)
A6/B6 Delivery/Transport document(인도/운송서류)
A7/B7 Export/Import clearance(수출/수입통관)
A8/B8 Checking/Packaging/Marking(점검/포장/하인표시)
A9/B9 Allocation of costs(비용부담)
A10/B10 Notices(통지)

07 Incoterms® 2020상 Incoterms® 2010 규칙을 변경한 사항으로 옳은 것은 모두 몇 개인가?

- Different levels of insurance cover in CIF and CIP
- Change in the three-letter initials for DAP to DPU
- Bills of lading with an on-board notation and the FAS Incoterms® rule
- Arranging for carriage with seller's or buyer's own means of transport in FAS, DAP, DPU and DDP
- Costs, where they are listed
- Exclusion of security-related requirements within carriage obligations and costs
- Explanatory Notes for users

① 3
② 4
③ 5
④ 6
⑤ 7

정답 06 ④ 07 ①

해설

Incoterms® 2020상 Incoterms® 2010 규칙을 변경한 사항

[a] Bills of lading with an on-board notation and the FAS → FCA Incoterms® rule
[b] Costs, where they are listed
[c] Different levels of insurance cover in CIF and CIP
[d] Arranging for carriage with seller's or buyer's own means of transport in FAS → FCA, DAP, DPU and DDP
[e] Change in the three-letter initials for DAP → DAT to DPU
[f] Exclusion → Inclusions of security-related requirements within carriage obligations and costs
[g] Explanatory Notes for users

08 Incoterms® 2020 소개문(Introduction)상 인도지점에 관한 내용이다. ( )에 들어갈 용어를 순서대로 바르게 나열한 것은?

- Thus, the delivery point in EXW is an agreed point for ( ) of the goods by the ( ), whatever the destination to which the ( ) will take them.
- In the F and C groups, risk transfers at the ( ) end of the main carriage such that the ( ) will have performed its obligation to deliver the goods whether or not the goods actually arrive at their destination.

① collection – buyer – buyer – seller's – buyer
② accumulation – seller – seller – seller's – seller
③ collection – buyer – buyer – seller's – seller
④ accumulation – buyer – seller – buyer's – seller
⑤ collection – buyer – buyer – buyer's – buyer

해설

Incoterms® 2020 소개문(Introduction)상 인도지점

- 따라서 EXW 규칙에서 인도지점은 매수인(buyer)이 물품을 수취(collection)하기로 합의된 지점이며, 매수인(buyer)이 그 물품을 가져갈 목적지가 어떤 곳이든 상관없다(제21조).
- F 그룹과 C 그룹에서 위험은 주된 운송을 위한 매도인의(seller's) 끝단에서 이전하며 그에 따라 매도인(seller)은 물품이 실제로 목적지에 도착하는지 여부와 무관하게 그의 물품인도 의무를 이행한 것으로 된다(제24조).

08 ③ 정답

09 (   )에 들어갈 Incoterms® 2020상 규칙으로 옳은 것은?

> "(   )" means that the seller delivers the goods – and transfers risk – to the buyer
> • when the goods are placed at the disposal of the buyer
> • on the arriving means of transport ready for unloading
> • at the named place of destination or
> • at the agreed point within that place, if any such point is agreed.

① Ex Works

② Free Carrier

③ Carriage and Insurance Paid To

④ Delivered at Place Unloaded

⑤ Delivered at Place

해설

"도착지 인도조건(Delivered at Place)"은 다음과 같이 된 때 매도인이 매수인에게 물품을 인도하는 것, 그리고 위험을 이전하는 것을 의미한다.

- 물품이 매수인의 처분하에 놓인 때
- 도착운송수단에 실어둔 채 양하준비된 상태로
- 지정목적지에서 또는
- 지정목적지 내에 어떠한 지점이 합의된 경우에는 그 지점에서

정답 09 ⑤

10 Incoterms® 2020상 FAS 규칙에 관한 내용으로 옳은 것은?

① The risk of loss of or damage to the goods transfers when the goods are on board the vessel, and the buyer bears all costs from that moment onwards.

② This rule may be used irrespective of the mode of transport selected and may also be used where more than one mode of transport is employed.

③ The parties are well advised to specify as clearly as possible the loading point at the named port of shipment where the goods are to be transferred from the quay or barge to the ship, as the costs and risks to that point are for the account of the buyer and these costs and associated handling charges may vary according to the practice of the port.

④ The seller has obligation to clear the goods for import or for transit through third countries, to pay any import duty or to carry out any import customs formalities.

⑤ The seller is required either to deliver the goods alongside the ship or to procure goods already so delivered for shipment.

해설

① The risk of loss of or damage to the goods transfers when the goods are on board the vessel → alongside the ship, and the buyer bears all costs from that moment onwards(사용자를 위한 설명문 제1조).
물품의 멸실 또는 훼손의 위험은 물품이 선측에 놓인 때(alongside the ship) 이전하고, 매수인은 그 순간부터 향후의 모든 비용을 부담한다.

② This rule is to be used only for sea or inland waterway transport where the parties intend to deliver the goods by placing the goods alongside a vessel(사용자를 위한 설명문 제2조).
이 규칙은 당사자들이 물품을 선측에 둠으로써 인도하기로 하는 해상운송이나 내수로운송에만(only for sea or inland waterway transport) 사용되어야 한다.
→ FAS 규칙은 해상운송이나 내수로운송에만 사용될 수 있으며, 복합운송일 경우에는 사용될 수 없다.

③ The parties are well advised to specify as clearly as possible the loading point at the named port of shipment where the goods are to be transferred from the quay or barge to the ship, as the costs and risks to that point are for the account of the buyer → seller and these costs and associated handling charges may vary according to the practice of the port(사용자를 위한 설명문 제3조).
당사자들은 지정선적항에서 물품이 부두나 바지로부터 선박으로 이동하는 적재지점을 가급적 명확하게 명시하는 것이 좋다. 그 지점까지의 비용과 위험은 매도인(seller)이 부담하고, 이러한 비용과 그와 관련된 처리비용은 항구의 관행에 따라 다르기 때문이다.

④ The seller has obligation → has no obligation to clear the goods for import or for transit through third countries, to pay any import duty or to carry out any import customs formalities(사용자를 위한 설명문 제5조).
매도인은 물품의 수입을 위한 또는 제3국 통과를 위한 통관을 하거나 수입관세를 납부하거나 수입통관절차를 수행할 의무가 없다(has no obligation).

10 ⑤ 정답

11 Incoterms® 2020상 CPT 규칙에 관한 내용으로 옳지 않은 것은?

① The buyer must contract or procure a contract for the carriage of the goods from the agreed point of delivery, if any, at the place of delivery to the named place of destination or, if agreed, any point at that place.

② The seller has no obligation to the buyer to make a contract of insurance.

③ The seller must package and mark the goods in the manner appropriate for their transport, unless the parties have agreed on specific packaging or marking requirements.

④ The buyer must pay the price of the goods as provided in the contract of sale.

⑤ The buyer must, whenever it is agreed that the buyer is entitled to determine the time for dispatching the goods and/or the point of receiving the goods within the named place of destination, give the seller sufficient notice.

해설

① The buyer → seller must contract or procure a contract for the carriage of the goods from the agreed point of delivery, if any, at the place of delivery to the named place of destination or, if agreed, any point at that place[매도인의 의무 A4(운송)].
매도인(seller)은 인도장소로부터, 그 인도장소에 합의된 인도지점이 있는 때에는 그 지점으로부터 지정목적지까지 또는 합의가 있는 때에는 그 지정목적지의 어느 지점까지 물품을 운송한다는 계약을 체결하거나 조달하여야 한다.

② 매도인은 매수인에 대하여 보험계약을 체결할 의무가 없다[매도인의 의무 A5(보험)].

③ 매도인은 당해 운송에 적절한 방법으로 물품을 포장하고 하인을 표시하여야 하되, 다만 당사자들이 특정한 포장 요건이나 하인 요건에 합의한 경우에는 그러하지 아니하다[매도인의 의무 A8(점검/포장/하인)].

④ 매수인은 매매계약에 규정된 바에 따라 물품의 대금을 지급하여야 한다[매수인의 의무 B1(일반의무)].

⑤ 매수인은 자신이 물품의 발송 시기 및 또는 지정목적지 내에 물품을 수령할 지점을 결정할 권리를 갖는 것으로 합의된 경우에는 매도인에게 충분한 통지를 하여야 한다[매수인의 의무 B10(통지)].

정답 11 ①

12 영국물품매매법(SGA, 1979) 제45조에 관한 내용으로 옳지 않은 것은?

① When goods are delivered to a ship chartered by the buyer it is a question depending on the circumstances of the particular case whether they are in the possession of the master as a carrier or as agent to the buyer.

② If the buyer or his agent in that behalf obtains delivery of the goods before their arrival at the appointed destination, the transit is at an end.

③ If the goods are rejected by the buyer, and the carrier or other bailee or custodier continues in possession of them, the transit is deemed to be at an end, even if the seller has refused to receive them back.

④ Where part delivery of the goods has been made to the buyer or his agent in that behalf, the remainder of the goods may be stopped in transit, unless such part delivery has been made under such circumstances as to show an agreement to give up possession of the whole of the goods.

⑤ Where the carrier or other bailee or custodier wrongfully refuses to deliver the goods to the buyer or his agent in that behalf, the transit is deemed to be at an end.

해설

영국물품매매법(SGA, 1979) 제45조 : 운송기간

③ If the goods are rejected by the buyer, and the carrier or other bailee or custodier continues in possession of them, the transit is deemed → is not deemed to be at an end, even if the seller has refused to receive them back.
매수인이 물품을 거부하고 운송인 또는 기타 수탁자나 보관인이 계속 점유하고 있는 경우에는 매도인이 물품의 회수를 거부하더라도 운송이 종료된 것으로 보지 않는다(is not deemed).

① 물품이 매수인이 용선한 선박에 인도된 경우, 선장이 물품을 운송인의 자격으로 점유하는지 또는 매수인의 대리인으로서 점유하는지 여부는 특정 경우에 따라 판단할 문제이다.

② 매수인 또는 대리인이 물품이 지정된 목적지에 도착하기 전에 인도받은 경우, 운송은 종료한다.

④ 물품의 일부가 매수인 또는 대리인에게 인도된 경우, 물품의 잔여부분에 대해 운송정지권을 행사할 수 있다. 다만 일부의 인도가 물품 전부에 관한 점유를 포기하는 합의로 볼 수 있는 정황에서 이루어진 경우는 예외로 한다.

⑤ 물품을 매수인 또는 그 대리인에게 인도하는 것을 운송인 또는 기타 수탁자 또는 보관인이 불법으로 거절한 경우, 운송은 종료한 것으로 간주된다.

12 ③ 정답

13 화환신용장통일규칙(UCP 600) 제3조에 관한 내용으로 옳은 것은?

① Terms such as "independent" used to describe the issuer of a document allow any issuer include the beneficiary to issue that document.

② A credit is revocable even if there is no indication to that effect.

③ Branches of a bank in different countries are considered to be same banks.

④ The words "to", "until", "till", "from" and "between" when used to determine a period of shipment exclude the date or dates mentioned.

⑤ A requirement for a document to be legalized, visaed, certified or similar will be satisfied by any signature, mark, stamp or label on the document which appears to satisfy that requirement.

해설

화환신용장통일규칙(UCP 600) 제3조 : 해석

① Terms such as "independent" used to describe the issuer of a document allow any issuer include → except the beneficiary to issue that document.
"독립적인"과 같이 서류발행자를 기술하는 용어들은 수익자를 제외한(except) 모든 서류발행인이 서류를 발행할 수 있게 된다.

② A credit is revocable → irrevocable even if there is no indication to that effect.
신용장은 취소 불가능하다는 별도의 표기가 되어 있지 않아도 취소 불가능(irrevocable)하다.

③ Branches of a bank in different countries are considered to be same → separate banks.
다른 국가의 같은 은행 지점들은 서로 별개의(separate) 은행으로 취급된다.

④ The words "to", "until", "till", "from" and "between" when used to determine a period of shipment exclude → include the date or dates mentioned.
선적 기간을 결정하기 위해 "to", "until", "till", "from" 및 "between"이라는 단어가 쓰일 경우, 해당 일자 또는 언급된 일자를 포함한다(include).

2022년 제39회

14 화환신용장통일규칙(UCP 600) 제8조에 관한 내용으로 옳은 것은?

① If a bank is authorized or requested by the issuing bank to confirm a credit but is not prepared to do so, it must inform the issuing bank with delay and will not be advised the credit without confirmation.

② A confirming bank is not irrevocably bound to honour or negotiate as of the time it adds its confirmation to the credit.

③ A confirming bank undertakes to reimburse another nominated bank that has honoured or negotiated a complying presentation and forwarded the documents to the Applicant.

④ Provided that the stipulated documents are presented to the confirming bank or to any other nominated bank and that they constitute a complying presentation, the confirming bank must negotiate, without recourse, if the credit is available by negotiation with the confirming bank.

⑤ A confirming bank's undertaking to reimburse another nominated bank is dependent on the confirming bank's undertaking to the beneficiary.

정답 13 ⑤ 14 ④

해설

화환신용장통일규칙(UCP 600) 제8조 : 확인은행의 확약

① If a bank is authorized or requested by the issuing bank to confirm a credit but is not prepared to do so, it must inform the issuing bank with delay → without delay and will not be advised → may advise the credit without confirmation.
만약 한 은행이 개설은행에 의해 신용장을 확인할 권한을 부여받거나 요청받았지만 그렇게 할 준비가 되지 않았다면, 해당 은행은 즉시(without delay) 그 사실을 개설은행에게 통지해야 하고 신용장 확인 없이 통지할 수 있다(may advise).

② A confirming bank is not irrevocably bound → is irrevocably bound to honour or negotiate as of the time it adds its confirmation to the credit.
확인은행은 신용장에 확인을 추가하는 그 시점부터 취소 불가능한(is irrevocably bound) 결제 혹은 매입의 의무가 있다.

③ A confirming bank undertakes to reimburse another nominated bank that has honoured or negotiated a complying presentation and forwarded the documents to the Applicant → confirming bank.
확인은행은 일치하는 제시를 결제 혹은 매입하고, 그 서류들을 확인은행(confirming bank)에 전달한 다른 지정은행에 대해 신용장 대금을 상환할 의무를 진다.

⑤ A confirming bank's undertaking to reimburse another nominated bank is dependent on → is independent of the confirming bank's undertaking to the beneficiary.
다른 지정은행에 대해 상환할 확인은행의 의무는 수익자에 대해 확인은행이 지닌 의무와 독립적이다(is independent of).

15 무역계약서 관련 내용이다. ( )에 들어갈 용어는?

> The parties irrevocably agree that any legal action or proceeding arising out of or relating to this agreement may be brought in any Federal or State court sitting in the State of New York, United State of America, and the parties hereby irrevocably submit to the non-exclusive ( ) of such court in any such action or proceeding.

① governing law
② jurisdiction
③ indemnification
④ reimbursement
⑤ guarantee

해설

당사자들은 본 계약으로 인해 발생하거나 본 계약과 관련하여 발생하는 모든 법적 조치나 소송절차가 미국 뉴욕주에 있는 미국 연방 또는 주 법원에 제기될 수 있으며, 이에 따라 당사자들은 해당 조치나 소송이 해당 법원의 비독점적 관할권(jurisdiction)에 취소불능으로 제출되는 것에 동의한다.

재판관할조항(Juridsdiction Clause)
무역계약 체결 시 분쟁 해결을 중재에 의하지 않을 경우 어느 특정 국가의 관할 법원으로 정할 때 삽입되는 조항이다.

15 ② 정답

16 화환신용장통일규칙(UCP 600) 제21조에 관한 내용으로 옳은 것은?

① The date of issuance of the non-negotiable sea waybill will not be deemed to be the date of shipment unless the non-negotiable sea waybill contains an on board notation indicating the date of shipment, in which case the date stated in the on board notation will be deemed to be the date of shipment.

② If the non-negotiable sea waybill does not contain the indication "intended vessel" or similar qualification in relation to the name of the vessel, an on board notation indicating the date of shipment and the name of the actual vessel is required.

③ A non-negotiable sea waybill may indicate that the goods will or may be transhipped provided that the entire carriage is covered by one and the same non-negotiable sea waybill.

④ If the non-negotiable sea waybill does not indicate the port of loading stated in the credit as the port of loading, or if it does not contain the indication "intended" or similar qualification in relation to the port of loading, an on board notation indicating the port of loading as stated in the credit, the date of shipment and the name of the vessel is required.

⑤ Clauses in a non-negotiable sea waybill stating that the carrier reserves the right to tranship will be accepted.

해설

화환신용장통일규칙(UCP 600) 제21조 : 비유통 해상화물운송장

① The date of issuance of the non-negotiable sea waybill will not be deemed → will be deemed to be the date of shipment unless the non-negotiable sea waybill contains an on board notation indicating the date of shipment, in which case the date stated in the on board notation will be deemed to be the date of shipment.
비유통 해상화물운송장이 선적일을 표시하는 본선적재표기를 포함하고 있지 않는 이상 비유통 해상화물운송장 발행일은 선적일로 간주된다(will be deemed).

② If the non-negotiable sea waybill does not contain → contains the indication "intended vessel" or similar qualification in relation to the name of the vessel, an on board notation indicating the date of shipment and the name of the actual vessel is required.
비유통 해상화물운송장이 "예정된 선박", 또는 선박의 명칭과 관련하여 이와 유사한 제한의 표기를 포함한다면(contains), 선적일과 실제 선박의 이름을 명시하는 본선적재표기가 요구된다.

④ If the non-negotiable sea waybill does not indicate the port of loading stated in the credit as the port of loading, or if it does not contain → contains the indication "intended" or similar qualification in relation to the port of loading, an on board notation indicating the port of loading as stated in the credit, the date of shipment and the name of the vessel is required.
비유통 해상화물운송장이 신용장에 명시된 적재항을 적재항이라고 표기하지 않은 경우 또는 적재항에 관련하여 "예정된" 혹은 이와 유사한 제한의 표기를 포함하고 있다면(contains) 신용장에 명시된 적재항, 선적일 그리고 선박의 이름을 명시하는 본선적재표기가 요구된다.

⑤ Clauses in a non-negotiable sea waybill stating that the carrier reserves the right to tranship will be accepted → will be disregarded.
운송자가 환적할 권리를 가지고 있다고 명시하고 있는 비유통 해상화물운송장의 조항은 무시된다(will be disregarded).

정답 16 ③

17 화환신용장통일규칙(UCP 600) 제28조에 관한 내용으로 옳은 것은?

① An insurance document will not be accepted without regard to any risks that are not covered if the credit uses imprecise terms such as "usual risks".

② Cover notes shall be accepted.

③ A requirement in the credit for insurance coverage to be for a percentage of the value of the invoice value is deemed to be the maximum amount of coverage required.

④ When the CIF or CIP value cannot be determined from the documents, the amount of insurance coverage must be calculated on the basis of the amount for which honour or negotiation is requested or the gross value of the goods as shown on the invoice, whichever is greater.

⑤ An insurance policy is not acceptable in lieu of an insurance certificate or a declaration under an open cover.

해설

화환신용장통일규칙(UCP 600) 제28조 : 보험서류 및 담보

① An insurance document will not be accepted → will be accepted without regard to any risks that are not covered if the credit uses imprecise terms such as "usual risks" or "customary risks".
신용장이 "통상의 위험" 또는 "관습적인 위험"이라는 부정확한 용어를 사용하는 경우 보험서류는 특정 위험에 대해서 부보하지 않는지 여부와 관계없이 수리된다(will be accepted).

② Cover notes shall → will not be accepted.
부보각서는 수리되지 않는다(will not be accepted).

③ A requirement in the credit for insurance coverage to be for a percentage of the value of the invoice value is deemed to be the maximum → minimum amount of coverage required.
물품가격, 송장가격 또는 이와 유사한 가격의 백분율로 부보금액이 표시되어야 한다는 신용장의 요건은 요구되는 최소의(minimum) 부보금액으로 간주된다.

⑤ An insurance policy is not acceptable → is acceptable in lieu of an insurance certificate or a declaration under an open cover.
보험증권은 포괄예정보험 하의 보험증명서 또는 보험확인서 대신에 수리될 수 있다(is acceptable).

18 다음 내용에 해당하는 용어는?

> A WTO member may restrict imports of a product temporarily if its domestic industry is injured or threatened with injury caused by a surge in imports. Here, the injury has to be serious.

① Countervailing Measure

② Antidumping Measure

③ Safeguard Measure

④ Retaliatory Measure

⑤ Tariff Escalation Measure

17 ④ 18 ③ 정답

해설

WTO 회원국은 자국의 국내 산업이 수입 급증으로 인해 국내 산업이 피해를 입거나 위협을 받을 경우 일시적으로 수입을 제한할 수 있다. 다만, 그러한 피해는 심각한 수준이어야 한다.
→ ③ 긴급수입제한조치(Safegaurd Measure)에 관한 설명이다.

① 상계조치(Countervailing Measure)
② 반덤핑조치(Antidumping Measure)
④ 보복조치(Retaliatory Measure)
⑤ 경사관세조치(Tariff Escalation Measure)

19 화환신용장통일규칙(UCP 600) 제37조에 관한 내용으로 옳은 것은?

① A bank utilizing the services of another bank for the purpose of giving effect to the instructions of the applicant does so for the account and at the risk of the beneficiary.
② The applicant shall be bound by and liable to indemnify a bank against all obligations and responsibilities imposed by foreign laws and usages.
③ An issuing bank or advising bank assumes liability or responsibility should the instructions it transmits to another bank not be carried out, if it has taken the initiative in the choice of that other bank.
④ If a credit states that charges are for the account of the beneficiary and charges cannot be collected or deducted from proceed, the issuing bank will not be liable for payment of charges.
⑤ A credit and amendment should stipulate that the advising to a beneficiary is conditional upon the receipt by the advising bank of its charges.

해설

화환신용장통일규칙(UCP 600) 제37조 : 지시받은 당사자의 행위에 대한 면책
① A bank utilizing the services of another bank for the purpose of giving effect to the instructions of the applicant does so for the account and at the risk of the beneficiary → applicant.
개설의뢰인의 지시에 대한 효력을 부여하기 위한 목적으로 다른 은행의 서비스를 사용하는 은행은 개설의뢰인(applicant)의 비용부담과 위험부담 하에 하는 것이다.
③ An issuing bank or advising bank assumes no liability or responsibility should the instructions it transmits to another bank not be carried out, if → even if it has taken the initiative in the choice of that other bank.
개설은행 혹은 통지은행이 자신의 판단하에 다른 은행을 선정할지라도(even if), 그들이 다른 은행에 전송한 지시가 이행되지 않을 시 그것에 대해 어떠한 법적 책임이나 책무도 지지 않는다.
④ If a credit states that charges are for the account of the beneficiary and charges cannot be collected or deducted from proceed, the issuing bank will not be liable → remains liable for payment of charges.
만일 신용장이 수수료가 수익자의 부담이라고 명시하고 있고 수수료가 신용장 처리 과정 중에 징수되거나 공제될 수 없는 경우에, 개설은행이 수수료 지급에 대하여 여전히 책임이 있다(remains liable).
⑤ A credit or amendment should → should not stipulate that the advising to a beneficiary is conditional upon the receipt by the advising bank of its charges.
신용장 또는 조건변경은 수익자에 대한 통지가 통지은행의 수수료 수령을 조건으로 명시해서는 안 된다(should not).

정답 19 ②

20 선하증권약관 조항의 하나이다. (　　)에 들어갈 용어로 옳은 것은?

> The Carrier shall have a (　　) on the Goods for all expenses and charges incurred in protecting or caring for the Goods, whether the Goods be damaged or not, and for any payment or liability of whatsoever nature incurred by the Carrier in connection with the Goods, including legal fees incurred through attachments or interpleader or other proceedings in respect of the Goods.

① deviation
② contraband
③ severability of terms
④ containers
⑤ lien

해설

운송인은 물품의 손상 여부와는 무관하게 해당 물품을 보호하고 관리하는 데 발생한 모든 경비와 비용으로 인해 해당 물품에 대한 유치권(lien)을 가지며, 물품 관련 첨부서류, 경합 권리자 확인 절차 또는 기타 절차로 인해 발생하는 법적 수수료를 비롯하여 운송인이 물품에 대하여 지니는 일체 지급 또는 책임으로 인해서도 해당 물품에 대한 유치권을 가진다.

21 추심에 관한 통일규칙(URC 522) 제5조에 관한 내용으로 옳지 않은 것은?

① For the purposes of these Articles, presentation is the procedure whereby the presenting bank makes the documents available to the drawee as instructed and in accordance with local banking practice.

② The documents and collection instruction may be sent directly by the remitting bank to the collecting bank or through another bank as intermediary.

③ For the purpose of giving effect to the instructions of the principal, the remitting bank will utilise the bank nominated by the principal as the collecting bank.

④ The collection instruction should state the maturity date of time within which any action is to be taken by the drawer.

⑤ If the remitting bank does not nominate a specific presenting bank, the collecting bank may utilise a presenting bank of its choice.

20 ⑤ 21 ④ 정답

해설

추심에 관한 통일규칙(URC 522) 제5조 : 제시

④ The collection instruction should state the exact period of time within which any action is to be taken by the drawer → drawee.
추심지시서는 지급인(drawee)이 행동을 취해야 하는 정확한 기간을 명기하여야 한다.

① 이 규칙의 목적상, 제시란 제시은행이 지시받은 대로 그리고 지역 은행 관행에 따라 서류를 지급인이 사용할 수 있도록 만드는 절차이다.

② 서류와 추심지시서는 추심의뢰은행이 추심은행으로 직접 송부하거나, 다른 은행을 중개인으로 하여 송부될 수 있다.

③ 추심의뢰인의 지시를 실행할 목적으로, 추심의뢰은행은 추심의뢰인에 의해 지정된 은행을 추심은행으로 이용할 수 있다.

⑤ 추심의뢰은행이 특정 제시은행을 지정하지 않은 경우에는 추심은행은 자신이 선택한 제시은행을 이용할 수 있다.

22 추심에 관한 통일규칙(URC 522) 제6조에 관한 내용이다. ( )에 들어갈 용어를 순서대로 바르게 나열한 것은?

> In the case of documents payable ( ) the presenting bank must make presentation for payment without delay. In the case of documents payable at ( ) other than ( ) the presenting bank must, where acceptance is called for, make presentation for acceptance without delay, and where payment is called for, make presentation for payment not later than the appropriate ( ) date.

① sight – usance – at sight – maturity

② sight – a tenor – at sight – maturity

③ at sight – usance – at sight – period

④ at sight – a tenor – sight – maturity

⑤ at sight – usance – sight – period

해설

추심에 관한 통일규칙(URC 522) 제6조 : 일람출급/인수

서류가 일람출급(at sight)인 경우에는 제시은행은 지체 없이 지급을 위한 제시를 하여야 한다. 서류가 일람출급(sight)이 아닌 기한부지급조건(a tenor)인 경우, 인수가 요구되는 때에는 지체 없이 인수를 위한 제시를, 그리고 지급이 요구되는 때에는 적절한 만기(maturity) 일자 이내에 지급을 위한 제시를 해야 한다.

정답 22 ④

23 선하증권에 관한 법규의 통일을 위한 국제협약(Hague Rules, 1924) 제1조에 관한 설명으로 옳은 것을 모두 고른 것은?

ㄱ. "Carrier" includes the owner or the charterer who enters into a contract of carriage with a shipper.
ㄴ. "Goods" includes any container, pallet or similar article of transport or packaging, if supplied by the consignor.
ㄷ. "Carriage of goods" covers the period from the time when the goods are loaded on to the time they are discharged from the ship.
ㄹ. "Ship" means any vessel used for the carriage of goods by sea.

① ㄱ, ㄴ
② ㄷ, ㄹ
③ ㄱ, ㄴ, ㄷ
④ ㄱ, ㄴ, ㄹ
⑤ ㄱ, ㄷ, ㄹ

해설

선하증권에 관한 법규의 통일을 위한 국제협약(Hague Rules, 1924) 제1조

ㄴ. "Goods" includes goods, wares, merchandise and articles of every kind whatsoever except live animals and cargo which by the contract of carriage is stated as being carried on deck and is so carried.
"물건"이라 함은 살아있는 동물과 운송계약에 의하여 갑판적될 것이라고 표시되고 또 실제로 갑판적 운송되는 운송물을 제외한 물건, 제품, 상품 기타의 각종 물품을 말한다.

23 ⑤ 정답

24 선하증권에 관한 법규의 통일을 위한 국제협약(Hague Rules, 1924) 제3조에 관한 내용으로 옳지 않은 것은?

① Any clause, covenant, or agreement in a contract of carriage relieving the carrier or the ship from liability for loss or damage to, or in connexion with, goods arising from negligence, fault, or failure in the duties and obligations provided in this Article or lessening such liability otherwise than as provided in this Convention, shall have full legal effect.

② Provided that no carrier, master or agent of the carrier shall be bound to state or show in the bill of lading any marks, number, quantity, or weight which he has reasonable ground for suspecting not accurately to represent the goods actually received, or which he has had no reasonable means of checking.

③ In the case of any actual or apprehended loss or damage the carrier and the receiver shall give all reasonable facilities to each other for inspecting and tallying the goods.

④ The carrier shall be bound before and at the beginning of the voyage to exercise due diligence to make the ship seaworthy.

⑤ The shipper shall be deemed to have guaranteed to the carrier the accuracy at the time of shipment of the marks, number, quantity and weight, as furnished by him, and the shipper shall indemnify the carrier against all loss, damages and expenses arising or resulting from inaccuracies in such particulars.

해설

선하증권에 관한 법규의 통일을 위한 국제협약(Hague Rules, 1924) 제3조

① Any clause, covenant, or agreement in a contract of carriage relieving the carrier or the ship from liability for loss or damage to, or in connection with, goods arising from negligence, fault, or failure in the duties and obligations provided in this Article or lessening such liability otherwise than as provided in this Convention, shall have full legal effect → be null and void and of no effect(제3조 제8항).
운송계약의 모든 조항, 약관 또는 합의로서 운송인 또는 선박에 대해서 부주의, 과실 또는 이 조에서 규정한 책임과 의무의 불이행에 의해서 물건의 멸실・훼손에 대한 책임을 면제하거나 또는 그 책임을 이 조의 규정에 반하여 경감하는 것은 무효로 된다(be null and void and of no effect).

② 다만, 운송인, 선장 또는 운송인의 대리인은 위의 기호, 개수, 용적 또는 중량이 실제로 자기가 수령한 물건을 정확하게 표시하고 있지 아니하였다는 사실을 의심할 합리적인 이유가 있을 경우 또는 정확하다는 것을 확인할 적당한 방법이 없는 경우에는, 이를 선하증권에 기재 또는 표시할 필요가 없다(제3조 제3항 c).

③ 멸실・훼손이 현실적으로 생겼거나 생길 우려가 있는 때에는 운송인과 수하인은 물품을 검사하거나 검수하기 위한 모든 합리적인 편의를 서로 제공하여야 한다(제3조 제6항).

④ 운송인은 발항 전과 발항 당시에, 선박이 감항능력을 갖추도록 하는 일에 관하여 상당한 주의를 다하여야 한다(제3조 제1항 a).

⑤ 송하인은 선적 시 자신이 통지한 하인, 숫자, 수량 및 중량이 정확하였다는 것을 운송인에게 보증한 것으로 간주되며, 이들 사항에 관한 부정확에서 생긴 모든 멸실・훼손 및 비용에 대하여 운송인에게 배상하여야 한다(제3조 제5항).

정답 24 ①

25 몬트리올 협약(Montreal Convention, 1999) 제31조의 내용이다. (   )에 들어갈 용어를 순서대로 바르게 나열한 것은?

> In the case of damage, the person entitled to delivery must complain to the carrier forthwith after the discovery of the damage, and, at the latest, within (   ) days from the date of receipt in the case of checked baggage and (   ) days from the date of receipt in the case of cargo. In the case of (   ), the complaint must be made at the latest within (   ) days from the date on which the baggage or cargo have been placed at his or her disposal.

① seven, seven, damage, fourteen

② fourteen, seven, delay, fourteen

③ seven, fourteen, delay, twenty-one

④ fourteen, fourteen, damage, fourteen

⑤ seven, twenty-one, delay, twenty-one

해설

몬트리올 협약(Montreal Convention, 1999) 제31조 : 이의제기의 시한

손상의 경우, 인도받을 권리를 가지는 자는 손상을 발견한 즉시 또한 늦어도 위탁수하물의 경우에는 수령일로부터 7(seven)일 이내에 그리고 화물의 경우에는 수령일로부터 14(fourteen)일 이내에 운송인에게 이의를 제기하여야 한다. 지연(delay)의 경우, 이의는 인도받을 권리를 가지는 자가 수하물 또는 화물을 처분할 수 있는 날로부터 21(twenty-one)일 이내에 제기되어야 한다.

25 ③ 정답

26 몬트리올 협약(Montreal Convention, 1999) 제17조에 관한 내용으로 옳지 않은 것은?

① The carrier is liable for damage sustained in case of death or bodily injury of a passenger upon condition only that the accident which caused the death or injury took place on board the aircraft or in the course of any of the operations of embarking or disembarking.

② The carrier is liable for damage sustained in case of destruction or loss of, or of damage to, checked baggage upon condition only that the event which caused the destruction, loss or damage took place on board the aircraft or during any period within which the checked baggage was in the charge of the carrier.

③ In the case of unchecked baggage, including personal items, the carrier is liable if the damage resulted from its fault or that of its servants or agents.

④ If the carrier admits the loss of the checked baggage, or if the checked baggage has not arrived at the expiration of fourteen days after the date on which it ought to have arrived, the passenger is entitled to enforce against the carrier the rights which flow from the contract of carriage.

⑤ Unless otherwise specified, in this Convention the term "baggage" means both checked baggage and unchecked baggage.

해설

몬트리올 협약(Montreal Convention, 1999) 제17조 : 승객의 사망 및 부상 - 수하물에 대한 손해

④ If the carrier admits the loss of the checked baggage, or if the checked baggage has not arrived at the expiration of fourteen → twenty-one days after the date on which it ought to have arrived, the passenger is entitled to enforce against the carrier the rights which flow from the contract of carriage(제17조 제3항).
운송인이 위탁수하물의 분실을 인정하거나 또는 위탁수하물이 도착하였여야 하는 날로부터 21(twenty-one)일이 경과하여도 도착하지 아니하였을 때 승객은 운송인에 대하여 운송계약으로부터 발생되는 권리를 행사할 권한을 가진다.

① 운송인은 승객의 사망 또는 신체의 부상의 경우에 입은 손해에 대하여 사망 또는 부상을 야기한 사고가 항공기상에서 발생하였거나 또는 탑승과 하강의 과정에서 발생하였을 때에 한하여 책임을 진다(제17조 제1항).

② 운송인은 위탁수하물의 파괴, 분실 또는 손상으로 인한 손해에 대하여 파괴・분실 또는 손상을 야기한 사고가 항공기상에서 발생하였거나 또는 위탁수하물이 운송인의 관리하에 있는 기간 중 발생한 경우에 한하여 책임을 진다. 그러나, 운송인은 손해가 수하물 고유의 결함・성질 또는 수하물의 불완전에 기인하는 경우 및 그러한 범위 내에서는 책임을 부담하지 아니한다. 개인소지품을 포함한 휴대수하물의 경우, 운송인, 그의 고용인 또는 대리인의 과실에 기인하였을 때에만 책임을 진다(제17조 제2항).

③ 개인소지품을 포함한 휴대수하물의 경우, 운송인, 그의 고용인 또는 대리인의 과실에 기인하였을 때에만 책임을 진다(제17조 제2항).

⑤ 별도의 구체적인 규정이 없는 한, 이 협약에서 "수하물"이라는 용어는 위탁수하물 및 휴대 수하물 모두를 의미한다(제17조 제4항).

정답 26 ④

27 영국해상보험법(MIA, 1906) 제78조에 관한 내용이다. (　　)에 들어갈 용어를 순서대로 바르게 나열한 것은?

> • General average losses and contributions and salvage charges, as defined by this Act, are (　　) under the suing and labouring clause.
> • Expenses incurred for the purpose of averting or diminishing any loss not covered by the policy are (　　) under the suing and labouring clause.
> • It is the duty of the (　　) and his agents, in all cases, to take such measures as may be reasonable for the purpose of averting or minimising a loss.

① recoverable – not recoverable – insurer

② not recoverable – recoverable – assured

③ not recoverable – not recoverable – insurer

④ not recoverable – not recoverable – assured

⑤ recoverable – recoverable – insurer

해설

영국해상보험법(MIA, 1906) 제78조 : 손해방지약관

• 이 법이 규정한 공동해손 손해와 분담금 및 구조비용은 손해방지 약관에 의하여 보상 불가능(not recoverable)하다.
• 보험증권에 의해서 담보될 수 없는 손해를 방지하거나 경감할 목적으로 지출한 비용은 손해방지 약관에 의하여 보상 불가능(not recoverable)하다.
• 손해를 방지하거나 최소화하기 위한 목적으로 합리적인 조치를 강구하는 것은 모든 경우에 있어서 피보험(assured) 대상자와 그 대리인의 의무이다.

27 ④ 정답

28 영국해상보험법(MIA, 1906) 제84조에 관한 내용으로 옳지 않은 것은?

① Where the consideration for the payment of the premium totally fails, and there has been no fraud or illegality on the part of the assured or his agents, the premium is thereupon returnable to the assured.

② Where the assured has a defeasible interest which is terminated during the currency of the risk, the premium is returnable.

③ Where the assured has no insurable interest throughout the currency of the risk, the premium is returnable, provided that this rule does not apply to a policy effected by way of gaming or wagering.

④ Where the consideration for the payment of the premium is apportionable and there is a total failure of any apportionable part of the consideration, a proportionate part of the premium is, under the like conditions, thereupon returnable to the assured.

⑤ Where the assured has over-insured under an unvalued policy, a proportionate part of the premium is returnable.

해설

영국해상보험법(MIA, 1906) 제84조 : 약인의 결여에 의한 환급

② Where the assured has a defeasible interest which is terminated during the currency of the risk, the premium is returnable → is not returnable(제84조 제3항 d).
피보험자가 소멸할 수 있는 이익을 가진 경우에, 그 이익이 보험기간 중에 소멸할 때에는 보험료는 환급되지 아니한다(is not returnable).

① 보험료 지불에 대한 약인이 전부 불이행되고, 피보험자 및 그 대리인 측에 사기 또는 위법이 없는 경우에는, 보험료는 피보험자에게 환급된다(제84조 제1항).

③ 피보험자가 위험기간을 통하여 피보험이익을 갖지 않을 경우에는, 보험료는 환급된다. 단, 이 규정은 사행 또는 도박의 방법으로 체결한 보험계약에는 적용되지 아니한다(제84조 제3항 c).

④ 보험료 지불에 대한 약인이 분할일 경우에, 그 약인의 분할된 부분의 전부가 불이행되었을 때에는, 보험료의 비례부분이 전항과 동일한 조건으로 피보험자에게 환급된다(제84조 제2항).

⑤ 피보험자가 미평가보험증권에 의해서 초과 부보되었을 경우에는, 보험료의 비례부분이 환급된다(제84조 제3항 e).

정답 28 ②

29 외국중재판정의 승인 및 집행에 관한 유엔협약(뉴욕협약, 1958)의 내용으로 옳지 않은 것은?

① Any Contracting State may denounce this Convention by a written notification to the Secretary-General of the United Nations.

② Denunciation shall take effect six months after the date of receipt of the notification by the Secretary-General.

③ This Convention shall continue to be applicable to arbitral awards in respect of which recognition or enforcement proceedings have been instituted before the denunciation takes effect.

④ A Contracting State shall not be entitled to avail itself of the present Convention against other Contracting States except to the extent that it is itself bound to apply the Convention.

⑤ Any State may, at the time of signature, ratification or accession, declare that this Convention shall extend to all or any of the territories for the international relations of which it is responsible.

해설

② Denunciation shall take effect six months → one year after the date of receipt of the notification by the Secretary-General(제13조 제1항 후단).
폐기는 사무총장이 통지를 받은 날로부터 1년(one year) 후에 효력이 발생한다.
① 어떠한 체약국이든지 국제연합의 사무총장 앞으로 서면통고를 함으로써 이 협약을 폐기할 수 있다(제13조 제1항 전단).
③ 이 협약은 폐기의 효력이 발생되기 전에 시작된 중재판정의 승인이나 집행절차에 관하여는 계속하여 적용된다(제13조 제3항).
④ 체약국은 타 체약국에 대하여 이 협약을 적용하여야 할 의무가 있는 범위를 제외하고는, 이 협약을 원용할 권리를 가지지 못한다(제14조).
⑤ 서명, 비준 또는 가입 시에 이 협약이 확대 적용되지 아니한 영토에 대하여 각 관계국은 이 협약을 그러한 영토에 확대 적용할 것을 선언할 수 있다(제10조 제3항).

29 ② 정답

30 외국중재판정의 승인 및 집행에 관한 유엔협약(뉴욕협약, 1958) 제10조와 제12조에 관한 내용이다. (　　)에 들어갈 용어를 순서대로 바르게 나열한 것은?

> • At any time thereafter any such extension shall be made by notification addressed to the Secretary-General of the United Nations and shall take effect as from the (　　) day after the day of receipt by the Secretary-General of the United Nations of this notification, or as from the date of entry into force of the Convention for the State concerned, whichever is the (　　).
> • This Convention shall come into force on the (　　) day following the date of deposit of the third instrument of ratification or accession.
> • For each State ratifying or acceding to this Convention after the deposit of the third instrument of ratification or accession, this Convention shall enter into force on the (　　) day after deposit by such State of its instrument of ratification or accession.

① ninetieth － later － thirtieth － ninetieth

② sixtieth － earlier － sixtieth － sixtieth

③ ninetieth － later － thirtieth － sixtieth

④ sixtieth － earlier － thirtieth － ninetieth

⑤ ninetieth － later － ninetieth － ninetieth

해설

외국중재판정의 승인 및 집행에 관한 유엔협약(뉴욕협약, 1958) 제10조

• 이러한 확대적용은 그 이후 어느 때든지 국제연합사무총장 앞으로 통고함으로써 행할 수 있으며, 그 효력은 국제연합사무총장이 통고를 접수한 날로부터 90일째(ninetieth) 되는 날 또는 관계 국가에 대하여 이 협약이 효력을 발생하는 날 중의 더 늦은(later) 일자에 발생한다.

외국중재판정의 승인 및 집행에 관한 유엔협약(뉴욕협약, 1958) 제12조

• 이 협약은 세 번째 비준서 또는 가입서의 기탁일로부터 90일째(ninetieth) 되는 날 발효한다.
• 세 번째 비준서 또는 가입서의 기탁일 후에 이 협약을 비준하거나 또는 가입하는 국가에 대하여는, 해당 국가의 비준서 또는 가입서의 기탁일로부터 90일째(ninetieth) 되는 날 효력이 발생한다.

정답 30 ⑤

31 해상화물운송장에 관한 CMI 통일규칙(CMI Uniform Rules for Sea Waybills, 1990)에 관한 내용으로 옳지 않은 것을 모두 고른 것은?

> ㄱ. The carrier shall deliver the goods to the consignee upon production of proper identification.
> ㄴ. The shipper warrants the accuracy of the particulars furnished by him relating to the goods, and shall indemnify the consignee against any loss, damage or expense resulting from any inaccuracy.
> ㄷ. The shipper on entering into the contract of carriage does so not only on his own behalf but also as agent for and on behalf of the consignee, and warrants to the consignee that he has authority so to do.

① ㄱ
② ㄷ
③ ㄱ, ㄴ
④ ㄴ, ㄷ
⑤ ㄱ, ㄴ, ㄷ

해설

ㄴ. The shipper warrants the accuracy of the particulars furnished by him relating to the goods, and shall indemnify the consignee → the carrier against any loss, damage or expense resulting from any inaccuracy(제5조 제1항).
송하인은 그에 의해 제공된 물품과 관련한 특정 내역의 정확성을 보증해야 하고 모든 부정확성으로부터 발생한 모든 멸실, 훼손 또는 비용에 대해 운송인(the carrier)에게 보상하여야 한다.

ㄷ. The shipper on entering into the contract of carriage does so not only on his own behalf but also as agent for and on behalf of the consignee, and warrants to the consignee → the carrier that he has authority so to do(제3조 제1항).
운송계약을 체결한 송하인은 자신의 책임뿐만 아니라 대리인으로서, 그리고 수하인을 대신하여 이행한다. 또한 그러한 그의 권한을 운송인(the carrier)에게 보증한다.

31 ④ 정답

32 해상화물운송장에 관한 CMI 통일규칙(CMI Uniform Rules for Sea Waybills, 1990) 제5조에 관한 내용이다. (   )에 들어갈 용어를 순서대로 바르게 나열한 것은?

> In the absence of reservation by the (   ), any statement in a sea waybill or similar document as to the quantity or condition of the goods shall
> a) as between the carrier and the (   ) be prima facie evidence of receipt of the goods as so stated;
> b) as between the carrier and the (   ) be conclusive evidence of receipt of the goods as so stated, and proof to the contrary shall not be permitted, provided always that the (   ) has acted in good faith.

① carrier – consignee – consignee – consignee

② carrier – shipper – consignor – carrier

③ carrier – shipper – consignee – consignee

④ shipper – shipper – consignor – carrier

⑤ shipper – consignee – consignee – carrier

2022년 제39회

해설

해상화물운송장에 관한 CMI 통일규칙 제5조 : 물품의 명세

운송인(carrier)에 의한 보존의 부재 시, 물품의 수량 또는 상태에 관한 해상화물운송장 또는 이와 유사 서류의 모든 기재사항은 다음과 같다.

a) 운송인과 송하인(shipper) 간에 기재된 대로 물품 수령의 추정적 증거가 된다.

b) 운송인과 수하인(consignee) 간에 물품 수령의 결정적인 증거가 되고, 수하인(consignee)이 항상 선의로 행동했다고 전제하는 경우 반대증거로 허용되어서는 아니 된다.

정답 32 ③

33 협회적하약관(Institute Cargo Clauses, 2009) ICC(B) 제16조, 제17조, 제18조에 관한 설명으로 옳지 않은 것은?

① It is the duty of the Assured and their employees and agents in respect of loss recoverable to take such measures as may be reasonable for the purpose of averting or minimising such loss.

② Measures taken by the Assured or the Insurers with the object of saving, protecting or recovering the subject-matter insured shall not be considered as a waiver or acceptance of abandonment or otherwise prejudice the rights of either party.

③ It is the duty of the Assured and their employees and agents in respect of loss recoverable to ensure that all rights against carriers, bailees or other third parties are properly preserved and exercised.

④ It is a condition of this insurance that the Assured shall act with reasonable despatch in all circumstances within their control.

⑤ The Insurers shall not be, in addition to any loss recoverable, reimbursed the Assured for any charges properly and reasonably incurred in pursuance of the minimising losses.

해설

⑤ The Insurers shall not be → will, in addition to any loss recoverable hereunder, reimbursed → reimburse the Assured for any charges properly and reasonably incurred in pursuance of the minimising losses → these duties[ICC(B) 제16조 제2항].
보험자는 이 보험에서 보상하는 손해에 부가하여 상기 의무(these duties)를 수행함에 있어 적절하고 합리적으로 발생한 비용을 피보험자에게 보상한다(will reimburse).

① 이 보험에서 보상하는 손해에 관하여, 그러한 손해를 방지하거나 최소화하기 위하여 합리적인 조치를 강구하는 것은 피보험자, 그 사용인과 대리인의 의무이다[ICC(B) 제16조 제1항].

② 피보험 목적물을 구조, 보호 또는 회복하기 위한 피보험자 또는 보험자의 조치는 위부의 포기 또는 승낙으로 간주되지 아니하며, 또한 각 당사자의 권리를 침해하지도 아니한다[ICC(B) 제17조].

③ 이 보험에서 보상하는 손해에 관하여, 운송인, 수탁자 또는 기타의 제3자에 대한 일체의 권리가 적절히 보존되고 행사되도록 확보하여 놓는 것은 피보험자, 그 사용인 및 그 대리인의 의무이다[ICC(B) 제16조 제2항].

④ 피보험자가 자기가 좌우할 수 있는 모든 여건하에 있어서 상당히 신속하게 행동하는 것이 이 보험의 조건이다[ICC(B) 제18조].

33 ⑤ 정답

34 협회적하약관(Institute Cargo Clauses, 2009) ICC(B)에서 담보하는 위험이 아닌 것은?

① ordinary wear and tear
② washing overboard
③ earthquake volcanic eruption or lightning
④ overturning or derailment of land conveyance
⑤ jettison

해설

협회적하약관(Institute Cargo Clauses, 2009) ICC(B) 제4조
어떠한 경우에도 이 보험은 다음의 손해를 담보하지 아니한다.

- 피보험자의 고의의 불법행위에 기인하는 멸실, 손상 또는 비용
- 피보험 목적물의 통상의 누손, 통상의 중량손 또는 용적손, 또는 자연소모(ordinary wear and tear)
- 부보된 운송과정 중에 통상적으로 발생할 수 있는 사건을 견디기 위한 피보험 목적물의 포장 또는 준비의 불완전, 부적절에 기인하여 발생한 멸실, 손상 또는 비용. 다만, 그러한 포장이나 준비가 피보험자나 그의 고용인에 의해 이루어지거나 이 보험의 개시 전에 일어난 경우에 한한다(이 약관의 목적상 "포장"이라 함은 컨테이너에 적입하는 것을 포함하며 "고용인"에 독립적 계약자는 포함하지 않음).

2022년 제39회

35 다음 내용이 설명하는 서류는?

> It is hereby certificated that the goods originated in the territory of Korea, and comply with the origin requirements specified for those goods in KOREA-XXXX FTA.

① Certificate of Origin
② Charter Party
③ Tally Sheet
④ Storage Plan
⑤ Certificate of Measurement and Weight

해설

본 문서는 해당 상품이 한국을 원산지로 하며, KOREA-XXXX FTA에 명시된 원산지 요건을 준수함을 증명한다.

원산지증명서(Certificate of Origin)
수출상품의 원산지 국가를 증명하는 성격을 가진 서류로서 화환어음의 부대서류로 생산국 등을 판별하고자 하는 목적이나 외환관리 및 덤핑방지 등 수입정책상의 목적으로 이용된다.

정답 34 ① 35 ①

36 비즈니스계약서 내용 중 일부이다. 이 조항에 해당하는 것은?

- This contract constitutes the complete and exclusive statement of the terms and conditions between the parties, which supersedes and merges all prior proposals, understandings, and all other agreements, oral and written, between the parties relating to the subject of this contract.
- This contract may not be modified except in writing and signed by duly authorized representatives of both parties.

① Escalation Clause
② Entire Agreement Clause
③ Infringement Clause
④ Arbitration Clause
⑤ Non-waiver Clause

해설

- 본 계약은 당사자 간의 완전하고 배타적인 계약 조건의 진술을 구성하며, 이는 본 계약의 주제와 관련된 당사자 간의 모든 이전 제안, 양해 및 기타 모든 계약을 대체하고 통합한다.
- 본 계약은 서면 및 양 당사자 모두의 적법한 권한을 위임받은 대리인이 서명한 경우를 제외하고는 수정할 수 없다.

완전합의조항(Entire Agreement Clause)

당사자 사이의 합의사항은 모두 계약서에 기재된다는 것을 전제로 해당 계약서 작성 이전에 있었던 당사자 간의 구술 및 서면합의는 기속력을 상실한다는 내용을 규정하는 조항을 말한다. 해당 계약서 작성 이전의 당사자 간의 모든 협상 및 의사표명, 양해, 약정 등을 대체하고, 양 당사자의 서면합의에 의하지 아니하고는 수정될 수 없다는 취지를 규정하는 것이 일반적이다.

37 플랜트(Plant) 수출계약 내용 중 일부이다. (　　)에 공통으로 들어갈 용어는?

If the contractor shall fail to complete the work by the time agreed upon, the contractor shall be liable to pay (　　) of USD ______ every delay day from the contractual time of completion to actual time of completion. In any case, the amount of (　　) shall not exceed USD ______.

① advance payment
② restitution
③ retention payment
④ liquidated damages
⑤ default interest

해설

계약자가 합의된 시간까지 작업을 완료하지 못할 경우, 계약자는 계약상의 완료 시점부터 실제 완료 시점까지 매 지연일마다 USD ___의 확정손해배상액(liquidated damages)을 지급할 책임이 있다. 어떠한 경우에도, 확정손해배상액(liquidated damages)은 USD ___를 초과할 수 없다.

확정손해배상액(liquidated damages)

무역 매매계약을 이행하는 과정에서 매도인이 인도의 불이행 또는 품질 불량 등의 계약위반을 한 경우 매수인이 구상하는 손해배상금이 계약서에 미리 규정되어 확정되어 있는 것을 말한다.

36 ② 37 ④ 정답

38 국제물품매매계약에 관한 유엔협약(CISG, 1980) 제66조, 제67조에 관한 설명이다. (　　)에 들어갈 용어를 순서대로 바르게 나열한 것은?

> • Loss of or damage to the goods after the risk has passed to the buyer does not (　　) him from his (　　) to pay the price, unless the loss or damage is due to an act or (　　) of the seller.
> • If the contract of sale involves carriage of the goods and the (　　) is not bound to hand them over at a particular place, the risk passes to the buyer when the goods are handed over to the first carrier for transmission to the (　　) in accordance with the contract of sale.

① free – duty – bad faith – seller – buyer
② relieve – responsibility – mistake – buyer – seller
③ discharge – obligation – omission – seller – buyer
④ prevent – remedy – negligence – seller – buyer
⑤ hinder – claim – malice – carrier – contractor

해설

국제물품매매계약에 관한 유엔협약(CISG, 1980) 제66조
• 위험이 매수인에게 이전된 후 물품이 멸실 또는 손상된 경우에는 매수인은 대금지급 의무(obligation)로부터 면제되지 않는다(discharge). 다만, 그 멸실 또는 손상이 매도인의 작위 또는 부작위(omission)에 의한 경우에는 그러하지 않는다.

국제물품매매계약에 관한 유엔협약(CISG, 1980) 제67조
• 매매계약이 물품의 운송을 포함하고 있고 매도인(seller)이 특정한 장소에서 인도할 의무가 없는 경우, 위험은 매매계약에 따라 매수인(buyer)에게 전달되기 위해서 최초의 운송인에게 물품이 인도된 때 매수인에게 이전한다.

39 전자적 제시를 위한 UCP 추록(eUCP Version 2.0) 제e3조에 관한 내용으로 옳지 않은 것은?

① Data corruption means any distortion or loss of data that renders the electronic record, as it was presented, unreadable in whole or in part.
② Electronic record means a computerised or an electronic or any other automated means used to process and manipulate data, initiate an action or respond to data messages or performances in whole or in part.
③ Paper document means a document in a paper form.
④ Format means the data organisation in which the electronic record is expressed or to which it refers.
⑤ Received means when an electronic record enters a data processing system, at the place for presentation indicated in the eUCP credit, in a format capable of being accepted by that system.

정답 38 ③ 39 ②

해설

전자적 제시를 위한 UCP 추록(eUCP Version 2.0) 제e3조 : 정의

② Electronic record means data created, generated, sent, communicated, received or stored by electronic means, including, where appropriate, all information logically associated with or otherwise linked together so as to become part of the record, whether generated contemporaneously or not.
전자기록은 전자적인 수단에 의하여 작성, 생성, 송신, 통신, 수신 또는 저장된 자료를 의미하고, 적용되는 경우에 논리적으로 결합되거나 기타의 방법으로 함께 연결되어 동시에 생성되는지 아닌지에 관계없이 전자기록의 일부가 되는 모든 정보를 포함한다.

① 자료 변형은 제시가 되었을 때, 그 전부나 일부를 읽을 수 없는 전자기록 자료의 모든 왜곡이나 멸실을 의미한다.

③ 종이 서류는 종이 형식의 서류를 의미한다.

④ 형식은 전자기록이 표시되거나 또는 그것이 참조하는 자료 구성을 의미한다.

⑤ 수신은 어떠한 전자기록이 eUCP 신용장에 의하여 지정된 제시 장소에서 특정 시스템에 의하여 받아들여질 수 있는 형식으로 자료 처리 시스템으로 유입되는 시점을 의미한다.

40 영국해상보험법(MIA, 1906)에 관한 내용이다. ( )에 들어갈 보험증권을 순서대로 바르게 나열한 것은?

- ( ) is a policy which describes the insurance in general terms, and leaves the name of the ship or ships and other particulars to be defined by subsequent declaration.
- ( ) is a policy which specifies the agreed value of the subject-matter insured.

① A floating policy – A valued policy

② A floating policy – An unvalued policy

③ A valued policy – A time policy

④ A valued policy – A voyage policy

⑤ A valued policy – An unvalued policy

해설

영국해상보험법(MIA, 1906) 제29조 : 선박 또는 제선박의 미확정보험증권

- 미확정보험증권(A floating policy)은 총괄적 문언으로 보험계약을 기술하고, 선박의 명칭과 기타의 자세한 사항은 추후 확정 통지에 의해 확정되도록 하는 보험증권이다.

영국해상보험법(MIA, 1906) 제27조 : 기평가보험증권

- 기평가보험증권(A valued policy)은 피보험 목적물의 협정보험가액을 기재한 보험증권이다.

40 ① 정답

제2과목

2023 무역영어

1교시 응시시간 : 80분 과목당 문항 수 : 40문항

01 화환신용장통일규칙(UCP 600) 제10조에 관한 내용으로 옳은 것을 모두 고른 것은?

ㄱ. An issuing bank is irrevocably bound by an amendment as of the time it issues the amendment.
ㄴ. A confirming bank may extend its confirmation to an amendment and will be irrevocably bound as of the time it advises the amendment.
ㄷ. A bank that advises an amendment should inform the bank from which it received the amendment of any notification of acceptance or rejection.
ㄹ. Partial acceptance of an amendment is allowed and will be deemed to be notification of rejection of the amendment.

① ㄱ, ㄷ
② ㄴ, ㄹ
③ ㄱ, ㄴ, ㄷ
④ ㄴ, ㄷ, ㄹ
⑤ ㄱ, ㄴ, ㄷ, ㄹ

해설

화환신용장통일규칙(UCP 600) 제10조 : 조건변경

ㄹ. Partial acceptance of an amendment is allowed → is not allowed and will be deemed to be notification of rejection of the amendment.
조건변경에 대한 부분승낙은 허용되지 않으며(is not allowed), 조건변경에 대한 거절의 의사표시로 간주된다.

02 화환신용장통일규칙(UCP 600) 제2조, 제3조에 관한 내용으로 옳지 않은 것은?

① Presentation means either the delivery of documents under a credit to the issuing bank or nominated bank or the documents so delivered.
② Confirmation means a definite undertaking of the confirming bank, in addition to that of the issuing bank, to honour or negotiate a complying presentation.
③ Unless required to be used in a document, words such as "prompt", "immediately" or "as soon as possible" will be disregarded.
④ The words "from" and "after" when used to determine a maturity date exclude the date mentioned.
⑤ The words "to", "until", "till", "from" and "between" when used to determine a period of shipment exclude the date or dates mentioned, and the words "before" and "after" include the date mentioned.

정답 01 ③ 02 ⑤

해설

⑤ The words "to", "until", "till", "from" and "between" when used to determine a period of shipment exclude → include the date or dates mentioned, and the words "before" and "after" include → exclude the date mentioned(제3조).
선적 기간을 결정하기 위해 "to", "until", "till", "from" 그리고 "between"이라는 단어가 쓰일 경우 해당 일자 또는 언급된 일자를 포함하고(include), "before"와 "after"와 같은 단어가 사용될 경우 언급된 일자를 제외한다(exclude).

① 제시란 개설은행 또는 지정은행으로 신용장 하에 서류를 인도하는 것 또는 그렇게 인도된 서류를 의미한다(제2조).
② 확인이란 개설은행의 확약뿐만 아니라 일치하는 제시에 대하여 결제 또는 매입하겠다는 확인은행의 확약을 의미한다(제2조).
③ 서류에서 사용하도록 요구되지 않았다면 "즉각적인", "즉시" 또는 "가능한 빨리"와 같은 용어들은 무시된다(제3조).
④ 만기일을 정하기 위하여 "from"과 "after"가 사용되면 언급된 일자는 제외된다(제3조).

03 화환신용장통일규칙(UCP 600) 제38조에 관한 내용으로 옳은 것을 모두 고른 것은?

ㄱ. A bank is under no obligation to transfer a credit except to the extent and in the manner expressly consented to by that bank.
ㄴ. Unless otherwise agreed at the time of transfer, all charges (such as commissions, fees, costs or expenses) incurred in respect of a transfer must be paid by the first beneficiary.
ㄷ. A transferred credit cannot be transferred at the request of a second beneficiary to any subsequent beneficiary. The first beneficiary is considered to be a subsequent beneficiary.
ㄹ. A credit may be transferred in part to more than one second beneficiary provided partial drawings or shipments are allowed.

① ㄱ, ㄴ
② ㄷ, ㄹ
③ ㄱ, ㄴ, ㄷ
④ ㄱ, ㄴ, ㄹ
⑤ ㄴ, ㄷ, ㄹ

해설

ㄷ. A transferred credit cannot be transferred at the request of a second beneficiary to any subsequent beneficiary. The first beneficiary is considered → is not considered to be a subsequent beneficiary(제38조 d).
양도된 신용장은 제2수익자의 요청에 의하여 그다음 수익자에게 양도될 수 없다. 제1수익자는 그다음의 수익자로 보지 않는다(is not considered).

03 ④ 정답

04 화환신용장통일규칙(UCP 600) 제14조에 관한 내용으로 옳지 않은 것은?

① Contact details (telefax, telephone, email and the like) stated as part of the beneficiary's and the applicant's address will be regarded.

② A nominated bank acting on its nomination, a confirming bank, if any, and the issuing bank shall each have a maximum of five banking days following the day of presentation to determine if a presentation is complying.

③ A nominated bank acting on its nomination, a confirming bank, if any, and the issuing bank must examine a presentation to determine, on the basis of the documents alone, whether or not the documents appear on their face to constitute a complying presentation.

④ When the addresses of the beneficiary and the applicant appear in any stipulated document, they need not be the same as those stated in the credit or in any other stipulated document, but must be within the same country as the respective addresses mentioned in the credit.

⑤ The shipper or consignor of the goods indicated on any document need not be the beneficiary of the credit.

해설

① Contact details (telefax, telephone, email and the like) stated as part of the beneficiary's and the applicant's address will be regarded → will be disregarded(제14조 j).
수익자와 개설의뢰인의 주소의 일부로 언급된 세부 연락처(팩스, 전화, 이메일, 그리고 이와 유사한 것들)는 무시될 것이다(will be disregarded).

② 지정에 따라 행동하는 지정은행, 만약에 확인은행이 있다면 확인은행 그리고 개설은행은 제시가 일치하는지 결정하기 위하여 제시일의 다음날부터 최대 5일의 은행영업일이 각각 주어진다(제14조 b).

③ 지정에 따라 행동하는 지정은행, 만약 확인은행이 있다면 확인은행 그리고 개설은행은 서류가 문면상 일치하는 제시를 구성하는지 여부를 결정하기 위해서 서류 그 자체만으로 제시를 심사하여야 한다(제14조 a).

④ 수익자와 개설의뢰인의 주소가 어떤 규정서류에 나타날 때, 신용장 혹은 다른 규정서류에 나타난 것과 같을 필요는 없지만, 신용장에 언급된 각각의 주소와 동일한 국가 내에 있어야 한다(제14조 j).

⑤ 어떤 서류에 상품의 송하인 또는 탁송인으로 명시된 자가 신용장의 수익자일 필요는 없다(제14조 k).

05 화환신용장통일규칙(UCP 600) 제31조에 관한 내용이다. (　　)에 들어갈 용어를 순서대로 옳게 나열한 것은?

- Partial drawings or shipments are (　　).
- A presentation consisting of more than one courier receipt, post receipt or certificate of posting will (　　) as a partial shipment if the courier receipts, post receipts or certificates of posting appear to have been stamped or signed by the same courier or postal service at the same place and date and for the same destination.
- If the presentation consists of more than one set of transport documents, the latest date of shipment as evidenced on any of the sets of transport documents will (　　) as the date of shipment.

① allowed – be regarded – be regarded

② allowed – be regarded – be disregarded

③ allowed – not be regarded – be regarded

④ not allowed – be regarded – be regarded

⑤ not allowed – not be regarded – be disregarded

해설

화환신용장통일규칙(UCP 600) 제31조 : 분할어음발행 또는 분할선적

- 분할청구 또는 분할선적은 허용된다(allowed).
- 둘 이상의 특송배달영수증, 우편영수증 또는 우송증명서로 구성된 제시는 만일 특송배달영수증, 우편영수증 또는 우송증명서가 같은 특송배달회사 또는 우편서비스에 의해 같은 장소, 같은 일자 그리고 같은 목적지로 스탬프가 찍히거나 서명된 것으로 보이는 경우, 분할선적으로 보지 않는다(not be regarded).
- 만약 제시가 한 세트보다 많은 운송서류로 구성된다면, 어떠한 운송서류에 의하여 증명되는 가장 늦은 선적일이 선적일로 간주된다(be regarded).

05 ③ 정답

06 추심에 관한 통일규칙(URC 522) 제2조, 제3조에 관한 내용으로 옳은 것은?

① "Financial documents" means invoices, transport documents, documents of title or other similar documents, or any other documents whatsoever, not being commercial documents.

② The "principal" who is the party entrusting the handling of a collection to a bank.

③ The "presenting bank" which is the bank to which the principal has entrusted the handling of a collection.

④ "Clean collection" means collection of financial documents accompanied by commercial documents.

⑤ The "drawer" is the one to whom presentation is to be made in accordance with the collection instruction.

해설

① "Financial documents → Commercial documents" means invoices, transport documents, documents of title or other similar documents, or any other documents whatsoever, not being commercial documents → financial documents(제2조 제b항 ii).
"상업서류(Commercial documents)"란 송장, 운송서류, 권리증권 또는 이와 유사한 서류, 또는 금융서류(financial documents)가 아닌 모든 기타 서류들을 의미한다.

③ The "presenting bank → remitting bank" which is the bank to which the principal has entrusted the handling of a collection(제3조 제a항 ii).
"추심의뢰은행(remitting bank)"은 추심의뢰인이 추심의 취급을 위임하는 은행이다.

④ "Clean collection" means collection of financial documents accompanied → not accompanied by commercial documents(제2조 제c항).
"무화환추심"이란 상업서류가 첨부되지 않은(not accompanied) 금융서류의 추심을 의미한다.

⑤ The "drawer → drawee" is the one to whom presentation is to be made in accordance with the collection instruction(제3조 제b항).
"지급인(drawee)"이란 추심지시서에 따라 제시가 이행되는 자를 말한다.
→ "발행인(drawer)"은 어음의 발행인을 의미하므로, 제시를 받아야 할 자는 "지급인(drawee)"이 된다.

정답 06 ②

07 추심에 관한 통일규칙(URC 522) 제10조, 제11조에 관한 내용으로 옳지 않은 것은?

① Banks have obligations to take any action in respect of the goods to which a documentary collection relates, including storage and insurance of the goods if specific instructions are given to do so.

② Goods should not be despatched directly to the address of a bank or consigned to or to the order of a bank without prior agreement on the part of that bank.

③ Any charges and/or expenses incurred by banks in connection with any action taken to protect the goods will be for the account of the party from whom they received the collection.

④ Banks utilising the services of another bank or other banks for the purpose of giving effect to the instructions of the principal, do so for the account and at the risk of such principal.

⑤ Banks assume no liability or responsibility should the instructions they transmit not be carried out, even if they have themselves taken the initiative in the choice of such other bank(s).

해설

① Banks have obligations → have no obligation to take any action in respect of the goods to which a documentary collection relates, including storage and insurance of the goods if specific instructions are given to do so(제10조 제b항).
은행은 화환추심과 관계되는 물품에 대하여 물품의 보관, 부보를 포함한 어떠한 조치도 취할 의무가 없으며(have no obligation), 그러한 조치를 취하도록 지시를 받은 경우에도 그러하다.

② 물품은 해당 은행의 사전동의 없이 은행의 주소로 직접 발송되거나 은행 또는 은행의 지시인에게 탁송되어서는 안 된다(제10조 제a항).

③ 물품을 보호하기 위해 취해진 조치와 관련하여 은행에게 발생한 어떠한 수수료 및/또는 비용은 추심을 송부한 당사자의 부담으로 한다(제10조 제d항).

④ 추심의뢰인의 지시를 이행하기 위하여 그 밖의 은행 또는 다른 은행의 서비스를 이용하는 은행은 그 추심의뢰인의 비용과 위험부담으로 이를 행한다(제11조 제a항).

⑤ 은행은 은행 자신이 그러한 다른 은행(들)의 선택을 주도한 경우에도 은행이 전달한 지시가 이행되지 않은 경우에 의무나 책임을 지지 않는다(제11조 제b항).

07 ① 정답

08 전자적 제시를 위한 UCP 추록(eUCP Version 2.0) 제e5조, 제e6조에 관한 내용으로 옳지 않은 것은?

① An eUCP credit must indicate the format of each electronic record. If the format of an electronic record is not indicated, it may be presented in any format.

② An electronic record that cannot be authenticated is deemed not to have been presented.

③ When one or more electronic records are presented alone or in combination with paper documents, the presenter is responsible for providing a notice of completeness to the nominated bank, confirming bank, if any, or to the issuing bank, where a presentation is made directly.

④ Each presentation of an electronic record under an eUCP credit must identify the eUCP credit under which it is presented.

⑤ Electronic records must be presented at the same time.

해설

⑤ Electronic records may be presented separately and need not be presented at the same time(제e6조 제b항).
전자기록은 독립적으로 제시될 수 있으며 동시에 제시될 필요는 없다.

① eUCP 신용장은 전자기록이 제시되는 형식을 명시하여야 한다. 만약, 전자기록의 형식이 명시되지 않았다면 어떠한 형식으로든 제시될 수 있다(제e5조).

② 인증될 수 없는 전자기록은 제시가 완료되지 아니한 것으로 간주된다(제e6조 제f항).

③ 하나 또는 그 이상의 전자기록이 독립적으로 제시되거나 종이서류와 결합되어 제시된 때에는 제시자는 제시가 직접 이루어지는 경우에 지정은행, 확인은행(확인은행이 있는 경우), 또는 개설은행에게 완료의 통지를 제공해야 할 책임이 있다(제e6조 제c항).

④ eUCP 신용장 하에서의 전자기록의 각 제시는 제시되는 eUCP 신용장과의 동일성을 반드시 확인하여야 한다(제e6조 제d항).

09 Incoterms® 2020상 FCA 규칙 A4에 관한 내용이다. ( )에 들어갈 용어를 순서대로 옳게 나열한 것은?

- The seller has no obligation to the buyer to make a contract of carriage. However, the seller must provide the buyer, at the buyer's ( ), risk and cost, with any information in the possession of the seller, including transport-related security requirements, that the buyer needs for arranging carriage.
- If ( ), the seller must contract for carriage on the usual terms at the buyer's risk and cost.
- The ( ) must comply with any transport-related security requirements up to delivery.

① instruction – required – seller

② instruction – required – buyer

③ request – agreed – seller

④ request – agreed – buyer

⑤ request – required – seller

정답 08 ⑤ 09 ③

해설

Incoterms® 2020상 FCA 규칙 A4(운송)

- 매도인은 매수인에 대하여 운송계약을 체결할 의무가 없다. 하지만, 매도인은 매수인의 요청(request)에 따라 매수인의 위험과 비용으로 매수인이 운송을 준비할 수 있도록 운송 관련 보안요건을 포함하여 매수인 자신이 가지고 있는 정보를 제공하여야 한다.
- 만약 합의된(agreed) 경우에는 매도인은 매수인의 위험과 비용으로 통상적인 조건의 운송계약을 체결하여야 한다.
- 매도인(seller)은 인도가 될 때까지의 모든 운송 관련 보안요건을 준수하여야 한다.

10 Incoterms® 2020상 DAP 규칙에 관한 내용으로 옳은 것은?

① The buyer bears all risks involved in bringing the goods to the named place of destination or to the agreed point within that place.

② The seller is required to unload the goods from the arriving means of transportation.

③ DAP requires the buyer to clear the goods for export, where applicable.

④ The seller must contract or arrange at its own cost for the carriage of the goods to the named place of destination or to the agreed point, if any, at the named place of destination.

⑤ The seller has obligations to the buyer to make a contract of insurance.

해설

① The buyer → seller bears all risks involved in bringing the goods to the named place of destination or to the agreed point within that place(사용자를 위한 설명문 제1항).
매도인(seller)은 물품을 지정목적지 또는 지정목적지 내의 합의된 지점까지 가져가는데 수반되는 모든 위험을 부담한다.

② The seller is required → is not required to unload the goods from the arriving means of transportation(사용자를 위한 설명문 제5항).
매도인은 도착운송수단으로부터 물품을 양하할 필요가 없다(is not required).

③ DAP requires the buyer → seller to clear the goods for export, where applicable(사용자를 위한 설명문 제6항).
DAP에서는 해당되는 경우, 매도인(seller)이 물품의 수입통관을 해야 한다.

⑤ The seller has obligations → has no obligation to the buyer to make a contract of insurance[매도인의 의무 A5(보험)].
매도인은 매수인에 대하여 보험계약을 체결할 의무가 없다(has no obligation).

10 ④ 정답

11 국제물품매매계약에 관한 유엔협약(CISG, 1980) 제8조, 제9조, 제11조, 제13조에 관한 내용으로 옳지 않은 것은?

① A contract of sale must be concluded in or evidenced by writing and is subject to any other requirement as to form.
② For the purposes of this Convention "writing" includes telegram and telex.
③ The parties are bound by any usage to which they have agreed and by any practices which they have established between themselves.
④ The parties are considered, unless otherwise agreed, to have impliedly made applicable to their contract or its formation a usage of which the parties knew or ought to have known and which in international trade is widely known to, and regularly observed by, parties to contracts of the type involved in the particular trade concerned.
⑤ For the purposes of this Convention statements made by and other conduct of a party are to be interpreted according to his intent where the other party knew or could not have been unaware what that intent was.

해설

① A contract of sale must be concluded → need not be concluded in or evidenced by writing and is subject to → is not subject to any other requirement as to form(제11조).
매매계약은 서면으로 체결되거나 입증될 필요가 없고(need not be concluded) 또 형식에 대해 어떠한 다른 요건의 요구를 받지 않는다(is not subject to).
② 이 협약의 적용상 "서면"은 전보와 텔렉스를 포함한다(제13조).
③ 당사자는 서로 합의한 모든 관행과 당사자 간 확립되어 있는 모든 관습에 구속된다(제9조 제1항).
④ 별도의 합의가 없는 한, 당사자가 알았거나 또는 당연히 알았어야 하는 관행으로서 국제무역에서 해당되는 특정무역에 관련된 종류의 계약당사자에게 널리 알려져 있고 통상적으로 준수되고 있는 관행은 계약 또는 계약 성립에 묵시적으로 적용하는 것으로 본다(제9조 제2항).
⑤ 이 협약의 적용상 당사자의 진술 또는 기타의 행위는 상대방이 그 당사자의 의도를 알았거나 알 수 있었던 경우에는 당사자의 의도에 따라 해석되어야 한다(제8조 제1항).

12 국제물품매매계약에 관한 유엔협약(CISG, 1980) 제18조에 관한 내용으로 옳은 것을 모두 고른 것은?

> An acceptance of an offer becomes effective at the moment the indication of assent reaches ㉠ the offeror. An acceptance is not effective if the indication of assent does not reach ㉡ the offeree within the time he has fixed or, if no time is fixed, within a reasonable time, due account being taken of the circumstances of the transaction, ㉢ excluding the rapidity of the means of communication employed by ㉣ the offeror. ㉤ A documentary offer must be accepted immediately unless the circumstances indicate otherwise.

① ㉠, ㉢
② ㉠, ㉣
③ ㉡, ㉢
④ ㉢, ㉣
⑤ ㉣, ㉤

2023년 제40회

해설

국제물품매매계약에 관한 유엔협약(CISG, 1980) 제18조 제2항
청약에 대한 승낙은 동의의 의사표시가 ㉠ 청약자에게 도달한 때에 그 효력이 발생한다. 승낙은 동의의 의사표시가 지정된 기간 내에 ㉡ 청약자(offeror)에게 도달하지 아니하거나, 기간이 지정되지 않은 때에는 ㉣ 청약자가 사용한 통신수단의 신속성 등을 ㉢ 포함하여(including) 거래의 사정을 충분히 고려하여 합리적인 기간 내에 도달하지 않은 때에는 효력이 발생하지 않는다. ㉤ 구두(An oral) 청약은 별도의 사정이 없는 한 즉시 승낙되어야 한다.

13 국제물품매매계약에 관한 유엔협약(CISG, 1980) 제31조에 관한 내용으로 옳은 것을 모두 고른 것은?

> If the seller is not bound to deliver the goods at any other particular ㉠ time, his obligation to deliver consists :
> (a) if the contract of sale involves carriage of the goods — in handing the goods over to ㉡ the final carrier for transmission to the buyer;
> (b) if, in cases not within the preceding subparagraph, the contract relates to specific goods, or unidentified goods to be drawn from a specific stock or to be manufactured or produced, and at the time of the conclusion of the contract the parties knew that the goods were at, or were to be manufactured or produced at, a particular place — in placing the goods at ㉢ the buyer's disposal at that place;
> (c) in other cases — in placing the goods at ㉣ the buyer's disposal at the place where ㉤ the buyer had his place of business at the time of the conclusion of the contract.

① ㉠, ㉡
② ㉠, ㉢
③ ㉡, ㉤
④ ㉢, ㉣
⑤ ㉣, ㉤

해설

국제물품매매계약에 관한 유엔협약(CISG, 1980) 제31조
매도인이 물품을 다른 특정한 ㉠ 장소(place)에서 인도할 의무가 없는 경우 매도인의 인도 의무는 다음과 같다.
(a) 매매계약이 물품의 운송을 포함하는 경우, 매수인에게 전달하기 위하여 물품을 ㉡ 첫 번째 운송인(first carrier)에게 인도한다.
(b) 전항의 규정에 해당되지 아니하는 경우로서 계약이 특정물에 관련되어 있거나, 특정 재고품으로부터 인출되는 불특정물 제조 또는 생산되는 불특정물에 관련되어 있고, 당사자 쌍방이 계약체결 시에 그 물품이 특정 장소에 있거나 그 장소에서 제조 또는 생산되는 것을 알고 있었던 경우, 그 장소에서 물품을 ㉢ 매수인의 처분하에 둔다.
(c) 그 밖의 경우에는 계약체결 시 ㉤ 매도인(seller)의 영업소가 있던 곳에서 물품을 ㉣ 매수인의 처분하에 둔다.

13 ④ 정답

14 국제물품매매계약에 관한 유엔협약(CISG, 1980) 제35조에 관한 내용으로 옳은 것을 모두 고른 것은?

> Except where the parties have agreed otherwise, the goods do not conform with the contract unless they :
> (a) are fit for the purposes for which goods of the ㉠ different description would ordinarily be used;
> (b) are fit for any particular purpose expressly or impliedly made known to the seller at the time of the conclusion of the contract, except where the circumstances show that the buyer did not rely, or that it was ㉡ reasonable for him to rely, on the seller's skill and judgement;
> (c) possess the qualities of goods which the ㉢ seller has held out to the ㉣ buyer as a sample or model.

① ㉠, ㉡
② ㉠, ㉢
③ ㉡, ㉢
④ ㉡, ㉣
⑤ ㉢, ㉣

해설

국제물품매매계약에 관한 유엔협약(CISG, 1980) 제35조
당사자가 별도로 합의한 경우를 제외하고, 다음 요건에 해당하지 않는 물품은 계약에 적합하지 않은 것으로 한다.
(a) 물품이 그 ㉠ 동일한(same) 명세의 물품의 통상적으로 사용되는 목적에 적합함
(b) 물품이 계약체결 시에 명시적 또는 묵시적으로 매도인에게 알려져 있는 어떠한 특정의 목적에 적합함. 다만, 상황으로 보아 매수인이 매도인의 기술과 판단을 신뢰하지 않거나 신뢰하는 것이 ㉡ 불합리한(unreasonable) 경우는 제외한다.
(c) 물품이 ㉢ 매도인이 ㉣ 매수인에게 견본 또는 모형으로서 제시한 물품의 품질을 갖추고 있음

정답 14 ⑤

15 국제물품매매계약에 관한 유엔협약(CISG, 1980) 제65조에 관한 내용이다. (　　)에 들어갈 용어를 순서대로 옳게 나열한 것은?

- If under the contract the buyer is to specify the form, measurement or other features of the goods and he fails to make such specification either on the date agreed upon or within a reasonable time after receipt of a request from the seller, the seller (　　), without prejudice to any other rights he may have, make the specification himself in accordance with the requirements of the buyer that (　　) be known to him.
- If the seller makes the specification himself, he (　　) inform the buyer of the details thereof and (　　) fix a reasonable time within which the buyer (　　) make a different specification. If, after receipt of such a communication, the buyer fails to do so within the time so fixed, the specification made by the seller is binding.

① may – may – may – may – may
② may – may – must – must – may
③ may – may – must – must – must
④ must – must – may – may – must
⑤ must – must – must – must – must

해설

국제물품매매계약에 관한 유엔협약(CISG, 1980) 제65조

- If under the contract the buyer is to specify the form, measurement or other features of the goods and he fails to make such specification either on the date agreed upon or within a reasonable time after receipt of a request from the seller, the seller may, without prejudice to any other rights he may have, make the specification himself in accordance with the requirements of the buyer that may be known to him.
- If the seller makes the specification himself, he must inform the buyer of the details thereof and must fix a reasonable time within which the buyer may make a different specification. If, after receipt of such a communication, the buyer fails to do so within the time so fixed, the specification made by the seller is binding.
- 계약상 매수인이 물품의 형태, 규격 또는 기타의 특징을 명시하여야 하는 경우에 만약 매수인이 합의된 기일 또는 매도인으로부터의 요구를 수령한 후 합리적인 기간 내에 그 물품명세를 지정하지 않은 경우에는, 매도인은, 보유하는 다른 모든 권리를 침해하지 않고 자신이 알 수 있는(may) 매수인의 요구조건에 따라, 스스로 물품 명세를 지정할 수 있다(may).
- 매도인은 스스로 물품 명세를 지정하는 경우, 매수인에게 그 세부 사항을 통지하여야 하고(must), 매수인이 그와 다른 지정을 할 수 있도록(may) 합리적인 기간을 정해야 한다(must). 매수인이 그러한 통지를 수령한 후 정해진 기간 내에 다른 지정을 하지 않은 경우에는, 매도인이 지정한 물품명세가 구속력을 갖는다.

15 ② 정답

16 국제물품매매계약에 관한 유엔협약(CISG, 1980) 제79조에 관한 내용으로 옳지 않은 것은?

① A party is not liable for a failure to perform any of his obligations if he proves that the failure was due to an impediment beyond his control.

② If the party's failure is due to the failure by a third person whom he has engaged to perform the whole or a part of the contract, that party is exempt from liability only if the person whom he has so engaged would be so exempt if the provisions of that paragraph were applied to him.

③ The exemption provided by this article has effect for the period during which the impediment exists.

④ The party who fails to perform must give notice to the other party of the impediment and its effect on his ability to perform. If the notice is not received by the other party within a reasonable time after the party who fails to perform knew or ought to have known of the impediment, he is not liable for damages resulting from such non-receipt.

⑤ Nothing in this article prevents either party from exercising any right other than to claim damages under this Convention.

해설

④ The party who fails to perform must give notice to the other party of the impediment and its effect on his ability to perform. If the notice is not received by the other party within a reasonable time after the party who fails to perform knew or ought to have known of the impediment, he is not liable → is liable for damages resulting from such non-receipt(제79조 제4항).
불이행 당사자는 장애가 존재한다는 것과 그 장애가 자신의 이행능력에 미치는 영향을 상대방에게 통지하여야 한다. 불이행 당사자가 장애를 알았거나 알았어야 했던 때로부터 합리적인 기간 내에 상대방이 그 통지를 수령하지 못한 경우, 불이행 당사자는 불수령으로 인한 손해에 대한 책임이 있다(is liable).

① 당사자 일방은 그 의무의 불이행이 자신이 통제할 수 없는 장애에 기인하였다는 점을 입증하는 경우에는 그 의무 불이행에 대하여 책임이 없다(제79조 제1항).

② 당사자의 불이행이 계약의 전부 또는 일부를 이행하기 위하여 고용된 제3자의 불이행에 기인한 경우, 당사자가 고용한 제3자에게 전항의 규정이 적용될 때 역시 면책되는 경우에는 그 당사자는 책임이 면제된다(제79조 제2항 b).

③ 이 조에 규정된 면책은 장애가 존재하는 동안의 기간에만 효력을 갖는다(제79조 제3항).

⑤ 이 조의 규정은 어느 당사자가 이 협약에 따라 손해배상청구권 이외의 권리를 행사하는 것을 방해하지 아니한다(제79조 제5항).

17 국제물품매매계약에 관한 유엔협약(CISG, 1980) 제97조에 관한 내용이다. (　　)에 들어갈 용어를 순서대로 옳게 나열한 것은?

> A declaration takes effect simultaneously with the entry into force of this Convention in respect of the State concerned. However, a declaration of which the depositary receives formal notification after such entry into force takes effect on the (　　) day of the month following the expiration of (　　) months after the date of its receipt by the depositary. Reciprocal unilateral declarations under article 94 take effect on the (　　) day of the month following the expiration of (　　) months after the receipt of the latest declaration by the depositary.

① first – six – first – six

② first – six – first – twelve

③ first – twelve – last – twelve

④ last – six – last – six

⑤ last – twelve – last – twelve

해설

국제물품매매계약에 관한 유엔협약(CISG, 1980) 제97조 제3항
선언은 해당 국가에 대하여 이 협약의 효력이 발생함과 동시에 효력이 발생한다. 다만, 이 협약의 효력이 발생한 후 수탁자가 정식으로 통고를 수령한 선언은 수탁자가 이를 수령한 날부터 6(six)개월이 지난 다음 달의 1(first)일에 그 효력이 발생한다. 제94조에 따른 상호 간의 일방선언은 수탁자가 최후의 선언을 수령한 날부터 6(six)개월이 지난 다음 달의 1(first)일에 효력이 발생한다.

18 외국중재판정의 승인 및 집행에 관한 유엔협약(뉴욕협약, 1958) 제7조에 관한 내용이다. (　　)에 들어갈 용어를 순서대로 옳게 나열한 것은?

> The provisions of the present Convention (　　) affect the validity of multilateral or bilateral agreements concerning the recognition and enforcement of arbitral awards entered into by the Contracting States (　　) deprive any interested party of any right he (　　) have to avail himself of an arbitral award in the manner and to the extent allowed by the law or the treaties of the country where such award is sought to be relied upon.

① shall – and – may

② shall – and – must

③ shall not – nor – may

④ shall not – nor – must

⑤ shall not – and – must

17 ① 18 ③ 정답

해설

외국중재판정의 승인 및 집행에 관한 유엔협약(뉴욕협약, 1958) 제7조 제1항
이 협약의 규정은 체약국에 의하여 체결된 중재판정의 승인 및 집행에 관한 다자 간 또는 양자 간 협정에 대한 효력에 영향을 미치지 아니하며(shall not), 또한 어떠한 관계당사자가 중재판정의 원용이 요구된 국가의 법령이나 조약에서 인정한 방법과 한도 내에서 그 판정을 원용할 수도 있는(may) 권리를 박탈하지도 않는다(nor).

19 협회적하약관(Institute Cargo Clauses, 2009) ICC(C)의 담보위험으로 옳지 않은 것은?

① collision or contact of vessel craft or conveyance with any external object other than water

② fire or explosion

③ general average sacrifice

④ jettison

⑤ entry of sea lake or river water into vessel craft hold conveyance container or place of storage

해설

⑤ ICC(B)의 담보위험에 해당하는 내용이다.

협회적하약관(Institute Cargo Clauses, 2009) ICC(C)의 담보위험
- loss of or damage to the subject-matter insured reasonably attributable to
  - fire or explosion
  - vessel or craft being stranded grounded sunk or capsized
  - overturning or derailment of land conveyance
  - collision or contact of vessel craft or conveyance with any external object other than water
  - discharge of cargo at a port of distress
- loss of or damage to the subject-matter insured caused by
  - general average sacrifice
  - jettison

20 Incoterms® 2020상 EXW 규칙에서 매도인과 매수인의 의무에 관한 내용으로 옳은 것은?

① The buyer may provide the seller with appropriate evidence of having taken delivery.

② The buyer has obligation to the seller to make a contract of carriage.

③ The seller has obligation to the buyer to make a contract of carriage.

④ Where applicable, the seller must assist the buyer, at the buyer's request, risk and cost, in obtaining any documents and/or information related to all export/transit/import clearance formalities required by the countries of export/transit/import, such as pre-shipment inspection.

⑤ The seller may, at its own cost, package the goods, unless it is usual for the particular trade to transport the type of goods sold unpackaged.

정답 19 ⑤ 20 ④

해설

① The buyer may → must provide the seller with appropriate evidence of having taken delivery[매수인의 의무 B6(인도의 증거)].
매수인은 매도인에게 인도를 수령하였다는 적절한 증거를 제공하여야 한다(must).

② The buyer has obligation → no obligation to the seller to make a contract of carriage.
→ It is up to the buyer to contract or arrange at its own cost for the carriage of the goods from the named place of delivery[매수인의 의무 B4(운송)].
자신의 비용으로 물품을 지정인도장소로부터 운송하는 계약을 체결하거나 그러한 운송을 마련하는 것은 매수인의 몫이다.

③ The seller has obligation → no obligation to the buyer to make a contract of carriage[매도인의 의무 A4(운송)].
매도인은 매수인에 대하여 운송계약을 체결할 의무가 없다(no obligation).

⑤ The seller may → must, at its own cost, package the goods, unless it is usual for the particular trade to transport the type of goods sold unpackaged[매도인의 의무 A8(점검/포장/하인)].
매도인은 자신의 비용으로 물품을 포장해야 한다(must). 다만, 특정한 거래에서 통상적으로 포장되지 않은 채 매매되는 형태의 물품인 경우에는 그러하지 아니하다.

21 Incoterms® 2020 소개문(Introduction)에 관한 내용으로 옳지 않은 것은?

① The Incoterms® rules describe who obtains shipping documents and export or import licences.

② The Incoterms® rules do not describe which party is responsible for checking or security-related costs.

③ The Incoterms® rules do not deal with the transfer of property/title/ownership of the goods sold.

④ The Incoterms® rules explain the most commonly-used trade terms reflecting business-to-business practice in contracts for the sale and purchase of goods.

⑤ The Incoterms® rules do not deal with the effect of sanctions.

해설

② The Incoterms® rules do not describe → describe which party is responsible for checking or security-related costs(제5항).
인코텀즈 규칙은 어느 당사자가 점검 또는 보안 관련 비용을 부담하는지 규정한다(describe).

① 인코텀즈 규칙은 누가 선적서류와 수출 또는 수입허가를 취득하는지를 규정한다(제5항).

③ 인코텀즈 규칙은 매매물품의 소유권/물권의 이전을 다루지 않는다(제7항).

④ 인코텀즈 규칙은 물물매매 계약상 기업 간 거래 관행을 반영하고 있는 가장 일반적으로 사용되는 거래 조건을 설명한다(제4항).

⑤ 인코텀즈 규칙은 제재의 효력을 다루지 않는다(제7항).

21 ② 정답

22 국제물품매매계약에 관한 유엔협약(CISG, 1980) 제68조의 내용이다. ( )에 들어갈 용어로 옳은 것은?

> The risk in respect of goods sold in transit passes to the buyer from the time of the (ㄱ). However, if the circumstances so indicate, the risk is assumed by the (ㄴ) from the time the goods were handed over to the (ㄷ) who issued the documents embodying the contract of carriage. Nevertheless, if at the time of the conclusion of the contract of sale the (ㄹ) knew or ought to have known that the goods had been lost or damaged and did not disclose this to the buyer, the loss or damage is at the risk of the (ㅁ).

① ㄱ - shipment
② ㄴ - seller
③ ㄷ - carrier
④ ㄹ - buyer
⑤ ㅁ - carrier

해설

운송 중에 매각된 물품에 관한 위험은 (ㄱ) 계약체결(conclusion) 시부터 매수인에게 이전한다. 그러나 특별한 사정이 있는 경우 위험은 운송계약을 표시하고 있는 서류를 발행한 (ㄷ) 운송인에게 물품이 인도된 때 (ㄴ) 매수인(buyer)에게 이전한다. 그럼에도 불구하고, 매매계약의 체결 시에 (ㄹ) 매도인(seller)이 물품이 이미 멸실 또는 손상되었다는 사실을 알았거나 또는 알았어야 했고, 이를 매수인에게 밝히지 않은 경우에는, 그 멸실 또는 손상은 (ㅁ) 매도인(seller)의 위험으로 한다.

23 Incoterms® 2020에 관한 내용이다. ( )에 들어갈 용어를 순서대로 옳게 나열한 것은?

> - In ( ), unless otherwise agreed or customary in the particular trade, the seller must obtain at its own cost cargo insurance complying with the cover provided by Clauses (A) of the Institute Cargo Clauses (LMA/IUA) or any similar clauses as appropriate to the means of transport used.
> - In ( ), the seller bears all risks involved in bringing the goods to and unloading them at the named place of destination. In this Incoterms® rule, therefore, the delivery and arrival at destination are the same.
> - ( ) means that the seller delivers the goods to the buyer on board the vessel nominated by the buyer at the named port of shipment or procures the goods already so delivered.

① CIF - DAP - FOB
② CIF - DPU - CFR
③ CIF - DAP - CFR
④ CIP - DPU - FOB
⑤ CIP - DAP - CFR

정답 22 ③ 23 ④

해설

CIP 규칙 매도인의 의무 A5(보험)

• CIP에서는, 특정한 거래에서 다른 합의나 관행이 없는 경우에 매도인은 자신의 비용으로, (로이즈시장협회/국제보험업협회의) 협회적하약관의 A-약관이나 당해 운송수단에 적절한 유사 약관이 제공하는 담보조건에 따른 적하보험을 취득하여야 한다.

DPU 규칙 사용자를 위한 설명문 제1항

• DPU에서는, 매도인은 물품을 지정목적지까지 가져가고 그곳에서 물품을 양하하는 데 수반되는 모든 위험을 부담한다. 따라서 본 인코텀즈 규칙에서 인도와 목적지의 도착은 같은 것이다.

FOB 규칙 사용자를 위한 설명문 제1항

• FOB는 매도인이 매수인에게 지정된 선적항에서 매수인이 지정한 선박의 본선에 물품을 적재하여 인도하거나 그렇게 인도된 물품을 조달하는 것을 말한다.

24 국제무역 용어에 관한 내용으로 옳지 않은 것은?

① guarantee – an agreement by the producer to replace the product, repair it, or give back the purchase price if the product proves unsatisfactory within a stipulated period.

② infringement – making or using something which has been patented by someone else.

③ multimodal transport operator – any person who on his own behalf or through another person acting on his behalf concludes a multimodal transport contract and who acts as a principal, not as an agent or on behalf of the consignor or of the carriers participating in the multimodal transport operations, and who assumes responsibility for the performance of the contract.

④ subrogation – the surrender of the ship or merchandise insured to the insurers in the case of a constructive total loss of the subject-matter insured.

⑤ forfaiting – the purchase of a series of notes, usually bills of exchanges or other freely negotiable instruments on a non-recourse basis. Accordingly there is no comeback on the exporter if the importer does not pay.

해설

④ 피보험 목적물에 대한 추정전손이 있는 경우 보험에 가입된 선박 또는 물품을 보험자에게 포기하는 것은 위부(Abandonment)에 대한 설명이다. 대위(Subrogation)는 보험자가 전손보험금을 지급한 경우 잔존물품에 대한 피보험이익을 가지는 것이다.

① 품질보증 : 명시된 기간 내에 제품의 사용 경험이 불만족스러울 경우, 생산자가 물품을 교환해주거나, 수리해주거나, 구매금액을 되돌려주기로 하는 합의를 말한다.

② 권리침해 : 다른 사람이 특허를 낸 것을 만들거나 이용하는 것을 말한다.

③ 복합운송인 : 본인이 직접 또는 타인을 대리하여 복합운송 계약을 체결한 자로서 대리인, 송하인 또는 복합운송에 관여하는 운송인의 대리인이 아닌 당사자로 기능하는 자이면서, 계약의 이행에 관한 책임을 지는 자를 말한다.

⑤ 포페이팅 : 일련의 지폐, 일반적으로 상환청구권이 없는 환어음 또는 자유매입 유통증권을 구매하는 것을 말한다. 이에 따라, 수입자가 대금지급을 하지 않더라도 수출자에게 요청할 수 없다.

24 ④ 정답

25 영국해상보험법(MIA, 1906)과 협회적하약관(Institute Cargo Clauses, 2009)의 용어에 관한 내용으로 옳지 않은 것은?

① "Maritime perils" means the perils consequent on, or incidental to, the navigation of the sea.

② "Salvage charges" means the charges recoverable under maritime law by a salvor independently of contract.

③ "Gross proceeds" means the actual price obtained at a sale where all charges on sale are paid by the carriers.

④ According to "Change of Voyage" clause, if the destination is changed by the Assured, this must be notified promptly to Insurers for rates and terms to be agreed.

⑤ According to "Transit Clause", the insurance attaches from the time the subject-matter insured is first moved in the warehouse for the purpose of the immediate loading into the carrying vehicle for the commencement of transit.

해설

③ "Gross proceeds" means the actual price obtained at a sale where all charges on sale are paid by the carriers → sellers(MIA 제71조 제4항).
"총수익금"은 매도인(sellers)이 판매와 관련된 모든 비용을 부담한 판매에서 얻어진 실제 금액을 의미한다.

① "해상위험"은 바다에서의 항해에 기인하거나 부수하는 위험을 의미한다(MIA 제3조).

② "구조료"는 계약과 상관없이 해상법상 구조자가 보상받을 수 있는 비용을 의미한다(MIA 제65조).

④ "항해변경" 약관에 따라 피보험자에 의해 목적지가 변경된 경우에는 합의될 보험요율과 보험조건을 위해 보험자에게 지체없이 통지되어야 한다(ICC 제10조 10.1).

⑤ "운송약관"에 따라 보험은 피보험 목적물이 운송 개시를 위하여 운송 차량에 적재되기 위한 목적으로 창고에서 맨 처음 이동할 때부터 개시된다(ICC 제8조 8.1).

26 비즈니스계약서의 일부이다. 다음 내용이 설명하는 계약 조항으로 옳은 것은?

> This agreement shall be governed as to matters including validity construction and performance under and by the United Nations Convention on Contracts for the International Sale of Goods 1980.

① Arbitration

② Entire agreement

③ Governing law

④ Hardship

⑤ Litigation

정답 25 ③ 26 ③

해설

③ 준거법(Governing law)에 대한 설명이다. 무역 거래는 법률제도를 달리하는 당사자 간의 매매이므로 계약 내용의 해석에 대해 의견차이나 분쟁이 발생할 우려가 있다. 따라서 거래당사자는 준거법을 협의하여 정하고 계약서 또는 거래협정서에 명시할 필요가 있다.

① 중재 : 제3의 중재인에 의한 중재판정을 통해 분쟁을 해결하는 방법을 말한다.

② 완전합의 : 계약이 성립된 경우 기존의 서면 또는 구두에 의한 합의 등은 소멸됨을 약정하기 위한 조항을 말한다.

④ 사정변경(이행곤란) : 사정의 변경에 따라 계약 이행이 어려운 상황에 처했을 경우 계약 내용을 변경하기 위해 당사자 간에 성실히 협의해야 함을 규정하는 조항을 말한다.

⑤ 소송 : 법원의 판결에 따라 분쟁을 해결하는 방법을 말한다.

27 전자적 제시를 위한 UCP 추록(eUCP Version 2.0) 제e3조에 관한 내용으로 옳지 않은 것은?

① "Paper document" means a document in a paper form.

② "Data corruption" means any distortion or loss of data that renders the electronic record, as it was presented, unreadable in whole or in part.

③ "Format" means the data organisation in which the electronic record is expressed or to which it refers.

④ "Electronic data" means data created, generated, sent, communicated, received or stored by electronic means, including, where appropriate, all information logically associated with.

⑤ "Data processing system" means a computerised or an electronic or any other automated means used to process and manipulate data, initiate an action or respond to data messages or performances in whole or in part.

해설

④ "Electronic data → Electronic record" means data created, generated, sent, communicated, received or stored by electronic means, including, where appropriate, all information logically associated with(제e3조 제b항 iii). "전자기록(Electronic record)"은 전자적인 수단에 의하여 작성, 생성, 송신, 통신, 수신 또는 저장된 자료를 의미하며, 적용되는 경우에 논리적으로 결합되는 모든 정보도 포함한다.

① "종이 서류"는 종이 형식의 서류를 의미한다(제e3조 제b항 vi).

② "데이터 변형"은 제시가 되었을 때, 그 전부나 일부를 읽을 수 없는 전자기록 자료의 모든 왜곡이나 멸실을 의미한다(제e3조 제b항 i).

③ "형식"은 전자기록이 표시되거나 그것이 참조되는 자료 구성을 의미한다(제e3조 제b항 v).

⑤ "데이터 처리시스템"은 데이터를 처리 및 조작하고, 작업을 시작하거나, 데이터 메시지나 수행의 전체 또는 일부에 응답하는 데 사용되는 컴퓨터화되거나, 전자화된 또는 그 밖에 자동화된 수단을 의미한다(제e3조 제b항 ii).

27 ④ 정답

28 국제물품매매계약에 관한 유엔협약(CISG, 1980)에서 사용되는 내용이다. (　　)에 들어갈 용어로 옳은 것은?

- A proposal other than one addressed to one or more specific persons is to be considered merely as (ㄱ), unless the contrary is clearly indicated by the person making the proposal.
- The (ㄴ) price is the price prevailing at the place where delivery of the goods should have been made.
- (ㄷ) of the contract releases both parties from their obligations under it, subject to any damages which may be due.
- A breach of contract committed by one of the parties is (ㄹ) if it results in such detriment to the other party as substantially to deprive him of what he is entitled to expect under the contract, unless the party in breach did not foresee and a reasonable person of the same kind in the same circumstances would not have foreseen such a result.

① ㄱ - a firm offer, - ㄴ - selling

② ㄱ - an invitation to make offers, ㄷ - A breach

③ ㄴ - current, ㄷ - A breach

④ ㄴ - selling, ㄹ - material

⑤ ㄷ - Avoidance, ㄹ - fundamental

2023년 제40회

해설

- 1인 또는 그 이상의 특정인에 대한 제의를 제외한 불특정 다수인 자에 대한 제의는 제안자가 다른 의사를 명확히 표시하지 않는 한, 단지 (ㄱ) 청약의 유인(an invitation to make offers)으로 본다(제14조 2항).
- (ㄴ) 시가(current price)는 물품이 인도되었어야 했던 장소의 지배적인 가격을 말한다(제76조 2항).
- 계약의 (ㄷ) 해제(Avoidance)는 당사자 쌍방을 그 계약에 따른 의무에서 면제시키며, 그에 따른 손해를 발생시킬 수도 있다(제81조 1항).
- 당사자 일방의 계약위반은 그 계약에서 상대방이 기대할 수 있는 바를 실질적으로 박탈할 정도의 손해를 상대방에게 주는 경우 (ㄹ) 본질적인(fundamental) 것으로 본다. 다만, 위반 당사자가 그러한 결과를 예견하지 못하였고, 동일한 수준의 합리성을 가진 사람이라도 동일한 상황에서 그러한 결과를 예견할 수 없었을 경우에는 그러하지 아니하다(제25조).

정답 28 ⑤

29 UN해상물품운송에 관한 조약(Hamburg Rules, 1978) 제1조에 관한 내용으로 옳은 것은?

① "Contract of carriage by sea" means any contract whereby the carrier undertakes against payment of freight to carry goods by sea from one port to another.

② "Shipper" means any person by whom or in whose name or on whose behalf a contract of sales of goods by sea has been concluded with a carrier, or any person by whom or in whose name or on whose behalf the goods are actually delivered to the carrier in relation to the contract of sales of goods.

③ "Consigner" means the person entitled to take delivery of the goods.

④ "Bill of lading" means a document which evidences a contract of carriage by sea and the taking over or loading of the goods by the shipper, and by which the carrier undertakes to deliver the goods against surrender of the document.

⑤ "Carrier" means any person by whom or in whose name a contract of carriage of goods by sea has been concluded with an insurer.

해설

② "Shipper" means any person by whom or in whose name or on whose behalf a contract of sales → carriage of goods by sea has been concluded with a carrier, or any person by whom or in whose name or on whose behalf the goods are actually delivered to the carrier in relation to the contract of sales of goods(제1조 제3항).
"송하인"은 스스로 자기 명의로 또는 대리인을 통하여 운송인과 해상화물운송(carriage)계약을 체결한 자이거나 해상운송에 관하여 자기 명의로 또는 대리인을 통하여 운송인에게 실제로 물품을 인도하는 자를 말한다.

③ "Consigner → Consignee" means the person entitled to take delivery of the goods(제1조 4항).
"수하인(Consignee)"은 물품의 인도를 받을 권리를 가지고 있는 자를 말한다.

④ "Bill of lading" means a document which evidences a contract of carriage by sea and the taking over or loading of the goods by the shipper → carrier, and by which the carrier undertakes to deliver the goods against surrender of the document(제1조 7항).
"선하증권"은 해상운송계약 및 운송인(carrier)에 의한 물품 수령 또는 선적을 증명하는 증권으로서, 운송인이 그 증권과 상환으로 물건을 인도할 것을 약정하는 증권을 말한다.

⑤ "Carrier" means any person by whom or in whose name a contract of carriage of goods by sea has been concluded with an insurer → a shipper(제1조 1항).
"운송인"은 스스로 또는 자기 명의로 송하인(shipper)과 해상화물운송계약을 체결한 자를 말한다.

29 ① 정답

30 화환신용장통일규칙(UCP 600) 제2조에 관한 내용으로 옳은 것은?

① Banking day means a day on which a bank is regularly open at the place at which an act subject to these rules is to be performed.

② Nominated bank means the bank with which the credit is available or any bank in the case of a nomination available with any bank.

③ Negotiation means the purchase by the issuing bank of drafts and/or documents under a complying presentation.

④ Presenter means a beneficiary, bank or other party that makes a payment.

⑤ Complying presentation means a presentation that is in accordance with the terms and conditions of the credit, the applicable provisions of these rules and URC 522.

해설

② Nominated bank means the bank with which the credit is available or any bank in the case of a nomination → credit available with any bank.
지정은행은 신용장을 사용할 수 있는 은행 또는 모든 은행에서 사용 가능한 신용장(credit)의 경우 모든 은행을 의미한다.

③ Negotiation means the purchase by the issuing bank → nominated bank of drafts and/or documents under a complying presentation.
매입은 일치하는 제시에 따라 지정은행(nominated bank)이 환어음 및/또는 서류를 매입하는 것을 의미한다.

④ Presenter means a beneficiary, bank or other party that makes a payment → presentation.
제시자는 제시(presentation)를 하는 수익자, 은행 또는 다른 당사자를 의미한다.

⑤ Complying presentation means a presentation that is in accordance with the terms and conditions of the credit, the applicable provisions of these rules and URC 522 → international standard banking practice.
일치하는 제시는 신용장 조건, 적용 가능한 범위 내에서의 이 규칙의 규정, 그리고 국제표준은행관행(international standard banking practice)에 따른 제시를 의미한다.

31 선하증권에 관한 법규의 통일을 위한 국제협약(Hague Rules, 1924)에 관한 내용으로 옳지 않은 것은?

① Non-signatory States may accede to the present Convention whether or not they have been represented at the International Conference at Hague.

② The provisions of these Rules shall not affect the rights and obligations of the carrier under any statute for the time being in force relating to the limitation of the liability of owners of sea-going vessels.

③ The monetary units mentioned in this Convention are to be taken to be gold value.

④ The provisions of this Convention shall apply to all bills of lading issued in any of the contracting States.

⑤ The provisions of this Convention shall not be applicable to charter parties, but if bills of lading are issued in the case of a ship under a charter party they shall comply with the terms of this Convention.

정답 30 ① 31 ①

해설

선하증권에 관한 법규의 통일을 위한 국제협약(Hague Rules, 1924)

① Non-signatory States may accede to the present Convention whether or not they have been represented at the International Conference at Hague → Brussels(제12조).
비서명 국가는 브뤼셀(Brussels) 국제협의회에 대표를 파견하였는지 여부와 관계없이 이 협약에 가입할 수 있다.

② 이 규칙(협약)의 제 규정은 항해선박 선주의 책임을 제한하는 데 규정되는 현행법상의 운송인의 권리와 의무에 영향을 미치지 않는다(제8조).

※ 규칙 원문에서는 'these Rules'라고 되어 있어 문제의 'this Convention'과는 표현이 다르다. 그러나 헤이그규칙(Hague Rules)의 정식 명칭이 선하증권에 관한 법규의 통일을 위한 국제협약(International Convention for the Unification of Certain Rules of Law relating to Bills of Lading)이므로 옳은 내용으로 볼 수 있다.

③ 이 협약에서 언급되는 화폐단위는 금본위 가액으로 한다(제9조).

④ 이 협약의 규정은 어느 체약국에서나 발행되는 모든 선하증권에 적용된다(제10조).

⑤ 이 협약의 규정은 용선계약에는 적용되지 않지만, 용선계약에서도 선하증권이 발행되는 경우에는 이러한 선하증권은 이 협약의 규정에 따른다(제5조).

32 선하증권에 관한 법규의 통일을 위한 국제협약(Hague Rules, 1924) 제5조에 관한 내용이다. (　　)에 들어갈 용어를 순서대로 옳게 나열한 것은?

> A carrier shall be at liberty to (　　) in whole or in part all or any of his rights and immunities or to (　　) any of his responsibilities and (　　) under this Convention, provided such surrender or increase shall be (　　) in the bill of lading issued to the shipper.

① increase – decrease – obligations – mentioned
② increase – increase – liability – embodied
③ surrender – increase – liability – mentioned
④ surrender – decrease – obligations – embodied
⑤ surrender – increase – obligations – embodied

해설

선하증권에 관한 법규의 통일을 위한 국제협약(Hague Rules, 1924) 제5조
운송인은 이 협약에 규정된 권리와 면책의 전부 또는 일부를 포기하거나(surrender) 책임과 의무(obligations)를 증가시킬(increase) 수 있다. 다만, 이러한 포기나 증가는 송하인에게 교부한 선하증권에 기재되어(embodied) 있어야 한다.

32 ⑤ 정답

33 몬트리올협약(Montreal Convention, 1999) 제5조에 관한 내용이다. (   )에 들어갈 용어를 순서대로 옳게 나열한 것은?

> The air waybill or the cargo receipt shall include :
> (a) an indication of the places of departure and destination;
> (b) if the places of (   ) and (   ) are within the territory of a single State Party, one or more agreed (   ) places being within the territory of another State, an indication of at least one such (   ) place; and
> (c) an indication of the (   ) of the consignment.

① departure – destination – starting – arriving – weight
② departure – destination – stopping – stopping – weight
③ leaving – destination – starting – starting – volume
④ leaving – arriving – stopping – stopping – volume
⑤ leaving – arriving – starting – starting – weight

해설

몬트리올협약(Montreal Convention, 1999) 제5조 : 항공운송장 또는 화물수령증의 기재사항
항공화물운송장 또는 화물수령증에는 다음의 사항을 기재해야 한다.
(a) 출발지 및 도착지의 표시
(b) 출발지(departure) 및 도착지(destination)가 단일 당사국 영역 내에 존재하는 경우, 하나 또는 그 이상의 예정 기항지(stopping)가 타 국가의 영역 내에 존재하는 경우에는 그러한 예정 기항지(stopping)의 최소한 한 곳의 표시
(c) 화물의 중량(weight) 표시

34 협회적하약관(Institute Cargo Clauses, 2009) ICC(C) 제2조에 관한 내용이다. (   )에 들어갈 용어로 옳은 것은?

> This insurance covers (ㄱ) and salvage charges, (ㄴ) or determined according to the contract of (ㄷ) and/or the (ㄹ) and practice, incurred to avoid or in connection with the (ㅁ) of loss from any cause except those excluded in Clauses 4, 5, 6 and 7 below.

① ㄱ – particular average
② ㄴ – estimated
③ ㄷ – insurance
④ ㄹ – governing rule
⑤ ㅁ – avoidance

정답 33 ② 34 ⑤

해설

이 보험은 다음의 제4조, 제5조, 제6조 및 제7조 또는 이 보험의 다른 곳에서 규정하고 있는 면책사유를 제외하고 어떠한 원인으로부터의 손해를 회피하기 위하여 또는 (ㅁ) 회피와 관련하여 발생한 (ㄱ) 공동해손(general average)과 구조비를 보상하며, 공동해손 및 구조비는 해상 (ㄷ) 운송(carriage) 계약 및/또는 (ㄹ) 준거법(governing law)이나 관례에 따라 (ㄴ) 정산되거나(adjusted) 결정된다.

35 몬트리올협약(Montreal Convention, 1999) 제3조, 제4조에 관한 내용으로 옳지 않은 것은?

① In respect of carriage of passengers, an individual or collective document of carriage shall be delivered containing an indication of the places of departure and destination.

② The carrier shall deliver to the passenger a baggage identification tag for each piece of checked baggage.

③ The passenger shall be given written notice to the effect that where this Convention is applicable it governs and may limit the liability of carriers in respect of death or injury and for destruction or loss of, or damage to, baggage, and for delay.

④ In respect of the carriage of cargo, an air waybill shall be delivered.

⑤ Any other means which preserves a record of the carriage to be performed must be substituted for the delivery of an air waybill.

해설

⑤ Any other means which preserves a record of the carriage to be performed must → may be substituted for the delivery of an air waybill(제4조 2항).
운송에 관한 기록을 보존하는 다른 수단도 항공화물운송장의 교부를 대체할 수 있다(may).
① 승객의 운송에 관하여는 출발지 및 도착지의 표시를 포함한 개인용 또는 단체용 운송증권을 교부한다(제3조 제1항 a).
② 운송인은 개개의 위탁수화물에 대한 수화물 식별표를 승객에게 교부한다(제3조 제3항).
③ 운송인은 이 협약이 적용가능한 경우 승객의 사망 또는 부상 및 수하물의 파손, 분실 또는 손상 및 지연에 대한 운송인의 책임을 이 협약이 규정하고 제한할 수 있음을 승객에게 서면으로 통지한다(제3조 제4항).
④ 화물 운송의 경우, 항공화물운송장이 교부된다(제4조 제1항).

35 ⑤ 정답

36 해상화물운송장에 관한 CMI 통일규칙(CMI Uniform Rules for Sea Waybills, 1990)에 관한 내용으로 옳지 않은 것은?

① They shall apply when adopted by a contract of carriage which is not covered by a bill of lading or similar document of title, whether the contract be in writing or not.

② This rule shall not apply if, and only if, it be necessary by the law applicable to the contract of carriage so as to enable the consignee to sue and be sued thereon.

③ The carrier shall deliver the goods to the consignee upon production of proper identification.

④ The carrier shall be under no liability for wrong delivery if he can prove that he has exercised reasonable care to ascertain that the party claiming to be the consignee is in fact that party.

⑤ The shipper warrants the accuracy of the particulars furnished by him relating to the goods, and shall indemnify the carrier against any loss, damage or expense resulting from any inaccuracy.

해설

② This rule shall not apply → shall apply if, and only if, it be necessary by the law applicable to the contract of carriage so as to enable the consignee to sue and be sued thereon(제3조 ii).
이 규칙은 수하인이 고소하거나 피소된 경우에 운송계약에 적용가능한 법률에 따라 필요한 경우에 한해 적용된다(shall apply).

① 규칙은 서면계약 여부를 불문하고 선하증권 또는 유사 권리증권이 적용되지 않는 운송계약이 이루어진 경우 적용된다(제1조 ii).

③ 운송인은 수하인이 적절한 신원증명을 보여준 경우 수하인에게 물품을 인도한다(제7조 i).

④ 수하인이라고 주장하는 자가 실제로 해당 수하인이라는 사실을 확인하는 데 운송인이 상당한 주의를 행사했다는 것을 증명할 수 있다면 운송인은 오배송으로 인한 책임이 면제된다(제7조 ii).

⑤ 송하인은 물품과 관련하여 자신이 제공한 세부 사항의 정확성을 보증하며, 부정확한 내용에 따라 발생한 멸실, 손상 또는 경비에 대해 운송인에게 보상한다(제5조 i).

37 해상화물운송장에 관한 CMI 통일규칙(CMI Uniform Rules for Sea Waybills, 1990)에 관한 내용으로 옳은 것은?

① "Contract of carriage" shall mean any goods carried or received for carriage under a contract of carriage.

② The shipper shall have the option, to be exercised not later than the receipt of the goods by the carrier, to transfer the right of control to the consignee.

③ "Right of Control" shall mean any contract of carriage subject to these Rules which is to be performed wholly or partly by sea.

④ "Agency" shall mean the rights and obligations referred to in rule 6.

⑤ The insured on entering into the contract of insurance does so not only on his own behalf but also as agent for and on behalf of the consignee, and warrants to the insurer that he has authority so to do.

정답 36 ② 37 ②

해설

① "Contract of carriage → Goods" shall mean any goods carried or received for carriage under a contract of carriage(제2조).
"물품(Goods)"은 운송계약 하에서 운송 또는 운송을 위해 수취한 모든 물품을 의미한다.

③ "Right of Control → Contract of carriage" shall mean any contract of carriage subject to these Rules which is to be performed wholly or partly by sea(제2조).
"운송계약(Contract of carriage)"은 이 규칙에 따라 계약의 전부 또는 일부가 해상에서 수행되어야 하는 운송계약을 의미한다.

④ "Agency → Right of Control" shall mean the rights and obligations referred to in rule 6(제2조).
"운송물처분권(Right of Control)"은 제6조에서 언급된 권리와 의무를 의미한다.

⑤ The insured → shipper on entering into the contract of insurance → carriage does so not only on his own behalf but also as agent for and on behalf of the consignee, and warrants to the insurer → carrier that he has authority so to do(제3조 i).
운송(carriage)계약을 체결하는 송하인(shipper)은 자신뿐만 아니라 수취인의 대리자로서 그를 대신하여서 그렇게 하고, 운송인(carrier)에게 그렇게 할 권한이 있음을 보증한다.

38 **영국해상보험법(MIA, 1906) 제35조에 관한 내용이다. (　　)에 들어갈 용어를 순서대로 옳게 나열한 것은?**

- An express warranty may be in any form of (　) from which the intention to warrant is to be inferred.
- An express warranty must be included in, or written upon, the policy, or must be contained in some (　) incorporated by reference into the policy.
- An express warranty does not (　) a/an (　) warranty, unless it be inconsistent therewith.

① document － document － include － implied
② document － words － include － neutral
③ words － document － exclude － implied
④ words － words － exclude － neutral
⑤ words － document － include － neutral

해설

영국해상보험법(MIA, 1906) 제35조 : 명시담보
- 명시담보는 담보하려는 의사가 추정될 수 있는 것이면 어떠한 형태의 어구(words)를 사용하여도 무방하다.
- 명시담보는 반드시 보험증권에 포함되거나 기재되거나, 또는 보험증권 내의 언급에 의해 보험증권의 일부인 서류(document)에 포함되어 있어야 한다.
- 명시담보는, 그것이 묵시담보와 저촉되지 않는 한, 묵시(implied)담보를 배제하지(exclude) 않는다.

38 ③ 정답

39 영국해상보험법(MIA, 1906) 제56조에 관한 내용이다. (　　)에 들어갈 용어를 순서대로 옳게 나열한 것은?

- A loss may be either total or partial. Any loss other than a total loss, as hereinafter defined, is a (　　) loss.
- A total loss may be either a/an (　　) total loss, or a constructive total loss.
- Unless a different intention appears from the terms of the policy, an insurance against total loss includes a/an (　　) as well as an actual total loss.
- Where the assured brings an action for a total loss and the evidence proves only a partial loss, he may, unless the policy otherwise provides, recover for a (　　) loss.

① partial − actual − constructive − partial

② partial − constructive − actual − partial

③ partial − actual − constructive − total

④ total − constructive − actual − partial

⑤ total − constructive − actual − total

해설

영국해상보험법(MIA, 1906) 제56조 : 분손과 전손

- 손해는 전손이거나 분손인 경우도 있다. 다음에 정의되는 전손 이외의 손해는 분손(partial loss)이다.
- 전손은 현실(actual)전손이거나 추정전손인 경우도 있다.
- 보험증권의 조건에 다른 의도가 표시되어 있는 경우를 제외하고, 전손에 대한 보험은 현실전손뿐 아니라 추정(constructive) 전손도 포함한다.
- 피보험자가 전손보험금 청구 소송을 제기한 경우에 오직 분손에 대해서만 증거가 입증되는 때에는, 보험증권에 별도로 규정하고 있는 경우를 제외하고 피보험자는 분손(partial loss)에 대한 보험금을 받을 수 있다.

정답 39 ①

40 Incoterms® 2020상 CPT 규칙에 관한 내용으로 옳은 것을 모두 고른 것은?

ㄱ. The seller must pay all costs relating to the goods until they have been delivered in accordance with A2, other than those payable by the buyer under B9.
ㄴ. The seller must pay the freight and all other costs resulting from A4, including the costs of loading the goods on board and transport-related security costs.
ㄷ. The seller must pay any charges for unloading at the agreed place of destination but only if those charges were for the seller's account under the contract of carriage.
ㄹ. The buyer may pay the costs of transit, unless such costs were for the seller's account under the contract of carriage.

① ㄱ, ㄴ
② ㄱ, ㄷ
③ ㄴ, ㄷ
④ ㄴ, ㄹ
⑤ ㄷ, ㄹ

해설

ㄴ. The seller must pay the freight → transport and all other costs resulting from A4, including the costs of loading the goods (on board) and transport-related security costs[매도인의 의무 A9(비용분담) b].
매도인은 물품 적재(loading the goods on board) 비용과 운송 관련 보안 비용을 포함하여, A4로부터 비롯하는 운송(transport)비용 및 그 밖의 모든 비용을 부담하여야 한다.

ㄹ. The buyer may → must pay the costs of transit, unless such costs were for the seller's account under the contract of carriage[매수인의 의무 B9(비용분담) b].
매수인은 통과비용을 부담하여야 한다(must). 다만, 그러한 비용이 운송계약상 매도인이 부담하는 것으로 된 경우에는 그러하지 아니하다.

40 ② 정답

제2과목

2024 무역영어

1교시 응시시간 : 80분 과목당 문항 수 : 40문항

01 다음 내용에 해당하는 용어는?

> In international transportation, it is a charge for the failure to remove cargo from a terminal within the allowed free time. It is also a charge for the failure to load or unload a ship within the allowed period. It is money paid to the shipowner in compensation for delay of a vessel beyond the period allowed in a charter party when loading or discharging.

① Despatch Money
② Demurrage
③ Wharfage
④ Port Congestion Surcharge
⑤ Detention

해설

체선료(Demurrage)
국제운송에 있어서, 허용된 무료장치기간(free time) 내에 터미널에서 화물을 반출하지 못한 것에 대한 요금이다. 허용된 기간 내에 선적하거나 하역하지 못한 것에 대한 요금이기도 하다. 선적하거나 하역할 때 용선계약에서 허용된 기간을 초과하여 선박의 지연에 대한 보상으로 선주에게 지급하는 금전이다.
① 조출료(Despatch Money)
③ 부두사용료(Wharfage)
④ 체선할증료(Port Congestion Surcharge)
⑤ 지체료(Detention)

02 협회적하약관(Institute Cargo Clauses, 2009) ICC(A) 제11조, 제12조, 제13조, 제14조에 관한 내용으로 옳은 것은?

① In order to recover under this insurance, the Assured must not have an insurable interest in the subject-matter insured at the time of the loss.

② Where this insurance is on Increased Value, in the event of claim the Assured must not provide the Insurers with evidence of the amounts insured under all other insurances.

③ Where, as a result of the operation of a risk covered by this insurance, the insured transit is terminated at a port or place other than that to which the subject-matter insured is covered under this insurance, the Insurers will reimburse the Assured for any extra charges properly and reasonably incurred in unloading storing and forwarding the subject-matter insured to the destination to which it is insured.

④ If any Increased Value insurance is effected by the Assured on the subject-matter insured under this insurance the agreed value of the subject-matter insured shall not be deemed to be increased to the total amount insured under this insurance.

⑤ Claim for Constructive Total Loss shall be recoverable hereunder unless the subject-matter insured is reasonably abandoned either on account of its actual total loss appearing to be unavoidable or because the cost of recovering, reconditioning and forwarding the subject-matter insured to the destination to which it is insured would exceed its value on arrival.

해설

③ 이 보험에서 담보되는 위험의 발생결과로 인하여 피보험운송이 이 보험에서 담보되는 피보험 목적물의 목적지 이외의 항구 또는 장소에서 종료되는 경우에는, 보험자는 피보험자에 대하여 피보험 목적물을 양하하고, 보관하고, 이 보험증권에 기재된 목적지까지 계반하기 위하여 적절히 합리적으로 지출한 추가비용을 보상한다[ICC(A) 제12조].

① In order to recover under this insurance, the Assured must not have → must have an insurable interest in the subject-matter insured at the time of the loss[ICC(A) 제11조 제1항].

② Where this insurance is on Increased Value, in the event of claim the Assured must not provide → shall provide the Insurers with evidence of the amounts insured under all other insurances[ICC(A) 제14조 제2항].

④ If any Increased Value insurance is effected by the Assured on the subject-matter insured under this insurance the agreed value of the subject-matter insured shall not be deemed → shall be deemed to be increased to the total amount insured under this insurance[ICC(A) 제14조 제1항].

⑤ Claim → No claim for Constructive Total Loss shall be recoverable hereunder unless the subject-matter insured is reasonably abandoned either on account of its actual total loss appearing to be unavoidable or because the cost of recovering, reconditioning and forwarding the subject-matter insured to the destination to which it is insured would exceed its value on arrival[ICC(A) 제13조].

02 ③ 정답

03 협회적하약관(Institute Cargo Clauses, 2009) ICC(A)의 담보위험으로 옳지 않은 것은?

① vessel or craft being stranded grounded sunk or capsized

② collision or contact of vessel craft or conveyance with any external object other than water

③ entry of sea lake or river water into vessel craft hold conveyance container or place of storage

④ the use of device employing atomic or nuclear fission

⑤ discharge of cargo at a port of distress

해설

④ ICC(A)의 제4.7조에 명시된 면책위험에 해당하는 내용이므로 담보위험에 포함되지 않는다.

04 해상화물운송장에 관한 CMI 통일규칙(CMI Uniform Rules for Sea Waybills, 1990)에 관한 내용으로 옳은 것을 모두 고른 것은?

ㄱ. The shipper warrants the accuracy of the particulars furnished by him relating to the goods, and shall indemnify the carrier against any loss, damage or expense resulting from any inaccuracy.

ㄴ. In the presence of reservation by the carrier, any statement in a sea waybill or similar document as to the quantity or condition of the goods shall as between the carrier and the shipper be prima facie evidence of receipt of the goods as so stated.

ㄷ. The carrier shall be under no liability for wrong delivery if he can prove that he has exercised reasonable care to ascertain that the party claiming to be the consignee is in fact that party.

ㄹ. The contract of carriage shall be subject to any International Convention or National Law which is, or if the contract of carriage had been covered by a bill of lading or similar document of title would have been, compulsorily applicable thereto.

① ㄱ, ㄴ

② ㄱ, ㄴ, ㄷ

③ ㄱ, ㄷ, ㄹ

④ ㄴ, ㄷ, ㄹ

⑤ ㄱ, ㄴ, ㄷ, ㄹ

해설

ㄴ. In the presence → absence of reservation by the carrier, any statement in a sea waybill or similar document as to the quantity or condition of the goods shall as between the carrier and the shipper be prima facie evidence of receipt of the goods as so stated(제5조 ii).
운송인에 의한 유보의 부재(absence) 시 물품의 수량 또는 상태에 관한 해상화물운송장 또는 유사증권의 모든 기재는 운송인과 송하인 간에 기재된 대로 물품수령의 추정증거가 된다.

ㄱ. 송하인은 물품과 관련하여 자신이 제공한 세부 사항의 정확성을 보증하며, 부정확한 내용에 따라 발생한 멸실, 손상 또는 경비에 대해 운송인에게 보상한다(제5조 i).

ㄷ. 수하인이라고 주장하는 자가 실제로 해당 수하인이라는 사실을 확인하는 데 운송인이 상당한 주의를 행사했다는 것을 증명할 수 있다면 운송인은 오배송으로 인한 책임이 면제된다(제7조 ii).

ㄹ. 운송계약은 모든 국제협약 또는 강제적으로 적용되는 본국법을 적용하며 운송계약에 선하증권 또는 유사 권리증권이 적용되는 경우 그에 따라 의무적으로 적용하는 본국법의 적용 대상이 된다(제4조 i).

정답 03 ④ 04 ③

05 협회적하약관(Institute Cargo Clauses, 2009) ICC(B)에 관한 내용이다. ( )에 들어갈 용어로 옳은 것은?

> Measures taken by the Assured or the Insurers with the object of saving, protecting or recovering the subject-matter insured shall not be considered as a ( ) or acceptance of abandonment or otherwise prejudice the rights of either party.

① waiver
② delay
③ duty of assured
④ constructive total loss
⑤ termination

해설

협회적하약관(Institute Cargo Clauses, 2009) ICC(B) 제17조(포기약관)
보험의 목적을 구하거나, 보호하거나 또는 회복하기 위하여 피보험자 또는 보험자가 취한 조치는 위부의 포기(waiver) 또는 승낙으로 보지 않으며, 또는 그 밖에 각 당사자의 권리를 침해하지도 않는다.

06 몬트리올협약(Montreal Convention, 1999) 제1조에 관한 내용으로 옳지 않은 것은?

① This convention applies to all international carriage of persons, baggage or cargo performed by aircraft for reward.
② This convention applies equally to gratuitous carriage by aircraft performed by an air transport undertaking.
③ Carriage between two points within the territory of a single State Party without an agreed stopping place within the territory of another State is international carriage for the purposes of this Convention.
④ A carriage to be performed by several successive carriers is deemed, for the purposes of this Convention, to be one undivided carriage if it has been regarded by the parties as a single operation, whether it had been agreed upon under the form of a single contract or of a series of contracts.
⑤ The expression international carriage means any carriage in which, according to the agreement between the parties, the place of departure and the place of destination, whether or not there be a break in the carriage or a transhipment, are situated either within the territories of two States Parties, or within the territory of a single State Party if there is an agreed stopping place within the territory of another State, even if that State is not a State Party.

05 ① 06 ③ 정답

해설

③ Carriage between two points within the territory of a single State Party without an agreed stopping place within the territory of another State is → is not international carriage for the purposes of this Convention(제2항).
단일의 당사국 영역 내의 두 지점 간 수행하는 운송으로서 타 국가의 영역 내에 합의된 예정 기항지가 존재하지 않는 것은 이 협약의 목적상 국제운송이 아니다.
① 이 협약은 항공기에 의해 유상으로 수행되는 승객·수하물 또는 화물의 모든 국제운송에 적용된다(제1항).
② 이 협약은 항공운송기업이 항공기에 의해 무상으로 수행되는 운송에도 동일하게 적용된다(제1항).
④ 2인 이상의 운송인이 연속적으로 수행하는 운송은 이 협약의 목적상 당사자가 단일의 취급을 한 때에는 단일의 계약형식 또는 일련의 계약형식으로 합의하였는지 여부를 불문하고 하나의 불가분의 운송이라고 간주된다(제3항).
⑤ 국제운송은 운송의 중단 또는 환적이 있는지 여부를 불문하고 당사자 간 합의에 따라 출발지와 도착지가 두 개의 당사국의 영역 내에 있는 운송, 또는 출발지와 도착지가 단일의 당사국 영역 내에 있는 운송으로서 합의된 예정 기항지가 타 국가의 영역 내에 존재하는 운송을 말한다. 이때 예정 기항지가 존재한 타 국가가 이 협약의 당사국인지 여부는 불문한다(제2항).

07 계약의 성립에 관한 내용이다. (   )에 들어갈 용어로 옳은 것은?

A proposal other than one addressed to one or more specific persons is to be considered merely as a(n) (   ), unless the contrary is clearly indicated by the person making the proposal.

① invitation to make offers
② acceptance
③ firm offer
④ cross offer
⑤ counter offer

해설

국제물품매매계약에 관한 유엔협약(CISG, 1980) 제14조(청약의 기준) 제2항
1인 또는 그 이상의 특정인에 대한 제의를 제외한 불특정 다수인 자에 대한 제의는 제안자가 다른 의사를 명확히 표시하지 않는 한, 단지 청약의 유인(invitation to make offers)으로 본다.

정답 07 ①

08 해상화물운송장에 관한 CMI 통일규칙(CMI Uniform Rules for Sea Waybills, 1990)에 관한 내용으로 옳은 것은?

① They shall apply when adopted by a contract of carriage which is covered by a bill of lading or similar document of title, whether the contract be in writing or not.

② Goods shall mean goods received for storage under a contract of carriage.

③ The consignee on entering into the contract of carriage does so not only on his own behalf but also as agent for and on behalf of the shipper, and warrants to the carrier that he has authority so to do.

④ Contract of carriage shall mean only contract of carriage subject to these Rules which is to be performed wholly by air.

⑤ The consignee shall be under no greater liability than he would have been had the contract of carriage been covered by a bill of lading or similar document of title.

해설

⑤ 수하인은 자신이 선하증권 또는 유사 권리증권에 따른 운송계약을 체결했을 때보다 더 큰 책임하에 있을 수 없다(제3조 ii).

① They shall apply when adopted by a contract of carriage which is covered → is not covered by a bill of lading or similar document of title, whether the contract be in writing or not(제1조 ii).
규칙은 서면계약 여부를 불문하고 선하증권 또는 유사 권리증권이 적용되지 않는(is not covered) 운송계약이 이루어진 경우 적용된다.

② "Goods" shall mean any goods received for storage → carried or received for carriage under a contract of carriage(제2조).
"물품"은 운송계약 하에서 운송 또는 운송을 위해 수취한(carried or received for carriage) 모든 물품을 의미한다.

③ The consignee → The shipper on entering into the contract of carriage does so not only on his own behalf but also as agent for and on behalf of the consignee, and warrants to the carrier that he has authority so to do(제3조 i).
운송계약을 체결한 송하인(The shipper)은 자신의 책임뿐만 아니라 대리인으로서, 그리고 수하인을 대신하여 이행한다. 또한 그러한 그의 권한을 운송인에게 보증한다.

④ "Contract of carriage" shall mean any contract of carriage subject to these Rules which is to be performed wholly or partly by air → by sea(제2조).
"운송계약"은 이 규칙에 따라 계약의 전부 또는 일부가 해상에서(by sea) 수행되어야 하는 운송계약을 의미한다.

08 ⑤ 정답

09 몬트리올협약(Montreal Convention, 1999) 제18조 2항이다. 밑줄 친 the following에 포함되는 것을 모두 고른 것은?

> However, the carrier is not liable if and to the extent it proves that the destruction, or loss of, or damage to, the cargo resulted from one or more of the following :
> ㄱ. inherent defect, quality or vice of that cargo
> ㄴ. defective packing of that cargo performed by a person other than the carrier or its servants or agents
> ㄷ. saving or attempting to save life or property at air
> ㄹ. an act of war or an armed conflict

① ㄱ, ㄴ, ㄷ
② ㄱ, ㄴ, ㄹ
③ ㄱ, ㄷ, ㄹ
④ ㄴ, ㄷ, ㄹ
⑤ ㄱ, ㄴ, ㄷ, ㄹ

해설

몬트리올협약(Montreal Convention, 1999) 제18조 제2항
그러나 운송인은 화물의 파괴, 분실 또는 손상이 다음 중 하나 이상의 사유로 인하여 발생하였다는 것이 입증되었을 때에는 책임을 지지 아니한다.
(a) 화물의 고유한 결함, 성질 또는 불완전(inherent defect, quality or vice of that cargo)
(b) 운송인, 운송인의 고용인 또는 대리인 이외의 자가 수행한 화물의 결함이 있는 포장(defective packing of that cargo performed by a person other than the carrier or its servants or agents)
(c) 전쟁 또는 무력분쟁행위(an act of war or an armed conflict)
(d) 화물의 입출국 또는 통과와 관련하여 행한 공공기관의 행위

2024년 제41회

정답 09 ②

10 화환신용장통일규칙(UCP 600) 제22조 '용선계약 선하증권(Charter Party Bill of Lading)'에 관한 내용이다. (   )에 들어갈 용어로 옳은 것은?

> A bill of lading, however named, containing an indication that it is subject to a charter party, must appear to indicate shipment from the port of loading to the port of discharge stated in the credit. The port of discharge may also be shown as (   ), as stated in the credit.

① the date of shipment and the name of the vessel

② a range of ports or geographical area

③ on board notation

④ intended vessel or similar qualification

⑤ any the name of the carrier

해설

화환신용장통일규칙(UCP 600) 제22조(용선계약선하증권) 제3항
용선계약에 따른다는 표시를 포함하고 있는 선하증권은 그 선하증권의 명칭에 관계없이 신용장에 명기된 적재항에서 양륙항까지의 선적을 표시하고 있어야 한다. 양륙항은 또한 신용장에 명기된 대로 항구의 구역 또는 지리적 지역(a range of ports or geographical area)으로 표시될 수 있다.

11 Incoterms® 2020 소개문(Introduction)에 관한 설명으로 옳지 않은 것은?

① When incorporating a particular Incoterms® 2020 rule into a sale contract, it is necessary to use the trademark symbol.

② In the C rules, the named place indicates the destination to which the seller must organise and pay for the carriage of the goods, which is not, however, the place or port of delivery.

③ In the D rules, the named place is the place of delivery and also the place of destination and the seller must organise carriage to that point.

④ In all Incoterms® rules except the C rules, the named place indicates where the goods are delivered, i.e. where risk transfers from seller to buyer.

⑤ The parties, a judge or an arbitrator need to be able to determine which version of the Incoterms® rules applies to the contract.

10 ② 11 ① 정답

해설

① When incorporating a particular Incoterms® 2020 rule into a sale contract, it is necessary → not necessary to use the trademark symbol.
특정 인코텀즈 2020 규칙을 매매계약에 편입할 때, 상표표지까지 사용할 필요는 없다(제15항).
② C 규칙에서 지정장소는 매도인이 그 운송을 마련하고 비용도 부담하여야 하는 물품 운송의 목적지이지만 인도장소나 인도항구는 아니다(제12항).
③ D 규칙에서 지정장소는 인도장소임과 동시에 목적지이고 매도인은 그 지점까지 운송을 마련하여야 한다(제12항).
④ C 규칙을 제외한 모든 인코텀즈 규칙에서 지정장소는 물품이 어디서 인도되는지, 즉 위험이 어디서 매도인으로부터 매수인으로 이전하는지를 나타낸다(제12항).
⑤ 당사자, 판사 또는 중재인은 어떤 버전의 인코텀즈 규칙을 계약에 적용할 것인지 결정할 수 있어야 한다(제11항).

12 수출절차(Export Procedures) 중 일부 내용이다. (　　)에 들어갈 용어를 순서대로 옳게 나열한 것은?

- Exporter applies for the ship's space to a shipping company with a (　　).
- A Shipping company loads the goods on board the vessel against the tender of a (　　).
- A(n) (　　) is returned after it has been stamped by the Customs Officer on the spot to the effect that the loading had duly been completed.
- After the completion of loading of the cargo, a (　　) is issued.

① Shipping Request – Shipping Order – Export Permit – Bill of Lading
② Shipping Request – Shipping Order – Export Permit – Letter of Indemnity
③ Shipping Request – Shipping Order – Certificate of Origin – Bill of Lading
④ Shipping Order – Shipping Request – Export Permit – Letter of Indemnity
⑤ Shipping Order – Shipping Request – Certificate of Origin – Bill of Lading

해설

- 수출자는 선적 요청서(Shipping Request)와 함께 운송회사에 선복을 신청한다.
- 운송회사는 선적 지시서(Shipping Order)의 제출에 따라 선박에 화물을 선적한다.
- 수출 허가(Export Permit)는 선적이 적법하게 완료되었다는 의미로 세관공무원이 현장에서 도장을 찍은 후 돌려준다.
- 화물의 선적이 완료되고 나면 선하증권(Bill of Lading)이 발행된다.

정답 12 ①

13 외국중재판정의 승인 및 집행에 관한 유엔협약(뉴욕협약, 1958) 제5조에 관한 내용으로 옳지 않은 것은?

① The award has not yet become binding on the parties, or has been set aside or suspended by a competent authority of the country in which, or under the law of which, that award was made.

② The composition of the arbitral authority or the arbitral procedure was not in accordance with the agreement of the parties, or, failing such agreement, was not in accordance with the law of the country where the arbitration took place.

③ The award deals with a difference not contemplated by or not falling within the terms of the submission to arbitration, or it contains decisions on matters beyond the scope of the submission to arbitration, provided that, unless the decisions on matters submitted to arbitration can be separated from those not so submitted, that part of the award which contains decisions on matters submitted to arbitration may be recognized and enforced.

④ The party against whom the award is invoked was not given proper notice of the appointment of the arbitrator or of the arbitration proceedings or was otherwise unable to present his case.

⑤ The parties to the agreement referred to in article II were, under the law applicable to them, under some incapacity, or the said agreement is not valid under the law to which the parties have subjected it or, failing any indication thereon, under the law of the country where the award was made.

해설

승인과 집행의 거부사유[외국중재판정의 승인 및 집행에 관한 유엔협약(뉴욕협약, 1958) 제5조]
판정의 승인과 집행은 그 판정을 불리하게 적용받는 당사자의 청구에 의하여 그 당사자가 판정의 승인 및 집행의 요구를 받은 국가의 권한 있는 기관에게 다음의 사항에 대한 증거를 제출하는 경우에 한하여 거부될 수 있다.

③ The award deals with a difference not contemplated by or not falling within the terms of the submission to arbitration, or it contains decisions on matters beyond the scope of the submission to arbitration, provided that, unless → if the decisions on matters submitted to arbitration can be separated from those not so submitted, that part of the award which contains decisions on matters submitted to arbitration may be recognized and enforced(제1항 c).
판정이 중재부탁의 조항에 규정되어 있지 아니하거나, 그 조항의 범위에 속하지 아니하는 분쟁에 관련된 것이거나, 그 판정이 중재부탁의 범위를 벗어난 사항에 관련된 결정을 포함하는 경우. 다만, 중재에 부탁한 사항에 관련된 결정이 부탁하지 아니한 사항과 분리 가능한 경우에는 중재에 부탁한 사항에 관련된 결정을 포함하는 판정의 부분에 대해서는 승인하고 집행될 수 있다.

① 판정이 당사자에 대한 구속력을 아직 발생케 하지 아니하였거나, 판정이 내려진 국가의 권한 있는 기관 또는 그 국가의 법령에 의하여 취소 또는 정지된 경우(제1항 e)

② 중재기관의 구성이나 중재절차가 당사자 간의 합의와 일치하지 아니하거나, 이러한 합의가 없는 경우에는 중재를 행하는 국가의 법령과 일치하지 아니하는 경우(제1항 d)

④ 판정을 불리하게 적용받는 당사자가 중재인의 선정 또는 중재절차에 관하여 적절한 통고를 받지 아니하였거나 또는 기타 이유에 의하여 이에 응할 수 없었을 경우(제1항 b)

⑤ 제2조에 규정된 합의의 당사자가 그들에게 적용될 법률에 따라 무능력자인 경우나, 당사자들이 준거법으로서 지정한 법령에 따라 또는 이에 관한 지정이 없는 경우에는 판정을 내린 국가의 법령에 따라 앞에서 기술한 합의가 무효인 경우(제1항 a)

13 ③ 정답

14 Incoterms® 2020에서 CIF 규칙에 관한 내용으로 옳은 것을 모두 고른 것은?

ㄱ. The seller must pay transport costs and all other costs resulting from A4, including the costs of loading the goods on board and transport-related security costs.
ㄴ. The seller must pay the costs of insurance resulting from A5.
ㄷ. The buyer must pay the costs of any additional insurance procured at the seller's request under A5 and B5.
ㄹ. The buyer must pay where applicable, duties, taxes and any other costs related to transit or import clearance under B7(b).

① ㄱ, ㄴ
② ㄱ, ㄷ
③ ㄴ, ㄷ
④ ㄴ, ㄹ
⑤ ㄷ, ㄹ

해설

ㄴ. 매도인은 A5로부터 비롯하는 보험비용을 부담하여야 한다[A9(f)].
ㄹ. 매수인은 해당되는 경우에 B7(b)에 따른 통과통관 또는 수입통관에 관한 관세, 세금 및 그 밖의 비용을 부담하여야 한다[B9(f)].
ㄱ. The seller must pay transport costs → the freight and all other costs resulting from A4, including the costs of loading the goods on board and transport-related security costs[A9(b)].
매도인은 물품선적비용(the freight)과 운송관련 보안비용을 포함하여, A4로부터 비롯하는 운임 및 그 밖의 모든 비용을 부담하여야 한다.
ㄷ. The buyer must pay the costs of any additional insurance procured at the seller's → buyer's request under A5 and B5.
매수인은 A5와 B5 하에서 매수인의(buyer's) 요청에 따라 조달된 추가보험에 드는 비용을 부담하여야 한다[B9(d)].

15 Incoterms® 2020 소개문(Introduction) 일부이다. (　　)에 들어갈 용어를 순서대로 옳게 나열한 것은?

> - Incoterms® 2020 rules for a seller under the (　　) either to contract for carriage or to arrange for carriage, that is to say through its own means of transport.
> - In (　　), the relevant carrier is the carrier nominated by the buyer to whom the seller hands over the goods at the place or point agreed in the contract of sale.
> - In (　　) if a seller engages a feeder vessel or barge to take the goods to the vessel engaged by the buyer.
> - (　　) occurs when the goods are placed on board the vessel at the agreed port of shipment.
> - Risk would transfer from seller to buyer in CPT and CIP sales when the goods are handed over to the (　　) carrier.

① C rules – FOB – FCA – Delivery – last
② C rules – FCA – FOB – Carriage – first
③ C rules – FCA – FCA – Carriage – last
④ D rules – FCA – FOB – Delivery – first
⑤ D rules – FOB – FCA – Delivery – first

해설

- 인코텀즈 2020 규칙에서는 D 규칙(D rules)상 매도인이 운송계약을 체결하거나 아니면 운송을 마련하도록, 즉 자신의 운송수단으로 운송하도록 한다(제30조).
- FCA에서 관련운송인은 매수인이 지정한 운송인이고 매도인은 매매계약상 합의된 장소 또는 지점에서 그 운송인에게 물품을 교부한다(제33조).
- FOB에서 매도인이 피더선이나 바지선을 사용하여 물품을 매수인이 사용한 선박에 넘기도록 한 경우를 말한다(제33조).
- 인도(Delivery)는 합의된 선적항에서 물품이 선박에 적재된 때 일어난다(제34조).
- CPT와 CIP 매매에서 위험은 물품이 최초(first)운송인에게 교부되었을 때 매도인으로부터 매수인으로 이전한다(제35조).

15 ④ 정답

16 다음 계약서의 내용에서 (　　)에 들어갈 용어로 옳은 것은?

> The Seller shall not be responsible to the Buyer for any (　　), alleged or otherwise, of patent, utility model, design, trademark or any other industrial property right or copyright, in connection with the products of any Korean patent, utility model, etc.

① Infringement
② Force Majeure
③ Jurisdiction
④ Entire Agreement
⑤ Non-Competition

해설

판매자는 한국의 특허, 실용신안 등의 제품과 관련하여 권리침해(infringement)의 제기 등이 이루어진 특허, 실용신안, 디자인, 상표 또는 그 밖의 산업재산권에 대하여 구매자에게 책임을 지지 않는다.
② 불가항력
③ 재판관할권
④ 완전계약조항
⑤ 경업금지

17 Incoterms® 2020 소개문(Introduction) 일부이다. 사용자를 위한 설명문(Explanatory Notes for Users)에 관한 내용으로 옳은 것은 모두 몇 개인가?

> • These Notes explain when risk transfers.
> • These Notes are intended to help the user accurately and efficiently steer towards the appropriate Incoterms® 2020 rule for a particular transaction.
> • These Notes explain how costs are allocated between seller and buyer.
> • These Notes explain the fundamentals of each Incoterms® 2020 rule.
> • These Notes explain when each Incoterms® 2020 rule should be used.

① 1
② 2
③ 3
④ 4
⑤ 5

해설

사용자를 위한 설명문(Incoterms® 2020 소개문 제77조)에 5가지 항목의 내용이 모두 포함되어 있다.
• 이 설명문은 위험이 언제 이전하는지 설명한다.
• 이 설명문의 목적은 사용자들이 당해 거래에 적합한 인코텀즈 규칙을 정확하고 효율적으로 찾도록 돕는 것이다.
• 이 설명문은 매도인과 매수인 사이 비용분담은 어떠한지 설명한다.
• 이 설명문은 위험이 언제 이전하는지 설명한다.
• 이 설명문은 Incoterms® 2020 규칙이 어떤 경우에 사용되어야 하는지 설명한다.

정답 16 ① 17 ⑤

18 **외국중재판정의 승인 및 집행에 관한 유엔협약(뉴욕협약, 1958) 제15조에 따라 국제연합의 사무총장이 제8조에 규정된 국가에 대하여 통고하는 사항이 아닌 것은?**

① Accessions in accordance with article Ⅸ

② Denunciations and notifications in accordance with article ⅩⅢ

③ The setting aside or suspension of the award in accordance with article Ⅵ

④ Declarations and notifications in accordance with article Ⅰ, Ⅹ and Ⅺ

⑤ Signatures and ratifications in accordance with article Ⅷ

해설

외국중재판정의 승인 및 집행에 관한 유엔협약(뉴욕협약, 1958) 제15조

국제연합의 사무총장은 제8조에 규정된 국가에 대하여 다음의 사항을 통고하여야 한다.

(a) 제8조에 따른 서명 또는 비준(Signatures and ratifications in accordance with article Ⅷ)

(b) 제9조에 따른 가입(Accessions in accordance with article Ⅸ)

(c) 제1조, 제10조 및 제11조에 따른 선언 및 통고(Declarations and notifications in accordance with article Ⅰ, Ⅹ and Ⅺ)

(d) 제12조에 따라 이 협약의 효력이 발생한 날짜(The date upon which this Convention enters into force in accordance with article XII)

(e) 제13조에 따른 폐기 및 통고(Denunciations and notifications in accordance with article ⅩⅢ)

18 ③ 정답

19 Incoterms® 2020에서 CFR 규칙에 관한 내용으로 옳은 것은?

① Carriage and Freight means that the seller delivers the goods to the buyer on board the vessel or procures the goods already so delivered.

② While the contract will always specify a destination port, it must specify the port of shipment, which is where risk transfers to the buyer.

③ The parties are well advised to identify as precisely as possible the point at the named port of destination, as the costs to that point are for the account of the buyer.

④ If the seller incurs costs under its contract of carriage related to unloading at the named place of destination, the seller is not entitled to recover such costs separately from the buyer unless otherwise agreed between the parties.

⑤ The seller has no obligation to clear the goods for import or for transit through third countries, to pay any import duty or to carry out any import customs formalities.

해설

⑤ 매도인은 물품의 수입을 위한 또는 제3국 통과를 위한 통관을 하거나 수입관세를 납부하거나 수입통관절차를 수행할 의무가 없다(사용자를 위한 설명문 제5항).

① Carriage → Cost and Freight means that the seller delivers the goods to the buyer on board the vessel or procures the goods already so delivered(사용자를 위한 설명문 제1항).
운임포함인도(Cost and Freight)는 매도인이 물품을 매수인에게 선박에 적재하는 방식으로 또는 이미 그렇게 인도된 물품을 조달하는 방식으로 인도하는 것을 의미한다.

② While the contract will always specify a destination port, it must → might not specify the port of shipment, which is where risk transfers to the buyer(사용자를 위한 설명문 제5항).
계약에서 항상 목적항을 명시해야 하지만, 위험이 매수인에게 이전하는 장소인 선적항은 명시하지 않을 수도 있다(might not specify).

③ The parties are well advised to identify as precisely as possible the point at the named port of destination, as the costs to that point are for the account of the buyer → the seller(사용자를 위한 설명문 제6항).
당사자들은 지정목적항 내의 지점을 가급적 정확하게 지정하는 것이 좋다. 그 지점까지의 비용을 매도인(the seller)이 부담하기 때문이다.

④ If the seller incurs costs under its contract of carriage related to unloading at the named place → the specified point at the port of destination, the seller is not entitled to recover such costs separately from the buyer unless otherwise agreed between the parties.
If the seller incurs costs under its contract of carriage related to unloading at the specified point at the port of destination, the seller is not entitled to recover such costs separately from the buyer unless otherwise agreed between the parties(사용자를 위한 설명문 제8항).
매도인은 자신의 운송계약상 목적항 내의 명시된 지점(the specified point at the port of destination)에서 양하에 관하여 비용이 발생한 경우에 당사자 간 달리 합의가 되지 않은 한 그러한 비용을 매수인으로부터 별도로 상환받을 권리가 없다.

정답 19 ⑤

20 Incoterms® 2020 소개문(Introduction) 일부이다. 매매계약규칙 및 다른 계약들과의 관계에 관한 내용으로 옳지 않은 것은?

① The Incoterms® rules apply to and govern only certain aspects of the contract of sale.

② A carrier is not bound to issue a transport document complying with the Incoterms® rules.

③ An insurer is bound to issue a policy to the level and in the terms agreed with the party purchasing the insurance, not a policy which complies with the Incoterms® rules.

④ A bank will look only at the documentary requirements in the letter of credit, if any, not at the requirements of the sales contract.

⑤ What the Incoterms® rules say about carriage or transport documents, or what they say about insurance cover, binds the carrier or the insurer or any of the banks involved.

해설

⑤ What the Incoterms® rules say about carriage or transport documents, or what they say about insurance cover, binds → does not bind the carrier or the insurer or any of the banks involved(제40조).
운송과 운송서류에 관한 인코텀즈 규칙의 규정 또는 부보에 관한 규정은 관련된 해당 운송인이나 보험자 또는 어떤 은행도 구속하지 않는다(does not bind).

① 인코텀즈 규칙은 매매계약의 단지 일정한 국면에만 적용되고 이를 규율한다(제38조).

② 운송인은 인코텀즈 규칙과 일치하는 운송서류를 발행할 의무가 없다(제40조).

③ 보험자는 인코텀즈 규칙과 일치하는 보험증권이 아니라 그의 보험을 구매한 자와 합의한 수준 및 조건을 갖춘 보험증권을 발행할 의무가 있다(제40조).

④ 은행은 매매계약조건이 아니라 신용장상의 서류 요건이 있다면 그것만 검토할 것이다(제40조).

21 국제물품매매계약에 관한 유엔협약(CISG, 1980) 제48조에 관한 내용이다. (   )에 들어갈 용어를 순서대로 옳게 나열한 것은?

- If the (   ) requests the (   ) to make known whether he will accept performance and the buyer does not comply with the request within a reasonable time, the (   ) may perform within the time indicated in his request.
- A notice by the (   ) that he will perform within a specified period of time is assumed to include a request, under the preceding paragraph, that the (   ) make known his decision.

① buyer – seller – seller – buyer – seller

② buyer – seller – buyer – seller – buyer

③ seller – buyer – seller – seller – buyer

④ seller – buyer – seller – buyer – seller

⑤ seller – buyer – buyer – seller – buyer

20 ⑤ 21 ③ 정답

해설

- 매도인(seller)이 매수인(buyer)에게 의무이행의 수락 여부를 알려달라고 요구하였으나 매수인이 합리적인 기간 내에 그 요청을 따르지 않는다면, 매도인(seller)은 그 요청에 명시된 기간 내에 의무를 이행할 수 있다(제2항).
- 특정 기간 내에 이행하겠다는 매도인(seller)의 통지는 전항의 규정에 따라 매수인(buyer)이 승낙 여부에 대한 결정을 알려야 한다는 요청을 포함하고 있는 것으로 추정한다(제3항).

22 국제물품매매계약에 관한 유엔협약(CISG, 1980) 제20조, 제21조, 제22조에 관한 내용으로 옳지 않은 것은?

① A period of time of acceptance fixed by the offeree in a telegram or a letter begins to run from the moment the telegram is handed in for dispatch or from the date shown on the letter or, if no such date is shown, from the date shown on the envelope.

② A period of time for acceptance fixed by the offeror by telephone, telex or other means of instantaneous communication, begins to run from the moment that the offer reaches the offeree.

③ If a notice of acceptance cannot be delivered at the address of the offeror on the last day of the period because that day falls on an official holiday or a non-business day at the place of business of the offeror, the period is extended until the first business day which follows.

④ A late acceptance is nevertheless effective as an acceptance if without delay the offeror orally so informs the offeree or dispatches a notice to that effect.

⑤ An acceptance may be withdrawn if the withdrawal reaches the offeror before or at the same time as the acceptance would have become effective.

해설

① A period of time of acceptance fixed by the offeree → offeror in a telegram or a letter begins to run from the moment the telegram is handed in for dispatch or from the date shown on the letter or, if no such date is shown, from the date shown on the envelope(제20조 제1항).
청약자(offeror)가 전보나 서신에 지정한 승낙 기간은 발신을 위하여 전보가 교부된 때나 서신에 표시된 일자로부터 또는 그러한 일자가 표시되지 않은 경우 봉투에 표시된 일자로부터 기산된다.

② 청약자가 전화, 텔렉스 또는 기타 동시적인 통신수단을 통해 지정한 승낙 기간은 청약이 피청약자에게 도달한 시점으로부터 기산된다(제20조 제1항).

③ 승낙기간의 마지막 날이 청약자의 영업소 소재지의 공휴일 또는 비영업일에 해당하여 승낙 통지가 승낙기간의 마지막 날에 청약자에게 전달될 수 없는 경우 승낙기간은 그 다음 영업일까지 연장된다(제20조 제2항).

④ 지연된 승낙은 청약자가 피청약자에게 청약이 유효하다는 취지를 지체 없이 구두로 통지하거나 그러한 취지의 통지를 발송한 경우에는, 지연되었음에도 불구하고 승낙으로서 효력을 갖는다(제21조 제1항).

⑤ 철회가 승낙의 효력발생 전 또는 효력발생과 동시에 청약자에게 도달하는 경우에는 승낙을 철회할 수 있다(제22조).

정답 22 ①

23 국제물품매매계약에 관한 유엔협약(CISG, 1980) 제34조에 관한 내용이다. 밑줄 친 부분 중 옳지 않은 것은?

> If the seller is bound to hand over documents relating to the goods, he ㉠ must hand them over at the time and place and in the form required by the contract. If the seller has handed over documents ㉡ before that time, he ㉢ may, up to that time, cure any lack of conformity in the documents, if ㉣ the exercise of this right does not cause the buyer unreasonable inconvenience or unreasonable expense. However, the buyer retains any right to claim ㉤ specific performance as provided for in this Convention.

① ㉠
② ㉡
③ ㉢
④ ㉣
⑤ ㉤

해설

물품에 관한 서류[국제물품매매계약에 관한 유엔협약(CISG, 1980) 제34조]
매도인이 물품 관련 서류를 넘겨야 할 의무가 있는 경우에, 매도인은 계약서에서 요구된 시기, 장소 및 형식으로 ㉠ 서류를 넘겨주어야 한다. 매도인이 ㉡ 지정시기 이전에 서류를 넘겨준 경우, 매도인은 ㉣ 이러한 권리 행사가 매수인에게 불합리한 불편이나 비용을 야기하지 않는 한, 지정시기까지 서류상의 결함을 보완 ㉢ 할 수 있다. 그러나 매수인은 이 협약에서 규정된 대로 모든 ㉤ 손해(damages)배상청구권을 보유한다.

24 국제물품매매계약에 관한 유엔협약(CISG, 1980) 제36조에 관한 내용이다. ( )에 들어갈 용어를 순서대로 옳게 나열한 것은?

> The seller is also liable for any lack of conformity which occurs after the time indicated in the preceding paragraph and which is due to a breach of any of his obligations, including a breach of any ( ) that for a period of time the goods will remain fit for their ( ) purpose or for some particular purpose or will retain specified ( ) or characteristics.

① guarantee – ordinary – qualities
② guarantee – definite – quantities
③ warranty – definite – qualities
④ warranty – ordinary – quantities
⑤ duty – ordinary – quantities

해설

일치성의 결정시점[국제물품매매계약에 관한 유엔협약(CISG, 1980) 제36조 제2항]
매도인은 전항에서 규정된 때보다 이후에 발생한 어떠한 불일치에 관해서도 그것이 매도인의 의무위반에 기인하고 있는 경우에는 이에 책임을 진다. 그러한 의무위반에는 일정기간 동안 물품이 통상적인(ordinary) 목적 또는 특정 목적에 적합성을 유지할 것이라는 보증의 위반 또는 특정 품질(qualities)이나 특질을 보유할 것이라는 보증(guarantee)의 위반도 포함된다.

23 ⑤ 24 ① 정답

25 무역계약서의 일부이다. 다음 내용이 설명하는 계약 조항으로 옳은 것은?

> If any one or more of the provisions contained in this agreement shall be declared invalid, illegal or unenforceable in any respect under any applicable law, the validity and legality of the remaining provisons contained herein shall in no event be affected or impaired, and such case the parties hereto shall reach the intended purpose of the invalid provision by a new, valid and legal stipulation.

① Product Release Clause
② Severability Clause
③ Escalation Clause
④ Consideration Clause
⑤ Frustration Clause

해설

분리가능조항(Severability Clause)
본 계약에 포함된 조항 중 하나 이상이 해당 법률에 따라 무효, 위법 또는 집행 불가능한 조항으로 선언될 경우, 본 계약에 포함된 나머지 조항의 유효성과 적법성은 영향을 받거나 손상되지 않는다. 그리고 이러한 경우 당사자는 새롭고, 유효하며, 법적인 규정에 의하여 무효 조항의 의도된 목적에 도달하여야 한다.
① 전매조항(Product Release Clause)
③ 물가연동조항(Escalation Clause)
④ 약인조항(Consideration Clause)
⑤ 계약목적달성불능조항(Frustration Clause)

2024년 제41회

26 국제물품매매계약에 관한 유엔협약(CISG, 1980) 제86조에 관한 내용으로 옳은 것을 모두 고른 것은?

> If goods dispatched to the buyer have been placed ㉠ <u>at seller's disposal</u> at their destination and he exercises ㉡ <u>the right to reject them</u>, he must take possession of them on behalf of the seller, provided that this can be done ㉢ <u>with payment of the price</u> and without unreasonable inconvenience or unreasonable expense. This provision does not apply if ㉣ <u>the seller</u> or a person authorized to take charge of the goods on his behalf is present at the destination. If ㉤ <u>the seller</u> takes possession of the goods under this paragraph, his rights and obligations are governed by the preceding paragraph.

① ㉠, ㉣
② ㉠, ㉤
③ ㉡, ㉢
④ ㉡, ㉣
⑤ ㉢, ㉤

정답 25 ② 26 ④

해설

매수인의 보존의무[국제물품매매계약에 관한 유엔협약(CISG, 1980) 제86조 제2항]
매수인 앞으로 발송된 물품이 목적지에서 ㉠ 매수인의 임의처분 하에(at his disposal) 놓인 경우 매수인이 ㉡ 물품 거부권을 행사할 때, 매수인은 매도인을 대신하여 물품을 점유하여야 한다. 다만 이것은 대금지급 없이, 불합리한 불편이나 ㉢ 비용이 없이(without payment of the price) 행하여질 수 있는 경우에 한한다. 이 규정은 ㉣ 매도인이나 매도인을 대신하여 물품 관리를 수권받은 자가 목적지에 있는 경우에는 적용되지 아니한다. 만약 ㉤ 매수인(the buyer)이 본 조항의 규정에 따라 물품을 점유할 경우 매수인의 권리와 의무에 대해서는 전항의 규정을 적용한다.

27 영국해상보험법(MIA, 1906) 제45조, 제46조, 제47조에 관한 내용으로 옳지 않은 것은?

① Where, after the commencement of the risk, the destination of the ship is voluntarily changed from the destination contemplated by the policy, there is said to be a change of voyage.

② Unless the policy otherwise provides, where there is a change of voyage, the insurer is discharged from liability as from the time of change, that is to say, as from the time when the determination to change it is manifested.

③ Where a ship, without lawful excuse, deviates from the voyage contemplated by the policy, the insurer is discharged from liability as from the time of deviation, and it is immaterial that the ship may have regained her route before any loss occurs.

④ There is a deviation from the voyage contemplated by the policy where the course of the voyage is not specifically designated by the policy, but the usual and customary course is departed from.

⑤ Where the policy is to "ports of discharge," within a given area, which are not named, the ship may, in the absence of any usage or sufficient cause to the contrary, proceed to them, or such of them as she goes to, in their geographical order. If she does not, there is no a deviation.

해설

⑤ Where the policy is to "ports of discharge," within a given area, which are not named, the ship may → must, in the absence of any usage or sufficient cause to the contrary, proceed to them, or such of them as she goes to, in their geographical order. If she does not there is no a deviation → a deviation(제47조 제2항).
보험증권에 특정 항구가 명시되어 있지 않고 일정 지역 내의 "제 양륙항"까지로 기재되어 있는 경우, 어떠한 관습이나 반대되는 충분한 이유가 없는 한, 선박은 반드시 지리적 순서에 따라 그들 항구 또는 흔히 항행하는 것과 같은 항구로 항행하여야 한다. 만약 선박이 그렇게 하지 않으면 이로가 있다.
① 위험의 개시 후 선박의 목적지가 보험증권에 의해 예정된 목적지로부터 임의로 변경된 경우를 항해의 변경이라고 한다(제45조 제1항).
② 보험증권에 별도의 규정이 없는 한, 항해의 변경이 있는 경우 보험자는 변경 시점부터, 즉 항해의 변경 결정이 명백할 때부터 책임이 해제된다(제45조 제2항).
③ 선박이 적법한 이유 없이 보험증권에 의해 예정된 항해에서 이탈하는 경우 보험자는 이로 시점부터 책임이 해제되고, 선박이 손해발생 전에 항로에 복귀하였다는 사실은 중요하지 아니하다(제46조 제1항).
④ 항로가 보험증권에서 특별히 지정되어 있지 아니한 경우, 통상적이며 관습적인 항로를 떠났을 때 보험증권에 의해 예정된 항해로부터 이로가 있다(제46조 제2항 b).

27 ⑤ 정답

28 영국해상보험법(MIA, 1906) 제62조의 내용으로 옳지 않은 것을 모두 고른 것은?

ㄱ. Where notice of abandonment is properly given, the rights of the assured are not prejudiced by the fact that the insurer refuses to accept the abandonment.
ㄴ. Notice of abandonment must be given with reasonable diligence after the receipt of reliable information of the loss, but where the information is of a doubtful character the insurer is entitled to a reasonable time to make inquiry.
ㄷ. Notice of abandonment is also necessary where, at the time when the assured receives information of the loss, there would be no possibility of benefit to the insurer if notice were given to him.
ㄹ. The acceptance of an abandonment may be either express or implied from the conduct of the insurer. The mere silence of the insurer after notice is deemed to be acceptance.

① ㄱ, ㄷ
② ㄱ, ㄹ
③ ㄴ, ㄹ
④ ㄱ, ㄴ, ㄷ
⑤ ㄴ, ㄷ, ㄹ

해설

ㄴ. Notice of abandonment must be given with reasonable diligence after the receipt of reliable information of the loss, but where the information is of a doubtful character the insurer → the assured is entitled to a reasonable time to make inquiry(제3항).
위부의 통지는 반드시 손해에 관한 신뢰할 수 있는 정보를 수취한 후 상당한 주의로서 통지되어야 한다. 그러나 그 정보가 의심스러운 성질을 가지고 있는 경우에는 피보험자(the assured)에게 조사할 수 있는 상당한 기간이 주어진다.
ㄷ. Notice of abandonment is also necessary → unncessary where, at the time when the assured receives information of the loss, there would be no possibility of benefit to the insurer if notice were given to him(제7항).
피보험자가 손해의 정보를 받은 시기에는 보험자에게 위부의 통지를 행하였다고 하더라도 보험자에게 이득의 가능성이 없었을 때는 위부의 통지가 불필요하다(unncessary).
ㄹ. The acceptance of an abandonment may be either express or implied from the conduct of the insurer. The mere silence of the insurer after notice is deemed to be acceptance → is not an acceptance(제5항).
위부의 승낙은 보험자의 행위에 의하여 명시적 또는 묵시적으로 할 수 있다. 위부의 통지 후 보험자의 단순한 침묵은 승낙이 아니다(is not an acceptance).
ㄱ. 위부의 통지가 정당하게 행사될 경우 피보험자의 권리는 보험자가 위부의 승낙을 거부한다는 사실에 의해 침해되지 않는다(제4항).

정답 28 ⑤

29 국제물품매매계약에 관한 유엔협약(CISG, 1980) 제1장 '적용범위(SPHERE OF APPLICATION)'에 관한 내용으로 옳은 것을 모두 고른 것은?

ㄱ. Not only the nationality of the parties but also the civil or commercial character of the parties or of the contract is to be taken into consideration in determining the application of this Convention.
ㄴ. This Convention governs only the formation of the contract of sale and the rights and obligations of the seller and the buyer arising from such a contract.
ㄷ. In particular, except as otherwise expressly provided in this Convention, this Convention is concerned with the effect which the contract may have on the property in the goods sold.
ㄹ. This Convention does not apply to the liability of the seller for death or personal injury caused by the goods to any person.

① ㄱ, ㄴ　② ㄱ, ㄹ
③ ㄴ, ㄷ　④ ㄴ, ㄹ
⑤ ㄷ, ㄹ

해설

ㄴ. 이 협약은 단지 매매계약의 성립과 그 계약으로부터 발생하는 매도인과 매수인의 권리·의무만을 규율한다(제4조).
ㄹ. 이 협약은 물품에 의하여 비롯된 누군가의 사망 또는 신체적인 상해에 대한 매도인의 책임에 관련해서는 적용되지 아니한다(제5조).
ㄱ. Not only → Neither the nationality of the parties but also → nor the civil or commercial character of the parties or of the contract is to be taken into consideration in determining the application of this Convention(제1조 제3항).
당사자의 국적 또는 당사자나 계약의 민사적·상업적 성격은 이 협약의 적용 여부를 결정하는 것에 있어 고려사항이 되지 아니한다(Neither ~ nor).
ㄷ. In particular, except as otherwise expressly provided in this Convention, this Convention is → is not concerned with the effect which the contract may have on the property in the goods sold(제4조 b).
특히, 이 협약은 별도의 명시적인 규정이 있는 경우를 제외하고는 매각된 물품의 소유권에 대하여 해당 계약이 갖는 효력과는 무관하다(is not concerned with).

29 ④ 정답

30 국제물품매매계약에 관한 유엔협약(CISG, 1980) 제3장 '매수인의 의무(OBLIGATIONS OF THE BUYER)'에 관한 내용으로 옳은 것은?

① The buyer's obligation to pay the price does not include taking such steps and complying with such formalities as may be required under the contract or any laws and regulations to enable payment to be made.

② If the price is fixed according to the weight of the goods, it is always to be determined by the net weight.

③ If the buyer is not bound to pay the price at any other particular place, he must pay it to the seller at the buyer's place of business.

④ The buyer is not bound to pay the price until he has had an opportunity to examine the goods, even though the procedures for delivery or payment agreed upon by the parties are inconsistent with his having such an opportunity.

⑤ The buyer must pay the price on the date fixed by or determinable from the contract and this Convention without the need for any request or compliance with any formality on the part of the seller.

해설

⑤ 매수인은 매도인 측의 어떠한 요구나 절차・형식을 준수할 필요 없이 계약 및 이 협약에 의해 확정되었거나 결정될 수 있는 기일에 대금을 지급하여야 한다(제59조).

① The buyer's obligation to pay the price does not include → includes taking such steps and complying with such formalities as may be required under the contract or any laws and regulations to enable payment to be made(제54조).
매수인의 대금지급 의무에는 지급이행을 유도하기 위한 계약 또는 법률 및 규정에 의거하여 요구되는 조치를 취하고 또한 요구되는 형식・절차를 준수하는 것이 포함된다(includes).

② If the price is fixed according to the weight of the goods, it is always to be → in case of doubt it is to be determined by the net weight(제56조).
대금이 물품의 중량에 따라 결정되는 경우, 이에 의혹이 있을 때는(in case of doubt) 순중량에 의하여 대금이 결정되어야 한다.

③ If the buyer is not bound to pay the price at any other particular place, he must pay it to the seller at the buyer's → the seller's place of business.
매수인이 어느 특정한 장소에서 대금을 지급하여야 할 의무가 없는 경우에는, 매도인의(the seller's) 영업소에서 매도인에게 이를 지급하여야 한다(제57조 제1항 a).

④ The buyer is not bound to pay the price until he has had an opportunity to examine the goods, even though → unless the procedures for delivery or payment agreed upon by the parties are inconsistent with his having such an opportunity(제58조 제3항).
매수인은 물품검사의 기회를 가질 때까지는 대금을 지급해야 할 의무가 없다. 다만 당사자 간 합의된 인도 또는 지급 절차가 매수인이 검사 기회를 가지는 것과 상충되는 경우에는 그러지 아니한다(unless).

31 추심에 관한 통일규칙(URC 522) 제19조에 관한 내용으로 옳은 것은?

① In respect of clean collections, partial payments may be accepted if and to the extent to which and on the conditions on which partial payments are authorised by the collecting bank.

② The commercial document(s) will be released to the drawee only when full payment thereof has been received.

③ In respect of documentary collections, partial payments will only be accepted if specifically authorised by the law in force in the place of payment.

④ However, unless otherwise instructed, the presenting bank will release the documents to the drawee only before full payment has been received.

⑤ Unless otherwise instructed, the presenting bank will not be responsible for any consequences arising out of any delay in the delivery of documents.

해설

⑤ 별도의 지시가 없는 한, 제시은행은 서류인도의 지체로부터 비롯되는 어떠한 결과에도 책임을 지지 아니한다(제19조 b).

① In respect of clean collections, partial payments may be accepted if and to the extent to which and on the conditions on which partial payments are authorised by the collecting bank → law in force in the place of payment(제19조 a).
무화환추심에서 분할 지급은 지급지의 유효한 법률(law in force in the place of payment)에 의하여 허용되는 경우 그 허용되는 범위와 조건에 따라 인정될 수 있다.

② The commercial → financial document(s) will be released to the drawee only when full payment thereof has been received(제19조 a).
금융(financial)서류는 지급전액이 수령되었을 경우에만 지급인에게 인도된다.

③ In respect of documentary collections, partial payments will only be accepted if specifically authorised by the law in force in the place of payment → in the collection instruction(제19조 b).
화환추심에서 분할 지급은 추심지시서에서(in the collection instruction) 특별히 허용되는 경우에만 인정된다.

④ However, unless otherwise instructed, the presenting bank will release the documents to the drawee only before → after full payment has been received(제19조 b).
다만 별도의 지시가 없는 한, 제시은행은 지급전액을 수령한 후에(after) 한하여 서류를 지급인에게 인도한다.

31 ⑤ 정답

32 화환신용장통일규칙(UCP 600) 제15조, 제16조에 관한 내용으로 옳지 않은 것은?

① When a confirming bank determines that a presentation is complying, it must honour or negotiate and forward the documents to the issuing bank.

② When a nominated bank determines that a presentation is complying and honours or negotiates, it must forward the documents to the confirming bank or issuing bank.

③ When an issuing bank determines that a presentation does not comply, it may in its sole judgement approach the beneficiary for a waiver of the discrepancies.

④ When a nominated bank acting on its nomination, a confirming bank, if any, or the issuing bank decides to refuse to honour or negotiate, it must give a single notice to that effect to the presenter.

⑤ When an issuing bank refuses to honour or a confirming bank refuses to honour or negotiate and has given notice to that effect in accordance with this article, it shall then be entitled to claim a refund, with interest, of any reimbursement made.

해설

③ When an issuing bank determines that a presentation does not comply, it may in its sole judgement approach the beneficiary → the applicant for a waiver of the discrepancies(제16조 b).
발행은행은 제시사항이 일치하지 않는다고 판단할 경우, 독자적인 판단으로 발행의뢰인(the applicant)과 불일치에 관한 권리포기 여부를 교섭할 수 있다.

① 확인은행이 제시가 일치한다고 결정하는 경우, 그 확인은행은 지급이행 또는 매입을 하고 발행은행에게 서류를 발송하여야 한다(제15조 b).

② 지정은행이 제시가 일치한다고 결정하고 지급이행 또는 매입을 하는 경우, 그 지정은행은 확인은행 또는 발행은행에게 서류를 발송하여야 한다(제15조 c).

④ 지정에 따라 행동하는 지정은행, 확인은행(있는 경우에만) 또는 발행은행은 지급이행 또는 매입을 거절하기로 결정한 경우, 제시인에게 그러한 취지를 1회 통지하여야 한다(제16조 c).

⑤ 발행은행이 지급이행을 거절하거나 확인은행이 지급이행 또는 매입을 거절하고 이 조항에 따라 그러한 취지를 통지한 경우, 그 은행은 이미 행하여진 상환금에 이자를 추가하여 그 상환금의 반환을 청구할 권리가 있다(제16조 g).

정답 32 ③

33 전자적 제시를 위한 UCP 추록(eUCP Version 2.0) 제e2조, 제e3조에 관한 내용으로 옳은 것은?

① Where the eUCP applies, its provisions shall not prevail to the extent that they would produce a result different from the application of the UCP.

② Re-present or re-presented means to submit subsequently an electronic record.

③ Unless only paper documents are permitted under an eUCP credit, the UCP alone shall apply.

④ An eUCP credit is also subject to the UCP without express incorporation of the UCP.

⑤ Presenter means the beneficiary, or any party acting on behalf of the applicant who makes a presentation to a nominated bank, confirming bank, if any, or to the issuing bank directly.

해설

④ eUCP 신용장은 UCP 편입에 대한 명시적인 문구가 없어도 UCP에 따른다(제e2조 a).

① Where the eUCP applies, its provisions shall not prevail → shall prevail to the extent that they would produce a result different from the application of the UCP(e2조 b).
eUCP가 적용될 경우, 그 조항은 UCP의 적용과 상이한 결과를 낼 수 있는 범위에 우선한다(shall prevail).

② Re-present or re-presented means to submit subsequently → to substitute or replace an electronic record already presented(제e3조 b viii).
재제시 또는 재제시된이라 함은 이미 제시된(already presented) 전자기록을 대체하거나 대신하는(to substitute or replace) 것을 의미한다.

③ Unless → If only paper documents are permitted under an eUCP credit, the UCP alone shall apply(제e2조 c).
만약(If) eUCP 하에서 오직 종이 서류만이 허용되는 경우, UCP는 독자적으로 적용된다.

⑤ Presenter means the beneficiary, or any party acting on behalf of the applicant → the beneficiary who makes a presentation to a nominated bank, confirming bank, if any, or to the issuing bank directly(제e3조 a iv).
제시자는 수익자를 의미하거나, 지정은행, 확인은행(있는 경우), 또는 발행은행에게 직접 제시를 행하는 수익자(the beneficiary)를 대리하여 행동하는 모든 당사자를 의미한다.

34 화환신용장통일규칙(UCP 600) 제36조 불가항력(Force Majeure)에 관한 내용으로 옳지 않은 것은?

> A bank assumes ㉠ no liability or responsibility for the consequences arising out of the interruption of its business by ㉡ Acts of God, riots, civil commotions, insurrections, wars, ㉢ acts of terrorism, or by any strikes or lockouts or any other causes beyond its control. A bank will not, upon resumption of its business, ㉣ dishonor or refuse under ㉤ a credit that expired during such interruption of its business.

① ㉠
② ㉡
③ ㉢
④ ㉣
⑤ ㉤

33 ④ 34 ④ 정답

해설

화환신용장통일규칙(UCP 600) 第36조 : 불가항력(Force Majeure)

은행은 ㉡ 천재지변, 폭동, 소요, 반란, 전쟁, ㉢ 테러 행위 또는 동맹파업 또는 직장폐쇄 또는 그 외 은행이 통제할 수 없는 원인에 의한 은행업무의 중단으로 인하여 발생하는 결과에 대하여 ㉠ 어떠한 의무 또는 책임도 부담하지 아니한다. 은행은 업무를 재개하더라도 그러한 업무 중단 동안 ㉤ 유효기일이 경과한 신용장에 의한 ㉣ 지급이행 또는 매입을 행하지(honour or negotiate) 아니한다.

35 추심에 관한 통일규칙(URC 522) 제25조, 제26조에 관한 내용이다. (   )에 들어갈 용어를 순서대로 옳게 나열한 것은?

- If the (   ) nominates a representative to act as case-of-need in the event of non-payment and/or non-acceptance the collection instruction should clearly and fully indicate the powers of such case-of-need.
- The (   ) should endeavour to ascertain the reasons for non-payment and/or non-acceptance and advise accordingly, without delay, the bank from which it received the collection instruction.

① principal – remitting bank

② principal – presenting bank

③ drawee – presenting bank

④ drawee – collecting bank

⑤ presenting bank – collecting bank

해설

추심에 관한 통일규칙(URC 522) 제25조 : 예비지급인

만일 추심의뢰인(principal)이 인수거절 및/또는 지급거절의 경우에 있어서 예비지급인으로 행동할 대표자를 지명할 경우에는, 추심지시서에 그러한 예비지급인의 권한을 명확하고 완전하게 기재하여야 한다.

추심에 관한 통일규칙(URC 522) 제26조 : 통지

제시은행(presenting bank)은 지급거절 또는 인수거절의 사유를 확인하기 위하여 노력하고 추심지시서를 송부한 은행으로 그 결과를 지체 없이 통지하여야 한다.

정답 35 ②

36 화환신용장통일규칙(UCP 600) 제30조, 제32조에 관한 내용으로 옳지 않은 것을 모두 고른 것은?

- A tolerance ㉠ not to exceed 5% more or 5% less than the quantity of the goods is allowed, provided the credit does not state ㉡ the quantity in terms of a stipulated number of packing units or individual items and the total amount of the drawings does not exceed ㉢ the quantity of the credit.
- If a drawing or shipment by instalments within given periods is stipulated in the credit and any instalment ㉣ is drawn or shipped within the period allowed for that instalment, the credit ㉤ ceases to be available for that and any subsequent instalment.

① ㉠, ㉢
② ㉠, ㉣
③ ㉡, ㉢
④ ㉢, ㉣
⑤ ㉣, ㉤

해설

화환신용장통일규칙(UCP 600) 제30조 : 신용장금액, 수량 또는 단가의 과부족
신용장이 명시된 포장단위 또는 개별품목의 규정된 개수로 ㉡ 수량을 명시하지 않고 어음발행의 총액이 신용장의 ㉢ 금액(the amount)을 초과하지 않는 경우, 물품 수량에서 ㉠ 5%를 초과하지 않는 과부족은 허용된다.

화환신용장통일규칙(UCP 600) 제32조 : 할부청구 및 할부선적
일정기간 내에 할부에 의한 어음발행 또는 선적이 신용장에 명시되어 있고 어떠한 할부분이 그 할부분에 허용된 기간 내에 ㉣ 어음발행 또는 선적되지 아니한(not drawn or shipped) 경우, 그 신용장은 그 할부분과 그 이후의 모든 할부분에 대하여 효력이 ㉤ 상실된다.

37 화환신용장통일규칙(UCP 600) 제7조, 제8조에 관한 내용으로 옳지 않은 것은?

① An issuing bank undertakes to reimburse a nominated bank that has honoured or negotiated a complying presentation and forwarded the documents to the issuing bank.
② If a bank is authorized or requested by the issuing bank to confirm a credit but is not prepared to do so, it must inform the advising bank without delay and may advise the credit without confirmation.
③ An issuing bank is irrevocably bound to honour as of the time it issues the credit.
④ An issuing bank's undertaking to reimburse a nominated bank is independent of the issuing bank's undertaking to the beneficiary.
⑤ A confirming bank is irrevocably bound to honour or negotiate as of the time it adds its confirmation to the credit.

36 ④ 37 ② 정답

해설

② If a bank is authorized or requested by the issuing bank to confirm a credit but is not prepared to do so, it must inform the advising bank → the issuing bank without delay and may advise the credit without confirmation(제8조 d).
만약 어떤 은행이 발행은행에 의하여 신용장을 확인하도록 수권 또는 요청을 받았으나 이를 행할 준비가 되어 있지 않은 경우, 그 은행은 지체 없이 그 사실을 발행은행(the issuing bank)에 통고해야 하고 확인 없이 신용장을 통지만 할 수 있다.
① 개설은행은 일치하는 제시를 결제 혹은 매입하고, 그 서류들을 개설은행에 전달한 지정은행에 대해 상환할 책임을 부담한다(제7조 c).
③ 발행은행은 신용장을 발행하는 시점부터 지급이행에 대하여 취소 불가능한 의무를 진다(제7조 b).
④ 지정은행에 상환하겠다는 개설은행의 확약은 개설은행이 수익자에게 하는 확약과 독립적이다(제7조 c).
⑤ 확인은행은 신용장에 확인을 추가하는 시점부터 취소 불가능한 결제 또는 매입의 의무가 있다(제8조 b).

38 화환신용장통일규칙(UCP 600) 제38조, 제39조에 관한 내용으로 옳지 않은 것을 모두 고른 것은?

- The transferred credit must accurately reflect the terms and conditions of the credit, including confirmation, if any, with the exception of the amount of the credit, ㉠ any unit price stated therein,the expiry date, ㉡ the period for presentation, or the latest shipment date or given period for shipment, any or all of which may be ㉢ increased or extended.
- The fact that a credit is not stated to be transferable ㉣ shall affect the right of the beneficiary to assign any proceeds to which it maybe or may become entitled under the credit, in accordance with the ㉤ provisions of applicable law.

① ㉠, ㉡
② ㉡, ㉢
③ ㉢, ㉣
④ ㉢, ㉤
⑤ ㉣, ㉤

해설

화환신용장통일규칙(UCP 600) 제38조 : 양도가능신용장
양도된 신용장은 신용장의 금액, 신용장에 명기된 ㉠ 단가, 유효기일, ㉡ 제시를 위한 기간, 또는 최종선적일 또는 정해진 선적기간을 제외하고는 확인신용장(있는 경우)을 포함하여 신용장의 제 조건을 정확히 반영하여야 한다. 이들 중 일부 또는 전부는 ㉢ 감액 혹은 단축될(reduced or curtailed) 수 있다.

화환신용장통일규칙(UCP 600) 제39조 : 대금의 양도
신용장이 양도가능한 것으로 명기되어 있지 않다는 사실은 ㉤ 적용가능한 법률 규정에 따라 그 신용장에 의하여 수권되거나 수권될 수 있는 대금을 양도할 수익자의 권리에 ㉣ 영향을 미치지 않는다(shall not effect).

정답 38 ③

39 화환신용장통일규칙(UCP 600) 제6조, 제9조에 관한 내용으로 옳은 것을 모두 고른 것은?

ㄱ. A place for presentation other than that of the issuing bank is in addition to the place of the issuing bank.
ㄴ. A credit may be issued available by a draft drawn on the applicant.
ㄷ. An expiry date stated for honour or negotiation will be deemed to be an expiry date for presentation.
ㄹ. An advising bank that is not a confirming bank advises the credit and any amendment with any undertaking to honour or negotiate.

① ㄱ, ㄴ
② ㄱ, ㄷ
③ ㄴ, ㄷ
④ ㄴ, ㄹ
⑤ ㄷ, ㄹ

해설

ㄱ. 발행은행 외의 제시장소는 발행은행이란 장소에 추가적인 것이 된다(제6조 제d항 ii).
ㄷ. 명시된 지급이행 또는 매입의 유효기일이 제시의 유효기일로 간주된다(제6조 제d항 i).
ㄴ. A credit may be issued → must not be issued available by a draft drawn on the applicant(제6조 제c항).
발행의뢰인을 지급인으로 하여 발행된 환어음에 의하여 사용될 수 있는 신용장은 발행되면 안 된다(must not be issued).
ㄹ. An advising bank that is not a confirming bank advises the credit and any amendment with → without any undertaking to honour or negotiate(제9조 제a항).
확인은행이 아닌 통지은행은 지급이행 혹은 매입에 대한 확약 없이(without) 신용장 및 모든 조건변경 사항을 통지한다.

40 신용장의 종류에 관한 설명이다. (　　)에 들어갈 용어로 옳은 것은?

(　　) is the credit the amount of which remains constant for a given period and it becomes automatically available again for the full amount either immediately or perhaps as soon as an advice that earlier draft has been paid is received.

① Back-to-Back Credit
② Revolving Credit
③ Packing Credit
④ Escrow Credit
⑤ Tomas Credit

해설

회전신용장(Revolving Credit)
일정 기간 동안 일정 금액이 유지되는 신용장으로, 이전 환어음이 지급되자마자 혹은 지급 통지를 수신하자마자 다시 자동으로 전액에 대하여 이용할 수 있게 되는 신용장이다.
① 구상무역신용장(Back-to-Back Credit)
③ 전대신용장(Packing Credit)
④ 기탁신용장(Escrow Credit)
⑤ 토마스신용장(Tomas Credit)

39 ② 40 ② 정답

PART 3

내국소비세법

관세사 1차 3개년

2022년	기출문제 및 해설
2023년	기출문제 및 해설
2024년	기출문제 및 해설

관련법령은 수시로 개정될 수 있으니 관세법령정보포털(http://unipass.customs.co.kr/clip/index.do)의 내용을 필수적으로 참고하시어 학습하시기를 권유합니다.

※ 추록(최신 개정법령) : 도서출간 이후 법령개정사항은 도서의 내용에 맞게 수정하여 도서업데이트 게시판에 업로드합니다(시대에듀 : 홈 ▶학습자료실 ▶도서업데이트).

작은 기회로부터 종종 위대한 업적이 시작된다.

– 데모스테네스 –

2022 내국소비세법

1교시 응시시간 : 80분 과목당 문항 수 : 40문항

01 **부가가치세법령상 용어 등에 관한 설명으로 옳은 것은?**

① 간이과세자란 공급대가의 합계액이 9천만 원에 미달하는 사업자로서 간편한 절차로 부가가치세를 신고・납부하는 개인사업자를 말한다.

② 전기, 가스, 열 등 관리할 수 있는 자연력은 재산 가치가 없더라도 재화에 해당한다.

③ 주거용 건축물을 자영 건설하여 분양・판매하는 사업은 재화를 공급하는 사업으로 본다.

④ 외국기관의 사업은 용역에 포함되지 않는다.

⑤ 사업자란 영리만을 목적으로 하면서 사업상 독립적으로 재화 또는 용역을 공급하는 자를 말한다.

해설

③ 부가가치세 집행기준 2-3-1 제2항 제1호

① "간이과세자"란 직전 연도의 재화와 용역의 공급에 대한 대가(부가가치세가 포함된 대가)의 합계액이 1억 4백만 원에 미달하는 사업자로서, 간편한 절차로 부가가치세를 신고・납부하는 개인사업자를 말한다(부가가치세법 제2조 제4호, 시행령 제5조 및 제109조 제1항).

② 전기, 가스, 열 등 관리할 수 있는 자연력은 재산 가치가 있는 물건이다(부가가치세법 제2조 제1호, 시행령 제2조 제1항 제2호).

④ 재산 가치가 있는 국제 및 외국기관의 사업에 해당하는 모든 역무(役務)와 그 밖의 행위는 용역에 포함된다(부가가치세법 제2조 제2호, 시행령 제3조 제1항 제14호).

⑤ "사업자"란 사업목적이 영리이든 비영리이든 관계없이 사업상 독립적으로 재화 또는 용역을 공급하는 자를 말한다(부가가치세법 제2조 제3호).

02 **부가가치세법령상 사업장에 관한 설명으로 옳지 않은 것은?**

① 박람회가 개최되는 장소에 개설한 임시사업장으로서 대통령령으로 정하는 바에 따라 신고된 장소는 사업장으로 보지 않는다.

② 사업자가 사업장을 두지 아니하면 사업자의 주소 또는 거소를 사업장으로 한다.

③ 「전기통신사업법」에 따른 법인인 전기통신사업자가 기획재정부령으로 정하는 이동통신 역무를 제공하는 전기통신사업의 경우 법인의 본점 소재지를 사업장으로 한다.

④ 「한국자산관리공사 설립 등에 관한 법률」에 따른 한국자산관리공사가 부동산을 임대하는 경우 사업에 관한 업무를 총괄하는 장소를 사업장으로 한다.

⑤ 사업자가 자기의 사업과 관련하여 생산한 재화를 직접 판매하기 위해 설치한 직매장은 사업장으로 보지 않는다.

정답 01 ③ 02 ⑤

해설

⑤ 사업자가 자기의 사업과 관련하여 생산하거나 취득한 재화를 직접 판매하기 위하여 특별히 판매시설을 갖춘 장소(직매장)는 사업장으로 본다(부가가치세법 시행령 제8조 제3항).
① 부가가치세법 제6조 제5항 제2호
② 부가가치세법 제6조 제3항
③ 부가가치세법 시행령 제8조 제1항 제8호 가목
④ 부가가치세법 시행령 제8조 제2항 제1호

03 부가가치세법령상 과세기간에 관한 설명으로 옳지 않은 것은?

① 간이과세자인 사업자의 과세기간은 1월 1일부터 12월 31일까지이다.
② 신규로 사업을 시작하면서 사업 개시일 이전에 사업자등록을 신청한 경우 과세기간은 그 신청한 날부터 그 신청일이 속하는 과세기간의 종료일까지로 한다.
③ 사업자가 폐업하는 경우의 과세기간은 폐업일이 속하는 과세기간의 개시일부터 폐업일까지로 한다.
④ 합병으로 인한 소멸법인의 경우 소멸법인이 사업을 실질적으로 폐업하는 날을 폐업일로 한다.
⑤ 제조업이 법령 개정으로 면세사업에서 과세사업으로 전환되는 경우에는 그 과세 전환일을 사업 개시일로 한다.

해설

④ 합병으로 인한 소멸법인의 경우 합병법인의 변경등기일 또는 설립등기일이 폐업일이 된다(부가가치세법 시행령 제7조 제1항 제1호).
① 부가가치세법 제5조 제1항 제1호
② 부가가치세법 제5조 제2항
③ 부가가치세법 제5조 제3항
⑤ 부가가치세법 시행령 제6조

04 부가가치세법령상 사업자등록 및 휴업·폐업의 신고에 관한 설명으로 옳은 것은?

① 신규로 사업을 시작하려는 자는 사업 개시일 20일 전에 사업장 관할 세무서장에게 사업자등록을 신청하여야 한다.
② 사업자는 사업자등록의 신청을 사업장 관할 세무서장이 아닌 다른 세무서장에게도 할 수 있으나 이 경우 사업장 관할 세무서장에게 사업자 신청을 한 것으로 보는 것은 아니다.
③ 휴업신고서에 적힌 휴업기간을 산정할 때에는 계절적인 사업의 경우 그 계절이 아닌 기간은 휴업기간으로 본다.
④ 공동사업자의 출자지분이 변경되는 경우에는 사업자등록 사항의 변경신고를 하지 않는다.
⑤ 상호를 변경하는 경우 사업자가 이를 신고하면 신고를 받은 세무서장은 신고일부터 2일 이내에 변경 내용을 확인하고 사업자등록증의 기재사항을 정정하여 재발급해야 한다.

03 ④ 04 ③ 정답

해설

③ 부가가치세법 시행령 제13조 제7항

① 사업자는 사업장마다 사업 개시일부터 20일 이내에 사업장 관할 세무서장에게 사업자등록을 신청하여야 한다. 다만, 신규로 사업을 시작하려는 자는 사업 개시일 이전이라도 사업자등록을 신청할 수 있다(부가가치세법 제8조 제1항).

② 사업자는 사업자등록의 신청을 사업장 관할 세무서장이 아닌 다른 세무서장에게도 할 수 있다. 이 경우 사업장 관할 세무서장에게 사업자등록을 신청한 것으로 본다(부가가치세법 제8조 제2항).

④ 사업자가 공동사업자의 구성원 또는 출자지분이 변경되는 경우에는 지체 없이 사업자의 인적사항, 사업자등록의 변경 사항 및 그 밖의 필요한 사항을 적은 사업자등록 정정신고서를 관할 세무서장이나 그 밖에 신고인의 편의에 따라 선택한 세무서장에게 제출해야 한다(부가가치세법 시행령 제14조 제1항 제6호).

⑤ 상호를 변경하는 경우 사업자의 신고를 받은 세무서장은 신고일 당일에 변경 내용을 확인하고 사업자등록증의 기재사항을 정정하여 재발급해야 한다(부가가치세법 시행령 제14조 제3항 제1호).

05 일반과세자인 (주)대한의 거래 내역이다. 2022년 제1기 과세기간(2022.1.1.~2022.6.30.)의 부가가치세 과세대상에 해당하는 금액의 합계는? (단, 다음 금액들은 부가가치세를 포함하지 아니하며, 주어진 자료 이외에는 고려하지 않는다)

- 2021년 12월 중 5,000,000원의 재화를 무인판매기를 이용하여 공급하였으며, 2022년 1월에 동 무인판매기에서 현금을 꺼냈다.
- 장기할부판매(2021년 1월 재화 인도 후 2022년 5월까지 매월 말 1,000,000원씩 대가를 받기로 함)로 재화를 공급하고, 해당 할부판매금액 전액에 대한 세금계산서는 재화 인도 시 발급되었다.
- 10,000,000원의 재화를 2개월간 시험사용 후 구매를 확정하는 조건부로 2022년 6월 중 고객에게 인도하였다.
- 재화의 인도 대가로 용역을 제공받는 교환계약에 따라 2022년 6월 중 5,000,000원의 재화를 인도하고 약정된 용역을 제공받았다.

① 5,000,000원
② 10,000,000원
③ 15,000,000원
④ 20,000,000원
⑤ 25,000,000원

정답 05 ②

해설

- 무인판매기를 이용하여 재화를 공급하는 경우 해당 사업자가 무인판매기에서 현금을 꺼내는 때를 재화의 공급시기로 본다(부가가치세법 시행령 제28조 제5항).
  → 무인판매기에서 현금을 꺼낸 2022년 1월을 재화의 공급시기로 보므로, 현금 5,000,000원은 2022년 제1기 과세기간의 부가가치세 과세대상에 해당한다.
- 장기할부판매의 경우 대가의 각 부분을 받기로 한 때를 재화의 공급시기로 보나(부가가치세법 시행령 제28조 제3항 제1호), 공급시기가 되기 전에 세금계산서 또는 영수증을 발급하는 경우에는 그 발급한 때를 재화의 공급시기로 본다(부가가치세법 제17조 제4항).
  → 세금계산서를 발급한 2021년 1월을 재화의 공급시기로 보므로, 2022년 제1기 과세기간에 포함되지 않는다.
- 반환조건부 판매, 동의조건부 판매, 그 밖의 조건부 판매 및 기한부 판매의 경우에는 그 조건이 성취되거나 기한이 지나 판매가 확정되는 때를 공급시기로 본다(부가가치세법 시행령 제28조 제2항).
  → 2022년 6월 중 재화를 인도하고 2개월간 시험 사용 후 구매를 확정하는 조건부 판매로서 판매가 확정되는 때인 2022년 8월을 공급시기로 보므로, 2022년 제1기 과세기간에 포함되지 않는다.
- 재화의 이동이 필요한 경우 재화가 인도되는 때를 재화가 공급되는 시기로 한다(부가가치세법 제15조 제1항 제1호).
  → 재화를 인도한 2022년 6월을 재화의 공급시기로 보므로, 재화의 공급가액인 5,000,000원은 2022년 제1기 과세기간의 부가가치세 과세대상에 해당한다.

∴ 5,000,000원 + 5,000,000원 = 10,000,000원

06 부가가치세법 제10조 재화 공급의 특례에 따른 공급으로 보는 경우에 해당하지 않는 것은? (단, 모든 재화는 부가가치세법상 매입세액이 공제된다)

① 사업자가 자기의 사업과 관련하여 생산한 재화를 자기의 고객에게 증여한 경우
② 사업자가 자기의 사업과 관련하여 취득한 재화를 사업과 직접적인 관계없이 자기의 개인적인 목적으로 소비한 경우
③ 과세사업과 관련하여 취득한 재화를 부가가치세가 면제되는 재화를 공급하는 사업을 위하여 사용한 경우
④ 사업자가 사용인에게 사업을 위해 착용하는 작업복을 무상으로 제공하는 경우
⑤ 사업자가 폐업할 때 자기생산·취득재화가 남아있는 경우

해설

④ 사업을 위해 착용하는 작업복, 작업모 및 작업화를 제공하는 경우는 부가가치세법 제10조 재화 공급의 특례에 따른 공급으로 보지 않는다(부가가치세법 제10조 제4항, 시행령 제19조의2 제1호)
① 부가가치세법 제10조 제5항
② 부가가치세법 제10조 제4항
③ 부가가치세법 제10조 제1항
⑤ 부가가치세법 제10조 제6항

06 ④ 정답

07 부가가치세법령상 과세거래에 관한 설명으로 옳지 않은 것은?

① 질권의 목적으로 동산을 제공하는 것은 재화의 공급으로 보지 않는다.
② 사업자가 「상속세 및 증여세법」 제73조에 따라 사업용 자산으로 조세를 물납하는 것은 재화의 공급으로 보지 않는다.
③ 양도담보의 목적으로 부동산을 제공하는 것은 재화의 공급으로 보지 않는다.
④ 조달청장이 발행하는 창고증권의 양도로서 임치물의 반환이 수반되지 않는 것은 재화의 공급으로 보지 않는다.
⑤ 수출신고가 수리된 물품으로서 선적되지 아니한 물품을 보세구역에서 반입하는 것은 재화의 수입에 해당한다.

해설

⑤ 수출신고가 수리된 물품으로서 선적(船積)되지 아니한 물품을 보세구역에서 반입하는 경우는 재화의 수입에서 제외한다(부가가치세법 제13조 제2호).
①·③ 부가가치세법 시행령 제22조
② 부가가치세법 시행령 제24조
④ 부가가치세법 시행령 제18조 제2항 제1호

08 부가가치세법령상 재화의 공급시기로 옳은 것을 모두 고른 것은?

ㄱ. 상품권 등을 현금 또는 외상으로 판매하고 그 후 그 상품권 등이 현물과 교환되는 경우 – 재화가 실제로 인도되는 때
ㄴ. 재화의 공급으로 보는 가공의 경우 – 가공된 재화를 인도하는 때
ㄷ. 동의조건부 판매의 경우 – 그 조건이 성취되어 판매가 확정되는 때
ㄹ. 사업자가 재화의 공급시기가 되기 전에 세금계산서를 발급하고 그 세금계산서 발급일부터 7일 이내에 대가를 받은 경우 – 그 대가를 받은 때

① ㄷ
② ㄱ, ㄷ
③ ㄱ, ㄹ
④ ㄱ, ㄴ, ㄷ
⑤ ㄴ, ㄷ, ㄹ

정답 07 ⑤ 08 ④

해설

ㄱ・ㄴ 부가가치세법 시행령 제28조 제1항 제2호, 제3호
ㄷ. 부가가치세법 시행령 제28조 제2항
ㄹ. 사업자가 재화 또는 용역의 공급시기가 되기 전에 세금계산서를 발급하고 그 세금계산서 발급일부터 7일 이내에 대가를 받으면 해당 세금계산서를 발급한 때를 재화 또는 용역의 공급시기로 본다(부가가치세법 제17조 제2항).

구체적인 거래 형태에 따른 재화의 공급시기(부가가치세법 시행령 제28조 제1항, 제2항)
① 법 제15조(재화의 공급시기) 제1항 후단에 따른 구체적인 거래 형태별 재화의 공급시기는 다음 표에 따른다.

구 분	공급시기
1. 현금판매, 외상판매 또는 할부판매의 경우	재화가 인도되거나 이용가능하게 되는 때
2. 상품권 등을 현금 또는 외상으로 판매하고 그 후 그 상품권 등이 현물과 교환되는 경우	재화가 실제로 인도되는 때
3. 재화의 공급으로 보는 가공의 경우	가공된 재화를 인도하는 때

② 반환조건부 판매, 동의조건부 판매, 그 밖의 조건부 판매 및 기한부 판매의 경우에는 그 조건이 성취되거나 기한이 지나 판매가 확정되는 때를 공급시기로 본다.

09 부가가치세법상 재화와 용역의 공급장소에 관한 설명으로 옳은 것은?

① 재화의 이동이 필요한 경우 재화가 도착되는 장소를 공급장소로 한다.
② 재화의 이동이 필요하지 아니한 경우 재화가 공급되는 시기에 재화가 있는 장소를 공급장소로 한다.
③ 시설물, 권리 등 재화가 사용되는 경우 해당 재화 제공자의 주소지를 공급장소로 한다.
④ 국외사업자가 공급하는 전자적 용역의 경우 용역을 공급하는 자의 사업장 소재지를 공급장소로 한다.
⑤ 국제운송의 경우 사업자가 비거주자이면 해당 비거주자의 거소지를 공급장소로 한다.

해설

② 부가가치세법 제19조 제1항 제2호
① 재화의 이동이 필요한 경우 재화의 이동이 시작되는 장소를 공급장소로 한다(부가가치세법 제19조 제1항 제1호).
③ 시설물, 권리 등 재화가 사용되는 경우 시설물, 권리 등 재화가 사용되는 장소를 공급장소로 한다(부가가치세법 제20조 제1항 제1호).
④ 국외사업자가 공급하는 전자적 용역의 경우 용역을 공급받는 자의 사업자 소재지, 주소지 또는 거소지를 공급장소로 한다(부가가치세법 제20조 제1항 제3호).
⑤ 국제운송의 경우 사업자가 비거주자 또는 외국법인이면 여객이 탑승하거나 화물이 적재되는 장소를 공급장소로 한다(부가가치세법 제20조 제1항 제2호).

재화의 공급장소(부가가치세법 제19조 제1항)
재화가 공급되는 장소는 다음 각 호의 구분에 따른 곳으로 한다.
1. 재화의 이동이 필요한 경우 : 재화의 이동이 시작되는 장소
2. 재화의 이동이 필요하지 아니한 경우 : 재화가 공급되는 시기에 재화가 있는 장소

용역의 공급장소(부가가치세법 제20조 제1항)
용역이 공급되는 장소는 다음의 어느 하나에 해당하는 곳으로 한다.
1. 역무가 제공되거나 시설물, 권리 등 재화가 사용되는 장소
2. 국내 및 국외에 걸쳐 용역이 제공되는 국제운송의 경우 사업자가 비거주자 또는 외국법인이면 여객이 탑승하거나 화물이 적재되는 장소
3. 전자적 용역의 경우 용역을 공급받는 자의 사업장 소재지, 주소지 또는 거소지

09 ② 정답

10 다음의 상호 독립적인 각 사례 ㄱ ~ ㄷ은 모두 부가가치세법령상 임대주택(상시 주거용)에 부가가치세가 과세되는 점포(사업용 건물)가 함께 설치되어 있는 경우이다. 주택과 이에 부수되는 토지의 임대 용역으로서 면세하는 것의 범위와 관련하여, 사례 ㄱ ~ ㄷ을 주택에 부수되어 부가가치세가 면세되는 토지의 면적이 큰 것부터 순서대로 올바르게 나열한 것은? (단, 일반사업자를 가정하고 주어진 자료 이외에는 고려하지 않는다. 또한 각 사례 ㄱ ~ ㄷ의 부수 토지 면적은 1,200m^{2}로 모두 동일하며, 「국토의 계획 및 이용에 관한 법률」 제6조에 따른 도시지역 밖에 위치한다고 가정한다)

〈주택 및 점포 면적〉 (단위 : m^2)

구 분	사례 ㄱ	사례 ㄴ	사례 ㄷ
1층	점포 60	점포 60	주택 100
2층	주택 60	점포 60	주택 60 점포 40
3층	주택 60	주택 60	–
4층	주택 60	–	–

① 사례 ㄱ – 사례 ㄴ – 사례 ㄷ
② 사례 ㄱ – 사례 ㄷ – 사례 ㄴ
③ 사례 ㄴ – 사례 ㄱ – 사례 ㄷ
④ 사례 ㄴ – 사례 ㄷ – 사례 ㄱ
⑤ 사례 ㄷ – 사례 ㄱ – 사례 ㄴ

2022년 제39회

해설

주택과 이에 부수되는 토지의 임대 용역의 면세 범위(부가가치세법 시행령 제41조)

구 분	건물분 면세 범위	부수토지분 면세 범위
주택면적 > 사업용 건물면적	주택면적 + 사업용 건물면적	Min[㉮, ㉯] ㉮ : 부수토지 총면적 ㉯ : Max[건물연면적, 건물정착면적 × 5배(도시지역 외 10배)]
주택면적 ≦ 사업용 건물면적	주택면적	Min[㉮, ㉯] ㉮ : 토지총면적 × (주택연면적/건물연면적) ㉯ : Max[주택연면적, (건물정착면적 × 주택연면적/건물연면적) × 5배(도시지역 외 10배)]

• 사례 ㄱ : 주택면적(180) > 사업용 건물면적(60)에 해당하므로
부수토지분 면세 범위 = Min[1,200, Max[240, (60 × 10)]] = 600
• 사례 ㄴ : 주택면적(60) ≦ 사업용 건물면적(120)에 해당하므로
부수토지분 면세 범위 = Min[1,200 × (60/180), Max[60, (60 × 60/180) × 10]] = 200
• 사례 ㄷ : 주택면적(160) > 사업용 건물면적(40)에 해당하므로
부수토지분 면세 범위 = Min[1,200, Max[200, (100 × 10)]] = 1,000
따라서 면세되는 토지의 면적이 큰 것부터 나열하면 사례 ㄷ > ㄱ > ㄴ이 된다.

11 부가가치세법령상 면세하는 교육 용역에 해당하지 않는 것은?

① 공립고등학교에서 하는 교육
② 「청소년활동진흥법」에 따른 청소년수련시설에서 하는 교육
③ 「사회적기업 육성법」에 따라 인증받은 사회적기업에서 하는 교육
④ 「과학관의 설립·운영 및 육성에 관한 법률」에 따라 등록한 과학관에서 하는 교육
⑤ 「체육시설의 설치·이용에 관한 법률」에 따른 무도학원에서 하는 교육

해설

면세하는 교육 용역의 범위(부가가치세법 시행령 제36조)

① 법 제26조(재화 또는 용역의 공급에 대한 면세) 제1항 제6호에 따른 교육 용역은 다음의 어느 하나에 해당하는 시설 등에서 학생, 수강생, 훈련생, 교습생 또는 청강생에게 지식, 기술 등을 가르치는 것으로 한다.
  1. 주무관청의 허가 또는 인가를 받거나 주무관청에 등록되거나 신고된 학교, 어린이집, 학원, 강습소, 훈련원, 교습소 또는 그 밖의 비영리단체
  2. 「청소년활동진흥법」에 따른 청소년수련시설
  3. 「산업교육진흥 및 산학연협력촉진에 관한 법률」에 따른 산학협력단
  4. 「사회적기업 육성법」에 따라 인증받은 사회적기업
  5. 「과학관의 설립·운영 및 육성에 관한 법률」에 따라 등록한 과학관
  6. 「박물관 및 미술관 진흥법」에 따라 등록한 박물관 및 미술관
  7. 「협동조합기본법」에 따라 설립인가를 받은 사회적 협동조합

② 제1항에도 불구하고 다음의 어느 하나에 해당하는 학원에서 가르치는 것은 교육 용역에서 제외한다.
  1. 「체육시설의 설치·이용에 관한 법률」의 무도학원
  2. 「도로교통법」의 자동차운전학원

12 부가가치세법상 재화의 공급 중 면세대상을 모두 고른 것은?

ㄱ. 가공되지 아니한 식료품
ㄴ. 도서(광고 제외)
ㄷ. 유연탄
ㄹ. 토 지

① ㄱ　② ㄴ, ㄷ
③ ㄷ, ㄹ　④ ㄱ, ㄴ, ㄹ
⑤ ㄴ, ㄷ, ㄹ

해설

재화 또는 용역의 공급에 대한 면세(부가가치세법 제26조 제1항)
다음의 재화 또는 용역의 공급에 대하여는 부가가치세를 면제한다.

1. 가공되지 아니한 식료품[식용(食用)으로 제공되는 농산물, 축산물, 수산물과 임산물을 포함] 및 우리나라에서 생산되어 식용으로 제공되지 아니하는 농산물, 축산물, 수산물과 임산물로서 대통령령으로 정하는 것
3. 연탄과 무연탄
8. 도서(도서대여 및 실내 도서열람 용역을 포함), 신문, 잡지, 관보(官報), 「뉴스통신 진흥에 관한 법률」에 따른 뉴스통신 및 방송으로서 대통령령으로 정하는 것. 다만, 광고는 제외한다.
14. 토 지

11 ⑤ 12 ④ 정답

13 부가가치세법령상 영세율과 면세에 관한 설명으로 옳은 것은?

① 중계무역 방식의 거래로서 국외 사업장에서 계약과 대가 수령 등 거래가 이루어지는 것은 영세율 적용 대상이다.

② 부가가치세의 면세포기를 신고하려는 사업자는 면세포기신고서를 관할 세무서장에게 제출하고 지체 없이 사업자 등록을 하여야 한다.

③ 「수산생물질병 관리법」에 따른 수산동물에 대한 진료용역은 부가가치세 면세대상이 아니다.

④ 수집용 우표의 공급은 면세대상이다.

⑤ 국외에서 공급하는 용역은 영세율을 적용하지 않는다.

해설

② 부가가치세법 시행령 제57조

① 중계무역 방식의 거래 등 대통령령으로 정하는 것으로서 국내 사업장에서 계약과 대가 수령 등 거래가 이루어지는 수출은 영세율을 적용한다(부가가치세법 제21조 제2항 제2호).

③ 「수산생물질병 관리법」에 따른 수산동물에 대한 진료용역은 부가가치세 면세대상이다(부가가치세법 시행령 제35조 제5호 나목).

④ 우표 중 수집용 우표는 면세 대상에서 제외한다(부가가치세법 제26조 제1항 제9호).

⑤ 국외에서 공급하는 용역에 대하여는 규정에도 불구하고 영세율을 적용한다(부가가치세법 제22조).

14 부가가치세법상 면세의 포기에 관하여 (　　)에 들어갈 내용으로 옳은 것은?

> 사업자는 부가가치세가 면제되는 재화 또는 용역의 공급으로서 (ㄱ)의 적용 대상이 되는 것은 면세의 포기를 신고하여 부가가치세의 면제를 받지 아니할 수 있다. 또한 면세의 포기를 신고한 사업자는 신고한 날부터 (ㄴ)이 지난 뒤 부가가치세를 면제받으려면 (ㄷ)를 제출해야 한다.

① ㄱ - 영세율, ㄴ - 3년, ㄷ - 면세연장신고서

② ㄱ - 간이과세, ㄴ - 5년, ㄷ - 면세연장신고서

③ ㄱ - 간이과세, ㄴ - 3년, ㄷ - 면세적용신고서

④ ㄱ - 간이과세, ㄴ - 5년, ㄷ - 면세적용신고서

⑤ ㄱ - 영세율, ㄴ - 3년, ㄷ - 면세적용신고서

해설

사업자는 부가가치세가 면제되는 재화 또는 용역의 공급으로서 (ㄱ) 영세율의 적용 대상이 되는 것은 면세의 포기를 신고하여 부가가치세의 면제를 받지 아니할 수 있다(부가가치세법 제28조 제1항 제1호). 면세의 포기를 신고한 사업자는 신고한 날부터 3년간 부가가치세를 면제받지 못하며(부가가치세법 제28조 제2항), 면세의 포기를 신고한 날부터 (ㄴ) 3년이 지난 뒤 부가가치세를 면제받으려면 (ㄷ) 면세적용신고서와 함께 사업자등록증을 제출해야 한다(부가가치세법 시행령 제58조).

정답 13 ② 14 ⑤

15 부가가치세법령상 일반과세자인 (주)대한은 토지와 건물 및 비품을 104,220,000원에 일괄양도하였으며, 각각의 실거래가액 및 감정평가액은 분명하지 않다. 다음 자료를 이용하여 계산된 건물과 비품의 부가가치세 과세표준이 각각 52,800,000원과 17,820,000원이라고 가정할 때, 아래 (B)에 들어갈 건물의 기준시가는? (단, 제시된 모든 금액에 부가가치세는 포함되지 않았으며, 토지와 건물의 기준시가는 있으나 비품의 기준시가는 없다)

(단위 : 원)

구 분	취득가액	장부가액	기준시가
토 지	22,500,000	22,500,000	A
건 물	82,500,000	49,500,000	(B)
비 품	16,500,000	14,850,000	–
합 계	121,500,000	86,850,000	54,000,000

① 33,000,000원　　② 33,500,000원
③ 35,000,000원　　④ 36,500,000원
⑤ 38,000,000원

해설

토지와 건물 등을 함께 공급하는 경우 건물 등의 공급가액 계산(부가가치세법 시행령 제64조 제1항 제2호)
토지와 건물 등 중 어느 하나 또는 모두의 기준시가가 없는 경우로서 감정평가가액이 있는 경우 : 그 가액에 비례하여 안분계산한 금액. 다만, 감정평가가액이 없는 경우에는 장부가액(장부가액이 없는 경우에는 취득가액)에 비례하여 안분계산한 후 기준시가가 있는 자산에 대해서는 그 합계액을 다시 기준시가에 의하여 안분계산한 금액으로 한다.

- 장부가액을 기준으로 1차 안분계산(1단계)
  - 토지 : 104,220,000원 × (22,500,000원/86,850,000원) = 27,000,000원
  - 건물 : 104,220,000원 × (49,500,000원/86,850,000원) = 59,400,000원
  - 비품 : 104,220,000원 × (14,850,000원/86,850,000원) = 17,820,000원
- 토지와 건물의 합계액을 기준시가에 의해 2차 안분계산(2단계)
  - 토지 : (27,000,000원 + 59,400,000원) × (A / 54,000,000원)
  - 건물 : (27,000,000원 + 59,400,000원) × (B / 54,000,000원) = 52,800,000원

따라서 건물의 기준시가(B)는 33,000,000원이다.

15 ① 정답

16 부가가치세법령상 전자세금계산서에 관한 설명으로 옳지 않은 것은?

① 법인사업자는 세금계산서를 발급하려면 전자세금계산서를 발급하여야 한다.

② 개인사업자는 「부가가치세법 시행령」 제68조에서 정하는 공급가액의 합계액 이상인 경우에 전자세금계산서 발급의무가 부여된다.

③ 전자세금계산서 의무발급 개인사업자가 전자세금계산서를 발급하여야 하는 기간은 사업장별 공급가액 합계액이 의무발급기준액 이상이 되는 해의 다음 해 1년 동안으로 한다.

④ 전자세금계산서를 발급한 사업자는 발급일의 다음 날까지 그 발급명세를 국세청장에게 전송하여야 한다.

⑤ 관할 세무서장은 개인사업자가 전자세금계산서 의무발급자에 해당하는 경우에는 전자세금계산서를 발급하여야 하는 기간이 시작되기 1개월 전까지 그 사실을 해당 개인사업자에게 통지하여야 한다.

해설

③ 전자세금계산서 의무발급 개인사업자는 사업장별 재화 및 용역의 공급가액의 합계액이 8천만 원 이상인 해의 다음 해 제2기 과세기간이 시작하는 날부터 전자세금계산서를 발급해야 한다. 다만, 사업장별 재화와 용역의 공급가액의 합계액이 「국세기본법」에 따른 수정신고 또는 법 제57조에 따른 결정과 경정(수정신고 등)으로 8천만 원 이상이 된 경우에는 수정신고 등을 한 날이 속하는 과세기간의 다음 과세기간이 시작하는 날부터 전자세금계산서를 발급해야 한다(부가가치세법 시행령 제68조 제2항).

① 부가가치세법 제32조 제2항

② 부가가치세법 제32조 제2항, 시행령 제68조 제1항

④ 부가가치세법 제32조 제3항, 시행령 제68조 제7항

⑤ 부가가치세법 시행령 제68조 제3항

17 부가가치세법령상 매입자발행세금계산서의 발행에 관한 설명으로 옳지 않은 것은?

① 세금계산서 발급의무가 있는 공급사업자가 재화·용역을 공급하고 해당 세금계산서를 발급하지 않은 경우에 공급받은 사업자는 법정 절차에 따라서 매입자발행세금계산서를 발행할 수 있다.

② 매입자발행세금계산서를 발행하려는 자는 해당 재화 또는 용역의 공급시기가 속하는 과세기간 종료일부터 6개월 이내에 신청인 관할 세무서장에게 거래사실의 확인을 신청하여야 한다.

③ 매입자발행세금계산서의 발행신청은 공급자로부터 세금계산서를 발급받지 못한 모든 거래에 대하여 적용할 수 있다.

④ 매입자발행세금계산서의 발행신청은 공급사업자의 부도로 인해 공급사업자가 수정세금계산서를 발급하지 않은 경우에 할 수 있다.

⑤ 공급 계약의 해제나 변경이 발생한 경우로서 공급사업자가 수정세금계산서를 발급하지 아니한 경우는 매입자발행수정세금계산서의 발행 사유에 해당된다.

정답 16 ③ 17 해설참조

해설

② 매입자발행세금계산서를 발행하려는 자는 해당 재화 또는 용역의 공급시기가 속하는 과세기간의 종료일부터 1년 이내에 신청인 관할 세무서장에게 거래사실의 확인을 신청하여야 한다(부가가치세법 시행령 제71조의2 제3항).
③ 납세의무자로 등록한 사업자로서 세금계산서 발급의무가 있는 사업자가 재화 또는 용역을 공급하고 세금계산서 발급 시기에 세금계산서를 발급하지 아니한 경우(사업자의 부도·폐업, 공급 계약의 해제·변경 또는 그 밖에 대통령령으로 정하는 사유가 발생한 경우로서 사업자가 수정세금계산서 또는 수정전자세금계산서를 발급하지 아니한 경우를 포함) 그 재화 또는 용역을 공급받은 자는 대통령령으로 정하는 바에 따라 관할 세무서장의 확인을 받아 세금계산서를 발행할 수 있다(부가가치세법 제34조의2 제1항).
①·④·⑤ 부가가치세법 제34조의2 제1항
※ 시험 당시에는 ③이 정답이었으나, 부가가치세법 시행령의 개정에 따라 현재 정답은 ②, ③이다.

18 부가가치세법령상 일반과세자로서 공급시기에 영수증을 발급하여야 하는 사업자라 하더라도 특정 업종을 운영하는 경우 공급받는 자가 사업자등록증을 제시하고 세금계산서의 발급을 요구하는 경우에는 세금계산서를 발급하여야 한다. 이에 해당하는 업종이 아닌 것은?

① 여객운송업(전세버스운송사업이 아님)
② 숙박업
③ 양복점업
④ 소매업
⑤ 도정업

해설

세금계산서 발급대상(부가가치세법 시행령 제73조 제3항, 제4항)
③ 제1항 제1호부터 제3호까지, 제5호(「여객자동차 운수사업법 시행령」 제3조 제2호 가목에 따른 전세버스운송사업으로 한정), 제7호, 제8호, 제12호 또는 제14호의 사업을 하는 사업자와 제2항 각 호의 어느 하나에 해당하는 사업자가 재화 또는 용역을 공급하는 경우로서 그 재화 또는 용역을 공급받는 사업자가 법 제36조 제3항에 따라 세금계산서의 발급을 요구하는 경우에는 세금계산서를 발급해야 한다.
④ 제1항 제4호, 제5호(「여객자동차 운수사업법 시행령」 제3조 제2호 가목에 따른 전세버스운송사업은 제외), 제6호 또는 제9호부터 제11호까지의 사업을 하는 사업자가 감가상각자산을 공급하거나 제1항 각 호·제2항 각 호에 따른 역무 외의 역무를 공급하는 경우로서 그 재화 또는 용역을 공급받는 사업자가 법 제36조 제3항에 따라 세금계산서의 발급을 요구하는 경우에는 세금계산서를 발급해야 한다.

19 부가가치세법령상 매출세액에서 공제하는 매입세액에 관한 설명으로 옳은 것은?

① 재화의 공급시기가 도래하기 전에 세금계산서를 발급한 경우라도 공급시기가 발급시기와 같은 과세기간 내(조기환급을 받는 경우라면 발급일부터 30일 이내)에 도래하는 경우 그 매입세액은 공제한다.
② 공급시기 이후에 발급받은 세금계산서는 발급시기와 무관하게 그 매입세액을 공제한다.
③ 접대비의 지출에 관련된 매입세액 중 사업과 관련된 금액의 매입세액은 공제한다.
④ 공급시기가 속하는 과세기간이 끝난 후 30일이 되는 시점에 사업자등록을 신청한 경우 사업자등록을 신청하기 전의 매입세액이라고 하더라도 매입세액을 공제한다.
⑤ 면세사업과 과세사업을 겸영하는 사업자의 공통사용재화 매입과 관련된 매입세액 중 면세관련 세액은 이를 매입세액으로 공제한다.

18 ① 19 ① 정답

해설

① 부가가치세법 제17조 제3항 제2호

② 재화 또는 용역의 공급시기 이후에 발급받은 세금계산서로서 해당 공급시기가 속하는 과세기간에 대한 확정신고기한까지 발급받은 경우 매입세액은 매출세액에서 공제한다(부가가치법 제39조 제1항 제2호 단서, 시행령 제75조 제3호).

③ 기업업무추진비 및 이와 유사한 비용으로서 대통령령으로 정하는 비용의 지출에 관련된 매입세액은 공제하지 아니한다(부가가치세법 제39조 제1항 제6호).

※ 「부가가치세법」의 개정에 따라 '접대비'가 '기업업무추진비'로 변경되었다.

④ 공급시기가 속하는 과세기간이 끝난 후 20일 이내에 등록을 신청한 경우 등록신청일부터 공급시기가 속하는 과세기간 기산일(제5조 제1항에 따른 과세기간의 기산일)까지 역산한 기간 내의 것은 제외한다(부가가치세법 제39조 제1항 제8호 단서).

⑤ 면세사업 등에 관련된 매입세액은 매출세액에서 공제하지 아니하며(부가가치세법 제39조 제1항 제7호), 사업자가 과세사업과 면세사업 등을 겸영하는 경우에 매입세액의 계산은 실지귀속에 따라 하되, 실지귀속을 구분할 수 없는 매입세액은 총공급가액에 대한 면세공급가액의 비율 등 대통령령으로 정하는 바에 따라 안분하여 계산한다(부가가치세법 제40조).

20 부가가치세법령상 공통매입세액 등에 관한 설명으로 옳지 않은 것은?

① 사업자가 과세사업과 면세사업 등을 겸영하는 경우에 과세사업과 면세사업 등에 관련된 매입세액의 계산은 실지귀속에 따라 한다.

② 공통매입세액은 공급가액비율 등으로 안분하여 계산하되 예정신고를 할 때에는 예정신고기간의 비율에 의하고 확정신고를 할 때에는 과세기간의 비율로 정산한다.

③ 해당 과세기간의 총공급가액 중 면세공급가액이 5퍼센트 미만인 경우의 공통매입세액(5백만 원 미만임)은 전부 공제되는 매입세액으로 한다.

④ 같은 과세기간 내에 공통매입세액이 각각 4만 원, 3만 원인 매입거래가 있는 경우 이 매입세액은 전부 공제되는 매입세액으로 한다.

⑤ 사업을 신규로 개시한 과세기간에 매입한 자산을 그 과세기간에 매각하게 되는 경우 해당 재화와 관련된 공통매입세액은 전부 공제되는 매입세액으로 한다.

해설

④ 같은 과세기간 내에 공통매입세액의 합계액이 총 7만 원으로 5만 원을 초과하므로 이 매입세액은 전부 공제되는 매입세액으로 할 수 없다(부가가치세법 시행령 제81조 제2항 제2호 참조).

① 부가가치세법 제40조

② 부가가치세법 시행령 제82조 본문

③ 부가가치세법 시행령 제81조 제2항 제1호

⑤ 부가가치세법 시행령 제63조 제3항 제3호

공통매입세액 안분계산(부가가치세법 시행령 제81조 제2항)

다음의 어느 하나에 해당하는 경우에는 해당 재화 또는 용역의 매입세액은 공제되는 매입세액으로 한다.

1. 해당 과세기간의 총공급가액 중 면세공급가액이 5% 미만인 경우의 공통매입세액. 다만, 공통매입세액이 5백만 원 이상인 경우는 제외한다.
2. 해당 과세기간 중의 공통매입세액이 5만 원 미만인 경우의 매입세액
3. 재화를 공급하는 날이 속하는 과세기간에 신규로 사업을 시작하여 직전 과세기간이 없는 경우의 재화에 대한 매입세액

정답 20 ④

21 **부가가치세법령상 일반과세자인 (주)대한은 과세재화와 면세재화를 함께 공급하는 소매업을 영위하고 있다. 2022년 제1기 예정신고기간(2022.1.1.~2022.3.31.)의 과세상품과 면세상품의 매출액은 각각 225,000,000원과 150,000,000원이다. 다음 추가 자료를 고려하는 경우, 2022년 제1기 예정신고기간의 부가가치세 매출세액은? (단, 제시된 모든 금액은 부가가치세를 포함하지 아니한 것이며, 세금계산서는 적법하게 발급하였다)**

- 2016년 취득하여 과세사업과 면세사업에 공통 사용하던 지게차를 2022년 1월 중 7,500,000원에 매각하였다.
- 2021년 제2기 과세기간의 과세공급가액과 면세공급가액은 각각 123,750,000원과 101,250,000원이다.

① 20,900,500원
② 21,600,000원
③ 22,150,500원
④ 22,500,000원
⑤ 22,912,500원

해설

과세사업과 면세사업 등에 공통으로 사용된 재화의 공급가액 계산(부가가치세법 시행령 제63조 제1항)
과세표준에 포함되는 공급가액은 다음 계산식에 따라 계산한다. 이 경우 휴업 등으로 인하여 직전 과세기간의 공급가액이 없을 때에는 그 재화를 공급한 날에 가장 가까운 과세기간의 공급가액으로 계산한다.

$$\text{공급가액} = \text{해당 재화의 공급가액} \times \frac{\text{재화를 공급한 날이 속하는 과세기간의 직전 과세기간의 과세된 공급가액}}{\text{재화를 공급한 날이 속하는 과세기간의 직전 과세기간의 총공급가액}}$$

- 2022년 제1기 예정신고기간의 공급가액
  = 7,500,000원(해당 재화의 공급가액) × [123,750,000원 / (123,750,000원 + 101,250,000원)] = 4,125,000원
- 부가가치세 매출세액
  = (225,000,000원 + 4,125,000원) × 10% = <u>22,912,500원</u>

21 ⑤ 정답

22 부가가치세법령상 신용카드 등의 사용에 대한 세액공제가 적용되는 신용카드매출전표 등에 해당하지 않는 것은?

① 「여신전문금융업법」에 따른 신용카드매출전표
② 「조세특례제한법」 제126조의3에 따른 현금영수증
③ 「여신전문금융업법」에 따른 직불카드영수증
④ 「전자금융거래법」에 따른 직불전자지급수단 영수증
⑤ 「여신전문금융업법」에 따른 선불카드영수증으로 실제 명의는 확인되지 않는 것

해설

신용카드 등의 사용에 대한 세액공제 등(부가가치세법 제46조 제1항)
제1호에 해당하는 사업자가 부가가치세가 과세되는 재화 또는 용역을 공급하고 세금계산서의 발급시기에 제2호에 해당하는 거래증빙서류(신용카드매출전표 등)를 발급하거나 대통령령으로 정하는 전자적 결제수단에 의하여 대금을 결제받는 경우에는 제3호에 따른 금액을 납부세액에서 공제한다.
1. 사업자 : 다음 각 목의 어느 하나에 해당하는 사업자
   가. 주로 사업자가 아닌 자에게 재화 또는 용역을 공급하는 사업으로서 대통령령으로 정하는 사업을 하는 사업자(법인사업자와 직전 연도의 재화 또는 용역의 공급가액의 합계액이 대통령령으로 정하는 금액을 초과하는 개인사업자는 제외)
   나. 제36조 제1항 제2호에 해당하는 간이과세자
2. 거래증빙서류 : 다음 각 목의 어느 하나에 해당하는 서류
   가. 「여신전문금융업법」에 따른 신용카드매출전표
   나. 「조세특례제한법」 제126조의3에 따른 현금영수증
   다. 그 밖에 이와 유사한 것으로 대통령령으로 정하는 것

신용카드 등의 사용에 대한 세액공제 등(부가가치세법 시행령 제88조 제4항)
법 제46조 제1항 제2호 다목에서 "대통령령으로 정하는 것"이란 다음 각 호의 어느 하나에 해당하는 것을 말한다.
1. 「여신전문금융업법」에 따른 다음 각 목의 것
   가. 직불카드영수증
   나. 결제대행업체를 통한 신용카드매출전표
   다. 선불카드영수증(실제 명의가 확인되는 것으로 한정)
2. 「조세특례제한법」 제126조의3에 따른 현금영수증(부가통신사업자가 통신판매업자를 대신하여 발급하는 현금영수증을 포함)
3. 「전자금융거래법」에 따른 다음 각 목의 것
   가. 직불전자지급수단 영수증
   나. 선불전자지급수단 영수증(실제 명의가 확인되는 것으로 한정)
   다. 전자지급결제대행에 관한 업무를 하는 금융회사 또는 전자금융업자를 통한 신용카드매출전표

정답 22 ⑤

23 부가가치세법령상 신고와 납부에 관한 설명으로 옳은 것을 모두 고른 것은?

> ㄱ. 사업자는 예정신고기간이 끝난 후 30일 이내에 예정신고기간에 대한 과세표준과 납부세액 또는 환급세액을 납세지 관할 세무서장에게 신고하여야 한다.
> ㄴ. 사업자가 부가가치세 예정신고서를 제출할 때, 건물・기계장치 등을 취득하는 경우에는 건물 등 감가상각자산 취득명세서를 함께 제출해야 한다.
> ㄷ. 재화의 수입에 대한 부가가치세 납부유예를 승인하는 경우 그 유예기간은 1년으로 한다.
> ㄹ. 주사업장 총괄 납부 사업자가 되려는 자는 그 납부하려는 과세기간 개시 15일 전에 주사업장 총괄 납부 신청서를 주된 사업장의 관할 세무서장에게 제출하여야 한다.

① ㄱ, ㄴ
② ㄴ, ㄷ
③ ㄱ, ㄴ, ㄹ
④ ㄱ, ㄷ, ㄹ
⑤ ㄱ, ㄴ, ㄷ, ㄹ

해설

ㄴ. 부가가치세법 시행령 제90조 제3항 제7호
ㄷ. 부가가치세법 시행령 제91조의2 제8항
ㄱ. 사업자는 각 과세기간 중 예정신고기간이 끝난 후 <u>25일</u> 이내에 대통령령으로 정하는 바에 따라 각 예정신고기간에 대한 과세표준과 납부세액 또는 환급세액을 납세지 관할 세무서장에게 신고하여야 한다(부가가치세법 제48조 제1항).
ㄹ. 주사업장 총괄 납부 사업자가 되려는 자는 그 납부하려는 과세기간 개시 <u>20일</u> 전에 주사업장 총괄 납부 신청서를 주된 사업장의 관할 세무서장에게 제출(국세정보통신망에 의한 제출을 포함)하여야 한다(부가가치세법 시행령 제92조 제2항).

24 부가가치세법령상 질문・조사 및 자료제출에 관한 설명으로 옳은 것을 모두 고른 것은?

> ㄱ. 납세지 관할 세무서장은 부가가치세의 납세보전을 위하여 납세의무자에게 장부를 제출하게 할 수 있다.
> ㄴ. 국세청장은 부가가치세의 조사를 위하여 납세의무자에게 현금영수증 발급장치의 설치・사용을 명할 수 있다.
> ㄷ. 「부가가치세법」 제75조에 따른 자료제출의무가 있는 자는 관련 명세를 매 분기 말일의 다음 달 15일까지 국세청장에게 제출하여야 한다.

① ㄱ
② ㄱ, ㄴ
③ ㄱ, ㄷ
④ ㄴ, ㄷ
⑤ ㄱ, ㄴ, ㄷ

23 ② 24 ⑤ 정답

해설

ㄱ. 납세지 관할 세무서장은 부가가치세의 납세보전 또는 조사를 위하여 납세의무자에게 장부·서류 또는 그 밖의 물건을 제출하게 하거나 그 밖에 필요한 사항을 명할 수 있다(부가가치세법 제74조 제2항).

ㄴ. 국세청장, 관할 지방국세청장 또는 관할 세무서장은 부가가치세의 조사를 위하여 납세의무자에게 세금계산서의 발급, 금전등록기의 설치·사용, 신용카드 조회기의 설치·사용, 현금영수증 발급장치의 설치·사용, 표찰(標札)의 게시(揭示), 업종별 표시, 그 밖에 납세보전을 위한 단속에 필요한 사항을 명할 수 있다(부가가치세법 제74조 제2항, 시행령 제119조).

ㄷ. 자료제출의무가 있는 자는 재화 또는 용역의 공급과 관련하여 국내에서 판매 또는 결제를 대행하거나 중개하는 경우 대통령령으로 정하는 바에 따라 관련 명세를 매 분기 말일의 다음 달 15일까지 국세청장, 납세지 관할 지방국세청장 또는 납세지 관할 세무서장에게 제출하여야 한다(부가가치세법 제75조 제1항).

25 부가가치세법령상 과세표준과 납부세액 또는 환급세액의 결정과 경정에 관한 설명으로 옳은 것은?

① 부가가치세 과세표준의 결정·경정은 각 납세지 관할 지방국세청장만이 한다.

② 주사업장 총괄 납부를 하는 경우에는 각 납세지 관할 세무서장 또는 납세지 관할 지방국세청장은 과세표준과 납부세액 또는 환급세액을 결정할 수 없다.

③ 사업장의 이동이 빈번한 경우에는 부가가치세를 포탈할 우려가 있다고 보아 결정·경정의 사유가 될 수 있다.

④ 세무서장이 정하는 업종을 경영하는 사업자로서 같은 장소에서 계속하여 3년 이상 사업을 경영한 자에 대해서는 경정을 하지 않는다.

⑤ 신용카드가맹점 가입 대상자로 지정받은 사업자가 신용카드가맹점으로 가입하지 아니한 경우에는 납세지 관할 지방국세청장이 부가가치세 과세표준을 결정한다.

해설

③ 부가가치세법 제57조 제1항 제4호, 시행령 103조 제1항 제1호

① 납세지 관할 세무서장, 납세지 관할 지방국세청장 또는 국세청장은 사업자가 규정에 해당하는 경우에만 해당 예정신고기간 및 과세기간에 대한 부가가치세의 과세표준과 납부세액 또는 환급세액을 조사하여 결정 또는 경정한다(부가가치세법 제57조 제1항).

② 주사업장 총괄 납부를 하는 경우 각 납세지 관할 세무서장, 납세지 관할 지방국세청장 또는 국세청장이 과세표준과 납부세액 또는 환급세액을 결정하거나 경정하였을 때에는 지체 없이 납세지 관할 세무서장 또는 총괄 납부를 하는 주된 사업장의 관할 세무서장에게 통지하여야 한다(부가가치세법 시행령 제102조 제2항).

④ 국세청장이 정하는 업종을 경영하는 사업자로서 같은 장소에서 계속하여 5년 이상 사업을 경영한 자에 대해서는 객관적인 증명자료로 보아 과소하게 신고한 것이 분명한 경우에만 경정할 수 있다(부가가치세법 시행령 제103조 제2항).

⑤ 신용카드가맹점 또는 현금영수증가맹점 가입 대상자로 지정받은 사업자가 정당한 사유 없이 신용카드가맹점 또는 현금영수증가맹점으로 가입하지 아니한 경우로서 사업 규모나 영업 상황으로 보아 신고 내용이 불성실하다고 판단되는 경우 납세지 관할 세무서장, 납세지 관할 지방국세청장 또는 국세청장이 해당 예정신고기간 및 과세기간에 대한 부가가치세의 과세표준과 납부세액 또는 환급세액을 조사하여 결정 또는 경정한다(부가가치세법 제57조 제1항 제4호, 시행령 제103조 제1항 제4호).

정답 25 ③

26 부가가치세법령상 과세표준과 납부세액 또는 환급세액의 결정·경정 시 따르는 추계 방법으로서 국세청장이 사업의 종류별·지역별로 정한 기준에 따라 계산할 때 그 기준에 해당하지 않는 것은?

① 생산에 투입되는 원재료, 부재료 중에서 일부 또는 전체의 수량과 생산량의 관계를 정한 원단위 투입량
② 인건비, 임차료, 재료비, 수도광열비, 그 밖의 영업비용 중에서 일부 또는 전체의 비용과 매출액의 관계를 정한 비용관계비율
③ 일정기간 동안의 평균재고금액과 매출액 또는 매출원가의 관계를 정한 상품회전율
④ 일정기간 동안의 매출액과 당기순이익의 비율을 정한 당기순이익률
⑤ 일정기간 동안의 매출액과 부가가치액의 비율을 정한 부가가치율

해설

추계 결정·경정 방법(부가가치세법 시행령 제104조 제1항 제4호)
가. 생산에 투입되는 원재료, 부재료 중에서 일부 또는 전체의 수량과 생산량의 관계를 정한 원단위 투입량
나. 인건비, 임차료, 재료비, 수도광열비, 그 밖의 영업비용 중에서 일부 또는 전체의 비용과 매출액의 관계를 정한 비용관계비율
다. 일정기간 동안의 평균재고금액과 매출액 또는 매출원가의 관계를 정한 상품회전율
라. 일정기간 동안의 매출액과 매출총이익의 비율을 정한 매매총이익률
마. 일정기간 동안의 매출액과 부가가치액의 비율을 정한 부가가치율

27 부가가치세법상 가산세와 관련하여 ( )에 들어갈 내용으로 옳은 것은? (단, 사업자는 일반과세자이며, 주어진 자료 이외에는 고려하지 않는다)

> 사업자가 사업장마다 사업 개시일부터 20일 이내에 사업장 관할 세무서장에게 사업자등록을 신청하지 아니한 경우에는 사업 개시일부터 ( )까지의 공급가액 합계액의 1퍼센트에 해당하는 금액을 납부세액에 더하거나 환급세액에서 뺀다.

① 등록을 신청한 날
② 등록을 신청한 날의 다음 날
③ 등록을 신청한 날의 직전일
④ 등록을 신청한 날이 속하는 예정신고기간 종료일
⑤ 등록을 신청한 날이 속하는 과세기간 종료일

해설

가산세(부가가치세법 제60조 제1항)
① 사업자 또는 국외사업자가 다음 각 호의 어느 하나에 해당하면 각 호에 따른 금액을 납부세액에 더하거나 환급세액에서 뺀다.
  1. 사업장마다 대통령령으로 정하는 바에 따라 사업 개시일부터 20일 이내까지 등록을 신청하지 아니한 경우에는 사업 개시일부터 등록을 신청한 날의 직전일까지의 공급가액 합계액의 1%
  1의2. 국외사업자가 정보통신망을 통하여 이동통신단말장치 또는 컴퓨터 등으로 공급하는 용역으로서 국내에 제공하는 경우 또는 국외사업자가 제3자를 통하여 국내에 전자적 용역을 공급하는 경우에는 사업의 개시일부터 20일 이내까지 등록을 하지 아니한 경우에는 사업 개시일부터 등록한 날의 직전일까지의 공급가액 합계액의 1%
  2. 대통령령으로 정하는 타인의 명의로 사업자등록을 하거나 그 타인 명의의 사업자등록을 이용하여 사업을 하는 것으로 확인되는 경우 그 타인 명의의 사업 개시일부터 실제 사업을 하는 것으로 확인되는 날의 직전일까지의 공급가액 합계액의 1%

26 ④ 27 ③ 정답

28 사업자 甲은 2022년 7월 1일에 부가가치세법상 일반과세자에서 간이과세자로 전환되었다. 동 전환일 현재 취득가액 4억 원의 재고품(취득일 : 2022.6.1.)을 보유하고 있으며, 이 금액들은 모두 세금계산서에 의해 확인되는 금액으로서 부가가치세가 포함되지 않은 금액이다. 간이과세자 전환으로 인한 甲의 재고납부세액은? (단, 재고품은 매입세액공제를 받았다)

① 37,800,000원
② 43,500,000원
③ 48,200,000원
④ 51,060,000원
⑤ 54,200,000원

해설

일반과세자가 간이과세자로 변경되는 경우에 해당 사업자는 재고품을 다음의 방법에 따라 계산한 재고납부세액을 납부세액에 더하여 납부해야 한다(부가가치세법 시행령 제112조 제3항 제1호).

$$재고납부세액 = 재고금액 \times \frac{10}{100} \times (1 - 0.5\% \times \frac{110}{10})$$

사업자 甲의 재고납부세액 = 400,000,000원 × 10/100 × (1 − 0.5% × 110/10) = 37,800,000원

29 부가가치세법령상 납세관리인에 관한 설명으로 옳지 않은 것은?

① 개인사업자가 3개월 이상 국외에 체류하려는 경우 부가가치세에 관한 신고·납부·환급, 그 밖에 필요한 사항을 처리하는 납세관리인을 정하여야 한다.
② 납세관리인을 정한 사업자는 납세지 관할 세무서장에게 신고하여야 한다.
③ 납세관리인의 주소나 거소가 변경된 경우에도 사업자가 이를 신고하여야 한다.
④ 「자본시장과 금융투자업에 관한 법률」에 따른 신탁업 중 부동산에 관한 신탁업자를 납세관리인으로 정할 수 있다.
⑤ 「세무사법」 제6조에 따라 등록한 자를 납세관리인으로 정할 수 있다.

해설

① 개인사업자가 6개월 이상 국외에 체류하려는 경우 부가가치세에 관한 신고·납부·환급, 그 밖에 필요한 사항을 처리하는 납세관리인을 정하여야 한다(부가가치세법 제73조 제1항 제2호).
② 부가가치세법 제73조 제3항
③ 부가가치세법 시행령 제118조 제2항
④ 부가가치세법 제73조 제2항, 시행령 제118조 제1항 제3호
⑤ 부가가치세법 시행령 제118조 제1항 제1호

정답 28 ① 29 ①

30 부가가치세법령상 벌칙에 관한 설명으로 옳지 않은 것은?

① 부가가치세법에는 부가가치세법상 위반행위에 대하여 형벌을 과하는 규정을 두고 있지 않다.

② 과태료의 부과는 국세청장이 한다.

③ 위반행위자가 법 위반상태를 시정하기 위해 노력한 사실이 인정되는 경우 과태료 금액의 2분의 1 범위에서 그 금액을 줄여 부과할 수 있다.

④ 위반행위의 횟수에 따른 과태료의 가중된 부과기준은 최근 3년간 같은 위반행위로 과태료 부과처분을 받은 경우에 적용한다.

⑤ 위반행위의 횟수에 따른 과태료의 가중된 부과기준을 적용할 때 기간의 계산은 위반행위에 대하여 과태료 부과처분을 받은 날과 그 처분 후에 다시 같은 위반행위를 하여 적발한 날을 기준으로 한다.

해설

② 국세청장, 납세지 관할 지방국세청장 또는 납세지 관할 세무서장은 규정에 해당하는 자에게 2천만 원 이하의 과태료를 부과한다(부가가치세법 제76조 제1항).

※ 시험 당시에는 '납세지 관할 세무서장'이 과태료를 부과하였으나, 2022. 12. 31 개정(시행 2023. 7. 1)되어 '국세청장, 납세지 관할 지방국세청장 또는 납세지 관할 세무서장'이 과태료를 부과하는 것으로 변경되었다.

① 부가가치세법에는 부가가치세법상 위반행위에 대하여 형벌을 과하는 규정은 두고 있지 않으며 과태료를 부과하는 규정(동법 제76조)만 두고 있다.

③ 부가가치세법 시행령 별표 제1호 가목 2)

④·⑤ 부가가치세법 시행령 별표 제3호 비고 1

31 개별소비세법령상 과세표준에 관한 설명으로 옳지 않은 것은?

① 투전기를 제조장에서 반출한 후 일정한 금액을 매수자에게 되돌려 주는 경우 처음의 반출가격에 상당하는 금액을 제조장에서 반출할 때의 가격으로 한다.

② 납세의무자가 귀금속제품을 보세구역에서 반출할 때 개별소비세 과세표준은 해당 물품을 수입신고할 때의 관세의 과세가격과 관세를 합한 금액으로 한다.

③ 경유를 제조하여 반출하는 자가 납세의무자인 경우 제조장에서 반출할 때의 수량을 과세표준으로 한다.

④ 유흥주점의 경영자가 유흥음식 요금의 전부 또는 일부를 받지 아니하고 유흥음식행위를 하게 한 경우에는 그 요금의 전액을 받은 것으로 본다.

⑤ 「관광진흥법」 제5조에 따라 허가를 받은 카지노에서의 영업행위에 대해서는 총매출액을 과세표준으로 한다.

해설

② 납세의무자가 귀금속제품을 보세구역에서 반출할 때 개별소비세 과세표준은 해당 물품을 수입신고할 때의 관세의 과세가격과 관세를 합한 금액 중 기준가격을 초과하는 부분의 가격을 과세표준으로 한다(개별소비세법 제8조 제1항 제3호, 제1조 제2항 제2호).

① 개별소비세법 시행령 제8조 제1항 제3호

③ 개별소비세법 제8조 제1항 제2호

④ 개별소비세법 제7조

⑤ 개별소비세법 제1조 제5항

30 해설참조 31 ② 정답

32 개별소비세법령상 과세대상인 물품의 제조 또는 판매, 반출 등에 관한 설명으로 옳지 않은 것은?

① 제조장이 아닌 장소에서 판매 목적으로 과세물품에 가치를 높이기 위한 장식을 하는 경우에는 해당 물품을 제조하는 것으로 본다.

② 과세물품이 판매장에 있다가 공매, 경매 또는 파산절차로 환가되는 경우에는 판매장에서 판매하는 것으로 본다.

③ 과세물품이 동일 제조장에서 다른 과세물품의 원재료로 사용되는 경우에는 과세물품이 제조장에서 반출하는 것으로 보지 아니한다.

④ 과세물품이 제조장 밖에 있는 해당 기업의 「기초연구진흥 및 기술개발지원에 관한 법률」에 따른 기업부설연구소로 옮겨져서 시험・연구 목적으로 사용되는 경우에는 제조장에서 반출하는 것으로 본다.

⑤ 과세물품이 분해되었거나 미조립 상태로 반출되는 경우에는 완제품을 반출하는 것으로 본다.

해설

④ 제조장에서 사용되거나 소비되는 경우에는 제조장에서 반출하는 것으로 본다. 다만, 동일 제조장에서 과세물품이 시험・연구 및 검사의 목적으로 사용되는 경우는 제외한다. 이 경우 「기초연구진흥 및 기술개발지원에 관한 법률」에 따른 기업부설연구소 및 연구개발전담부서는 제조장 밖에 있는 경우에도 동일 제조장에 있는 것으로 본다(개별소비세법 제6조 제1항 제1호, 시행령 제6조 제1항 제2호).

② 개별소비세법 제6조 제1항 제2호

※ 해당 법률은 2022. 12. 31 개정(시행 2023. 1. 1)되었다.
(개정 전) 판매장이나 제조장에 있다가 공매, 경매 또는 파산절차로 환가되는 경우에는 판매장에서 판매되거나 제조장에서 반출되는 것으로 본다.
(개정 후) 제조장에 있다가 공매, 경매 또는 파산절차로 환가되는 경우에는 제조장에서 반출하는 것으로 본다.

① 개별소비세법 제5조 제1호 나목

③ 개별소비세법 제6조 제1항 제1호, 시행령 제6조 제1항 제1호

⑤ 개별소비세법 제1조 제10항

※ 시험 당시에는 ④가 정답이었으나, 부가가치세법 시행령의 개정에 따라 현재 정답은 ②, ④이다.

33 개별소비세법령상 과세물품의 미납세반출에 관한 설명으로 옳은 것을 모두 고른 것은?

ㄱ. 수출할 물품을 다른 장소에 반출하는 것은 미납세반출 대상이다.
ㄴ. 미납세반출된 물품이 반입 장소에 반입되기 전에 재해나 그 밖의 부득이한 사유로 멸실된 경우라도 개별소비세를 징수한다.
ㄷ. 미납세반출 제도를 적용하여 보세구역에서 반출하려는 자는 해당 물품에 대해 세관장이 수입신고를 수리한 후 미납세반출 신청서를 같은 세관장에게 제출하여 그 승인을 받아야 한다.
ㄹ. 세관장이 수입자에게 미납세반출을 승인한 경우에는 수입자가 수입지 관할 세무서장에게 그 승인받은 사실을 통보하여야 한다.

① ㄱ　　② ㄷ, ㄹ
③ ㄱ, ㄴ, ㄷ　　④ ㄴ, ㄷ, ㄹ
⑤ ㄱ, ㄴ, ㄷ, ㄹ

정답 32 해설참조 33 ①

해설

ㄱ. 개별소비세법 제14조 제1항 제1호
ㄴ. 미납세반출 물품이 반입 장소에 반입되기 전에 재해나 그 밖의 부득이한 사유로 멸실(滅失)된 경우에는 대통령령으로 정하는 바에 따라 개별소비세를 징수하지 아니한다(개별소비세법 제14조 제3항).
ㄷ. 미납세반출 제도를 적용하여 보세구역에서 반출하려는 자는 해당 물품을 반출할 때에(수입물품의 경우에는 그 수입신고 시부터 수입신고 수리 전까지) 규정된 사항을 적은 미납세반출 신청서를 관할 세무서장 또는 세관장에게 제출(국세정보통신망을 통한 제출을 포함)하여 그 승인을 받아야 한다(개별소비세법 시행령 제19조 제1항).
ㄹ. 미납세반출 승인 신청을 받은 관할 세무서장 또는 세관장이 이를 승인하였을 때에는 그 신청서에 준하는 내용의 승인서를 발급하고, 반입지 관할 세무서장 또는 세관장에게 그 사실을 통지하여야 한다(개별소비세법 시행령 제19조 제2항).

34 개별소비세법령상 조건부면세 및 무조건면세에 관한 설명으로 옳은 것은?

① 외국 무역선, 원양어업선박 또는 외국항행 항공기에서 사용할 것으로 인정되는 연료 외의 소모품에 대해서는 조건부면세 조항을 적용하여 개별소비세를 면제한다.
② 산업용 등 대통령령으로 정하는 용도로 사용하는 유연탄에 대해서는 무조건면세 조항을 적용하여 개별소비세를 면제한다.
③ 수출 물품의 용기로서 재수입하는 것의 경우에는 조건부면세 조항을 적용하여 개별소비세를 면제한다.
④ 개별소비세가 부과된 물품으로서 수출한 후 「개별소비세법」에 따른 환급이나 공제를 받은 사실이 없다는 것을 관할 세관장이 증명하는 물품이 재수입되어 보세구역에서 반출하는 것의 경우에는 무조건면세 조항을 적용하여 개별소비세를 면제한다.
⑤ 무조건면세 조항을 적용한 물품으로서 반입지에 반입한 사실을 증명하지 아니한 것에 대해서는 개별소비세를 징수한다.

해설

① 개별소비세법 제18조 제1항 제11호
② 산업용 등 대통령령으로 정하는 용도로 사용하는 유연탄에 대해서는 조건부면세 조항을 적용하여 개별소비세를 면제한다(개별소비세법 제18조 제1항 제13호).
③ 수출 물품의 용기로서 재수입하는 것의 경우에는 무조건면세 조항을 적용하여 개별소비세를 면제한다(개별소비세법 제19조 제5호).
④ 개별소비세가 부과된 물품으로서 수출한 후 「개별소비세법」에 따른 환급(還給)이나 공제를 받은 사실이 없다는 것을 관할 세무서장이 증명하는 물품이 재수입되어 보세구역에서 반출하는 것은 무조건면세 조항을 적용하여 개별소비세를 면제한다(개별소비세법 제19조 제14호).
⑤ 조건부면세 조항을 적용한 물품으로서 반입지에 반입한 사실을 증명하지 아니한 것에 대해서는 관할 세무서장 또는 세관장이 그 반출자 또는 수입신고인으로부터 개별소비세를 징수한다(개별소비세법 제18조 제2항).

34 ① 정답

35 개별소비세법령상 과세표준 신고에 관한 설명으로 옳지 않은 것은?

① 개별소비세 과세물품을 「관세법」에 따라 세관장에게 수입신고하는 자는 세관장이 수입신고를 수리한 다음에 세관장에게 「개별소비세법」에 따른 과세표준을 신고하여야 한다.

② 골프장 경영자는 입장한 날이 속하는 분기의 다음 달 25일까지 과세장소 관할 세무서장에게 과세표준을 신고하여야 한다.

③ 유흥주점 경영자는 유흥음식행위를 한 날이 속하는 달의 다음 달 25일까지 과세유흥장소 관할 세무서장에게 과세표준을 신고하여야 한다.

④ 과세물품을 제조하여 반출하는 자는 과세물품이 제조장에 있다가 공매로 환가되는 경우에는 환가한 날이 속한 달의 다음 달 25일까지 관할 세무서장에게 과세표준을 신고하여야 한다.

⑤ 과세유흥장소의 경영자가 그 영업을 폐업한 경우에는 폐업한 날이 속한 달의 다음 달 25일까지 과세유흥장소의 관할 세무서장에게 과세표준을 신고하여야 한다.

해설

① 「관세법」에 따라 관세를 납부할 의무가 있는 자로서 개별소비세 과세물품을 보세구역에서 반출하는 자가 보세구역 관할 세관장에게 수입신고를 한 경우에는 과세표준의 신고를 한 것으로 본다(개별소비세법 제9조 제2항).
② 개별소비세법 제9조 제4항
③ 개별소비세법 제9조 제5항
④ 개별소비세법 제9조 제7항 제1호
⑤ 개별소비세법 제9조 제7항 제2호

36 개별소비세법령상 과세대상에 따른 세율로 옳은 것은?

① 수렵용 총포류 – 물품가격의 10%
② 고급 모피 – 물품가격의 20%
③ 전기승용자동차 – 물품가격의 10%
④ 조단위로 판매되는 고급 가구 – 1조당 800만 원을 초과하는 부분의 가격의 20%
⑤ 투전기를 설치한 장소 – 1명 1회 입장에 대하여 1만 2천 원

해설

④ 개별소비세법 제1조 제2항 제2호 나목, 시행령 제4조 제3호
① 수렵용 총포류는 그 물품가격에 100분의 20의 세율을 적용한다(개별소비세법 제1조 제2항 제1호 나목).
② 고급 모피는 기준가격(500만 원)을 초과하는 부분의 가격인 과세가격에 100분의 20의 세율을 적용한다(개별소비세법 제1조 제2항 제2호 나목, 시행령 제4조 제3호).
③ 전기승용자동차는 그 물품가격에 100분의 5의 세율을 적용한다(개별소비세법 제1조 제2항 제3호 다목).
⑤ 투전기를 설치한 장소는 1명 1회 입장에 대하여 1만 원의 세율을 적용한다(개별소비세법 제1조 제3항 제3호).

정답 35 ① 36 ④

37 「주세법」 제18조의 환입 주류에 대한 세액공제 및 환급 규정이 적용되는 경우가 아닌 것은?

① 주류의 품질불량으로 동일한 주류 제조자의 주류 제조장 중 어느 한 곳으로 다시 들어온 경우
② 제조자가 과세표준 등을 신고한 주류의 상품을 1주조연도 이상 계속하여 제조하지 않는 사유로 동일한 주류 제조자의 주류 제조장으로 다시 들어온 경우
③ 주류의 품질불량으로 수입신고자의 본점 소재지에서 폐기된 경우
④ 주류의 변질로 수입신고자의 하치장에서 폐기된 경우
⑤ 주류가 유통과정 중 파손 또는 자연재해로 멸실된 경우

해설

② 주류 제조자가 신고한 주류의 상품을 2주조연도 이상 계속하여 제조하지 않은 경우로 동일한 주류 제조자의 주류 제조장 중 어느 한 곳으로 다시 들어온 경우에 해당하면 납부 또는 징수하여야 할 세액에서 그 세액을 공제한다(주세법 제18조 제1항 제1호, 시행령 제17조 제1항).

환입 주류에 대한 세액공제 및 환급(주세법 제18조 제1항)
이미 주세가 납부되었거나 납부되어야 할 주류가 다음의 어느 하나의 경우에 해당하면 납부 또는 징수하여야 할 세액에서 그 세액을 공제하고, 납부 또는 징수할 세액이 없는 경우에는 이미 납부한 세액을 환급한다.
1. 변질, 품질불량, 대통령령으로 정하는 생산 중단(주류 제조자가 신고한 주류의 상품을 2주조연도 이상 계속하여 제조하지 않은 경우)이나 그 밖의 부득이한 사유로 동일한 주류 제조자의 주류 제조장 중 어느 한 곳으로 다시 들어온 경우
2. 변질, 품질불량, 대통령령으로 정하는 수입 중단(주류를 수입하는 자가 신고한 주류의 상품을 2주조연도 이상 계속하여 수입하지 않은 경우)이나 그 밖의 부득이한 사유로 수입신고자의 본점 소재지 또는 하치장(주류의 제조자가 직접 생산한 주류와 주류판매업자가 직접 구입한 주류의 보관·관리시설을 갖춘 장소를 말함)에서 폐기된 경우
3. 유통과정 중 파손 또는 자연재해로 멸실된 경우

38 주세법령상 주세의 담보 및 보증에 관한 설명으로 옳지 않은 것은?

① 관할 세무서장은 주세 보전을 위하여 필요하다고 인정되면 주류 제조자에 대하여 납세 보증으로서 주세액에 상당하는 가액의 주류를 보존할 것을 명할 수 있다.
② 납세의 보증으로 주세액에 상당하는 가액을 판단할 때의 주류 가격은 통상가격으로 한다.
③ 납세의무자가 주세를 납부할 목적으로 하는 경우에는 관할 세무서장이 보존을 명한 납세보증주류를 처분하거나 제조장에서 반출할 수 있다.
④ 관할 세무서장은 납세의무자가 납부기한까지 주세를 납부하지 아니하는 경우에는 납세보증주류를 공매하고, 그 금액으로 주세를 충당한다.
⑤ 관할 세무서장이 주류를 보존할 것을 명하였으나 납세의무자가 주류의 보존을 하지 아니한 경우에는 주류를 제조장에서 반출된 것으로 보아 그 주세를 징수한다.

37 ② 38 ③ 정답

해설

③ 주류 제조자는 제21조에 따라 관할 세무서장이 보존을 명한 납세보증주류를 처분하거나 제조장에서 반출할 수 없다(주세법 제23조).
① 주세법 제21조
② 주세법 시행령 제28조
④ 주세법 제22조
⑤ 주세법 제16조

39 주세법상 용어 등에 관한 설명으로 옳지 않은 것을 모두 고른 것은?

> ㄱ. "주류"에는 주정(희석하여 음용할 수 있는 에틸알코올)이 포함되며, 조주정(불순물이 포함되어 있어서 직접 음용할 수는 없으나 정제하면 음용할 수 있는 것)은 주정에 포함되지 않는다.
> ㄴ. "불휘발분"이란 전체용량에 포함되어 있는 휘발되지 아니하는 성분을 말한다.
> ㄷ. 「식품산업진흥법」 제14조에 따라 지정된 주류부문의 대한민국식품명인이 제조하는 주류는 주원료의 생산지와 무관하게 "전통주"로 인정된다.
> ㄹ. "주류 제조 수탁자"란 주류 제조 위탁자로부터 주류의 제조를 위탁받아 자신의 상표명으로 주류를 제조하는 자를 말한다.

① ㄴ
② ㄱ, ㄴ
③ ㄱ, ㄷ
④ ㄱ, ㄹ
⑤ ㄷ, ㄹ

해설

ㄱ. "주류"란 주정(酒精)[희석하여 음용할 수 있는 에틸알코올을 말하며, 불순물이 포함되어 있어서 직접 음용할 수는 없으나 정제하면 음용할 수 있는 조주정(粗酒精)을 포함]과 알코올분 1도 이상의 음료를 말한다(주세법 제2조 제1호)
ㄹ. "주류 제조 수탁자"란 주류 제조 위탁자로부터 「주류 면허 등에 관한 법률」 제3조 제8항에 따라 주류의 제조를 위탁받아 해당 주류를 제조하는 자를 말하며(주세법 제2조 제11호), "주류 제조 위탁자"란 자신의 상표명으로 자기 책임과 계산에 따라 주류를 판매하기 위하여 「주류 면허 등에 관한 법률」 제3조 제8항에 따라 주류의 제조를 다른 자에게 위탁하는 자를 말한다(주세법 제2조 제10호).

정답 39 ④

40 주세법령상 주세의 과세표준과 세액에 관한 설명으로 옳은 것은?

① 주정의 과세표준은 그 수량으로 하고 주정 외의 주류의 과세표준은 주류의 가격으로 한다.

② 수입하는 주류의 가격은 「관세법」 제241조에 따라 수입신고하는 때의 관세의 과세가격으로 한다.

③ 전통주에 대한 경감세율을 적용함에 있어서 직전 주조연도 과세대상 반출 수량이 최초로 경감세율적용 기준을 초과한 경우 그 사유 발생연도와 그 다음 2주조연도까지 제조하는 주류에 대하여 경감세율을 적용한다.

④ 외상 방식으로 통상가격보다 높은 가격으로 반출하거나 선매 방식으로 통상가격보다 낮은 가격에 반출하는 경우 반출하는 주류의 가격은 그 반출가격으로 한다.

⑤ 무상으로 반출하는 경우로서 통상가격을 산출할 수 없는 때에는 제조원가(회계학상 개념에 의한 제조원가)에 10% 상당 이윤을 가산한 가격으로 한다.

해설

③ 주세법 시행령 제7조 제3항 제2호

① 주정, 탁주 및 맥주에 대한 주세의 과세표준은 주류 수량으로 하고 주정, 탁주 및 맥주 외의 주류에 대한 주세의 과세표준은 주류 가격으로 한다(주세법 제7조 제1항, 제2항).

② 수입하는 주류의 가격은 「관세법」 제241조에 따라 수입신고를 하는 때의 가격(관세의 과세가격과 관세를 합한 금액)으로 한다(주세법 시행령 제5조 제2항).

④ 외상 방식으로 통상가격보다 높은 가격에 반출하는 경우의 주류 가격은 그 반출하는 가격에 상당하는 금액, 선매 방식으로 통상가격보다 낮은 가격에 반출하거나 상거래 관습상 일정한 금액을 통상가격에서 공제하여 반출하는 경우의 주류 가격은 그 통상가격에 상당하는 금액이다(주세법 시행령 제5조 제1항 제2호 가목, 나목).

⑤ 무상으로 반출하는 경우로서 해당 주류와 동일한 규격과 용량을 가진 주류의 통상가격으로 하되, 동일한 기준으로 가격을 산출할 수 없을 때에는 그 주류의 제조원가에 통상이윤상당액(제조원가의 100분의 10)을 가산한 금액. 이 경우 제조원가는 회계학상의 개념에도 불구하고 원료비·부원료비·노무비·경비 및 일반관리비(판매비를 포함) 중 해당 주류에 배분되어야 할 부분으로 구성되는 총금액으로 한다(주세법 시행령 제5조 제1항 제2호 라목).

40 ③ 정답

2023 내국소비세법

1교시 응시시간 : 80분 과목당 문항 수 : 40문항

01 부가가치세법령상 납세지와 사업장에 관한 설명으로 옳지 않은 것은?

① 건설업을 영위하는 법인의 사업장은 그 법인의 등기부상의 소재지로 한다.
② 사업자가 부동산상의 권리만을 대여하는 경우에는 그 사업에 관한 업무를 총괄하는 장소를 사업장으로 한다.
③ 부동산매매업을 영위하는 개인의 사업장은 그 부동산의 등기부상 소재지로 한다.
④ 사업자가 사업장을 두지 아니하면 그 사업자의 주소 또는 거소를 사업장으로 한다.
⑤ 재화를 수입하는 자의 부가가치세 납세지는 「관세법」에 따라 수입을 신고하는 세관의 소재지로 한다.

해설

③ 부동산 매매업을 영위하는 개인의 사업장은 사업에 관한 업무를 총괄하는 장소로 한다(부가가치세법 시행령 제8조 제1항 제3호 나목).
① 부가가치세법 시행령 제8조 제1항 제3호 가목
② 부가가치세법 시행령 제8조 제2항
④ 부가가치세법 제6조 제3항
⑤ 부가가치세법 제6조 제6항

02 부가가치세법령상 사업자 단위 과세에 관한 설명으로 옳은 것은?

① 사업자가 사업자 단위 과세 사업자로 적용을 받는 과세기간에 자기의 사업과 관련하여 생산 또는 취득한 재화를 판매할 목적으로 자기의 다른 사업장에 반출하는 것은 재화의 공급으로 본다.
② 사업자 단위 과세 사업자가 각 사업장별로 신고・납부하려는 경우에는 그 납부하려는 과세기간 개시 20일 전에 사업자 단위 과세 포기신고서를 사업자 단위 과세 적용 사업장 관할 세무서장에게 제출하여야 한다.
③ 사업자 단위 과세를 포기한 경우에는 그 포기한 날이 속하는 과세기간부터 각 사업장별로 신고・납부하거나 주사업장 총괄 납부를 해야 한다.
④ 사업자 단위 과세 사업자가 법인인 경우 각 사업장을 대신하여 그 사업자의 지점을 부가가치세 납세지로 할 수 있다.
⑤ 사업자 단위 과세 사업자가 종된 사업장을 이전하는 경우 사업자등록 정정 신고를 받은 세무서장은 3일 이내에 사업자등록증을 정정하여 재발급해야 한다.

정답 01 ③ 02 ②

해설

② 부가가치세법 시행령 제17조 제1항
① 사업장이 둘 이상인 사업자가 자기의 사업과 관련하여 생산 또는 취득한 재화를 판매할 목적으로 자기의 다른 사업장에 반출하는 것은 재화의 공급으로 본다. 다만, 사업자가 제8조 제3항 후단에 따른 사업자 단위 과세 사업자로 적용을 받는 과세기간에 자기의 다른 사업장에 반출하는 경우는 재화의 공급으로 보지 아니한다(부가가치세법 제10조 제3항 제1호).
③ 사업자 단위 과세를 포기한 경우에는 그 포기한 날이 속하는 과세기간의 다음 과세기간부터 사업자 단위 과세 포기신고서에 적은 내용에 따라 각 사업장별로 신고·납부하거나 제92조에 따른 주사업장 총괄 납부를 하여야 한다(부가가치세법 시행령 제17조 제3항).
④ 사업자 단위 과세 사업자는 각 사업장을 대신하여 그 사업자의 본점 또는 주사무소의 소재지를 부가가치세 납세지로 한다(부가가치세법 제6조 제4항).
⑤ 사업자 단위 과세 사업자가 종된 사업장을 이전하는 경우 사업자등록 정정 신고를 받은 세무서장은 2일 이내에 사업자등록증의 기재사항을 정정하여 재발급해야 한다(부가가치세법 시행령 제14조 제1항 제9호, 제3항 제2호).

03 부가가치세법상 납세의무에 관한 설명으로 옳지 않은 것은?

① 사업자로서 국가·지방자치단체와 지방자치단체조합은 납세의무자에 포함된다.
② 고용관계에 따라 근로를 제공하는 것은 용역의 공급으로 보지 아니한다.
③ 신탁재산과 관련된 재화 또는 용역을 「신탁법」 제2조에 따른 위탁자 명의로 공급하는 경우에는 그 위탁자가 부가가치세를 납부할 의무가 있다.
④ 납세의무자인 사업자란 사업 목적이 영리이든 비영리이든 관계없이 사업상 독립적으로 재화 또는 용역을 공급하는 자를 말한다.
⑤ 재화를 수입하는 자로서 법인격이 없는 사단·재단은 해당 수입재화에 대한 부가가치세를 납부할 의무가 없다.

해설

⑤ 사업자 또는 재화를 수입하는 자로서 개인, 법인(국가·지방자치단체와 지방자치단체조합을 포함), 법인격이 없는 사단·재단 또는 그 밖의 단체는 부가가치세를 납부할 의무가 있다(부가가치세법 제3조 제1항).
① 부가가치세법 제3조 제1항
② 부가가치세법 제12조 제3항
③ 부가가치세법 제3조 제3항 제1호
④ 부가가치세법 제2조 제3호

03 ⑤ 정답

04 부가가치세법령상 사업자등록에 관한 설명으로 옳지 않은 것은?

① 사업자가 법정기한까지 등록을 신청하지 아니한 경우에는 사업 개시일부터 등록을 신청한 날까지의 공급가액 합계액의 1%를 납부세액에 더하거나 환급세액에서 뺀다.

② 관할 세무서장은 사업자 단위로 등록신청을 받은 경우 사업자 단위 과세 적용 사업장에 한 개의 등록번호를 부여한다.

③ 사업장 관할 세무서장은 사업자등록의 신청 내용을 보정(補正)할 필요가 있다고 인정될 때에는 10일 이내의 기간을 정하여 보정을 요구할 수 있다.

④ 사업자가 공급시기가 속하는 과세기간이 끝난 후 20일 이내에 사업자등록을 신청한 경우 등록신청일부터 공급시기가 속하는 과세기간 기산일(1.1. 또는 7.1.을 말함)까지 역산한 기간 내의 매입세액은 매출세액에서 공제한다.

⑤ 사업자등록 신청을 받은 사업장 관할 세무서장은 사업장시설이나 사업현황을 확인하기 위하여 국세청장이 필요하다고 인정하는 경우에 발급기한을 5일 이내에서 연장하고 조사한 사실에 따라 사업자등록증을 발급할 수 있다.

해설

① 사업자가 법정기한까지 등록을 신청하지 아니한 경우에는 사업 개시일부터 등록을 신청한 날의 직전일까지의 공급가액 합계액의 1%를 납부세액에 더하거나 환급세액에서 뺀다(부가가치세법 제60조 제1항 제1호).
② 부가가치세법 시행령 제12조 제1항 단서
③ 부가가치세법 시행령 제11조 제13항
④ 부가가치세법 제39조 제1항 제8호 단서
⑤ 부가가치세법 시행령 제11조 제5항 단서

05 부가가치세법령상 용역의 범위에 해당하지 않는 사업은?

① 염전 임대업
② 교육 서비스업
③ 운수 및 창고업
④ 금융 및 보험업
⑤ 보건업 및 사회복지 서비스업

해설

용역의 범위(부가가치세법 시행령 제3조 제1항)
용역은 재화 외에 재산 가치가 있는 다음의 사업에 해당하는 모든 역무와 그 밖의 행위로 한다.
3. 운수 및 창고업
5. 금융 및 보험업
6. 부동산업. 다만, 다음의 사업은 제외한다.
   가. 전·답·과수원·목장용지·임야 또는 염전 임대업
   나. 공익사업과 관련해 지역권·지상권을 설정하거나 대여하는 사업
9. 교육 서비스업
10. 보건업 및 사회복지 서비스업

정답 04 ① 05 ①

06 부가가치세법상 재화공급의 특례에 관한 설명으로 옳지 않은 것은? (단, 모든 재화는 매입세액이 공제된다)

① 사업자가 자기의 과세사업과 관련하여 생산하거나 취득한 재화를 자기의 면세사업을 위하여 직접 사용하거나 소비하는 것은 재화의 공급으로 본다.

② 사업자가 자기생산・취득재화를 사업과 직접적인 관계없이 자기의 개인적인 목적을 위하여 사용・소비하는 경우는 재화의 공급으로 본다.

③ 사업자가 자기생산・취득재화를 매입세액이 매출세액에서 공제되지 아니하는 「개별소비세법」 제1조 제2항 제3호에 따른 자동차로 사용 또는 소비하는 것은 재화의 공급으로 본다.

④ 사업자가 자기생산・취득재화를 자기의 고객에게 증여하는 경우로서 증여하는 재화의 대가가 주된 거래인 재화의 공급에 대한 대가에 포함되는 경우는 재화의 공급으로 본다.

⑤ 사업자가 폐업할 때 자기생산・취득재화 중 남아 있는 재화는 자기에게 공급하는 것으로 본다.

해설

④ 사업자가 자기생산・취득재화를 자기의 고객이나 불특정 다수에게 증여하는 경우(증여하는 재화의 대가가 주된 거래인 재화의 공급에 대한 대가에 포함되는 경우는 제외한다)는 재화의 공급으로 본다(부가가치세법 제10조 제5항).
① 부가가치세법 제10조 제1항
② 부가가치세법 제10조 제4항
③ 부가가치세법 제10조 제2항 제1호
⑤ 부가가치세법 제10조 제6항

07 부가가치세법령상 사업자의 재화 공급에 해당하는 것을 모두 고른 것은? (단, 사업 양도의 경우는 아니다)

ㄱ. 기계의 현물출자
ㄴ. 특허권의 양도
ㄷ. 저당권의 목적으로 제공된 자동차
ㄹ. 건물의 상속세 물납
ㅁ. 가스의 공급

① ㄱ, ㄴ
② ㄴ, ㄷ
③ ㄱ, ㄴ, ㅁ
④ ㄴ, ㄷ, ㄹ
⑤ ㄷ, ㄹ, ㅁ

해설

ㄱ. 부가가치세법 시행령 제18조 제1항 제4호
ㄴ. 부가가치세법 제9조 제1항, 시행령 제2조 제2항
ㅁ. 부가가치세법 제9조 제1항, 시행령 제2조 제1항 제2호
ㄷ. 재화를 담보로 제공하는 것으로서 대통령령으로 정하는 것(질권, 저당권 또는 양도담보의 목적으로 동산, 부동산 및 부동산상의 권리를 제공하는 것)은 재화의 공급으로 보지 아니한다(부가가치세법 제10조 제9항 제1호, 시행령 제22조).
ㄹ. 법률에 따라 조세를 물납하는 것으로서 대통령령으로 정하는 것(사업용 자산을 「상속세 및 증여세법」 및 「지방세법」에 따라 물납하는 것)은 재화의 공급으로 보지 아니한다(부가가치세법 제10조 제9항 제3호, 시행령 제24조).

06 ④ 07 ③ 정답

08 부가가치세법령상 재화의 공급시기에 관한 설명으로 옳은 것을 모두 고른 것은?

ㄱ. 「관세법」에 따른 수입신고 수리 전의 물품으로서 보세구역에 보관하는 물품의 외국으로의 반출 – 수출재화의 선(기)적일
ㄴ. 사업자가 보세구역 안에서 보세구역 밖의 국내에 재화를 공급하는 경우가 재화의 수입에 해당할 때 – 수입신고 수리일
ㄷ. 원료를 대가 없이 국외의 수탁가공 사업자에게 반출하여 가공한 재화를 양도하는 경우에 그 원료의 반출 – 외국에서 해당 재화가 인도되는 때
ㄹ. 물품 등을 무환으로 수출하여 해당 물품이 판매된 범위에서 대금을 결제하는 계약에 의한 수출 – 외국에서 해당 재화가 인도된 때

① ㄷ
② ㄱ, ㄷ
③ ㄱ, ㄹ
④ ㄱ, ㄴ, ㄷ
⑤ ㄴ, ㄷ, ㄹ

해설

ㄱ. 부가가치세법 시행령 제28조 제6항 제1호, 제31조 제1항 제6호
ㄴ. 부가가치세법 시행령 제28조 제7항
ㄷ. 부가가치세법 시행령 제28조 제6항 제3호, 제31조 제1항 제5호
ㄹ. 원양어업 또는 위탁판매수출(물품 등을 무환으로 수출하여 해당 물품이 판매된 범위에서 대금을 결제하는 계약에 의한 수출) : 수출재화의 공급가액이 확정되는 때(부가가치세법 시행령 제28조 제6항 제2호)

수출재화의 경우 재화의 공급시기(부가가치세법 시행령 제28조 제6항)

구 분	공급시기
1. 법 제21조 제2항 제1호[내국물품(대한민국 선박에 의하여 채집되거나 잡힌 수산물을 포함)을 외국으로 반출하는 것] 또는 이 영 제31조 제1항 제1호(중계무역 방식의 수출)・제6호(「관세법」에 따른 수입신고 수리 전의 물품으로서 보세구역에 보관하는 물품의 외국으로의 반출)에 해당하는 경우	수출재화의 선(기)적일
2. 원양어업 또는 제31조 제1항 제2호(위탁판매수출)에 해당하는 경우	수출재화의 공급가액이 확정되는 때
3. 제31조 제1항 제3호(외국인도수출), 제4호(위탁가공무역방식의 수출), 제5호(원료를 대가 없이 국외의 수탁가공 사업자에게 반출하여 가공한 재화를 양도하는 경우에 그 원료의 반출)까지의 규정 중 어느 하나에 해당하는 경우	외국에서 해당 재화가 인도되는 때

정답 08 ④

09 **부가가치세법령상 공급시기와 세금계산서 발급에 관한 내용이다. (   )에 들어갈 숫자를 모두 더한 것은?**

> • 거래처별로 1역월의 공급가액을 합하여 해당 달의 말일을 작성 연월일로 하여 세금계산서를 발급하는 경우에는 재화의 공급일이 속하는 달의 다음 달 (   )일(그날이 공휴일 또는 토요일인 경우에는 바로 다음 영업일을 말함)까지 세금계산서를 발급할 수 있다.
> • 사업자가 재화의 공급시기가 되기 전에 세금계산서를 발급하고 그 세금계산서 발급일부터 (   )일 이내에 대가를 받으면 해당 세금계산서를 발급한 때를 재화의 공급시기로 본다.
> • 매입자발행세금계산서를 발행하려는 자는 해당 재화 또는 용역의 공급시기가 속하는 과세기간의 종료일부터 (   )개월 이내에 거래사실확인신청서에 거래사실을 객관적으로 입증할 수 있는 서류를 첨부하여 신청인 관할 세무서장에게 거래사실의 확인을 신청하여야 한다.

① 20
② 21
③ 22
④ 23
⑤ 24

해설

• 거래처별로 달의 1일부터 말일까지의 공급가액을 합하여 해당 달의 말일을 작성 연월일로 하여 세금계산서를 발급하는 경우에는 재화 또는 용역의 공급일이 속하는 달의 다음 달 10일(그날이 공휴일 또는 토요일인 경우에는 바로 다음 영업일)까지 세금계산서를 발급할 수 있다(부가가치세법 제34조 제3항 제1호).
• 사업자가 재화 또는 용역의 공급시기가 되기 전에 제32조에 따른 세금계산서를 발급하고 그 세금계산서 발급일부터 7일 이내에 대가를 받으면 해당 세금계산서를 발급한 때를 재화 또는 용역의 공급시기로 본다(부가가치세법 제17조 제2항).
• 매입자발행세금계산서를 발행하려는 자(신청인)는 해당 재화 또는 용역의 공급시기가 속하는 과세기간의 종료일부터 1년 이내에 기획재정부령으로 정하는 거래사실확인신청서에 거래사실을 객관적으로 입증할 수 있는 서류를 첨부하여 신청인 관할 세무서장에게 거래사실의 확인을 신청하여야 한다(부가가치세법 시행령 제71조의2 제3항).

※ 시험 당시에는 ④가 정답이었으나, 부가가치세법 시행령의 개정에 따라 현재 정답은 없다.

10 **부가가치세법령상 우리나라 외국항행사업자가 자기의 사업에 부수하여 공급하는 재화 또는 용역으로서 영세율 적용대상에 포함되는 것을 모두 고른 것은?**

> ㄱ. 다른 외국항행사업자가 운용하는 항공기의 탑승권을 판매하거나 화물운송계약을 체결하는 것
> ㄴ. 외국을 항행하는 항공기 내에서 승객에게 공급하는 것
> ㄷ. 자기의 승객만이 전용하는 버스를 탑승하게 하는 것

① ㄴ
② ㄷ
③ ㄱ, ㄴ
④ ㄱ, ㄷ
⑤ ㄱ, ㄴ, ㄷ

09 해설참조 10 ⑤ 정답

해설

외국항행용역의 공급(부가가치세법 제23조 제1항, 제2항)

① 선박 또는 항공기에 의한 외국항행용역의 공급에 대하여는 영세율을 적용한다.

② 외국항행용역은 선박 또는 항공기에 의하여 여객이나 화물을 국내에서 국외로, 국외에서 국내로 또는 국외에서 국외로 수송하는 것을 말하며, 외국항행사업자가 자기의 사업에 부수하여 공급하는 재화 또는 용역으로서 다음의 것을 포함한다(부가가치세법 시행령 제32조 제1항).

1. 다른 외국항행사업자가 운용하는 선박 또는 항공기의 탑승권을 판매하거나 화물운송계약을 체결하는 것
2. 외국을 항행하는 선박 또는 항공기 내에서 승객에게 공급하는 것
3. 자기의 승객만이 전용(專用)하는 버스를 탑승하게 하는 것
4. 자기의 승객만이 전용하는 호텔에 투숙하게 하는 것

11 부가가치세법령상 영세율에 관한 설명으로 옳지 않은 것은?

① 위탁가공무역 방식의 수출로서 국내 사업장에서 계약과 대가 수령 등 거래가 이루어지는 것은 영세율 적용대상 수출에 해당하지 않는다.

② 대한민국 선박에 의하여 잡힌 수산물을 외국으로 반출하는 것은 영세율 적용대상 수출에 해당한다.

③ 외화를 획득하기 위한 용역의 공급으로서 우리나라에 상주하는 외교공관에 용역을 공급하는 경우에는 영세율을 적용한다.

④ 국외에서 공급하는 용역에 대하여는 영세율을 적용한다.

⑤ 영세율의 규정을 적용할 때 사업자가 비거주자 또는 외국법인이면 그 해당 국가에서 대한민국의 거주자 또는 내국법인에 대하여 동일하게 면세하는 경우에만 영세율을 적용한다.

해설

① 중계무역 방식의 거래 등 대통령령으로 정하는 것(위탁가공무역방식의 수출 포함)으로서 국내 사업장에서 계약과 대가 수령 등 거래가 이루어지는 것은 영세율 적용대상 수출에 해당한다(부가가치세법 제21조 제2항 제2호, 시행령 제31조 제1항 제4호).

② 부가가치세법 제21조 제2항 제1호

③ 부가가치세법 제24조 제1항 제1호

④ 부가가치세법 제22조

⑤ 부가가치세법 제25조 제1항

정답 11 ①

12 부가가치세법령상 면세에 관한 설명으로 옳지 않은 것은?

① 미가공식료품을 단순히 혼합한 것은 면세하는 미가공식료품에 포함한다.

② 「잡지 등 정기간행물의 진흥에 관한 법률」에 따른 정기간행물(광고 제외)의 공급에 대하여는 부가가치세를 면제한다.

③ 은행업에 관련된 소프트웨어의 판매 용역은 면세하는 금융·보험 용역에 해당하지 않는다.

④ 「산업교육진흥 및 산학연협력촉진에 관한 법률」 제25조에 따른 산학협력단에서 수강생에게 지식을 가르치는 것은 면세하는 교육 용역에 해당하지 않는다.

⑤ 「관광진흥법 시행령」 제2조에 따른 관광유람선업에 제공되는 운송수단에 의한 여객운송 용역은 부가가치세를 면제하지 않는다.

해설

④ 「산업교육진흥 및 산학연협력촉진에 관한 법률」 제25조에 따른 산학협력단에서 수강생에게 지식을 가르치는 것은 면세하는 교육 용역에 해당한다(부가가치세법 시행령 제36조 제1항 제3호).

① 부가가치세법 시행령 제34조 제2항 제3호

② 부가가치세법 제26조 제1항 제8호, 시행령 제38조 제2항

③ 부가가치세법 제26조 제1항 제11호, 시행령 제40조 제4항 제2호

⑤ 부가가치세법 제26조 제1항 제7호, 시행령 제37조 제2호 나목

13 부가가치세법령상 국가가 공급하는 재화 또는 용역으로서 면세하는 것의 범위에 속하는 것을 모두 고른 것은?

ㄱ. 국방부가 「군인사법」에 따른 군인에게 제공하는 골프 연습장 운영 관련 재화 또는 용역
ㄴ. 국가가 「사회기반시설에 대한 민간투자법」에 따른 사업시행자로부터 같은 법 제4조 제1호 및 제2호의 방식에 따라 사회기반시설을 기부채납받고 그 대가로 부여하는 시설관리운영권
ㄷ. 국가가 그 소속 직원의 복리후생을 위하여 구내에서 식당을 직접 경영하여 음식을 공급하는 용역

① ㄴ　　② ㄷ

③ ㄱ, ㄴ　　④ ㄴ, ㄷ

⑤ ㄱ, ㄴ, ㄷ

해설

ㄴ. 부가가치세법 시행령 제46조 제3호 다목

ㄷ. 부가가치세법 시행령 제46조 제3호 나목

ㄱ. 국방부 또는 「국군조직법」에 따른 국군이 「군인사법」 제2조에 따른 군인, 「군무원인사법」 제3조 제1항에 따른 일반군무원, 그 밖에 이들의 직계존속·비속 등 기획재정부령으로 정하는 사람에게 제공하는 소매업, 음식점업·숙박업, 기타 스포츠시설 운영업(골프 연습장 운영업은 제외) 관련 재화 또는 용역(부가가치세법 시행령 제46조 제3호 가목)

12 ④ 13 ④ 정답

14 부가가치세법령상 영세율과 면세에 관한 설명으로 옳은 것은?

① 외화를 획득하기 위한 용역의 공급으로서 수출업자와 직접 도급계약에 의하여 수출재화를 임가공하는 수출재화임가공용역의 사업자가 부가가치세를 별도로 적은 세금계산서를 발급한 경우 그 수출재화임가공용역에 대하여 영세율을 적용한다.

② 골동품(「관세법」 별표 관세율표 번호 제9706호의 것)은 면세하는 예술창작품에 해당한다.

③ 상속으로 인하여 수입하는 재화로서 「관세법」 제81조 제1항에 따른 간이세율이 적용되는 재화에 대하여는 부가가치세를 면제한다.

④ 면세의 포기를 신고한 사업자는 신고한 날부터 5년간 부가가치세를 면제받지 못한다.

⑤ 「항공사업법」에 따른 상업서류 송달용역은 영세율이 적용되는 외국항행용역의 범위에 포함되지 않는다.

해설

③ 부가가치세법 제27조 제7호

① 외화를 획득하는 재화 또는 용역의 공급으로서 수출업자와 직접 도급계약에 의하여 수출재화를 임가공하는 수출재화임가공용역(수출재화염색임가공을 포함)의 경우에는 영세율을 적용한다. 다만, 사업자가 법 제32조에 따라 부가가치세를 별도로 적은 세금계산서를 발급한 경우는 제외한다(부가가치세법 제24조 제1항 제3호, 시행령 제33조 제2항 제3호).

② 예술창작품(미술, 음악, 사진, 연극 또는 무용에 속하는 창작품)의 공급에 대하여는 부가가치세를 면제한다. 다만, 골동품(「관세법」 별표 관세율표 번호 제9706호의 것)은 제외한다(부가가치세법 제26조 제1항 제16호, 시행령 제43조 제1호).

④ 면세의 포기를 신고한 사업자는 신고한 날부터 3년간 부가가치세를 면제받지 못한다(부가가치세법 제28조 제2항).

⑤ 「항공사업법」에 따른 상업서류 송달용역은 영세율이 적용되는 외국항행용역의 범위에 포함된다(부가가치세법 제23조 제3항, 시행령 제32조 제2항 제2호).

2023년 제40회

15 부가가치세법령상 공급가액에 포함하는 것을 모두 고른 것은?

ㄱ. 공급에 대한 대가를 약정기일 전에 받았다는 이유로 사업자가 당초의 공급가액에서 할인해 준 금액
ㄴ. 재화의 공급과 직접 관련되어 받은 국고보조금과 공공보조금
ㄷ. 통상적으로 용기 또는 포장을 해당 사업자에게 반환할 것을 조건으로 그 용기대금과 포장비용을 공제한 금액으로 공급하는 경우 그 용기대금과 포장비용
ㄹ. 공급받는 자에게 도달하기 전에 파손된 재화의 가액

① ㄱ　　② ㄴ
③ ㄱ, ㄷ　　④ ㄴ, ㄹ
⑤ ㄷ, ㄹ

정답 14 ③ 15 ②

해설

ㄴ. 재화 또는 용역의 공급과 직접 관련되지 아니하는 국고보조금과 공공보조금은 공급가액에 포함하지 아니하므로(부가가치세법 제29조 제5항 제4호), 재화의 공급과 직접 관련되어 받은 국고보조금과 공공보조금은 공급가액에 포함한다.
ㄱ. 부가가치세법 제29조 제5항 제6호
ㄷ. 부가가치세법 시행령 제61조 제3항
ㄹ. 부가가치세법 제29조 제5항 제3호

공급가액에 포함하지 아니하는 것(부가가치세법 제29조 제5항)
1. 재화나 용역을 공급할 때 그 품질이나 수량, 인도조건 또는 공급대가의 결제방법이나 그 밖의 공급조건에 따라 통상의 대가에서 일정액을 직접 깎아 주는 금액
2. 환입된 재화의 가액
3. 공급받는 자에게 도달하기 전에 파손되거나 훼손되거나 멸실한 재화의 가액
4. 재화 또는 용역의 공급과 직접 관련되지 아니하는 국고보조금과 공공보조금
5. 공급에 대한 대가의 지급이 지체되었음을 이유로 받는 연체이자
6. 공급에 대한 대가를 약정기일 전에 받았다는 이유로 사업자가 당초의 공급가액에서 할인해 준 금액

16 **과세사업을 영위하는 (주)대한의 2023년 제1기 과세기간의 거래에 관한 자료이다. (주)대한의 2023년 제1기 과세기간의 부가가치세 과세표준은? (단, 제시된 자료의 금액에는 부가가치세가 포함되지 않으며, 주어진 자료 외에는 고려하지 아니한다)**

- 법인세법령상의 특수관계인에게 광고용역을 무상으로 제공하였으며, 해당 용역의 시가는 25,000,000원이다.
- 과세사업에 사용하던 토지와 해당 토지에 정착된 건물을 총액 240,000,000원에 함께 공급하였으며, 해당 가액 중 토지와 건물 가액의 구분이 불분명하다. 해당 토지와 건물의 공급계약일 현재 감정평가법인 등의 감정평가가액은 없으며 관련 자료는 다음과 같다.

구 분	토 지	건 물	합 계
기준시가	90,000,000원	60,000,000원	150,000,000원
장부가액	70,000,000원	30,000,000원	100,000,000원

① 72,000,000원
② 96,000,000원
③ 97,000,000원
④ 121,000,000원
⑤ 125,000,000원

해설

- 사업자가 대가를 받지 아니하고 타인에게 용역을 공급하는 것은 용역의 공급으로 보지 아니한다. 다만, 사업자가 대통령령으로 정하는 특수관계인에게 사업용 부동산의 임대용역 등 대통령령으로 정하는 용역을 공급하는 것은 용역의 공급으로 본다(부가가치세법 제12조 제2항). 해당 문제의 경우 특수관계인에게 광고용역을 무상으로 제공한 경우이므로 이를 용역의 공급으로 보지 아니하며, 해당 용역은 과세대상이 아니다.
- 토지와 건물 또는 구축물 등(건물 등)에 대한 「소득세법」 제99조에 따른 기준시가가 모두 있는 경우에는 공급계약일 현재의 기준시가에 따라 계산한 가액에 비례하여 안분(按分) 계산한 금액으로 한다(부가가치세법 시행령 제64조 제1항 제1호).
  ∴ 과세표준 = 240,000,000 × (60,000,000/150,000,000) = 96,000,000원

16 ② 정답

17 (주)대한의 2023년 제1기 과세기간에 대한 거래내역이다. (주)대한의 2023년 제1기 과세기간의 확정신고 시 부가가치세 납부세액은? (단, 부가가치세 신고는 적법하게 서면신고되었고 제시된 자료의 금액에는 부가가치세가 포함되지 않으며, 주어진 자료 외에는 고려하지 아니한다)

> (1) 국내 매출액 : 200,000,000원
> (2) 내국물품의 외국 반출액(직수출) : 50,000,000원
> (3) 구매확인서에 의하여 수출업자에게 공급한 재화의 가액 : 100,000,000원(공급 전에 구매확인서가 발급되었으며, (1)의 국내 매출액에는 포함되지 않음)
> (4) 매입세액 합계액 : 18,000,000원(적법하게 세금계산서를 발급받았고, 매입세액 공제를 받기 위한 절차를 적법하게 이행함)
> (5) (4)의 매입세액 합계액에는 토지의 형질변경 관련 매입세액 1,000,000원이 포함되어 있음

① 3,000,000원 ② 7,000,000원
③ 8,000,000원 ④ 12,000,000원
⑤ 13,000,000원

해설

(1) 국내 매출액에 대하여는 부가가치세율을 적용한다(부가가치세법 제4조).
(2) 내국물품을 외국으로 반출하는 것에 대하여는 영세율을 적용한다(부가가치세법 제21조 제2항 제1호).
(3) 내국신용장 또는 구매확인서에 의하여 재화를 공급하는 것에 대하여는 영세율을 적용한다(부가가치세법 제21조 제2항 제3호)
(4) 납부세액은 매출세액에서 공제되는 매입세액을 뺀 금액으로 한다(부가가치세법 제37조 제2항).
(5) 토지의 취득 및 형질변경, 공장부지 및 택지의 조성 등에 관련된 매입세액은 매출세액에서 공제하지 아니한다(부가가치세법 제39조 제1항 제7호, 시행령 제80조 제1호).

- 매출세액 = 200,000,000 × 10% + 50,000,000 × 0% + 100,000,000 × 0% = 20,000,000
- 공제되는 매입세액 = 18,000,000 − 1,000,000 = 17,000,000
- 납부세액 = 20,000,000 − 17,000,000 = 3,000,000원

정답 17 ①

18 일반과세자인 甲은 2023년 1월 31일자로 폐업하였는데 폐업 시 잔존재화는 다음과 같다. 甲의 2023년 제1기 과세기간의 부가가치세 과세표준은? (단, 제시된 자료의 금액에는 부가가치세가 포함되지 않으며, 매입 시 매입세액공제를 받는다)

• 폐업일 현재 보유자산 내역

종 류	취득일자	취득가액	장부가액	시 가
원재료	2022. 10. 1.	3,000,000원	2,500,000원	4,000,000원
건 물	2021. 7. 31.	10,500,000원	9,000,000원	11,000,000원
토 지	2022. 6. 30.	5,200,000원	5,200,000원	10,000,000원

• 건물과 토지의 취득가액에는 취득세가 각각 500,000원, 200,000원이 포함되어 있음

① 6,625,000원
② 11,650,000원
③ 12,500,000원
④ 12,925,000원
⑤ 13,500,000원

해설

• 폐업하는 경우 공급가액 : 폐업 시 남아 있는 재화의 시가(부가가치세법 제29조 제3항 제3호)
→ 원재료의 공급가액 = 4,000,000원(시가)

• 과세사업에 제공한 재화가 감가상각자산 중 건물 또는 구축물에 해당하고 해당 재화를 법 제10조 제1항·제2항 및 제4항부터 제6항까지의 규정에 따라 공급한 것으로 보는 경우에는 다음의 계산식에 따라 계산한 금액을 공급가액으로 본다. 이 경우 경과된 과세기간의 수는 과세기간 단위로 계산하되, 건물 또는 구축물의 경과된 과세기간의 수가 20을 초과할 때에는 20으로, 그 밖의 감가상각자산의 경과된 과세기간의 수가 4를 초과할 때에는 4로 한다(부가가치세법 시행령 제66조 제2항 제1호).

공급가액 = 해당 재화의 취득가액 × (1 − 5/100 × 경과된 과세기간 수)

→ 건물의 공급가액 = (10,500,000 − 500,000) × (1 − 5/100 × 3) = 8,500,000

• 토지의 공급에 대하여는 부가가치세를 면제한다(부가가치세법 제26조 제14호).

• 재화 또는 용역의 공급에 대한 부가가치세의 과세표준은 해당 과세기간에 공급한 재화 또는 용역의 공급가액을 합한 금액으로 한다(부가가치세법 제29조 제1항).
→ 2023년 제1기 과세기간의 부가가치세 과세표준 = 4,000,000 + 8,500,000 = 12,500,000원

18 ③ 정답

19 부가가치세법령상 수정세금계산서를 발급할 경우, 수정세금계산서 작성일을 '처음 세금계산서의 작성일'로 기입하는 것을 모두 고른 것은? (단, 처음 세금계산서는 적법하게 발행되었다)

ㄱ. 처음 공급한 재화가 환입(還入)된 경우
ㄴ. 계약의 해제로 재화 또는 용역이 공급되지 아니한 경우
ㄷ. 계약의 해지 등에 따라 공급가액에 차감되는 금액이 발생한 경우
ㄹ. 재화 또는 용역을 공급한 후 공급시기가 속하는 과세기간 종료 후 25일 이내에 내국신용장이 개설된 경우

① ㄱ
② ㄹ
③ ㄱ, ㄴ
④ ㄴ, ㄷ
⑤ ㄷ, ㄹ

해설

ㄹ. 부가가치세법 시행령 제70조 제1항 제4호
ㄱ. 처음 공급한 재화가 환입(還入)된 경우 : 재화가 환입된 날(부가가치세법 시행령 제70조 제1항 제1호)
ㄴ. 계약의 해제로 재화 또는 용역이 공급되지 아니한 경우 : 계약해제일(부가가치세법 시행령 제70조 제1항 제2호)
ㄷ. 계약의 해지 등에 따라 공급가액에 추가되거나 차감되는 금액이 발생한 경우 : 증감 사유가 발생한 날(부가가치세법 시행령 제70조 제1항 제3호)

20 부가가치세법령상 세금계산서에 관한 설명으로 옳은 것을 모두 고른 것은?

ㄱ. 한국국제협력단에 공급하는 재화는 영세율을 적용하므로 세금계산서 발급 의무가 면제된다.
ㄴ. 주사업장 총괄 납부를 적용받는 사업자가 자기의 사업과 관련하여 생산 또는 취득한 재화를 판매 목적으로 타사업장에 반출하는 경우 재화의 공급에 해당하므로 세금계산서를 발급하여야 한다.
ㄷ. 구매확인서에 의하여 영세율이 적용되는 재화의 공급은 세금계산서를 발급하여야 한다.

① ㄱ
② ㄴ
③ ㄷ
④ ㄱ, ㄷ
⑤ ㄴ, ㄷ

정답 19 ② 20 ③

해설

ㄷ. 부가가치세법 제21조 제2항 제3호, 제33조 제1항, 시행령 제71조 제1항 제4호 참조
ㄱ. 한국국제협력단에 공급하는 재화는 영세율을 적용하지만(부가가치세법 제21조 제2항 제3호, 시행령 제31조 제2항 제2호), 세금계산서 발급 의무가 면제되지는 않는다(부가가치세법 시행령 제71조 제1항 제4호 참조).
ㄴ. 사업장이 둘 이상인 사업자가 자기의 사업과 관련하여 생산 또는 취득한 재화를 판매할 목적으로 자기의 다른 사업장에 반출하는 것은 재화의 공급으로 보지만, 사업자가 주사업장 총괄 납부의 적용을 받는 과세기간에 자기의 다른 사업장에 반출하는 경우는 재화의 공급으로 보지 아니한다. 다만, 세금계산서를 발급하고 관할 세무서장에게 신고한 경우는 제외한다(부가가치세법 제10조 제3항 제2호).

세금계산서 발급의무의 면제 등(부가가치세법 시행령 제71조 제1항 제4호)
법 제21조[시행령 제31조 제1항 제5호에 따른 원료(원료를 대가 없이 국외의 수탁가공 사업자에게 반출하여 가공한 재화를 양도하는 경우에 그 원료), 같은 조 제2항 제1호에 따른 내국신용장 또는 구매확인서에 의하여 공급하는 재화와 같은 항 제2호부터 제4호까지의 규정에 따른 한국국제협력단, 한국국제보건의료재단 및 대한적십자사에 공급하는 재화는 제외], 제22조 및 제23조(공급받는 자가 국내에 사업장이 없는 비거주자 또는 외국법인인 경우와 법 제23조 제2항에 따른 외국항행용역으로서 항공기의 외국항행용역 및 「항공사업법」에 따른 상업서류 송달용역으로 한정)에 따른 재화 또는 용역은 세금계산서 발급의무를 면제한다.

21 **과세사업과 면세사업을 겸영하는 (주)대한은 2023년 1월 1일 운반용 화물트럭을 취득하여 과세사업과 면세사업에 공통으로 사용하였다. (주)대한의 2023년 제1기 과세기간의 매입세액 공제액은? (단, 제시된 자료의 금액에는 부가가치세가 포함되지 않으며, 주어진 자료 외에는 고려하지 아니한다)**

(1) 2023년 제1기 과세기간의 매입세액 합계액 : 20,000,000원(적법하게 세금계산서를 발급받았고, 매입세액 공제를 받기 위한 절차를 적법하게 이행함)
(2) (1)의 매입세액 합계액에는 운반용 화물트럭의 매입세액 3,000,000원(실질귀속을 구분할 수 없음)이 포함되어 있음
(3) 공급가액 관련 자료

구 분	면세공급가액	과세공급가액
2022년 제2기	200,000,000원	200,000,000원
2023년 제1기	100,000,000원	300,000,000원

① 17,000,000원
② 18,800,000원
③ 18,850,000원
④ 19,000,000원
⑤ 19,250,000원

해설

과세사업과 면세사업 등을 겸영(兼營)하는 경우로서 실지귀속(實地歸屬)을 구분할 수 없는 매입세액(공통매입세액)이 있는 경우 면세사업 등에 관련된 매입세액은 인원수 등에 따르는 등 기획재정부령으로 정하는 경우를 제외하고 다음 계산식에 따라 안분하여 계산한다(부가가치세법 시행령 제81조 제1항).

면세사업 등에 관련된 매입세액 = 공통매입세액 × (면세공급가액 / 총공급가액)

(1) 운반용 화물트럭 매입세액의 안분계산
면세사업 관련 매입세액 = 3,000,000 × (100,000,000/400,000,000) = 750,000
과세사업 관련 매입세액 = 3,000,000 × (300,000,000/400,000,000) = 2,250,000
(2) 23년 제1기 매입세액 공제액
20,000,000 − 750,000 = 19,250,000원

21 ⑤ 정답

22 중소기업인 (주)대한은 국내에서 과일을 구매하고 해외에서 과일을 수입하여 과일통조림을 제조한다. (주)대한의 2023년 제1기 과세기간의 의제매입세액 공제액은? (단, 소수점 이하는 버린다)

- 국내 과일 구입액 : 104,000,000원
- 해외 과일 수입액 : 50,400,000원(관세의 과세가격은 48,000,000원이며 2,400,000원은 관세임)
- 2023년 제1기 면세 과일과 관련하여 공급한 과세표준 : 360,000,000원
- 의제매입세액 공제율은 4/104로 함
- 의제매입세액 공제 한도는 해당 과세기간 과세표준의 50%로 함

① 3,846,153원
② 3,923,076원
③ 4,000,000원
④ 5,538,461원
⑤ 5,846,153원

해설

(1) 사업자가 면세농산물 등을 원재료로 하여 제조·가공한 재화 또는 창출한 용역의 공급에 대하여 부가가치세가 과세되는 경우 면세농산물 등을 공급받거나 수입할 때 매입세액이 있는 것으로 보아 면세농산물 등의 가액(대통령령으로 정하는 금액을 한도로 함)에 규정된 율을 곱하여 계산한 금액을 매입세액으로 공제할 수 있다(부가가치세법 제42조 제1항).
(2) 수입되는 면세농산물 등에 대하여 의제매입세액을 계산할 때 그 수입가액은 관세의 과세가격으로 한다(부가가치세법 시행규칙 제56조 제1항).
(3) 의제매입세액 공제액 : Min[매입가액, 한도] × 공제율

- 면세농산물 등 공제대상 매입가액
  = 104,000,000 + (50,400,000 − 2,400,000) = 152,000,000
- 한도 = 해당 과세기간 면세농산물 등의 과세표준의 50%
  = 360,000,000 × 50% = 180,000,000

∴ 의제매입세액 공제액 = Min[152,000,000, 180,000,000] × 4/104 = 5,846,153원

23 부가가치세법령상 부가가치세 예정신고 시 기획재정부령으로 정하는 현금매출명세서를 제출하여야 하는 사업을 모두 고른 것은?

ㄱ. 예식장업
ㄴ. 부동산중개업
ㄷ. 보건업(병원과 의원으로 한정한다)
ㄹ. 통관업

① ㄱ, ㄷ
② ㄴ, ㄹ
③ ㄱ, ㄴ, ㄷ
④ ㄴ, ㄷ, ㄹ
⑤ ㄱ, ㄴ, ㄷ, ㄹ

정답 22 ⑤ 23 ⑤

해설

현금매출명세서 등의 제출(부가가치세법 제55조 제1항)

- 부동산업, 전문서비스업, 과학서비스업 및 기술서비스업, 보건업, 그 밖의 개인서비스업 중 해당 업종의 특성 및 세원관리(稅源管理)를 고려하여 대통령령으로 정하는 사업을 하는 사업자는 예정신고 또는 확정신고를 할 때 기획재정부령으로 정하는 현금매출명세서를 함께 제출하여야 한다.
- 법 제55조 제1항에서 "대통령령으로 정하는 사업"이란 예식장업, 부동산중개업, 보건업(병원과 의원으로 한정)과 제109조 제2항 제7호의 사업(변호사업, 심판변론인업, 변리사업, 법무사업, 공인회계사업, 세무사업, 경영지도사업, 기술지도사업, 감정평가사업, 손해사정인업, 통관업, 기술사업, 건축사업, 도선사업, 측량사업, 공인노무사업, 의사업, 한의사업, 약사업, 한약사업, 수의사업과 그 밖에 이와 유사한 사업서비스업으로서 기획재정부령으로 정하는 것)을 말한다(부가가치세법 시행령 제100조).

24 부가가치세법령상 세금계산서를 발급받은 자 중 매입처별 세금계산서 합계표를 해당 과세기간이 끝난 후 25일 이내에 납세지 관할 세무서장에게 제출하여야 하는 자를 모두 고른 것은?

ㄱ. 국 가
ㄴ. 지방자치단체조합
ㄷ. 각급학교 기성회
ㄹ. 특별법에 따라 설립된 법인

① ㄹ
② ㄴ, ㄷ
③ ㄱ, ㄴ, ㄷ
④ ㄱ, ㄴ, ㄹ
⑤ ㄱ, ㄴ, ㄷ, ㄹ

해설

세금계산서 합계표의 제출(부가가치세법 제54조 제5항)

세금계산서를 발급받은 국가, 지방자치단체, 지방자치단체조합, 그 밖에 대통령령으로 정하는 자는 매입처별 세금계산서합계표를 해당 과세기간이 끝난 후 25일 이내에 납세지 관할 세무서장에게 제출하여야 한다(부가가치세법 시행령 제99조).

1. 부가가치세가 면제되는 사업자 중 소득세 또는 법인세의 납세의무가 있는 자(「조세특례제한법」에 따라 소득세 또는 법인세가 면제되는 자를 포함)
2. 「민법」 제32조에 따라 설립된 법인
3. 특별법에 따라 설립된 법인
4. 각급학교 기성회, 후원회 또는 이와 유사한 단체
5. 「법인세법」 제94조의2에 따른 외국법인연락사무소

24 ⑤ 정답

25 부가가치세법령상 결정·경정 및 징수에 관한 설명으로 옳지 않은 것은?

① 영수증 발급대상 사업 중 국세청장이 정하는 업종을 경영하는 사업자로서 같은 장소에서 계속하여 3년 동안 사업을 경영한 자에 대해서는 객관적인 증명자료로 보아 과소하게 신고한 것이 분명한 경우에만 경정할 수 있다.

② '사업장의 이동이 빈번하다고 인정되는 지역에 사업장이 있을 경우'는 결정·경정 사유로서의 부가가치세를 포탈할 우려가 있는 경우에 포함된다.

③ 납세지 관할 세무서장은 세금계산서의 내용이 시설규모, 종업원 수와 원자재·상품·제품 또는 각종 요금의 시가에 비추어 거짓임이 명백한 경우에는 대통령령으로 정하는 바에 따라 추계할 수 있다.

④ 재화의 수입에 대한 부가가치세는 세관장이 「관세법」에 따라 징수한다.

⑤ 납세지 관할 세무서장 등은 결정하거나 경정한 과세표준과 납부세액 또는 환급세액에 오류가 있거나 누락된 내용이 발견되면 즉시 다시 경정한다.

해설

① 영수증 발급대상 사업 중 국세청장이 정하는 업종을 경영하는 사업자로서 같은 장소에서 계속하여 5년 이상 사업을 경영한 자에 대해서는 객관적인 증명자료로 보아 과소하게 신고한 것이 분명한 경우에만 경정할 수 있다(부가가치세법 시행령 제103조 제2항).
② 부가가치세법 제57조 제1항 제4호, 시행령 제103조 제1항 제2호
③ 부가가치세법 제57조 제2항 제2호
④ 부가가치세법 제58조 제2항
⑤ 부가가치세법 제57조 제3항

26 부가가치세법령상 환급에 관한 설명으로 옳지 않은 것은?

① 납세지 관할 세무서장은 각 과세기간별로 그 과세기간에 대한 환급세액을 확정신고한 사업자에게 그 확정신고기한이 지난 후 30일 이내에 대통령령으로 정하는 바에 따라 환급하여야 한다(단, 조기환급은 별도로 고려하지 않음).

② 납세지 관할 세무서장은 결정·경정에 의하여 추가로 발생한 환급세액이 있는 경우에는 지체 없이 사업자에게 환급하여야 한다.

③ 사업 설비(「법인세법 시행령」에 따른 감가상각자산)를 확장하는 경우는 조기환급 사유에 해당하지 않는다.

④ 영세율 적용으로 조기환급을 받으려는 사업자가 예정신고서 또는 확정신고서를 제출한 경우에는 조기환급을 신고한 것으로 본다.

⑤ 예정신고기간 중 또는 과세기간 최종 3개월 중 매월 또는 매 2월을 조기환급기간이라 한다.

정답 25 ① 26 ③

해설

③ 납세지 관할 세무서장은 사업자가 대통령령으로 정하는 사업 설비(「소득세법 시행령」 제62조 및 「법인세법 시행령」 제24조에 따른 감가상각자산)를 신설·취득·확장 또는 증축하는 경우에 해당하여 환급을 신고한 사업자에게 환급세액을 조기에 환급할 수 있다(부가가치세법 제59조 제2항 제2호, 시행령 제107조 제2항).

① 부가가치세법 제59조 제1항

② 부가가치세법 시행령 제106조 제2항

④ 부가가치세법 시행령 제107조 제3항

⑤ 부가가치세법 시행령 제107조 제4항

27 부가가치세법상 가산세에 관한 내용이다. (　　)에 들어갈 내용으로 옳은 것은?

- 사업자가 재화를 공급하지 아니하고 세금계산서를 발급한 경우 – 그 세금계산서에 적힌 공급가액의 (ㄱ)%
- 사업자가 용역을 공급하고 실제로 용역을 공급받는 자가 아닌 자의 명의로 세금계산서를 발급한 경우 – 그 공급가액의 (ㄴ)%
- 사업자가 용역을 공급받고 실제로 용역을 공급하는 자가 아닌 자의 명의로 세금계산서를 발급받은 경우 – 그 공급가액의 (ㄷ)%

① ㄱ – 2, ㄴ – 2, ㄷ – 2

② ㄱ – 2, ㄴ – 3, ㄷ – 2

③ ㄱ – 3, ㄴ – 2, ㄷ – 2

④ ㄱ – 3, ㄴ – 3, ㄷ – 2

⑤ ㄱ – 3, ㄴ – 3, ㄷ – 3

해설

가산세(부가가치세법 제60조 제3항 참조)

사업자가 다음의 어느 하나에 해당하는 경우에는 규정에 따른 금액을 납부세액에 더하거나 환급세액에서 뺀다.

1. 재화 또는 용역을 공급하지 아니하고 세금계산서 또는 신용카드매출전표 등(이하 세금계산서 등)을 발급한 경우 : 그 세금계산서 등에 적힌 공급가액의 3%
2. 재화 또는 용역을 공급받지 아니하고 세금계산서 등을 발급받은 경우 : 그 세금계산서 등에 적힌 공급가액의 3%
3. 재화 또는 용역을 공급하고 실제로 재화 또는 용역을 공급하는 자가 아닌 자 또는 실제로 재화 또는 용역을 공급받는 자가 아닌 자의 명의로 세금계산서 등을 발급한 경우 : 그 공급가액의 2%
4. 재화 또는 용역을 공급받고 실제로 재화 또는 용역을 공급하는 자가 아닌 자의 명의로 세금계산서 등을 발급받은 경우 : 그 공급가액의 2%
5. 재화 또는 용역을 공급하고 세금계산서 등의 공급가액을 과다하게 기재한 경우 : 실제보다 과다하게 기재한 부분에 대한 공급가액의 2%
6. 재화 또는 용역을 공급받고 제5호가 적용되는 세금계산서 등을 발급받은 경우 : 실제보다 과다하게 기재된 부분에 대한 공급가액의 2%

27 ③ 정답

28 부가가치세법령상 2020년 1월 1일 사업을 개시하여 현재까지 재화를 수입하여 판매하고 있는 간이과세자 甲에 관한 설명으로 옳지 않은 것은?

① 甲이 6개월 이상 국외에 체류하려는 경우 납세관리인을 정하여야 한다.

② 甲이 재화를 수입하면서 세관장으로부터 발급받은 수입전자세금계산서 중 그 발급명세를 해당 세관장이 국세청장에게 전송한 경우, 甲은 발급받은 그 수입전자세금계산서를 보존할 필요가 없다.

③ 甲의 2023년 과세기간은 1월 1일부터 12월 31일까지이다.

④ 甲의 2023년 과세기간에 대한 공급대가의 합계액이 4천8백만 원 미만인 경우 납세의무가 면제된다(단, 가산세는 고려하지 않음).

⑤ 甲이 세금계산서를 발급받고 매입처별 세금계산서 합계표를 제출한 경우(모두 공제대상 매입세액으로 가정함), 해당 과세기간에 발급받은 세금계산서상 공급대가에 0.5%를 곱한 금액은 납부세액에서 공제하되, 남은 금액은 환급받는다.

해설

⑤ 간이과세자가 다른 사업자로부터 세금계산서 등을 발급받아 대통령령으로 정하는 바에 따라 매입처별 세금계산서합계표 또는 대통령령으로 정하는 신용카드매출전표 등 수령명세서를 납세지 관할 세무서장에게 제출하는 경우에는 해당 과세기간에 세금계산서 등을 발급받은 재화와 용역의 공급대가에 0.5%를 곱한 금액, 또는 간이과세자가 과세사업과 면세사업 등을 겸영하는 경우에는 대통령령으로 정하는 바에 따라 계산한 금액에 따라 계산한 금액을 과세기간에 대한 납부세액에서 공제한다(부가가치세법 제63조 제3항). 납부세액에서 공제하고 남은 금액은 환급받는 것이 아니라 납부해야 하는 금액이다.

① 부가가치세법 제73조 제1항 제2호

② 부가가치세법 제71조 제3항 단서

③ 부가가치세법 제5조 제1항 제1호

④ 부가가치세법 제69조 제1항

29 부가가치세법령상 과태료에 관한 내용이다. (　　)에 들어갈 내용으로 옳은 것은?

> 납세지 관할 세무서장은 부가가치세의 납세보전 또는 조사를 위하여 납세의무자에게 장부 · 서류 또는 그 밖의 물건을 제출하게 하거나 그 밖에 필요한 사항을 명할 수 있다. 이 경우 납세지 관할 세무서장은 납세보전 또는 조사를 위한 명령을 위반한 자에게는 (　　) 이하의 과태료를 부과한다.

① 1천만 원　　② 2천만 원

③ 3천만 원　　④ 4천만 원

⑤ 5천만 원

정답 28 ⑤ 29 ②

해설

과태료(부가가치세법 제76조 제1항)

국세청장, 납세지 관할 지방국세청장 또는 납세지 관할 세무서장은 다음의 어느 하나에 해당하는 자에게 2천만 원 이하의 과태료를 부과한다.

1. 제74조 제2항(납세지 관할 세무서장은 부가가치세의 납세보전 또는 조사를 위하여 납세의무자에게 장부・서류 또는 그 밖의 물건을 제출하게 하거나 그 밖에 필요한 사항을 명할 수 있다.)에 따른 납세보전 또는 조사를 위한 명령을 위반한 자
2. 제75조 제2항(국세청장, 납세지 관할 지방국세청장 또는 납세지 관할 세무서장은 제1항에 따라 관련 명세를 제출하여야 하는 자가 관련 명세를 제출하지 아니하거나 사실과 다르게 제출한 경우 그 시정에 필요한 사항을 명할 수 있다.)에 따른 시정 명령을 위반한 자

30 부가가치세법상 '부가가치세의 세액 등에 관한 특례'에 관한 내용이다. ( )에 들어갈 내용으로 옳은 것은?

> 부가가치세 납부세액에서 「부가가치세법」 및 다른 법률에서 규정하고 있는 부가가치세의 감면세액 및 공제세액을 빼고 가산세를 더한 세액의 ( )을 부가가치세로, 나머지를 지방소비세로 한다.

① 1천분의 737
② 1천분의 747
③ 1천분의 757
④ 1천분의 763
⑤ 1천분의 850

해설

부가가치세 납부세액에서 「부가가치세법」 및 다른 법률에서 규정하고 있는 부가가치세의 감면세액 및 공제세액을 빼고 가산세를 더한 세액의 1천분의 747을 부가가치세로, 1천분의 253을 지방소비세로 한다(부가가치세법 제72조 제1항).

31 개별소비세법령상 과세물품이 아닌 것을 모두 고른 것은?

> ㄱ. 핀볼머신
> ㄴ. 수렵용 공기총
> ㄷ. 공업용 다이아몬드
> ㄹ. 토끼 모피
> ㅁ. 시각장애인용 고급 시계
> ㅂ. 액화 천연가스

① ㄱ, ㄴ
② ㄱ, ㄹ, ㅂ
③ ㄴ, ㄷ, ㄹ
④ ㄴ, ㄷ, ㄹ, ㅁ
⑤ ㄷ, ㄹ, ㅁ, ㅂ

30 ② 31 ④ 정답

해설

ㄴ. 수렵용 총포류(공기총 제외)(개별소비세 집행기준 1-0-2, 시행령 별표 1 제2호)
ㄷ. 보석[공업용 다이아몬드, 가공하지 아니한 원석(原石) 및 나석(裸石)은 제외], 진주, 별갑(鼈甲), 산호, 호박(琥珀) 및 상아와 이를 사용한 제품(나석을 사용한 제품은 포함)(개별소비세법 제1조 제2항 제2호 가목)
ㄹ. 고급모피와 그 제품[토끼 모피 및 그 제품과 생모피(生毛皮)는 제외](개별소비세법 제1조 제2항 제2호 나목)
ㅁ. 고급 시계[스톱워치, 시각장애인용・차량용・항공기용・선박용・옥외용・시각기록(측정)용・중앙집중식 시계 및 워치 무브먼트는 제외](개별소비세법 시행령 별표 1 제4호 나목)
ㄱ. 개별소비세법 제1조 제2항 제1호 가목, 개별소비세법 시행령 별표 1 제1호
ㅂ. 개별소비세법 제1조 제2항 제4호 사목

32 개별소비세법상 과세물품의 세율로 옳지 않은 것은? (단, 탄력세율 및 잠정세율은 고려하지 않는다)

① 투전기(投錢機) – 물품가격의 100분의 20
② 휘발유 – 리터당 475원
③ 경유 – 리터당 340원
④ 제1종 궐련(피우는 담배) – 20개비당 594원
⑤ 유연탄 – 킬로그램당 98원

해설

⑤ 유연탄 : 킬로그램당 46원(개별소비세법 제1조 제2항 제4호 자목)
① 개별소비세법 제1조 제2항 제1호 가목
② 개별소비세법 제1조 제2항 제4호 가목
③ 개별소비세법 제1조 제2항 제4호 나목
④ 개별소비세법 제1조 제2항 제6호 가목, 개별소비세법 별표

33 개별소비세법령상 관할 세무서장이 지정하는 외국인전용판매장에서 비거주자에게 판매할 목적으로 그 판매장에 반입하게 하기 위하여 제조장에서 반출하는 물품으로서 대통령령으로 정하는 바에 따라 개별소비세를 면제받을 수 있는 물품에 해당하지 않는 것은?

① 귀금속 제품
② 고급 가구
③ 고급 융단
④ 고급 가방
⑤ 고급 시계

해설

외국인 전용판매장에서 판매하는 면세물품의 범위(개별소비세법 시행령 제27조)

1. 보석과 이를 사용한 제품
2. 귀금속 제품
3. 골패(骨牌)와 화투류
4. 고급 가구
5. 고급 융단
6. 고급 가방

정답 32 ⑤ 33 ⑤

34 개별소비세법령상 과세대상 물품의 제조 또는 판매, 반출에 관한 설명으로 옳지 않은 것은?

① 제조장이 아닌 장소에서 판매 목적으로 과세물품에 가치를 높이기 위한 장식, 조립, 첨가 등의 가공을 하는 것은 해당 물품을 제조하는 것으로 본다.

② 과세물품이 동일 제조장에서 과세물품의 원재료로 사용되는 경우에는 제조장에서 반출하는 것으로 보지 아니한다.

③ 과세물품이 개별소비세가 과세되지 않는 석유류의 제조용 원재료로 정유공정에 그대로 사용되는 경우에는 제조장에서 반출하는 것으로 본다.

④ 과세물품이 제조장에 있다가 파산절차로 환가(換價)되는 경우에는 제조장에서 반출하는 것으로 본다.

⑤ 중고품을 신품과 동등한 정도로 그 가치를 높이기 위하여 대부분의 재료를 대체 또는 보완하거나 중고품의 부분품의 전부 또는 일부를 재료로 하여 새로운 물품으로 가공 또는 개조하는 것은 해당 물품을 제조하는 것으로 본다.

해설

③ 개별소비세가 과세되지 않는 석유류의 제조용 원재료로 정유공정에 그대로 사용되는 경우에는 제조장에서 반출하는 것으로 보지 아니한다(개별소비세법 제6조 제1항 제1호, 시행령 제6조 제1항 제3호).
① 개별소비세법 제5조 제1호 나목
② 개별소비세법 제6조 제1항 제1호, 개별소비세법 시행령 제6조 제1항 제1호
④ 개별소비세법 제6조 제1항 제2호
⑤ 개별소비세법 제5조 제2호

35 개별소비세법령상 제조장에서 반출하는 과세물품의 가격에 관한 설명으로 옳지 않은 것은?

① 외상으로 반출하는 경우 – 해당 물품을 인도한 후 도래하는 외상대금 청산일의 반출가격에 상당하는 금액

② 자가제조물품을 다른 제조자의 제품과 저렴한 가격으로 교환하는 경우 – 물품을 교환한 날의 실제 반출가격에 상당하는 금액

③ 반출되는 물품의 운송비를 그 운송거리나 운송방법에 상관없이 같은 금액으로 하여 그 반출가격에 포함시키거나 그 금액을 별도로 받는 경우(운송기관이 운송을 담당하는 경우를 포함한다) – 그 운송비를 포함한 가격에 상당하는 금액

④ 제조장에서 무상으로 반출하는 경우 – 그 물품을 반출한 날의 실제 반출가격에 상당하는 금액

⑤ 물품을 반출한 후 일정한 금액을 매수자에게 되돌려 주는 경우 – 처음의 반출가격에 상당하는 금액

해설

제조장에서 반출하는 물품의 가격 계산(개별소비세법 시행령 제8조 제1항)
1. 외상 또는 할부로 반출하는 경우 : 해당 물품을 인도한 날의 실제 반출가격에 상당하는 금액
2. 원재료 또는 자금의 공급을 조건으로 낮은 가격으로 반출하거나 자가제조물품을 다른 제조자의 제품과 저렴한 가격으로 교환하는 경우 : 반출 또는 교환한 날의 실제 반출가격에 상당하는 금액
3. 물품을 반출한 후 일정한 금액을 매수자에게 되돌려 주는 경우 : 처음의 반출가격에 상당하는 금액
4. 반출되는 물품의 운송비를 그 운송거리나 운송방법에 상관없이 같은 금액으로 하여 그 반출가격에 포함시키거나 그 금액을 별도로 받는 경우(운송기관이 운송을 담당하는 경우를 포함) : 그 운송비를 포함한 가격에 상당하는 금액
6. 제조장에서 무상으로 반출하는 경우 : 그 물품을 반출한 날의 실제 반출가격에 상당하는 금액

34 ③ 35 ① 정답

36 개별소비세법상 과세표준의 신고에 관한 내용이다. (　　)에 들어갈 내용으로 옳은 것은?

> 개별소비세 납세의무자로서 과세장소의 경영자는 매 (ㄱ) 과세장소의 종류별・세율별로 입장 인원과 입장 수입을 적은 신고서를 입장한 날이 속하는 (ㄴ)의 다음 달 (ㄷ)까지 과세장소 관할 세무서장에게 제출하여야 한다.

① ㄱ - 월, ㄴ - 달, ㄷ - 20일
② ㄱ - 월, ㄴ - 달, ㄷ - 25일
③ ㄱ - 월, ㄴ - 분기, ㄷ - 20일
④ ㄱ - 분기, ㄴ - 분기, ㄷ - 20일
⑤ ㄱ - 분기, ㄴ - 분기, ㄷ - 25일

해설

제3조 제5호의 납세의무자(과세장소의 경영자)는 매 분기 과세장소의 종류별・세율별로 입장 인원과 입장 수입을 적은 신고서를 입장한 날이 속하는 분기의 다음 달 25일까지 과세장소 관할 세무서장에게 제출하여야 한다(개별소비세법 제9조 제4항).

37 주세법령상 면세주류에 해당되는 것을 모두 고른 것은?

> ㄱ. 외국에 주둔하는 국군부대에 납품하는 주류
> ㄴ. 「식품위생법」에 따라 검사 목적으로 수거하는 주류
> ㄷ. 종교 단체에 의식용(儀式用)으로 국내에서 기증한 주류
> ㄹ. 무형문화재로 지정받은 기능보유자가 판매할 목적으로 제조한 주류
> ㅁ. 명예영사관이 공용품(公用品)으로 직접 수입하는 주류
> ㅂ. 「약사법」에 따라 의약품을 제조하기 위한 원료로서 수입하는 주류

① ㄱ, ㄴ, ㄷ
② ㄱ, ㄴ, ㅂ
③ ㄴ, ㄷ, ㄹ
④ ㄷ, ㄹ, ㅁ
⑤ ㄹ, ㅁ, ㅂ

해설

ㄱ. 주세법 제20조 제1항 제3호
ㄴ. 주세법 제20조 제1항 제6호
ㅂ. 주세법 제20조 제2항 제5호
ㄷ. 종교 단체에 의식용(儀式用)으로 외국에서 기증한 주류(주세법 제20조 제2항 제3호)
ㄹ. 무형유산으로 지정받은 기능보유자가 제조한 주류로서 무형유산 공개에 사용되는 주류(주세법 제20조 제1항 제7호)
ㅁ. 주한외국공관이나 그 밖에 이에 준하는 기관으로서 대통령령으로 정하는 기관[대사관, 공사관, 총영사관, 영사관(명예영사관 제외)]이 공용품(公用品)으로 직접 수입하는 것(주세법 제20조 제2항 제1호)

정답 36 ⑤ 37 ②

38 주세법령상 주세의 과세표준과 세율에 관한 설명으로 옳은 것은? (단, 전통주는 고려하지 않는다)

① 수입하는 맥주의 과세표준은 수입신고를 하는 때의 가격으로 한다.

② 주류 제조장에서 반출하는 위스키의 반출하는 때의 가격에는 그 주류의 용기 또는 포장에 붙여 반출되는 것으로서 상품정보를 무선으로 식별하도록 제작된 전자인식표의 가격을 포함한다.

③ 수입하는 과실주의 과세표준은 「관세법」 제241조에 따라 수입신고를 하는 때의 관세의 과세가격과 관세를 합한 금액으로 한다.

④ 알코올분 95도인 주정에 대한 세율은 1킬로리터당 6만 7천 원이다.

⑤ 발효주류인 청주에 대한 세율은 100분의 72이다.

해설

③ 주세법 제7조 제2항 제2호, 시행령 제5조 제2항

① 수입하는 맥주의 과세표준은 수입신고하는 수량으로 한다(주세법 제7조 제1항 제2호).

② 주류 제조장에서 반출하는 때의 가격에는 그 주류의 주세액에 해당하는 금액은 포함하지 아니하며, 그 용기 대금과 포장비용을 포함한다. 다만, 주류를 넣을 목적으로 특별히 제조된 도자기병과 이를 포장하기 위한 포장물의 가격, 주류의 용기 또는 포장에 붙여 반출되는 것으로서 상품정보를 무선으로 식별하도록 제작된 전자인식표의 가격, 전통주에 사용되는 모든 용기 대금과 포장비용은 포함하지 아니한다(주세법 제7조 제3항, 시행령 제6조 제3항).

④ 주정에 대한 세율은 1킬로리터당 5만 7천 원으로 하되 알코올분 95도를 초과하는 경우에는 그 초과하는 1도마다 600원을 더하여 계산한다(주세법 제8조 제1항 제1호).

⑤ 약주 · 과실주 · 청주에 대한 세율은 100분의 30으로 한다(주세법 제8조 제1항 제2호 나목).

39 주세법상 주세의 신고 · 납부와 징수 · 환급에 관한 설명으로 옳지 않은 것은?

① 주류 제조장에서 주류를 반출한 자는 매월 주류 제조장에서 반출한 주류의 종류, 알코올분, 수량, 가격, 세율, 산출세액, 공제세액, 환급세액, 납부세액 등을 적은 신고서를 반출한 날이 속하는 달의 다음 달 20일까지 관할 세무서장에게 제출하여야 한다.

② 주류를 수입하는 자는 수입한 주류의 수량 또는 가격에 세율을 곱하여 산출한 세액을 관할 세관장에게 납부하여야 한다.

③ 주류 제조장에서 주류를 반출한 자와 주류를 수입하는 자로서 주세를 납부하여야 할 자가 그 납부하여야 할 세액의 전부 또는 일부를 납부하지 아니한 경우에는 관할 세무서장 또는 관할 세관장은 그 납부하지 아니한 세액을 「국세징수법」 또는 「관세법」에 따라 징수한다.

④ 주류를 가공하기 위한 원료로 사용하기 위하여 주류 제조장에서 반출하는 주류에 대해서는 대통령령으로 정하는 바에 따라 주세를 징수하지 아니한다.

⑤ 이미 주세가 납부되었거나 납부되어야 할 주류가 변질의 사유로 동일한 주류 제조자의 주류 제조장 중 어느 한 곳으로 다시 들어온 경우에는 납부 또는 징수하여야 할 세액에서 그 세액을 공제하고, 납부 또는 징수할 세액이 없는 경우에는 이미 납부한 세액을 환급한다.

38 ③ 39 ① 정답

해설

① 주류 제조장에서 주류를 반출한 자는 매 분기 주류 제조장에서 반출한 주류의 종류, 알코올분, 수량, 가격, 세율, 산출세액, 공제세액, 환급세액, 납부세액 등을 적은 신고서를 반출한 날이 속하는 분기의 다음 달 25일까지 관할 세무서장에게 제출하여야 한다(주세법 제9조 제1항).
② 주세법 제10조 제2항
③ 주세법 제13조
④ 주세법 제17조 제1항 제2호
⑤ 주세법 제18조 제1항 제1호

40 주세법령상 납세의 담보 등에 관한 설명으로 옳지 않은 것은?

① 관할 세무서장은 「주세법 시행령」 제26조 제1항에 따른 담보의 제공이나 주류를 보존해야 하는 기간이 2주조연도 이상에 걸치는 경우에는 매년 1월에 담보 또는 보증의 내용과 그 적정성 여부를 조사해야 한다.
② 「주세법 시행령」 제26조에 따라 주류보존의 명을 받은 자는 보존할 주류 및 보존의 방법을 정하여 관할 세무서장에게 신청해야 한다.
③ 관할 세무서장은 납세의무자가 「주세법」에 따라 납부기한까지 주세를 납부하지 아니하는 경우에는 납세보증주류를 「국세징수법」에서 정하는 바에 따라 공매하고, 그 금액으로 주세를 충당하여야 한다.
④ 주류 제조자는 「주세법」 제21조에 따라 관할 세무서장이 보존을 명한 납세보증주류를 처분하거나 제조장에서 반출할 수 없다.
⑤ 「주세법」 제21조에 따라 관할 세무서장은 주세 보존을 위하여 필요하다고 인정하는 경우에는 주류 제조자에 대해 납세 보증으로 보존해야 하는 주류의 가격을 정하여 명할 수 있으나 그 주류의 보존기간은 정하여 명할 수 없다.

해설

⑤ 법 제21조에 따라 관할 세무서장은 주세 보존을 위하여 필요하다고 인정하는 경우에는 주류 제조자에 대해 금액(담보물의 금액 또는 납세 보증으로 보존해야 하는 주류의 가격) 및 기간(명령이 개시되는 날과 주류를 보존해야 하는 기간)을 정하여 주세에 대한 담보의 제공이나 주류의 보존을 명할 수 있다(주세법 시행령 제26조 제1항).
① 주세법 시행규칙 제5조 제1항
② 주세법 시행령 제27조 제1항
③ 주세법 제22조
④ 주세법 제23조

정답 40 ⑤

2024 내국소비세법

1교시 응시시간 : 80분 과목당 문항 수 : 40문항

01 부가가치세법상 사용하는 용어의 정의로 옳지 않은 것은?

① 재화란 재산 가치가 있는 물건 및 권리를 말한다.
② 용역이란 재화 외에 재산 가치가 있는 모든 역무(役務)와 그 밖의 행위를 말한다.
③ 사업자란 영리 목적으로 재화 또는 용역을 공급하는 자를 말하므로 국가・지방자치단체는 포함되지 아니한다.
④ 일반과세자란 간이과세자가 아닌 사업자를 말한다.
⑤ 면세사업이란 부가가치세가 면제되는 재화 또는 용역을 공급하는 사업을 말한다.

해설

③ "사업자"란 사업 목적이 영리이든 비영리이든 관계없이 사업상 독립적으로 재화 또는 용역을 공급하는 자를 말한다(부가가치세법 제2조 제3호).
① 부가가치세법 제2조 제1호
② 부가가치세법 제2조 제2호
④ 부가가치세법 제2조 제5호
⑤ 부가가치세법 제2조 제7호

02 부가가치세법령상 거래형태에 따른 재화의 공급시기로 옳은 것은?

① 사업자가 폐업 전에 공급한 재화의 공급시기가 폐업일 이후에 도래하는 경우는 재화의 공급이 확정되는 때
② 반환조건부 판매의 경우에는 재화가 인도되거나 이용가능하게 되는 날
③ 무인판매기를 이용하여 재화를 공급하는 경우는 소비자가 해당 무인판매기에 현금을 투입하는 때
④ 사업자가 보세구역 안에서 보세구역 밖의 국내에 재화를 공급하는 경우가 재화의 수입에 해당할 때에는 수입신고 수리일
⑤ 위탁판매수출은 수출재화가 인도되거나 이용가능하게 되는 날

해설

④ 부가가치세법 시행령 제28조 제7항
① 사업자가 폐업 전에 공급한 재화의 공급시기가 폐업일 이후에 도래하는 경우 : 폐업일(부가가치세법 시행령 제28조 제9항)
② 반환조건부 판매의 경우 : 그 조건이 성취되거나 기한이 지나 판매가 확정되는 때(부가가치세법 시행령 제28조 제2항)
③ 무인판매기를 이용하여 재화를 공급하는 경우 : 해당 사업자가 무인판매기에서 현금을 꺼내는 때(부가가치세법 시행령 제28조 제5항)
⑤ 위탁판매수출 : 수출재화의 공급가액이 확정되는 때(부가가치세법 시행령 제28조 제6항 제2호)

01 ③ 02 ④ 정답

03 부가가치세법령상 사업자에 대한 2024년 부가가치세 과세기간에 관한 설명으로 옳은 것을 모두 고른 것은?

> ㄱ. 사업개시일 이전에 사업자등록을 신청한 신규사업자가 2024년 4월 15일 사업을 개시하였다면 과세기간의 시작일은 2024년 4월 15일이다.
> ㄴ. 사업자가 2024년 4월 15일 폐업하였다면 2024년 1월 1일부터 4월 15일까지가 최종 과세기간이다.
> ㄷ. 간이과세자가 2024년 4월 15일 간이과세를 포기하여 일반과세자가 된 경우 2024년 1월 1일부터 6월 30일까지가 간이과세자 과세기간이다.

① ㄱ
② ㄴ
③ ㄱ, ㄷ
④ ㄴ, ㄷ
⑤ ㄱ, ㄴ, ㄷ

해설

ㄴ. 부가가치세법 제5조 제3항
ㄱ. 사업개시일 이전에 사업자등록을 신청한 신규사업자가 2024년 4월 15일 사업을 개시하였다면 과세기간의 시작일은 사업자등록을 신청한 날부터이다(부가가치세법 제5조 제2항 단서).
ㄷ. 간이과세자가 2024년 4월 15일 간이과세를 포기하여 일반과세자가 된 경우 2024년 1월 1일부터 4월 30일까지 간이과세자 과세기간이 되고, 5월 1일부터 6월 30일까지는 일반과세자 과세기간이 된다(부가가치세법 제5조 제5항 제1호 · 2호).

04 부가가치세법령상 납세지와 사업장에 관한 설명으로 옳지 않은 것은?

① 사업자가 사업장을 두지 아니하면 사업자의 주소 또는 거소(居所)를 사업장으로 한다.
② 사업자 단위 과세 사업자는 각 사업장을 대신하여 그 사업자의 본점 또는 주사무소의 소재지를 부가가치세 납세지로 한다.
③ 각종 박람회 등 행사가 개최되는 장소에 개설한 임시사업장으로서 대통령령으로 정하는 바에 따라 신고된 장소는 사업장으로 본다.
④ 재화를 수입하는 자의 부가가치세 납세지는 「관세법」에 따라 수입을 신고하는 세관의 소재지로 한다.
⑤ 사업자가 자기의 사업과 관련하여 생산하거나 취득한 재화를 직접 판매하기 위하여 특별히 판매시설을 갖춘 직매장은 사업장으로 본다.

해설

③ 각종 경기대회나 박람회 등 행사가 개최되는 장소에 개설한 임시사업장으로서 대통령령으로 정하는 바에 따라 신고된 장소는 사업장으로 보지 아니한다(부가가치세법 제6조 제5항 제2호).
① 부가가치세법 제6조 제3항
② 부가가치세법 제6조 제4항
④ 부가가치세법 제6조 제6항
⑤ 부가가치세법 시행령 제8조 제3항

정답 03 ② 04 ③

05 부가가치세법령상 사업자등록에 관한 설명으로 옳은 것은?

① 「법인세법」에 따라 사업자등록을 한 면세사업자가 추가로 과세사업을 경영하려는 경우 사업자등록 정정신고서를 제출하면 「부가가치세법」에 따라 사업자등록신청을 한 것으로 본다.
② 사업자등록신청을 받은 관할세무서장은 등록내용을 조사하여 7일 이내에 사업자등록증을 발급하여야 한다.
③ 사업을 영위하면서 사업자등록을 하지 아니한 사업자에 대하여 납세지 관할 세무서장은 조사하여 등록할 수 없다.
④ 사업장이 하나이나 추가로 사업장을 개설하려는 사업자는 사업자 단위로 사업자등록을 하여야 하고 추가 사업장에 별도의 사업자등록을 할 수 없다.
⑤ 사업자는 사업자등록신청을 반드시 사업장 관할세무서장에게 하여야 하고, 다른 세무서장에게 한 경우에는 효력이 없다.

해설

① 부가가치세법 시행령 제11조 제10항
② 사업자등록신청을 받은 사업자 관할 세무서장은 사업자의 인적사항과 그 밖에 필요한 사항을 적은 사업자등록증을 신청일부터 2일 이내에 신청자에게 발급하여야 한다. 다만, 사업장시설이나 사업현황을 확인하기 위하여 국세청장이 필요하다고 인정하는 경우에는 발급기한을 5일 이내에서 연장하고 조사한 사실에 따라 사업자등록증을 발급할 수 있다.
③ 사업을 영위하면서 사업자등록을 하지 아니한 사업자에 대하여 납세지 관할 세무서장은 조사하여 등록할 수 있다(부가가치세법 시행령 제11조 제6항).
④ 사업장이 하나이나 추가로 사업장을 개설하려는 사업자는 사업자 단위로 해당 사업자의 본점 또는 주사무소 관할 세무서장에게 등록을 신청할 수 있다(부가가치세법 제8조 제3항).
⑤ 사업자는 사업자등록의 신청을 사업장 관할 세무서장이 아닌 다른 세무서장에게도 할 수 있다. 이 경우 사업장 관할 세무서장에게 사업자등록을 신청한 것으로 본다(부가가치세법 제8조 제2항).

06 부가가치세법령상 재화의 공급에 관한 설명으로 옳지 않은 것은?

① 재화의 인도 대가로서 다른 재화를 인도받는 교환계약에 따라 재화를 인도하는 것은 재화의 공급이다.
② 「민사집행법」에 따른 경매에 따라 재화를 양도하는 것은 재화의 공급으로 보지 아니한다.
③ 사업자가 폐업할 때 자기생산·취득재화 중 남아 있는 재화는 자기에게 공급하는 것으로 본다.
④ 사업자가 위탁가공을 위하여 영세율을 적용받은 원자재를 국외의 수탁가공 사업자에게 대가 없이 반출하는 것은 재화의 공급으로 보지 아니한다.
⑤ 「공익사업을 위한 토지 등의 취득 및 보상에 관한 법률」에 따른 수용절차에서 수용대상 재화의 소유자가 수용된 재화에 대한 대가를 받는 경우는 재화의 공급으로 보지 아니한다.

해설

④ 사업자가 위탁가공을 위하여 원자재를 국외의 수탁가공 사업자에게 대가 없이 반출하는 것(영세율이 적용되는 것은 제외)은 재화의 공급으로 보지 아니한다(부가가치세법 시행령 제18조 제2항 제3호).
① 부가가치세법 시행령 제18조 제1항 제3호
② 부가가치세법 시행령 제18조 제3항 제2호
③ 부가가치세법 제10조 제6항
⑤ 부가가치세법 시행령 제18조 제3항 제3호

05 ① 06 ④ 정답

07 부가가치세법령상 재화의 수입에 관한 설명으로 옳지 않은 것은?

① 세관장은 수입 재화에 대하여 부가가치세를 징수할 때 수입된 재화에 대한 세금계산서를 수입하는 자에게 발급하여야 한다.

② 외국으로부터 국내에 도착한 물품으로서 수입신고가 수리되기 전의 것을 국내에 반입하는 것은 재화의 수입에 해당한다.

③ 재화의 수입에 대한 부가가치세는 세관장이 「관세법」에 따라 징수한다.

④ 과세사업자가 재화를 수입하는 경우 부가가치세를 신고 납부하더라도 그 부가가치세납부세액은 매입세액으로 공제 받을 수 없다.

⑤ 재화의 수입시기는 「관세법」에 따른 수입신고가 수리된 때로 한다.

해설

④ 사업자가 자기의 사업을 위하여 사용하였거나 사용할 목적으로 수입하는 재화의 수입에 대한 부가가치세액은 매입세액으로 공제받을 수 있다(부가가치세법 제38조 제1항 제2호).
① 부가가치세법 제35조 제1항
② 부가가치세법 제13조 제1호
③ 부가가치세법 제50조
⑤ 부가가치세법 제18조

08 부가가치세법령상 부수 재화 및 부수 용역에 관한 설명으로 옳지 않은 것은?

① 주된 재화의 공급에 부수되어 공급되는 것으로서 해당 대가가 주된 재화의 공급에 대한 대가에 통상적으로 포함되어 공급되는 재화는 주된 재화의 공급에 포함되는 것으로 본다.

② 거래의 관행으로 보아 통상적으로 주된 용역의 공급에 부수하여 공급되는 것으로 인정되는 용역은 주된 용역의 공급에 포함되는 것으로 본다.

③ 주된 면세사업에 부수되어 우연히 공급되는 재화의 공급에 대하여 부가가치세 면세를 적용한다.

④ 주된 과세사업과 관련하여 주된 재화의 생산 과정에서 필연적으로 생기는 재화의 공급에 대하여 부가가치세 과세를 적용한다.

⑤ 주된 사업에 부수되는 것으로서 주된 사업과 관련하여 우연히 공급되는 재화의 공급은 별도의 공급으로 보지 아니한다.

해설

⑤ 주된 사업에 부수되는 것으로서 주된 사업과 관련하여 우연히 공급되는 재화의 공급은 별도의 공급으로 본다(부가가치세법 제14조 제2항 제1호).
① 부가가치세법 제14조 제1항 제1호
② 부가가치세법 제14조 제1항 제2호
③ 부가가치세법 제14조 제2항 제1호
④ 부가가치세법 제14조 제2항 제2호

정답 07 ④ 08 ⑤

09 **부가가치세법상 재화와 용역의 공급장소로 옳지 않은 것은? (단, 국외사업자로부터 권리를 공급받는 경우는 제외함)**

① 재화의 이동이 필요한 경우에는 재화의 이동이 시작되는 장소
② 재화의 이동이 필요하지 아니한 경우에는 재화가 공급되는 시기에 재화가 있는 장소
③ 전자적 용역을 공급하는 국외사업자의 사업자등록 및 납부 등에 관한 특례에 따른 전자적 용역의 경우에는 용역을 공급하는 자의 사업장 소재지
④ 시설물, 권리 등 재화가 사용되는 경우 그 사용되는 장소
⑤ 국내 및 국외에 걸쳐 용역이 제공되는 국제운송의 경우에는 사업자가 비거주자 또는 외국법인이면 여객이 탑승하거나 화물이 적재되는 장소

해설

③ 전자적 용역을 공급하는 국외사업자의 사업자등록 및 납부 등에 관한 특례에 따른 전자적 용역의 경우에는 용역을 공급받는 자의 사업장 소재지, 주소지 또는 거소지를 용역의 공급장소로 한다(부가가치세법 제20조 제1항 제3호).
① 부가가치세법 제19조 제1항 제1호
② 부가가치세법 제19조 제1항 제2호
④ 부가가치세법 제20조 제1항 제1호
⑤ 부가가치세법 제20조 제1항 제2호

10 **부가가치세법령상 영세율이 적용되는 재화의 수출로서 옳지 않은 것은? (단, 사업자는 비거주자 또는 외국법인이 아님)**

① 국내에서 통관되지 아니한 수출물품을 외국으로 인도하는 수출로서 국내 사업장에서 계약과 대가 수령 등 거래가 이루어지는 것
② 대한민국 선박에 의하여 잡힌 수산물을 외국으로 반출하는 것
③ 가공임(加工賃)을 지급하는 조건으로 외국에서 가공할 원료의 일부를 거래 상대방에게 수출하는 것으로서 국내 사업장에서 거래가 이루어지는 것
④ 사업자가 기획재정부령으로 정하는 내국신용장에 의하여 금지금(金地金)을 공급하는 것
⑤ 물품을 무환(無換)으로 수출하여 해당 물품이 판매된 범위에서 대금을 결제하는 계약에 의한 수출로서 국내 사업장에서 거래가 이루어지는 것

해설

④ 기획재정부령으로 정하는 내국신용장 또는 구매확인서에 의하여 재화[금지금(金地金)은 제외]를 공급하는 것은 영세율이 적용되는 재화의 수출이다(부가가치세법 제21조 제2항 제3호).
① 부가가치세법 제21조 제2항 제2호
② 부가가치세법 제21조 제2항 제1호
③ 부가가치세법 제21조 제2항 제2호, 부가가치세법 시행령 제31조 제1항 제4호
⑤ 부가가치세법 제21조 제2항 제2호, 부가가치세법 시행령 제31조 제1항 제2호

09 ③ 10 ④ 정답

11 부가가치세법령상 영세율을 적용하는 경우로서 옳지 않은 것은? (단, 국내 거래인 경우는 외화 획득을 위한 것임)

① 내국법인이 국내에서 국내사업장이 없는 비거주자에게 조경 관리 서비스업을 제공하고 그 대금을 외국환은행에서 원화로 받는 경우

② 내국법인인 외국항행사업자가 항공기에 의하여 여객을 국외에서 국내로 수송하는 사업에 부수하여 국내에서 자기의 승객만이 전용(專用)하는 버스에 탑승하게 하는 용역을 공급하는 경우

③ 내국법인이 우리나라에 상주(常住)하는 미합중국군대에 재화를 공급하는 경우

④ 내국법인이 기획재정부령으로 정하는 내국신용장에 의하여 수출재화임가공용역을 공급하는 경우

⑤ 「관광진흥법 시행령」에 따른 내국법인인 종합여행업자가 외국인 관광객에게 공급하는 관광알선용역으로서 그 대가를 외국환은행에서 원화로 받는 경우

해설

① 국내에서 국내사업장이 없는 비거주자 또는 외국법인에 공급되는 사업시설관리 및 사업지원 서비스업(조경 관리 및 유지 서비스업, 여행사 및 기타 여행보조 서비스업은 제외)에 해당하는 용역으로서 그 대금을 외국환은행에서 원화로 받거나 기획재정부령으로 정하는 방법으로 받는 것에는 영세율을 적용한다(부가가치세법 시행령 제33조 제2항 제1호 아목).
② 부가가치세법 시행령 제32조 제1항 제3호
③ 부가가치세법 시행령 제33조 제2항 제6호
④ 부가가치세법 시행령 제33조 제2항 제4호
⑤ 부가가치세법 시행령 제33조 제2항 제7호 가목

2024년 제41회

12 부가가치세법령상 부가가치세를 면제하는 것에 관한 설명으로 옳지 않은 것은?

① 「국민기초생활 보장법」상 수급자가 기르는 동물에 대하여 「수의사법」에 따른 수의사가 제공하는 진료용역

② 「도로교통법」상의 자동차운전학원에서 교습생에게 운전기술을 가르치는 교육 용역

③ 기획재정부령으로 정하는 차도선형여객선에 의한 여객운송 용역

④ 개인이 기획재정부령으로 정하는 물적 시설 없이 근로자를 고용하지 아니하고 독립된 자격으로 대가를 받고 공급하는 댄서 용역

⑤ 공익사업을 위하여 주무관청의 승인을 받아 금품을 모집하는 단체에 무상으로 공급하는 재화

해설

② 도로교통법」상의 자동차운전학원에서 교습생에게 운전기술을 가르치는 교육 용역은 부가가치세를 면제하는 교육 용역에서 제외한다(부가가치세법 시행령 제36조 제2항 제2호).
① 부가가치세법 시행령 제35조 제5호 라목
③ 부가가치세법 시행령 제37조 제1호 다목
④ 부가가치세법 시행령 제42조 제1호 바목
⑤ 부가가치세법 제26조 제1항 제20호, 부가가치세법 시행령 제47조 제2항

정답 11 ① 12 ②

13 부가가치세법령상 재화의 수입에 대하여 부가가치세가 면제되는 것을 모두 고른 것은?

ㄱ. 상속으로 인하여 수입하는 재화로서 관세가 면제되는 것
ㄴ. 정부의 위탁을 받아 정부 외의 자가 수입하는 관세가 무세(無稅)인 군수품
ㄷ. 외국으로부터 기획재정부령이 정하는 영상 관련 공익단체에 기증되는 재화로서 그 단체가 직접 사용하는 것

① ㄱ
② ㄴ
③ ㄱ, ㄴ
④ ㄴ, ㄷ
⑤ ㄱ, ㄴ, ㄷ

해설

ㄱ. 부가가치세법 제27조 제7호
ㄴ. 부가가치세법 제27조 제15호, 부가가치세법 시행령 제56조 제1호
ㄷ. 부가가치세법 제27조 제3호, 부가가치세법 시행령 제51조 제6호

14 부가가치세법령상 영세율과 면세에 관한 설명으로 옳지 않은 것은?

① 내국법인이 국외에서 공급하는 용역에 대하여는 영세율을 적용한다.
② 면세의 포기를 신고한 사업자는 신고한 날부터 3년간 부가가치세를 면제받지 못한다.
③ 영세율이 적용되는 경우에는 매입세액을 환급받으나, 면세가 적용되는 경우에는 매입세액을 환급받을 수 없다.
④ 「부가가치세법」상 영세율 적용대상자는 납세의무자이지만, 면세 적용대상자는 납세의무자가 아니다.
⑤ 영세율과 면세에 동시에 해당되는 경우에는 영세율이 적용되므로, 영세율 사업자가 면세를 적용받기 위해서는 영세율을 포기하여야 한다.

해설

⑤ 영세율의 적용 대상이 되는 것에는 면세의 포기를 신고하여 부가가치세의 면제를 받지 아니할 수 있다(부가가치세법 제28조 제1항 제1호).
① 부가가치세법 제22조
② 부가가치세법 제28조 제2항
③ 부가가치세법 제59조 제2항 제1호
④ 부가가치세법 제26조 제1항

13 ⑤ 14 ⑤ 정답

15 부가가치세법령상 일반과세자의 과세표준(공급가액)에 포함하는 것으로 옳은 것은?

① 재화의 공급에 대한 대가의 지급이 지체되었음을 이유로 받는 연체이자
② 재화의 공급과 직접 관련되어 받은 공공보조금
③ 공급받는 자에게 도달하기 전에 멸실한 재화의 가액
④ 공급받는 자로부터 거래징수한 부가가치세
⑤ 자기적립마일리지로만 전부를 결제받고 공급하는 재화의 금액

해설

② 재화의 공급과 직접 관련되어 받은 공공보조금은 공급가액에 포함한다(부가가치세법 제29조 제5항 제4호).
① 재화의 공급에 대한 대가의 지급이 지체되었음을 이유로 받는 연체이자는 공급가액에 포함하지 아니한다(부가가치세법 제29조 제5항 제5호).
③ 공급받는 자에게 도달하기 전에 파손되거나 훼손되거나 멸실한 재화의 가액은 공급가액에 포함하지 아니한다(부가가치세법 제29조 제5항 제3호).
④ 공급받는 자로부터 거래징수한 부가가치세는 공급가액에 포함하지 아니한다(부가가치세법 제29조 제3항).
⑤ 자기적립마일리지로만 전부를 결제받고 공급하는 재화의 금액은 공급가액에 포함하지 아니한다(부가가치세법 시행령 제61조 제2항 제9호 나목).

16 부가가치세법상 과세대상 수입 재화에 관한 과세자료가 다음과 같은 경우 부가가치세 과세표준은? (단, 주어진 자료 외에는 고려하지 아니함)

- 관세의 과세가격 : 3,000,000원
- 관세 : 600,000원
- 개별소비세 : 500,000원
- 교육세 : 150,000원
- 농어촌특별세 : 50,000원

① 3,000,000원
② 3,600,000원
③ 3,700,000원
④ 4,100,000원
⑤ 4,300,000원

해설

- 재화의 수입에 대한 부가가치세의 과세표준은 그 재화에 대한 관세의 과세가격과 관세, 개별소비세, 주세, 교육세, 농어촌특별세 및 교통·에너지·환경세를 합한 금액으로 한다(부가가치세법 제29조 제2항).
- 부가가치세 과세표준 = 관세의 과세가격(3,000,000원) + 관세(600,000원) + 개별소비세(500,000원) + 교육세(150,000원) + 농어촌특별세(50,000원) = 4,300,000원

정답 15 ② 16 ⑤

17 **과세사업을 영위하는 내국법인 (주)대한의 2024년 제1기 과세기간의 거래에 관한 자료이다. (주)대한의 2024년 제1기 과세기간의 영세율이 적용되는 부가가치세 과세표준은? (단, 제시된 자료의 금액에는 부가가치세가 포함되지 않으며, 주어진 자료 외에는 고려하지 아니함)**

(1) 미화 300,000달러의 제품 수출계약에 따라 2024년 2월 2일에 선수금으로 50,000달러를 송금받아 66,000,000원으로 환가하였다. 2024년 2월 20일에 제품을 선적하였으며, 2024년 3월 3일에 잔금 250,000달러를 송금 받아 340,000,000원으로 환가하였다.
[기준환율(원/달러) : 2024년 2월 2일 1,320원, 2024년 2월 20일 1,350원, 2024년 3월 3일 1,360원]

(2) 국외의 외국법인 A와 직접 계약(계약일 2024년 2월 21일)에 따라 제품을 공급하기로 하고, 2024년 2월 29일 외국법인 A가 지정하는 국내의 다른 사업자 (주)B에게 제품을 인도하였다[(주)B는 외국법인과의 계약에 따라 인도받은 제품을 그대로 반출하였음]. 그리고 2024년 3월 3일 대금으로 외국환은행에서 원화 50,000,000원을 받았다.

① 403,500,000원　　② 405,000,000원
③ 406,000,000원　　④ 453,500,000원
⑤ 455,000,000원

해설

• 수출계약의 경우 수출재화의 선(기)적일(2월 20일)을 재화의 공급시기로 본다(부가가치세법 시행령 제28조 제6항 제1호).
• 공급시기가 되기 전에 원화로 환가한 경우 환가한 금액(66,000,000원)은 영세율 과세표준에 해당한다(부가가치세법 시행령 제59조 제1호).
• 공급시기 이후에 외국통화로 지급받는 경우 공급시기의 기준환율에 따라 계산한 금액[337,500,000원(= 250,000달러 × 1,350원)]은 영세율 과세표준에 해당한다(부가가치세법 시행령 제59조 제2호).
• (1)의 영세율 과세표준 = 66,000,000원 + 337,500,000원 = 403,500,000원
• 국내에서 국내사업장이 없는 외국법인에 공급되는 재화로서 외국법인이 지정하는 국내사업자에게 인도되고 그 대금을 외국환은행에서 원화로 받은 경우 영세율을 적용한다(부가가치세법 시행령 제33조 제2항 제1호). 따라서 50,000,000원은 영세율 과세표준에 해당한다.
• (2)의 영세율 과세표준 = 50,000,000원
• 제1기 영세율 과세표준 = 403,500,000원 + 50,000,000원 = 453,500,000원

17 ④ 정답

18 부가가치세법령상 세금계산서에 관한 설명으로 옳은 것은?

① 사업자가 부가가치세가 면제되는 재화를 공급하는 경우에는 세금계산서를 그 공급을 받는 자에게 발급하여야 한다.

② 전자세금계산서 의무발급 개인사업자가 아닌 사업자는 전자세금계산서를 발급할 수 없다.

③ 전자세금계산서를 발급한 사업자는 발급일의 다음 날까지 그 발급명세를 국세청장에게 전송하여야 한다.

④ 단가와 수량은 세금계산서의 필요적 기재사항이다.

⑤ 매입자발행세금계산서를 발행하려는 자는 해당 재화의 공급시기가 속하는 과세기간의 종료일까지 신청인의 관할 세무서장에게 거래사실의 확인을 신청하여야 한다.

해설

③ 부가가치세법 제32조 제3항, 부가가치세법 시행령 제68조 제7항

① 사업자가 재화 또는 용역을 공급(부가가치세가 면제되는 재화 또는 용역의 공급은 제외)하는 경우에는 세금계산서를 그 공급을 받는 자에게 발급하여야 한다(부가가치세법 제32조 제1항).

② 전자세금계산서를 발급하여야 하는 사업자가 아닌 사업자도 전자세금계산서를 발급하고 전자세금계산서 발급명세를 전송할 수 있다(부가가치세법 제32조 제5항).

④ 단가와 수량은 세금계산서의 임의적 기재사항이다(부가가치세법 시행령 제67조 제2항 제5호).

⑤ 매입자발행세금계산서를 발행하려는 자는 해당 재화 또는 용역의 공급시기가 속하는 과세기간의 종료일부터 1년 이내에 신청인의 관할 세무서장에게 거래사실의 확인을 신청하여야 한다(부가가치세법 시행령 제71조의2 제3항).

19 부가가치세법령상 수정세금계산서를 발급할 수 있는 경우를 모두 고른 것은?

ㄱ. 세율을 잘못 적용하여 세금계산서를 발급한 후 세무서장으로부터 과세자료 해명안내 통지를 받은 경우
ㄴ. 면세 등 발급대상이 아닌 거래 등에 대하여 세금계산서를 발급한 경우
ㄷ. 처음 공급한 재화가 환입(還入)된 경우

① ㄱ　　② ㄷ
③ ㄱ, ㄴ　　④ ㄴ, ㄷ
⑤ ㄱ, ㄴ, ㄷ

해설

ㄴ. 부가가치세법 시행령 제70조 제1항 제8호
ㄷ. 부가가치세법 시행령 제70조 제1항 제1호
ㄱ. 세율을 잘못 적용하여 세금계산서를 발급한 후 세무서장으로부터 과세자료 해명안내 통지를 받아 과세표준 또는 세액을 경정할 것을 미리 알고 있는 경우는 수정세금계산서를 발급할 수 있는 경우에서 제외한다(부가가치세법 시행령 제70조 제1항 제5호 다목).

정답 18 ③ 19 ④

20 부가가치세법령상 매입자발행세금계산서의 발급사유로 옳은 것을 모두 고른 것은?

ㄱ. 사업자가 부도·폐업한 경우로서 수정세금계산서를 발급하지 않은 경우
ㄴ. 공급계약이 해제·변경된 경우로서 수정전자세금계산서를 발급하지 않은 경우
ㄷ. 재화 또는 용역을 공급한 자가 소재불명 또는 연락두절 상태인 경우
ㄹ. 재화 또는 용역을 공급한 자가 휴업하여 세금계산서를 발급받는 것이 곤란하다고 국세청장이 인정하는 경우

① ㄱ
② ㄱ, ㄴ
③ ㄴ, ㄷ, ㄹ
④ ㄱ, ㄴ, ㄹ
⑤ ㄱ, ㄴ, ㄷ, ㄹ

해설

ㄱ·ㄴ. 부가가치세법 제34조의2 제1항
ㄷ. 부가가치세법 시행령 제71조의2 제2항 제1호
ㄹ. 부가가치세법 시행령 제71조의2 제2항 제2호

21 부가가치세법령상 대손세액에 관한 설명으로 옳은 것을 모두 고른 것은?

ㄱ. 부가가치세가 면제되는 재화의 공급과 관련되어야 한다.
ㄴ. 재화를 공급한 후 그 공급일부터 10년이 지난 날이 속하는 과세기간에 대한 확정신고 기한까지 확정되는 대손세액으로 한다.
ㄷ. 대손세액은 대손금액(부가가치세 포함)에 110분의 10을 곱한 금액이다.
ㄹ. 예정신고시와 확정신고시에 대손세액공제를 적용한다.

① ㄱ, ㄹ
② ㄴ, ㄷ
③ ㄱ, ㄴ, ㄷ
④ ㄴ, ㄷ, ㄹ
⑤ ㄱ, ㄴ, ㄷ, ㄹ

해설

ㄴ. 부가가치세법 시행령 제87조 제2항
ㄷ. 부가가치세법 제45조 제1항
ㄱ. 부가가치세가 과세되는 재화의 공급과 관련되어야 한다(부가가치세법 제45조 제1항).
ㄹ. 부가가치세 확정신고시에 대손세액공제를 적용한다(부가가치세법 시행령 제87조 제4항).

20 ⑤ 21 ② 정답

22 부가가치세법령상 면세농산물 등 의제매입세액공제에 관한 설명으로 옳지 않은 것은?

① 음식점업을 경영하는 사업자가 농어민으로부터 면세농산물 등을 직접 공급받고 매입세액 공제를 받으려면 의제매입세액 공제신고서만 제출한다.

② 면세를 포기하고 영세율을 적용받는 경우 사업에 사용한 면세농산물 등의 가액에 대하여는 의제매입세액 공제를 적용하지 않는다.

③ 의제매입세액으로서 공제한 면세농산물 등을 그대로 양도할 때에는 그 공제한 금액을 납부세액에 가산하거나 환급세액에서 공제하여야 한다.

④ 수입되는 면세농산물 등의 의제매입세액을 계산할 때 그 수입가액은 관세의 과세가격으로 한다.

⑤ 면세농산물 등을 예정신고기간에 공급받는 경우 예정신고시 의제매입세액을 공제할 수 있다.

해설

① 제조업을 경영하는 사업자가 농어민으로부터 면세농산물 등을 직접 공급받고 매입세액 공제를 받으려면 의제매입세액 공제신고서만 제출한다(부가가치세법 시행령 제84조 제5항).
② 부가가치세법 제42조 제1항
③ 부가가치세법 시행령 제84조 제4항
④ 부가가치세법 시행규칙 제56조 제1항
⑤ 부가가치세법 제42조 제2항

23 다음은 과세사업과 면세사업을 겸영하고 있는 내국법인 (주)한국에 관한 자료이다. 2024년 제2기 부가가치세의 확정신고시 매입세액으로 공제할 수 있는 금액은? (단, 주어진 자료 이외에는 고려하지 않음)

(1) (주)한국은 아래와 같이 재화를 취득하여 면세사업에만 사용하였다.

구 분	취득일	취득가액(부가가치세 포함)
기계장치	2023. 11. 10.	44,000,000원
공장건물	2022. 2. 1.	220,000,000원

(2) (주)한국의 공급가액 명세는 다음과 같다.

과세기간	과세사업	면세사업	합 계
2024년 제1기	6억 원	4억 원	10억 원
2024년 제2기	10억 원	6억 원	16억 원

(3) (주)한국은 면세사업에만 사용하던 위 재화를 2024년 7월 10일부터 면세사업과 과세사업에 공통으로 사용하였다.

① 10,625,000원
② 17,000,000원
③ 24,000,000원
④ 27,200,000원
⑤ 31,000,000원

정답 22 ① 23 ①

해설

• 과세사업에 사용하거나 소비하는 기계장치(그 밖의 감가상각자산)의 매입세액공제 금액(부가가치세법 시행령 제85조 제1항 제2호)

$$\text{공제되는 세액} = \text{취득 당시 해당 재화의 면세사업 등과 관련하여 공제되지 아니한 매입세액} \times \left(1 - \frac{25}{100} \times \text{경과된 과세기간의 수}\right)$$

$$= 4{,}000{,}000\text{원} \times \left(1 - \frac{25}{100} \times 2\right) = 2{,}000{,}000\text{원}$$

• 과세사업에 사용하거나 소비하는 공장건물(건물 또는 구축물)의 매입세액공제 금액(부가가치세법 시행령 제85조 제1항 제1호)

$$\text{공제되는 세액} = \text{취득 당시 해당 재화의 면세사업 등과 관련하여 공제되지 아니한 매입세액} \times \left(1 - \frac{5}{100} \times \text{경과된 과세기간의 수}\right)$$

$$= 20{,}000{,}000\text{원} \times \left(1 - \frac{5}{100} \times 5\right) = 15{,}000{,}000\text{원}$$

→ 2,000,000원 + 15,000,000원 = 17,000,000원

• 과세사업과 면세사업 등에 공통으로 사용하거나 소비하는 경우의 매입세액공제 금액(부가가치세법 시행령 제85조 제2항)

$$\text{공제되는 세액} = \text{과세사업에 사용하거나 소비하는 감가상각자산의 매입세액공제 금액} \times \frac{\text{과세사업에 사용·소비한 날이 속하는 과세기간의 과세공급가액}}{\text{과세사업에 사용·소비한 날이 속하는 과세기간의 총공급가액}}$$

$$= 17{,}000{,}000\text{원} \times \frac{\text{2024년 제2기의 과세공급가액}}{\text{2024년 제2기의 총공급가액}}$$

$$= 17{,}000{,}000\text{원} \times \frac{1{,}000{,}000{,}000\text{원}}{1{,}600{,}000{,}000\text{원}} = 10{,}625{,}000\text{원}$$

∴ 2024년 제2기 부가가치세의 확정신고 시 매입세액으로 공제할 수 있는 금액 = 10,625,000원

24 부가가치세법령상 대리납부 등에 관한 설명으로 옳지 않은 것은?

① 국외사업자로부터 권리를 공급받는 경우에는 공급받는 자의 국내에 있는 사업장의 소재지 또는 주소지를 해당 권리가 공급되는 장소로 본다.

② 국내 사업장이 없는 외국법인으로부터 국내에서 용역을 공급받는 자가 공급받은 용역을 과세사업에 제공하는 경우에는 대리납부의무가 있다.

③ 대리납부의무자는 그 대가를 지급하는 때에 그 대가를 받은 자로부터 부가가치세를 징수하여야 한다.

④ 비사업자도 대리납부의무자가 될 수 있다.

⑤ 국외사업자가 사업자등록의 대상인 대리인을 통하여 국내에서 용역 또는 권리를 공급하는 경우에는 대리인이 해당 용역을 공급한 것으로 본다.

해설

② 국내사업장이 없는 외국법인으로부터 국내에서 용역을 공급받는 자가 용역을 과세사업에 사용하는 경우는 대리납부의무에서 제외한다(부가가치세법 제52조 제1항).
① 부가가치세법 제53조 제2항
③ 부가가치세법 제52조 제4항
④ 부가가치세법 제52조 제1항 제1호
⑤ 부가가치세법 제53호 제1항 제3호

25 부가가치세법령상 부가가치세 과세표준과 세액에 대한 결정과 경정에 관한 설명으로 옳지 않은 것은?

① 납세지 관할 세무서장은 사업자가 폐업 상태에 있을 경우에는 결정 또는 경정을 할 수 없다.

② 납세지 관할 세무서장은 사업자가 예정신고를 하지 아니한 경우 확정신고기한 전에 결정을 할 수 있다.

③ 납세지 관할 세무서장은 사업장의 이동이 빈번하다고 인정되는 지역에 사업장이 있을 경우에는 결정 또는 경정을 할 수 있다.

④ 납세지 관할 세무서장은 과세표준을 계산할 때 필요한 장부가 없는 경우에는 추계할 수 있다.

⑤ 납세지 관할 세무서장은 결정하거나 경정한 과세표준과 세액에 오류가 있는 내용이 발견되면 즉시 다시 경정한다.

해설

① 납세지 관할 세무서장은 사업자가 휴업 또는 폐업 상태에 있을 경우에는 해당 예정신고기간 및 과세기간에 대한 부가가치세의 과세표준과 납부세액 또는 환급세액을 조사하여 결정 또는 경정한다(부가가치세법 제57조 제1항 제4호, 부가가치세법 시행령 제103조 제1항 제3호).
② 부가가치세법 제57조 제1항 제1호
③ 부가가치세법 제57조 제1항 제4호, 부가가치세법 시행령 제103조 제1항 제2호
④ 부가가치세법 제57조 제2항 제1호
⑤ 부가가치세법 제57조 제3항

정답 24 ② 25 ①

26 부가가치세법령상 징수와 환급에 관한 설명으로 옳은 것은?

① 사업자가 대통령령으로 정하는 재무구조개선계획을 이행 중인 경우는 조기환급 사유에 해당하지 않는다.
② 「신탁법」에 따른 신탁재산과 관련된 재화를 공급하는 때 수탁자가 납부하여야 하는 부가가치세가 체납된 경우에는 해당 신탁재산에 대해서만 강제징수를 할 수 있다.
③ 납세지 관할 세무서장은 사업자가 영세율을 적용받는 경우에 해당하여 조기에 환급을 신고한 사업자에게 환급세액을 그 예정신고기한이 지난 후 30일 이내에 환급하여야 한다.
④ 납세지 관할 세무서장은 사업자가 예정신고를 할 때에 신고한 납부세액을 납부하지 아니한 경우에는 확정신고기한이 지난 후 징수하여야 한다.
⑤ 납세지 관할 세무서장은 개인사업자가 「소득세법 시행령」에 따른 감가상각자산을 취득하고, 환급세액을 확정신고한 사업자에게 그 확정신고기한이 지난 후 그 내용연수에 걸쳐 과세기간 별로 환급한다.

해설

② 부가가치세법 제58조의2
① 사업자가 대통령령으로 정하는 재무구조개선계획을 이행 중인 경우는 조기환급 사유에 해당한다(부가가치세법 제59조 제2항 제3호).
③ 납세지 관할 세무서장은 사업자가 영세율을 적용받는 경우 조기에 환급을 신고한 사업자에게 환급세액을 그 예정신고기한이 지난 후 15일 이내에 환급하여야 한다(부가가치세법 시행령 제107조 제1항).
④ 납세지 관할 세무서장은 사업자가 예정신고를 할 때에 신고한 납부세액을 납부하지 아니한 경우에는 예정신고기한이 지난 후 징수하여야 한다(부가가치세법 제58조 제1항).
⑤ 납세지 관할 세무서장은 개인사업자가 「소득세법 시행령」에 따른 감가상각자산을 취득하고, 환급세액을 확정신고한 경우 예정신고기한이 지난 후 15일 이내에 조기환급할 수 있다(부가가치세법 제59조 제2항 제2호, 부가가치세법 시행령 제107조 제1항 · 제2항).

27 부가가치세법상 해당 사유에 대한 가산세율로 옳은 것은? (단, 가산세율은 공급가액에 곱하는 것임)

ㄱ. 세금계산서의 필요적 기재사항의 일부가 착오로 사실과 다른 경우(단, 대통령령으로 정하는 바에 따라 거래사실이 확인되는 경우 제외)
ㄴ. 세금계산서의 법정 발급시기가 지난 후 해당 재화의 공급시기가 속하는 과세기간에 대한 확정신고기한까지 세금계산서를 발급하는 경우
ㄷ. 용역을 공급받고 실제로 용역을 공급하는 자가 아닌 자의 명의로 세금계산서를 발급받은 경우

① ㄱ : 0.5%, ㄴ : 1%, ㄷ : 1%
② ㄱ : 0.5%, ㄴ : 1%, ㄷ : 2%
③ ㄱ : 1%, ㄴ : 1%, ㄷ : 1%
④ ㄱ : 1%, ㄴ : 1%, ㄷ : 2%
⑤ ㄱ : 1%, ㄴ : 2%, ㄷ : 2%

26 ② 27 ④ 정답

해설

ㄱ. 세금계산서의 필요적 기재사항의 전부 또는 일부가 착오 또는 과실로 적혀 있지 아니하거나 사실과 다른 경우(대통령령으로 정하는 바에 따라 거래사실이 확인되는 경우 제외) : 공급가액의 1%(부가가치세법 제60조 제2항 제5호)
ㄴ. 세금계산서의 발급시기가 지난 후 해당 재화 또는 용역의 공급시기가 속하는 과세기간에 대한 확정신고 기한까지 세금계산서를 발급하는 경우 : 공급가액의 1%(부가가치세법 제60조 제2항 제1호)
ㄷ. 재화 또는 용역을 공급받고 실제로 재화 또는 용역을 공급하는 자가 아닌 자의 명의로 세금계산서등을 발급받은 경우 : 공급가액의 2%(부가가치세법 제60조 제3항 제4호)

28 부가가치세법령상 간이과세에 관한 내용이다. (   )에 들어갈 내용으로 옳은 것은?

> 직전 연도의 (ㄱ)의 합계액이 8천만 원부터 8천만 원의 (ㄴ)퍼센트에 해당하는 금액까지의 범위에서 대통령령으로 정하는 금액에 미달하는 개인사업자는 간이과세자에 해당하나 부동산임대업을 경영하는 사업자로서 해당 업종의 직전 연도의 (ㄱ)의 합계액이 (ㄷ) 이상인 사업자는 간이과세자로 보지 아니한다.

① ㄱ - 공급대가, ㄴ - 120, ㄷ - 4천만 원
② ㄱ - 공급대가, ㄴ - 120, ㄷ - 4천500만 원
③ ㄱ - 공급대가, ㄴ - 130, ㄷ - 4천800만 원
④ ㄱ - 공급가액, ㄴ - 130, ㄷ - 5천만 원
⑤ ㄱ - 공급가액, ㄴ - 140, ㄷ - 5천만 원

해설

간이과세의 적용 범위(부가가치세법 제61조 제1항)
직전 연도의 공급대가의 합계액이 8천만 원부터 8천만 원의 130퍼센트에 해당하는 금액까지의 범위에서 대통령령으로 정하는 금액에 미달하는 개인사업자는 간이과세자에 해당하나 부동산임대업 또는 과세유흥장소를 경영하는 사업자로서 해당 업종의 직전 연도의 공급대가의 합계액이 4천800만 원 이상인 사업자는 간이과세자로 보지 아니한다.

29 부가가치세법령상 납세지 관할 세무서장이 부가가치세의 납세보전 또는 조사를 위하여 납세의무자에게 명할 수 있는 사항으로 옳은 것을 모두 고른 것은?

> ㄱ. 세금계산서의 발급
> ㄴ. 신용카드 조회기의 설치・사용
> ㄷ. 현금영수증 발급장치의 설치・사용
> ㄹ. 표찰(標札)의 게시(揭示)

① ㄱ, ㄴ
② ㄷ, ㄹ
③ ㄱ, ㄴ, ㄹ
④ ㄴ, ㄷ, ㄹ
⑤ ㄱ, ㄴ, ㄷ, ㄹ

정답 28 ③ 29 ⑤

해설

질문 · 조사 및 명령 사항(부가가치세법 시행령 제119조)
국세청장, 관할 지방국세청장 또는 관할 세무서장은 법 제74조(질문 · 조사) 제2항에 따라 납세의무자에게 다음 각 호의 사항을 명할 수 있다.
1. 세금계산서의 발급
2. 금전등록기의 설치 · 사용
3. 신용카드 조회기의 설치 · 사용
4. 현금영수증 발급장치의 설치 · 사용
5. 표찰(標札)의 게시(揭示)
6. 업종별 표시
7. 그 밖에 납세보전을 위한 단속에 필요한 사항

30 부가가치세법령상 과태료에 관한 설명으로 옳지 않은 것은?

① 과태료 체납이 없고 위반행위가 사소한 부주의로 인한 것으로 인정되는 경우 과태료 금액의 2분의 1 범위에서 그 금액을 줄여 부과할 수 있다.
② 과태료 체납이 없고 위반행위자가 법 위반상태를 시정하기 위해 노력한 사실이 인정 되는 경우 과태료 금액의 2분의 1 범위에서 그 금액을 줄여 부과할 수 있다.
③ 위반행위가 중대한 과실에 따른 것으로 인정되는 경우 과태료 금액의 2분의 1 범위에서 그 금액을 늘려 부과할 수 있으므로 과태료는 최대 3천만 원이 될 수 있다.
④ 위반행위의 횟수에 따른 과태료의 가중된 부과기준을 적용할 때 기간의 계산은 위반행위에 대하여 과태료 부과처분을 받은 날과 그 처분 후에 다시 같은 위반행위를 하여 적발한 날을 기준으로 한다.
⑤ 과태료는 국세청장, 납세지 관할 지방국세청장 또는 납세지 관할 세무서장이 부과한다.

해설

③ 위반행위가 중대한 과실에 따른 것으로 인정되는 경우 과태료 금액의 2분의 1 범위에서 그 금액을 늘려 부과할 수 있다. 다만, 늘리는 경우에도 부가가치세법 제76조에 따른 과태료 금액의 상한(2천만 원)을 넘을 수 없다(부가가치세법 시행령 별표 제1호 나목 1).
① 부가가치세법 시행령 별표 제1호 가목 1
② 부가가치세법 시행령 별표 제1호 가목 2
④ 부가가치세법 시행령 별표 제3호 비고 1
⑤ 부가가치세법 제76조 제1항

30 ③ 정답

31 개별소비세법령상 과세대상에 관한 설명으로 옳지 않은 것은?

① 공업용 다이아몬드는 개별소비세 과세물품에서 제외한다.
② 「관광진흥법」에 따라 허가를 받은 카지노에서의 영업행위에 대해서는 개별소비세를 부과한다.
③ 캠핑용 트레일러는 개별소비세 과세물품인 캠핑용자동차에 포함하지 않는다.
④ 「체육시설의 설치·이용에 관한 법률」에 따라 문화체육관광부장관이 지정한 대중형 골프장의 입장행위에 대해서는 개별소비세를 부과하지 않는다.
⑤ 외국인전용 유흥음식점에서의 유흥음식행위에 대해서는 개별소비세를 부과한다.

해설

③ 캠핑용 트레일러는 개별소비세 과세물품인 캠핑용자동차에 포함한다(개별소비세법 시행령 별표 1 제5호 다목).
① 개별소비세법 시행령 별표 1 제3호 가목
② 개별소비세법 제1조 제5항
④ 개별소비세법 시행령 별표 2 제3호 나목
⑤ 개별소비세법 제1조 제4항

32 개별소비세법령상 과세시기에 관한 설명으로 옳지 않은 것은?

① 국내에서 개별소비세 과세물품을 제조하여 반출하는 경우 과세시기는 제조장에서 반출할 때이다.
② 과세물품을 「관세법」에 따른 보세구역에서 반출하는 경우 과세시기는 수입신고를 할 때이다.
③ 과세장소 입장행위의 경우 과세시기는 과세장소에 입장할 때이다.
④ 과세유흥장소에서의 유흥음식행위의 경우 과세시기는 유흥음식행위를 할 때이다.
⑤ 과세영업장소에서의 영업행위의 경우 과세시기는 매분기의 말일이다.

해설

⑤ 과세영업장소의 영업행위에 대한 개별소비세 과세시기는 해당 영업장소의 영업행위를 할 때이다(개별소비세법 제4조 제4호).
①·② 개별소비세법 제4조 제1호
③ 개별소비세법 제4조 제2호
④ 개별소비세법 제4조 제3호

정답 31 ③ 32 ⑤

33 **개별소비세법령상 과세물품이 반출되지 않고 사용되는 경우 등에 관한 설명으로 옳은 것은?**

① 동일 제조장에서 과세물품이 다른 과세물품의 원재료로 사용되는 경우 반출하는 것으로 본다.
② 동일 제조장에서 과세물품에 특수한 장식을 하여 소비하는 경우 반출하는 것으로 보지 않는다.
③ 과세물품이 납세 보증으로 보존되는 경우 반출하는 것으로 본다.
④ 동일 제조장에서 과세물품이 시험·연구 및 검사의 목적으로 사용되는 경우 반출하는 것으로 보지 않는다.
⑤ 동일 제조장에서 과세물품에 가치를 높이기 위한 가공을 하는 경우 반출하는 것으로 본다.

해설

④ 개별소비세법 시행령 제6조 제1항 제2호
① 동일 제조장에서 과세물품이 다른 과세물품의 원재료로 사용되는 경우 반출로 보지 않는다(개별소비세법 시행령 제6조 제1항 제1호).
② 동일 제조장에서 과세물품에 특수한 장식을 하여 소비하는 경우 반출로 본다(개별소비세법 제6조 제1항 제1호).
③ 과세물품이 납세 보증으로 보존되는 경우 반출로 보지 않는다(개별소비세법 제6조 제1항).
⑤ 동일 제조장에서 과세물품에 가치를 높이기 위한 가공을 하는 경우 해당 물품을 제조하는 것으로 본다(개별소비세법 제5조 제1호 나목).

34 **개별소비세법령상 제조장에서 과세물품을 반출할 때의 가격 계산에 관한 내용이다. ( )에 들어갈 내용으로 옳은 것은?**

> 반출되는 물품의 운송비를 그 운송거리나 운송방법에 (ㄱ) 금액으로 하여 그 반출가격에 포함시키거나 그 금액을 (ㄴ) 경우[운송기관이 운송을 담당하는 경우를 (ㄷ)한다] 제조장에서 반출할 때의 가격은 그 운송비를 포함한 가격에 상당하는 금액으로 한다.

① ㄱ - 따라 다른, ㄴ - 받지 않는, ㄷ - 제외
② ㄱ - 상관없이 같은, ㄴ - 별도로 받는, ㄷ - 제외
③ ㄱ - 따라 다른, ㄴ - 받지 않는, ㄷ - 포함
④ ㄱ - 상관없이 같은, ㄴ - 별도로 받는, ㄷ - 포함
⑤ ㄱ - 따라 다른, ㄴ - 별도로 받는, ㄷ - 포함

해설

제조장에서 반출하는 물품의 가격 계산(개별소비세법 시행령 제8조 제1항 제4호)
반출되는 물품의 운송비를 그 운송거리나 운송방법에 상관없이 같은 금액으로 하여 그 반출가격에 포함시키거나 그 금액을 별도로 받는 경우[운송기관이 운송을 담당하는 경우를 포함한다] 제조장에서 반출할 때의 가격은 그 운송비를 포함한 가격에 상당하는 금액으로 한다.

33 ④ 34 ④ 정답

35 개별소비세법령상 위탁 공임만을 받고 제조한 과세물품을 제조장에서 위탁자의 제품 저장창고에 반출하는 경우에 관한 설명으로 옳지 않은 것을 모두 고른 것은?

> ㄱ. 수탁자가 미납세반출 승인신청을 하는 경우 신청서에 적을 사항에는 반입장소, 반입자의 인적사항이 포함된다.
> ㄴ. 수탁자가 미납세반출승인을 받고 반출한 경우 해당 물품의 반입자를 제조자로 보지 않는다.
> ㄷ. 수탁자가 미납세반출승인을 받고 반출한 경우 위탁자(반입한 자)는 법정 기한까지 반입 사실을 반출지 관할 세무서장에게 신고하여야 한다.

① ㄱ　② ㄷ
③ ㄱ, ㄴ　④ ㄴ, ㄷ
⑤ ㄱ, ㄴ, ㄷ

해설

ㄴ. 수탁자가 미납세반출승인을 받고 반출한 경우 해당 물품의 반입자를 제조자로 본다(개별소비세법 제14조 제4항).
ㄷ. 수탁자가 미납세반출승인을 받고 반출한 경우 과세물품을 반입한 자는 법정 기한까지 반입 사실을 반입지 관할 세무서장 또는 세관장에게 신고하여야 한다(개별소비세법 제14조 제5항).
ㄱ. 개별소비세법 시행령 제19조 제1항 제4호・제5호

36 개별소비세법령상 물품가격 중 기준가격을 초과하는 부분의 가격을 과세표준으로 하는 과세물품이 아닌 것은? [단, 과세대상 세목(細目)만을 고려함]

① 귀금속 제품　② 전기승용자동차
③ 고급 시계　④ 고급 융단
⑤ 고급 가방

해설

기준가격을 초과하는 부분의 가격을 과세표준으로 하는 과세물품(개별소비세법 제1조 제2항 제2호, 개별소비세법 시행령 제4조)
다음의 물품에 대해서는 기준가격을 초과하는 부분의 가격(과세가격)에 해당 세율을 적용한다.

구 분	기준가격	세 율
• 보석[공업용 다이아몬드, 가공하지 아니한 원석(原石) 및 나석(裸石) 제외], 진주, 별갑(鼈甲), 산호, 호박(琥珀) 및 상아와 이를 사용한 제품(나석을 사용한 제품은 포함) • 귀금속 제품 • 고급 모피와 그 제품[토끼 모피 및 그 제품, 생모피(生毛皮) 제외]	1개당 500만 원	과세가격의 100분의 20
• 고급 시계 • 고급 융단 • 고급 가방	1개당 200만 원 (단, 고급 융단은 물품의 면적에 제곱미터당 10만 원을 곱하여 계산한 금액이 200만 원을 초과하는 경우 그 금액)	
고급 가구	1조당 800만 원 또는 1개당 500만 원	

정답 35 ④ 36 ②

37 주세법상 사용하는 용어의 정의로 옳지 않은 것은?

① 주류인 주정(酒精)은 희석하여 음용할 수 있는 에틸알코올을 말하며, 불순물이 포함되어 있어서 직접 음용할 수는 없으나 정제하면 음용할 수 있는 조주정(粗酒精)을 포함한다.

② 알코올분이란 전체용량에 포함되어 있는 에틸알코올(섭씨 15도에서 0.7947의 비중을 가진 것을 말한다)을 말한다.

③ 주류의 규격이란 주류를 구분하는 기준으로 주류를 나무통에 넣어 저장하는 기간도 해당된다.

④ 술덧이란 효모를 배양・증식한 것으로서 당분이 포함되어 있는 물질을 알코올 발효시킬 수 있는 재료를 말한다.

⑤ 주조연도란 매년 1월 1일부터 12월 31일까지의 기간을 말한다.

해설

④ 술덧이란 주류의 원료가 되는 재료를 발효시킬 수 있는 수단을 재료에 사용한 때부터 주류를 제성(製成 : 조제하여 만듦)하거나 증류(蒸溜)하기 직전까지의 상태에 있는 재료를 말한다(주세법 제2조 제6호). 효모를 배양・증식한 것으로서 당분이 포함되어 있는 물질을 알코올 발효시킬 수 있는 재료는 술덧이 아니라 밑술이다(주세법 제2조 제5호).

① 주세법 제2조 제1호 가목

② 주세법 제2조 제2호

③ 주세법 제2조 제3호 라목

⑤ 주세법 제2조 제7호

38 주세법상 과세표준과 세율에 관한 설명으로 옳지 않은 것은? (단, 전통주는 고려하지 않음)

① 맥주를 수입하는 경우 주세의 과세표준은 수입신고하는 수량이다.

② 위스키를 수입하는 경우 주세의 과세표준은 수입신고를 하는 때의 가격이다.

③ 주정의 세율은 1킬로리터당 5만 7천원(알코올분 95도를 초과하는 경우 그 초과하는 1도마다 600원을 더하여 계산)이다.

④ 청주의 세율은 100분의 30이다.

⑤ 증류주류인 소주의 세율은 100분의 80이다.

해설

⑤ 증류주류인 소주의 세율은 100분의 72이다(주세법 제8조 제3호).

① 주세법 제7조 제1항 제2호

② 주세법 제7조 제2항 제2호

③ 주세법 제8조 제1항 제1호

④ 주세법 제8조 제1항 제2호 나목

37 ④ 38 ⑤ 정답

39 주세법령상 판매의 목적으로 소지한 자에게 과태료를 부과하는 면세 주류에 해당하지 않는 것은?

① 수출하는 것
② 사원, 교회에 의식용(儀式用)으로 국내에서 기증한 것
③ 주한외교관이 자가 소비용으로 직접 수입하는 것
④ 「약사법」에 따라 의약품을 제조할 때 원료로서 사용되는 것
⑤ 「주류 면허 등에 관한 법률」에 따라 검사 목적으로 수거하는 것

해설

② 사원, 교회나 그 밖의 종교 단체에 의식용(儀式用)으로 외국에서 기증한 주류의 수입에 대해서는 주세를 면제한다(주세법 제20조 제2항 제3호).
① 주세법 제20조 제1항 제1호
③ 주세법 제20조 제2항 제2호
④ 주세법 제20조 제1항 제8호
⑤ 주세법 제20조 제1항 제6호

과태료(주세법 제27조)
제20조에 따라 면세한 주류를 판매의 목적으로 소지하거나 판매한 자에게는 2천만 원 이하의 과태료를 부과한다.

40 주세법령상 면세와 납세의 담보에 관한 설명으로 옳지 않은 것은?

① 명예영사관이 공용품으로 직접 수입하는 주류의 경우에는 주세가 면제된다.
② 문화체육관광부장관의 허가를 받아 설립한 외신기자클럽에 납품하는 주류의 경우에는 주세가 면제된다.
③ 외국 선원 휴게소에 납품하는 주류에 대한 주세의 면제는 외국 선원 휴게소 안에서 음용에 제공되는 경우로 한정한다.
④ 관할 세무서장은 납세의무자가 납부기한까지 주세를 납부하지 아니하는 경우에는 납세보증주류를 「국세징수법」에서 정하는 바에 따라 공매하고, 그 금액으로 주세를 충당하여야 한다.
⑤ 주류 제조자는 관할 세무서장이 보존을 명한 납세보증주류를 처분하거나 제조장에서 반출할 수 없다.

해설

공용품으로 직접 수입할 경우 주류가 면세되는 주한외국공관의 종류(주세법 시행령 제19조 제2항 제1호)
- 대사관
- 공사관
- 총영사관
- 영사관(명예영사관은 제외)

② 주세법 시행령 제19조 제2항 제3호
③ 주세법 시행령 제19조 제3항
④ 주세법 제22조
⑤ 주세법 제23조

정답 39 ② 40 ①

많이 보고 많이 겪고 많이 공부하는 것은 배움의 세 기둥이다.

– 벤자민 디즈라엘리 –

PART 4
회계학

관세사 1차 3개년

2022년	기출문제 및 해설
2023년	기출문제 및 해설
2024년	기출문제 및 해설

관련법령은 수시로 개정될 수 있으니 관세법령정보포털(http://unipass.customs.co.kr/clip/index.do)의 내용을 필수적으로 참고하시어 학습하시기를 권유합니다.

※ 추록(최신 개정법령) : 도서출간 이후 법령개정사항은 도서의 내용에 맞게 수정하여 도서업데이트 게시판에 업로드합니다(시대에듀 : 홈 ▶학습자료실 ▶도서업데이트).

배우기만 하고 생각하지 않으면 얻는 것이 없고,

생각만 하고 배우지 않으면 위태롭다.

– 공자 –

제4과목

2022 회계학

1교시 응시시간 : 80분 과목당 문항 수 : 40문항

※ 아래 문제들에서 특별한 언급이 없는 한, 기업의 보고기간(회계기간)은 매년 1월 1일부터 12월 31일까지이다. 또한 기업은 주권상장법인으로 계속해서 한국채택국제회계기준(K-IFRS)을 적용해오고 있다고 가정하고, 보기 중에서 물음에 가장 합당한 답을 고르시오. 단, 자료에서 제시한 모든 항목과 금액은 중요하며, 자료에서 제시한 것 외의 사항은 고려하지 않고 답한다. 예를 들어 법인세에 대하여 언급이 없으면 법인세효과는 고려하지 않는다.

01 (주)관세의 20x1년 말 창고에 있는 재고자산 실사금액은 ₩15,000이다. 다음 사항을 추가로 반영한 기말 재고자산은? (단, 재고자산감모손실과 평가손실은 없다)

(주)관세가 위탁판매를 위해 수탁자에게 적송한 상품 중 판매되지 않은 적송품 원가	₩3,000
(주)관세가 시용판매를 위해 고객에게 발송한 상품 중 구매자가 매입의사표시를 하지 않은 시송품 원가	₩4,000
(주)관세가 기중 선적지인도조건으로 (주)한국에게 판매하여 기말 현재 운송 중인 상품 원가	₩2,000
(주)관세가 기중 (주)대한으로부터 선적지인도조건으로 매입하여 기말 현재 운송 중인 상품 원가	₩4,000

① ₩15,000 ② ₩22,000
③ ₩23,000 ④ ₩26,000
⑤ ₩28,000

해설

(주)관세의 20x1년 말 기말재고자산 = ₩15,000(재고자산 실사금액) + ₩3,000(판매되지 않은 적송품) + ₩4,000(매입의사표시를 하지 않은 시송품) + ₩4,000(선적지인도조건 미착상품) = ₩26,000

기말재고자산에 대한 포함 여부
- 적송품
  - 위탁자가 수탁자에게 재고자산을 적송하여 판매를 의뢰하는 상품
  - 수탁자가 위탁품을 판매하기 전까지는 원가에 적송 운임을 더한 금액이 위탁자의 재고자산
- 시송품(시용품)
  - 매수인이 일정 기간 사용한 후에 매입 여부를 결정하는 조건으로 판매한 상품
  - 매입 의사가 미표시된 시송품의 원가는 판매자의 기말재고자산
- 미착상품(운송 중인 상품, 미인도 상품)
  - 구매자에게 운송 중인 미도착 상품
  - FOB(Free On Board, 선적지인도조건)일 경우
    ⓐ 선적된 시점에서 매입된 것으로 계상
    ⓑ 매수인의 기말재고자산에 포함
  - DAP(Delivered At Place, 목적지인도조건)일 경우
    ⓐ 목적지에 도착한 시점에서 매입되는 것으로 계상
    ⓑ 매도인의 기말재고자산에 포함

정답 01 ④

02 (주)관세의 20x1년 재고자산 관련 자료는 다음과 같다. 선입선출법과 평균법 간의 기말재고자산 금액 차이는? (단, 실지재고조사법을 적용하고, 재고자산 감모손실과 평가손실은 없다)

일 자	내 역	수량(개)	매입단가
1월 1일	기초재고	300	₩150
3월 3일	매 입	450	₩165
5월 6일	매 출	600	–
9월 3일	매 입	300	₩180
12월 5일	매 출	300	–

① ₩0
② ₩1,125
③ ₩2,250
④ ₩3,375
⑤ ₩4,500

해설

(1) 기말재고수량 = 300개 + 450개 − 600개 + 300개 − 300개 = 150개
(2) 기말재고자산(선입선출법) = 150개 × ₩180 = ₩27,000
(3) 평균매입금액 = $\frac{(300개 \times ₩150) + (450개 \times ₩165) + (300개 \times ₩180)}{300개 + 450개 + 300개}$ = ₩165/개
(4) 기말재고자산(평균법) = 150개 × ₩165/개 = ₩24,750
(5) 기말재고자산 금액 차이 = ₩27,000(선입선출법) − ₩24,750(평균법) = ₩2,250

02 ③ 정답

03 (주)관세의 20x1년 재고자산 관련 자료는 다음과 같다. 원가기준 평균원가소매재고법에 따른 기말재고자산 원가는? (단, 원가율 계산 시 소수점 둘째자리에서 반올림한다)

구 분	원 가	판매가
기초재고액	₩44,500	₩70,000
당기순매입액	₩105,000	₩140,000
순인상액	–	₩7,000
순인하액	–	₩3,500
당기순매출액	–	₩112,000
정상적 파손	–	₩1,500
비정상적 파손	₩350	₩500

① ₩64,750
② ₩69,650
③ ₩70,000
④ ₩70,700
⑤ ₩71,050

해설

(1) 기말재고자산 (판)매가 = ₩70,000(기초재고액) + ₩140,000(당기순매입액) + ₩7,000(순인상액) – ₩3,500(순인하액) – ₩112,000(당기순매출액) – ₩1,500(정상적 파손) – ₩500(비정상적 파손) = ₩99,500

(2) 평균원가율 = $\frac{₩44,500 + ₩105,000 - ₩350}{₩70,000 + ₩140,000 + ₩7,000 - ₩3,500 - ₩500}$ = 70%

(3) 기말재고자산 원가 = 기말재고자산 (판)매가 × 평균원가율 = ₩99,500 × 70% = <u>₩69,650</u>

평균원가율(원가기준) = $\frac{\text{기초재고(원가) + 당기순매입액(원가) − 비정상적파손}}{\text{기초재고(판매가) + 당기순매입액(판매가) + 순인상액 − 순인하액 − 비정상적파손}}$

04 (주)관세의 20x1년 기초재고자산은 ₩3,000, 기말재고자산은 ₩4,200, 매출액은 ₩40,000이다. 당기 재고자산회전율이 6회라면 매출총이익은? (단, 재고자산회전율 계산 시 매출원가와 평균재고자산을 이용한다)

① ₩14,800
② ₩18,000
③ ₩18,400
④ ₩20,000
⑤ ₩22,000

해설

(1) 평균재고자산 = $\frac{₩3,000 + ₩4,200}{2}$ = ₩3,600

(2) 매출원가 = 6회(재고자산회전율) × ₩3,600(평균재고자산) = ₩21,600

(3) 매출총이익 = ₩40,000(매출액) – ₩21,600(매출원가) = <u>₩18,400</u>

정답 03 ② 04 ③

05 (주)관세의 20x1년 말 재무비율 관련 자료가 다음과 같을 때 부채비율(총부채 ÷ 자기자본)은?

- 유동비율 : 150%
- 유동부채 : ₩10,000
- 비유동자산 : ₩45,000
- 자기자본총계 : ₩15,000

① 200%
② 250%
③ 300%
④ 350%
⑤ 400%

해설

(1) 자산 = {150%(유동비율) × ₩10,000(유동부채)} + ₩45,000(비유동자산) = ₩60,000
(2) 총부채 = ₩60,000(자산) − ₩15,000(자기자본) = ₩45,000
(3) 부채비율 = $\frac{₩45,000(총부채)}{₩15,000(자기자본)}$ × 100 = 300%

06 재무제표 표시의 일반사항에 관한 설명으로 옳지 않은 것은?

① 재고자산평가충당금과 대손충당금과 같은 평가충당금을 차감하여 관련 자산을 순액으로 측정하는 것은 상계표시에 해당한다.
② 한국채택국제회계기준을 준수하여 작성된 재무제표는 국제회계기준을 준수하여 작성된 재무제표임을 주석으로 공시할 수 있다.
③ 기업은 현금흐름 정보를 제외하고는 발생기준 회계를 사용하여 재무제표를 작성한다.
④ 부적절한 회계정책은 이에 대하여 공시나 주석 또는 보충 자료를 통해 설명하더라도 정당화될 수 없다.
⑤ 한국채택국제회계기준이 달리 허용하거나 요구하는 경우를 제외하고는 당기 재무제표에 보고되는 모든 금액에 대해 전기 비교정보를 표시한다.

해설

한국채택국제회계기준(K-IFRS) 제1001호 재무제표 표시 33
재고자산에 대한 재고자산평가충당금과 매출채권에 대한 대손충당금과 같은 평가충당금을 차감하여 관련 자산을 순액으로 측정하는 것은 상계표시에 해당하지 아니한다.

05 ③ 06 ① 정답

07 다음에서 설명하는 의미와 관련된 유용한 재무정보의 질적 특성은?

> • 정보가 나타내고자 하는 경제적 현상을 충실히 표현하는지를 이용자들이 확인하는 데 도움을 준다.
> • 합리적인 판단력이 있고 독립적인 서로 다른 관찰자가 어떤 서술이 표현충실성에 있어, 비록 반드시 완전히 의견이 일치하지는 않더라도 합의에 이를 수 있다.

① 중요성
② 비교가능성
③ 이해가능성
④ 적시성
⑤ 검증가능성

해설

한국채택국제회계기준(K-IFRS) 재무보고를 위한 개념체계 2.30
• 검증가능성은 정보가 나타내고자 하는 경제적 현상을 충실히 표현하는지를 이용자들이 확인하는 데 도움을 준다.
• 검증가능성은 합리적인 판단력이 있고 독립적인 서로 다른 관찰자가 어떤 서술이 표현충실성에 있어, 비록 반드시 완전히 의견이 일치하지는 않더라도, 합의에 이를 수 있다는 것을 의미한다.
• 계량화된 정보가 검증 가능하기 위해서 단일 점추정치여야 할 필요는 없다.
• 가능한 금액의 범위 및 관련된 확률도 검증될 수 있다.

08 유동자산에 관한 설명으로 옳지 않은 것은?

① 지분상품은 원칙적으로 현금성자산에서 제외하나, 상환일이 정해져 있고 취득일로부터 상환일까지의 기간이 단기인 우선주와 같이 실질적인 현금성자산인 경우에는 예외적으로 포함될 수 있다.
② 보고기간 후 12개월 이내에 기한이 도래하지 않으면서 사용목적이 제한되어 있거나 혹은 일상적인 기업의 영업활동과정에서 지급수단으로 사용할 수 없는 예금은 유동자산으로 분류할 수 있다.
③ 금융기관이 취급하는 예금 중에서 기업이 단기적인 자금운용을 목적으로 하거나 보고기간 후 12개월 이내에 만기가 도래하는 정기예금, 정기적금 또는 보고기간 후 12개월 이상이 아닌 기간의 사용이 제한되어 있는 단기예금은 유동자산으로서 단기금융자산에 포함시킨다.
④ 현금성자산이란 유동성이 매우 높은 단기 투자자산으로서 확정된 금액의 현금으로 전환이 용이하고 가치변동의 위험이 경미한 자산을 말한다.
⑤ 정형화된 금융상품이라고 하더라도 취득 시 만기가 3개월 이내에 도래하여 유동성이 매우 높은 금융상품은 현금성자산으로 분류한다.

해설

한국채택국제회계기준(K-IFRS) 제1001호 재무제표 표시 66
자산은 다음의 경우에 유동자산으로 분류한다.
(1) 기업의 정상영업주기 내에 실현될 것으로 예상하거나, 정상영업주기 내에 판매하거나 소비할 의도가 있다.
(2) 주로 단기매매 목적으로 보유하고 있다.
(3) 보고기간 후 12개월 이내에 실현될 것으로 예상한다.
(4) 현금이나 현금성자산으로서, 교환이나 부채 상환 목적으로의 사용에 대한 제한 기간이 보고기간 후 12개월 이상이 아니다.

정답 07 ⑤ 08 ②

09 (주)관세는 20x1년 초 친환경 설비자산(취득원가 ₩20,000, 잔존가치 ₩0, 내용연수 5년, 정액법 상각)을 취득하면서 자산취득 관련 정부보조금 ₩8,000을 수령하고, 동 자산을 원가모형으로 평가하고 있다. (주)관세는 20x3년 말 동 설비자산을 ₩5,000에 처분하였다. 20x3년 동 자산과 관련하여 인식할 순손익은? (단, 정부보조금은 정부지원 요건을 충족하며, 장부금액 계산 시 자산에서 차감하는 방식으로 처리한다)

① ₩2,400 손실
② ₩2,200 손실
③ ₩200 이익
④ ₩1,800 이익
⑤ ₩3,000 이익

해설

(1) 20x3년도 감가상각비

$= \dfrac{₩20,000(취득원가) - ₩0(잔존가치)}{5년(내용연수)} - 정부보조금\ 상계액$

$= ₩4,000 - \{₩8,000(정부보조금\ 총액) \times \dfrac{1}{5년(내용연수)}\}$

$= ₩4,000 - ₩1,600 = ₩2,400$

(2) 20x3년도 감가상각누계액 $= (₩20,000 - ₩0) \times \dfrac{3}{5} = ₩12,000$

(3) 20x3년도 말 장부금액

$= ₩20,000(취득원가) - ₩12,000(감가상각누계액) - 정부보조금\ 잔액$

$= ₩20,000 - ₩12,000 - \{₩8,000(정부보조금\ 총액) - ₩8,000 \times \dfrac{3}{5}\}$

$= ₩4,800$

(4) 20x3년 말 처분손익 = ₩5,000(처분금액) − ₩4,800(장부금액) = ₩200 이익

(5) 20x3년도 순손익 = ₩200(처분이익) − ₩2,400(감가상각비) = <u>₩2,200 손실</u>

10 웹 사이트 원가에 관한 설명으로 옳은 것은?

① 기업이 내부 또는 외부 접근을 위해 자체적으로 개발한 웹 사이트는 무형자산의 일반적인 인식조건뿐만 아니라 무형자산으로 인식하는 개발활동의 모든 사항 제시라는 두 가지 조건을 모두 충족한 경우에만 무형자산으로 인식한다.

② 기업이 주로 자체의 재화와 용역의 판매촉진과 광고를 위해 웹 사이트를 개발한 경우에는 그 웹 사이트 개발에 대한 모든 지출은 무형자산 취득원가에 포함한다.

③ 웹 사이트 개발의 계획단계에서 발생하는 지출은 발생시점에 무형자산으로 인식한다.

④ 내부적으로 창출한 무형자산의 원가가 그 무형자산이 특정 인식기준을 최초로 충족한 이후에 발생한 지출이 웹 사이트의 창출, 제조 및 경영자가 의도하는 방식으로 운영될 수 있게 준비하는 데 직접 관련된다면 별도의 자산으로 인식한다.

⑤ 무형자산으로 인식한 웹 사이트 관련 원가는 최초 인식 후 원칙적으로 재평가모형을 적용하여 측정한다.

09 ② 10 ① 정답

해설

② · ③ 기업이 주로 자체의 재화와 용역의 판매촉진과 광고를 위해 웹 사이트를 개발한 경우에는 그 웹 사이트가 어떻게 미래경제적 효익을 창출할지를 제시할 수 없다. 따라서 이러한 웹 사이트 개발에 대한 모든 지출은 발생시점에 비용으로 인식한다[한국채택국제회계기준(K-IFRS) 제2032호 무형자산 : 웹 사이트 원가 8].

④ 내부적으로 창출한 무형자산의 원가가 그 무형자산이 특정 인식기준을 최초로 충족한 이후에 발생한 지출이 웹 사이트의 창출, 제조 및 경영자가 의도하는 방식으로 운영될 수 있게 준비하는 데 직접 관련된다면 별도의 자산을 인식하지 않고 웹 사이트의 개발원가에 포함한다[한국채택국제회계기준(K-IFRS) 제2032호 무형자산 : 웹 사이트 원가 15].

⑤ 무형자산으로 인식한 웹 사이트 관련 원가는 최초 인식 후에 다른 무형자산과 동일하게 원가모형 또는 재평가모형을 적용하여 측정한다[한국채택국제회계기준(K-IFRS) 제2032호 무형자산 : 웹 사이트 원가 10 참조].

11 **(주)관세는 20x1년 초 (주)한국을 합병하면서 이전대가로 공정가치 ₩30,000의 주식(액면금액 ₩20,000)을 발행 · 교부하였다. 합병 당시 (주)한국의 식별가능한 순자산 장부금액은 ₩25,000, 공정가치는 ₩31,000이었다. (주)관세가 동 합병으로 인식할 영업권 또는 염가매수차익은?**

① 영업권 ₩1,000
② 영업권 ₩5,000
③ 염가매수차익 ₩1,000
④ 염가매수차익 ₩5,000
⑤ 염가매수차익 ₩11,000

해설

염가매수차익 = ₩31,000 − ₩30,000 = ₩1,000

(차) 순자산 공정가치	31,000	(대) 이전대가 공정가치	30,000
		염가매수차익	1,000

사업결합의 회계 처리
- 순자산 공정가치 < 이전대가 공정가치인 경우
  영업권(초과지급액) = 이전대가 공정가치 − 순자산 공정가치
- 순자산 공정가치 > 이전대가 공정가치인 경우
  염가매수차익(과소지급액) = 순자산 공정가치 − 이전대가 공정가치

정답 11 ③

12 20x1년 말 (주)관세의 장부상 당좌예금계정 잔액은 ₩18,000으로 은행 측 당좌예금 거래명세서 잔액과 불일치하였다. 다음의 불일치 원인을 조정하기 전 20x1년 말 은행 측 당좌예금 거래명세서 잔액은?

- 기중 발행되었으나 미인출된 수표 ₩2,000이 있다.
- 기중 당좌거래 관련 은행수수료 ₩800이 차감되었으나 (주)관세의 장부에는 반영되지 않았다.
- 기중 거래처에 대한 어음상 매출채권 ₩6,000이 추심·입금되었으나 (주)관세는 통지받지 못하였다.
- 기중 당좌예입한 수표 ₩1,500이 부도 처리되었으나 (주)관세는 통지받지 못하였다.

① ₩18,700　② ₩21,700
③ ₩22,500　④ ₩23,700
⑤ ₩24,500

해설

구분	(주)관세	은행측
조정 전 당좌예금 잔액	₩18,000	₩23,700
기발행 미인출 수표	–	(–) ₩2,000
은행수수료	(–) ₩800	–
추심 어음	(+) ₩6,000	–
부도수표	(–) ₩1,500	–
조정 후 당좌예금 잔액	₩21,700	₩21,700

(1) ₩18,000 – ₩800 + ₩6,000 – ₩1,500 = ₩21,700
(2) ₩21,700 + ₩2,000 = ₩23,700

13 (주)관세는 20x1년 초 투자부동산으로 건물(취득원가 ₩50,000, 잔존가치 ₩0, 내용연수 20년, 정액법 상각)을 취득하여 원가모형을 적용하여 평가해오다가 20x5년 초 평가방법을 공정가치모형으로 변경하였다. 20x5년 말 동 건물의 공정가치는 ₩42,000이다. 20x6년 초 동 건물을 ₩36,000에 처분할 경우 인식할 손익은?

① ₩6,000 손실　② ₩3,200 손실
③ ₩1,500 손실　④ ₩1,500 이익
⑤ ₩4,500 이익

해설

20x5년 말 공정가치(장부금액) = ₩42,000
20x6년 초 건물처분손익 = ₩36,000(순처분금액) – ₩42,000(장부금액) = ₩6,000 손실

- **공정가치모형**
  최초 측정 시 원가로 기록한 후 감가상각을 하지 않고 회계연도 말에 공정가치로 평가하여 평가손익을 당기손익에 반영하는 방법으로, 공정가치모형을 선택한 경우 최초 인식 후 모든 투자부동산은 공정가치로 측정한다.
- **투자부동산의 처분손익** = 순처분금액 – 장부금액

14 (주)관세는 20x1년 초 유형자산으로 기계장치(취득원가 ₩30,000, 잔존가치 ₩1,000, 내용연수 5년, 정액법 상각)를 취득하여 원가모형을 적용하여 평가하고 있다. 20x2년 말 동 기계장치에 심각한 손상징후가 있어 손상검사를 실시한 결과, 순공정가치는 ₩9,000, 사용가치는 ₩16,000이었다. 20x3년 말 회수가능액이 ₩13,000이라면, 20x3년 말 동 기계장치와 관련하여 인식할 손상차손 또는 손상차손환입액은?

① 손상차손 ₩5,000
② 손상차손 ₩4,800
③ 손상차손 ₩2,400
④ 손상차손환입 ₩1,600
⑤ 손상차손환입 ₩2,000

해설

(1) 20x2년 말 감가상각 후 장부금액
= 취득원가 − 감가상각누계액 = ₩30,000 − {(₩30,000 − ₩1,000) × (2/5)}
= ₩18,400

(2) 20x2년 말 손상차손
= ₩18,400 − 회수가능액 = ₩18,400 − Max[₩9,000(순공정가치), ₩16,000(사용가치)]
= ₩18,400 − ₩16,000 = ₩2,400

(3) 20x2년 말 손상차손인식 후 장부금액 = ₩18,400 − ₩2,400 = ₩16,000

(4) 20x3년 말 감가상각 후(환입 전) 장부금액
= ₩16,000 − {(₩16,000 − ₩1,000) × (1/3)} = ₩16,000 − ₩5,000
= ₩11,000

(5) 20x3년 말 손상차손인식 전 장부금액
= ₩30,000 − {(₩30,000 − ₩1,000) × (3/5)} = ₩30,000 − ₩17,400
= ₩12,600

(6) 손상차손환입(액)
= Min[손상차손인식 전 장부금액, 회수가능액] − 환입 전 장부금액
= Min[₩12,600, ₩13,000] − ₩11,000 = ₩1,600

15 (주)관세는 20x1년 초 사용하던 기계장치 A(취득원가 ₩9,000, 감가상각누계액 ₩3,500)와 현금 ₩1,500을 제공하고 (주)한국의 기계장치 B와 교환하였다. 교환 당시 기계장치 B의 공정가치는 ₩8,000이지만, 기계장치 A의 공정가치를 신뢰성 있게 측정할 수 없었다. 동 교환거래가 상업적 실질이 있는 경우(가)와 상업적 실질이 결여된 경우(나) 각각에 대해 (주)관세가 측정할 기계장치 B의 인식시점 원가는?

	(가)	(나)
①	₩7,000	₩5,500
②	₩7,000	₩8,000
③	₩8,000	₩7,000
④	₩8,000	₩9,500
⑤	₩9,500	₩7,000

정답 14 ④ 15 ③

해설

상업적 실질이 있는 경우(가) : 교환거래에 있어서 상업적 실질이 있고 제공한 자산의 공정가치를 알 수 없지만 취득한 자산의 공정가치를 신뢰성 있게 측정할 수 있는 경우

취득원가 = ₩8,000

상업적 실질이 결여된 경우(나) : 교환거래에 있어서 상업적 실질이 결여되어 있거나, 교환대상 자산의 공정가치를 신뢰성 있게 측정할 수 없는 공정가치를 모르는 경우

취득원가 = (₩9,000 − ₩3,500) + ₩1,500 = ₩7,000

취득원가
- 상업적 실질이 있는 경우 : 취득한 자산의 공정가치
- 상업적 실질이 결여된 경우 : 제공한 자산의 장부금액 + 현금지급액 (− 현금수령액)

16 **(주)관세는 20x1년 1월 1일 사채(액면금액 ₩100,000, 3년 만기, 표시이자율 연 3%, 매년 말 이자지급)를 발행하였다. 동 사채의 발행시점에서 유효이자율은 연 5%이다. 20x3년 1월 1일 동 사채를 ₩95,000에 조기상환하였을 때, 사채상환손익은? (단, 동 사채는 상각후원가로 후속측정하는 금융부채이며, 화폐금액은 소수점 첫째자리에서 반올림한다)**

기 간	단일금액 ₩1의 현재가치		정상연금 ₩1의 현재가치	
	3%	5%	3%	5%
3	0.9151	0.8638	2.8286	2.7232

① ₩6,938 손실
② ₩5,000 손실
③ ₩0
④ ₩3,092 이익
⑤ ₩5,000 이익

해설

(1) 20x1년 초 사채발행금액 = (₩100,000 × 0.8638) + (₩100,000 × 0.03 × 2.7232) ≒ ₩94,550
(2) 20x1년 말 장부금액 = (₩94,550 × 1.05) − (₩100,000 × 0.03) ≒ ₩96,278
(3) 20x2년 말 장부금액 = (₩96,278 × 1.05) − (₩100,000 × 0.03) ≒ ₩98,092
(4) 20x3년 초 사채상환손익(장부금액보다 적은 금액으로 상환하였으므로 이익 발생)
= ₩98,092(사채상환일의 장부금액) − ₩95,000(사채상환금액) = ₩3,092 이익

16 ④ 정답

17 법인세에 관한 설명으로 옳지 않은 것은?

① 과거 회계기간의 당기법인세에 대하여 소급공제가 가능한 세무상결손금과 관련된 혜택은 자산으로 인식한다.

② 자산의 장부금액이 세무기준액보다 크다면 당해 일시적 차이는 미래 회계기간에 회수 가능한 법인세만큼 이연법인세자산을 발생시킨다.

③ 미래의 과세소득에 가산할 일시적 차이로 인하여 미래 회계기간에 법인세를 납부하게 될 의무가 이연법인세부채이다.

④ 이연법인세 자산과 부채는 당해 자산이 실현되거나 부채가 결제될 회계기간에 적용될 것으로 기대되는 세율을 사용하여 측정한다.

⑤ 매 보고기간 말에 재검토를 통하여, 미래 과세소득에 의해 이연법인세자산이 회수될 가능성이 높아진 범위까지 과거 인식되지 않은 이연법인세자산을 인식한다.

해설

한국채택국제회계기준(K-IFRS) 제1012호 법인세 25

- 부채의 인식은 당해 경제적 효익이 있는 자원이 기업으로부터 유출되는 형태로 장부금액만큼 미래 회계기간에 결제될 것을 의미한다.
- 기업으로부터 유출되는 자원의 일부 또는 전부가 부채를 인식한 기간보다 나중에 과세소득에서 공제될 수 있다. 이러한 경우 부채의 장부금액과 세무기준액 사이에 일시적 차이가 존재하게 된다. 따라서 미래 회계기간에 당해 부채의 일부가 과세소득에서 공제되는 때 회수가능한 법인세만큼 이연법인세자산이 발생한다.
- 자산의 장부금액이 세무기준액보다 작다면 당해 일시적 차이는 미래 회계기간에 회수 가능한 법인세만큼 이연법인세자산을 발생시킨다.

18 충당부채와 우발부채에 관한 설명으로 옳지 않은 것은?

① 충당부채와 관련하여 포괄손익계산서에 인식한 비용은 제삼자의 변제와 관련하여 인식한 금액과 상계하여 표시할 수 있다.

② 과거사건으로 생겼으나, 기업이 전적으로 통제할 수는 없는 하나 이상의 불확실한 미래사건의 발생 여부로만 그 존재 유무를 확인할 수 있는 잠재적 의무는 우발채무이다.

③ 어떤 의무를 제삼자와 연대하여 부담하는 경우에 이행하여야 하는 전체 의무 중에서 제삼자가 이행할 것으로 예상되는 정도까지만 우발부채로 처리한다.

④ 충당부채는 과거사건의 결과로 현재의무가 존재하며, 의무 이행에 경제적 효익이 있는 자원의 유출가능성이 높고, 그 금액을 신뢰성 있게 추정할 수 있을 때 인식한다.

⑤ 예상되는 자산처분이 충당부채를 생기게 한 사건과 밀접하게 관련된 경우에 예상되는 자산처분이익은 충당부채를 측정하는 데에 차감한다.

해설

한국채택국제회계기준(K-IFRS) 제1037호 충당부채, 우발부채, 우발자산 52

- 예상되는 자산처분이 충당부채를 생기게 한 사건과 밀접하게 관련되었더라도 예상되는 자산처분이익은 충당부채를 측정하는 데 고려하지 아니한다.
- 예상되는 자산처분이익은 해당 자산과 관련된 회계처리를 다루는 한국채택국제회계기준서에서 규정하는 시점에 인식한다.

정답 17 ② 18 ⑤

19 (주)관세가 20x1년 3월 1일 매출채권 중 일부를 다음과 같이 팩토링과 어음할인을 통해 현금화할 경우, 인식할 매출채권처분손익은? (단, 어음의 할인은 월할계산한다)

구 분	금 액	채권발생일	만 기	비 고
외상매출금	₩100,000	20x1년 1월 1일	3개월	제거요건 미충족, 팩토링 수수료 ₩2,000
받을어음 (무이자부)	₩200,000	20x1년 2월 1일	3개월	제거요건 충족, 어음할인율 연 9%

① ₩5,000 손실
② ₩3,000 손실
③ ₩2,000 손실
④ ₩1,500 손실
⑤ ₩5,000 이익

해설

(1) 외상매출금의 매출채권처분손익 : 제거요건 미충족으로 매출채권처분손익 미발생
(2) 받을어음의 매출채권처분손실 = ₩200,000 − [₩200,000 − {₩200,000 × 9% × (2/12)}] = ₩3,000 손실

받을어음의 매출채권처분손실 = 액면금액 + (보유기간이자) − 현금수령액

현금수령액 = 채권의 만기금액 − 선이자

선이자 = 채권의 만기금액 × 이자율 × $\frac{\text{차입월수}}{12}$

20 다음 부채 항목 중 금융부채의 합계금액은?

• 매입채무	₩3,000	• 선수수익	₩4,000
• 제품보증충당부채	₩2,500	• 장기차입금	₩10,000
• 미지급금	₩3,300	• 사 채	₩15,000
• 미지급법인세	₩4,500	• 미지급이자	₩8,000

① ₩31,300
② ₩32,800
③ ₩35,300
④ ₩35,800
⑤ ₩39,300

해설

자료에서 제품보증충당부채, 미지급법인세, 선수수익은 비금융부채이다.
∴ 금융부채의 합계금액 = ₩3,000(매입채무) + ₩10,000(장기차입금) + ₩3,300(미지급금) + ₩15,000(사채) + ₩8,000(미지급이자) = ₩39,300

19 ② 20 ⑤ 정답

21 (주)관세는 20x1년 1월 1일 제품 500개(개당 판매가격 ₩100, 개당 원가 ₩50)를 현금판매하고, 고객이 사용하지 않은 제품을 30일 이내에 반품하면 전액 환불해준다. (주)관세는 판매한 수량의 10%가 반품될 것으로 추정한다. 1월 15일 동 판매제품 중 30개가 반품되었으며, 반품된 제품은 전부 개당 ₩60에 즉시 현금판매되었다. 위 거래의 회계처리 결과에 관한 설명으로 옳은 것은? (단, 재고자산에 대하여 계속기록법을 사용하고, 반품회수원가는 무시한다)

① 매출총이익은 ₩22,800이다.
② 매출원가는 ₩25,000이다.
③ 환불부채 잔액은 ₩5,000이다.
④ 매출액은 ₩50,000이다.
⑤ 환불금액은 ₩2,500이다.

해설

(1) 매출액 = ₩50,000 − ₩5,000 + ₩1,800 = ₩46,800
(2) 매출원가 = ₩25,000 − ₩2,500 + ₩1,500 = ₩24,000
(3) 매출총이익 = 매출액 − 매출원가 = ₩46,800 − ₩24,000 = ₩22,800
(4) 환불금액 = ₩3,000
(5) 환불부채 잔액 : ₩5,000 − ₩3,000 = ₩2,000

구 분	회계 처리			
20x1년 1월 1일	(차) 현 금	50,000	(대) 매 출	45,000
	매출원가	22,500	환불부채	5,000
	반환제품회수권	2,500	재고자산	25,000
20x1년 1월 15일	(차) 환불부채	3,000	(대) 현 금	3,000
	재고자산	1,500	반환제품회수권	1,500
	현 금	1,800	매 출	1,800
	매출원가	1,500	재고자산	1,500

22 (주)관세는 200명의 종업원에게 1년에 7근무일의 유급휴가를 제공하고 있다. 미사용분은 1년간 이월하여 사용가능하며, 당기분을 먼저 소진한 후 이월분을 사용할 수 있다. 20x1년 말 현재 종업원당 미사용 유급휴가 일수는 평균 5일이며, 20x2년에 종업원 중 160명은 7일 이내, 40명은 평균 11일의 유급휴가를 사용할 것으로 추정된다. 유급휴가는 1일당 ₩15이 지급될 예정이다. (주)관세가 20x1년 말 유급휴가와 관련하여 인식할 종업원급여는?

① ₩0
② ₩2,400
③ ₩3,000
④ ₩3,600
⑤ ₩6,600

해설

유급휴가와 관련하여 인식할 종업원급여 = 40명 × (11일 − 7일) × ₩15 = ₩2,400

정답 21 ① 22 ②

23 (주)관세는 20x1년 초 (주)한국의 의결권 있는 보통주 30%(30주)를 주당 ₩5,000에 취득하여 유의적인 영향력을 행사하게 되었다. 취득 당시 (주)한국의 식별가능한 순자산 공정가치와 장부금액은 일치하였다. 20x1년 중 (주)관세는 (주)한국으로부터 주당 ₩400의 중간배당금을 현금으로 수취하였고, 20x1년 말 (주)한국은 당기순이익 ₩10,000을 보고하였다. (주)관세가 동 관계기업투자주식과 관련하여 20x1년 인식할 당기손익은? (단, 손상차손은 고려하지 않으며, (주)한국은 보통주만 발행하였다)

① ₩12,000 손실
② ₩0
③ ₩3,000 이익
④ ₩12,000 이익
⑤ ₩15,000 이익

해설

(1) 중간배당금 : 배당금수익으로 인식하지 않고 관계기업투자주식 장부금액에서 차감
(2) 20x1년 인식할 당기손익(지분법손익) = 10,000(관계기업 순이익) × 30%(지분율) = ₩3,000 이익

24 (주)관세의 20x1년 당기손익–공정가치 측정 금융자산 관련 자료는 다음과 같다. 동 금융자산과 관련하여 (주)관세가 20x1년 인식할 당기손익은?

- 4월 1일 – (주)한국의 주식 50주를 거래원가 ₩1,500을 포함하여 ₩41,500에 취득
- 6월 9일 – 4월 1일 취득한 주식 중 30주를 주당 ₩900에 처분(처분 시 거래원가는 없음)
- 12월 31일 – (주)한국의 주당 공정가치는 ₩700임

① ₩1,000 손실
② ₩500 손실
③ ₩0
④ ₩1,000 이익
⑤ ₩3,000 이익

해설

(1) 취득 시 수수료 = ₩1,500
→ 당기손익–공정가치 측정 금융자산의 취득과 직접 관련되는 거래원가는 당기비용 처리

(2) 1주당 취득가액 = $\frac{₩41,500 - ₩1,500}{50주}$ = ₩800/주

(3) 6월 9일 처분손익 = 30주 × (₩900/주 – ₩800/주) = ₩3,000 처분이익
(4) 20x1년 평가손익 = 20주 × (₩700/주 – ₩800/주) = ₩2,000 평가손실
(5) 20x1년에 인식할 당기손익 = ₩3,000(처분이익) – ₩1,500(당기비용) – ₩2,000(평가손실) = ₩500 손실

25 금융상품에 관한 설명으로 옳지 않은 것은?

① 금융상품이란 거래당사자 어느 한쪽에게는 금융자산이 생기게 하고 거래상대방에게 금융부채나 지분상품이 생기게 하는 모든 계약을 의미한다.

② 잠재적으로 유리한 조건으로 거래상대방과 금융자산이나 금융부채를 교환하기로 한 계약상 권리는 금융자산에 해당한다.

③ 거래상대방에게 현금 등 금융자산을 인도하기로 한 계약상 의무는 금융부채에 해당한다.

④ 금융상품의 발행자는 계약의 실질과 금융부채, 금융자산, 지분상품의 정의에 따라 최초 인식시점에 금융상품이나 금융상품의 구성요소를 금융부채, 금융자산, 지분상품으로 분류해야 한다.

⑤ 기업이 자기지분상품을 재취득하는 경우에는 이러한 지분상품은 금융자산으로 인식한다.

해설

한국채택국제회계기준(K-IFRS) 제1032호 금융상품 : 표시 33
기업이 자기지분상품을 재취득하는 경우에는 이러한 지분상품(자기주식)은 자본에서 차감한다.

26 현금흐름표에 관한 설명으로 옳지 않은 것은?

① 현금흐름표는 회계기간 동안 발생한 현금흐름을 영업활동, 투자활동 및 재무활동으로 분류하여 보고한다.

② 종속기업과 기타 사업에 대한 지배력의 획득 또는 상실에 따른 총현금흐름은 별도로 표시하고 재무활동으로 분류한다.

③ 외화거래에서 발생하는 현금흐름은 현금흐름 발생일의 기능통화와 외화 사이의 환율을 외화 금액에 적용하여 환산한 기능통화 금액으로 기록한다.

④ 재화의 판매와 용역 제공에 따른 현금유입은 영업활동 현금흐름에 해당한다.

⑤ 현금 및 현금성자산의 사용을 수반하지 않는 투자활동과 재무활동 거래는 현금흐름표에서 제외한다.

해설

한국채택국제회계기준(K-IFRS) 제1007호 현금흐름표 39
종속기업과 기타 사업에 대한 지배력의 획득 또는 상실에 따른 총현금흐름은 별도로 표시하고 투자활동으로 분류한다.

정답 25 ⑤ 26 ②

27 (주)관세의 20x2년 2월 중 개최된 주주총회에서 이루어진 20x1년 재무제표에 대한 결산승인 내역은 다음과 같다. (주)관세의 결산승인 전 미처분이익잉여금이 ₩43,000일 때, 결산승인 내역을 반영한 후의 차기 이월 미처분이익잉여금은? (단, 이익준비금 설정은 고려하지 않는다)

- 임의적립금 이입액 ₩3,000
- 주식할인발행차금 상각액 ₩2,000
- 현금배당액 ₩10,000

① ₩27,000
② ₩28,000
③ ₩32,000
④ ₩33,000
⑤ ₩34,000

해설

차기이월 미처분이익잉여금 = ₩43,000(결산승인 전 미처분이익잉여금) + ₩3,000(임의적립금 이입액) – ₩2,000(주식할인발행차금 상각액) – ₩10,000(현금배당액) = ₩34,000

28 20x1년 초 설립된 (주)관세의 20x3년 말 자본금 관련 내역은 다음과 같다. (주)관세는 설립 후 처음으로 20x4년 3월 ₩38,000의 현금배당을 결의하였다. (주)관세의 우선주 주주에게 배분될 배당금은? (단, 설립 이후 20x3년 말까지 자본금과 관련한 변동은 없다)

구 분	발행주식수	주당 액면금액	비 고
보통주	300주	₩500	–
우선주	200주	₩500	배당률 5%, 누적적 · 완전참가적 우선주

① ₩15,000
② ₩15,200
③ ₩16,800
④ ₩21,200
⑤ ₩22,750

해설

(1) 우선배당금 = (200주 × ₩500) × 5% × 2기 = ₩10,000

(2) 잔여배당금

= Max[우선주 자본금 × 최소배당률, 총배당금을 자본금 비율로 안분한 금액]

$= \text{Max}[₩100{,}000 \times 5\%,\ (₩38{,}000 - ₩10{,}000) \times \frac{₩100{,}000}{₩250{,}000}] = \text{Max}[₩5{,}000,\ ₩11{,}200]$

= ₩11,200

(3) 우선주 주주에게 배분될 배당금 = ₩10,000 + ₩11,200 = ₩21,200

29 (주)관세의 20x1년 보통주 관련 자료는 다음과 같다.

- 1월 1일 – 회사를 설립하고 보통주를 발행
- 7월 1일 – 400주 유상증자(현금을 받을 권리 발생일은 7월 1일이며, 공정가치로 발행) 실시
- 10월 1일 – 10% 무상증자 실시

20x1년 (주)관세의 보통주에 귀속되는 당기순이익은 ₩264,000, 기본주당이익은 ₩200일 때, 설립 시 발행한 보통주식수는? (단, 가중평균유통보통주식수 계산 시 월수를 가중치로 사용한다)

① 1,000주
② 1,018주
③ 1,120주
④ 1,185주
⑤ 1,320주

해설

(1) 가중평균유통보통주식수 $= \frac{\text{당기순이익}}{\text{기본주당이익}} = \frac{₩264,000}{₩200} = 1,320$주

(2) 1320주(가중평균유통보통주식수) = (보통주식수 $\times$ 1.1) + (400주 $\times$ 1.1 $\times \frac{6\text{개월}}{12\text{개월}}$)

∴ 보통주식수 = 1,000주

30 (주)관세는 20x1년 초 사채(액면금액 ₩100,000, 4년 만기, 표시이자율 연 7%, 이자는 매년 말 지급)를 ₩90,490에 취득하고 상각후원가 측정 금융자산으로 분류하였다. 취득 당시 사채의 유효이자율은 연 10%이다. 20x1년 말 동 사채의 공정가치가 ₩92,000일 때, 20x1년 말 상각후원가 측정 금융자산의 장부금액은? (단, 금융자산 손상은 없다)

① ₩89,951
② ₩92,000
③ ₩92,539
④ ₩94,049
⑤ ₩97,490

해설

20x1년 말 장부금액(상각후원가) = (₩90,490 $\times$ 1.1) – (₩100,000 $\times$ 0.07) = ₩92,539

정답 29 ① 30 ③

31 (주)관세는 정상개별원가계산을 채택하고 있으며, 제조간접원가 배부차이를 총원가비례배분법에 의해 기말재고자산과 매출원가에 배분한다. 다음은 당기 말 제조간접원가 배부차이를 조정하기 전 각 계정의 잔액이다.

• 재고자산	
원재료	₩250,000
재공품	₩90,000
제 품	₩230,000
• 매출원가	₩680,000

당기에 발생한 제조간접원가 배부차이가 ₩150,000(과소배부)일 경우, 배부차이 조정 후 기말재고자산은?

① ₩358,400
② ₩368,000
③ ₩608,400
④ ₩618,000
⑤ ₩638,400

해설

(1) 제조간접비 예정배부율 = $\frac{₩90,000 + ₩230,000}{₩90,000 + ₩230,000 + ₩680,000}$ = 32%

(2) 배부차이 조정 후 기말재고자산 = ₩250,000 + ₩90,000 + ₩230,000 + (₩150,000 × 32%) = ₩618,000

총원가비례배분법
• 배부차이를 기말재공품, 기말제품, 매출원가의 총원가에 비례하여 배부한다.
• 과소배부는 배부차이를 총원가에 가산한다.

제조간접비 예정배부율 = $\frac{\text{일정 기간의 제조간접비총액}}{\text{동 기간의 예정배부기준총액}}$

제조간접비 예정배부액 = 제품별 실제배부기준량 × 제조간접비 예정배부율

31 ④ 정답

32 (주)관세는 단일공정을 통해 제품을 생산하고 있으며, 가중평균법에 의한 종합원가계산을 채택하고 있다. 모든 원가는 공정전반에 걸쳐 균등하게 발생한다. (주)관세의 당기 완성품 단위당 원가는 ₩900이며, 생산 및 원가자료는 다음과 같다.

구 분	수량(단위)	완성도	직접재료원가	전환원가
기초재공품	400	?	₩160,000	₩210,000
당기투입	1,100	–	₩340,000	₩460,000
완성품	1,000	100%	?	?
기말재공품	500	?	?	?

당기 완성품환산량이 선입선출법에 의한 완성품환산량에 비해 300단위가 더 많은 경우, 선입선출법에 의한 기말재공품원가는?

① ₩240,000
② ₩270,000
③ ₩320,000
④ ₩340,000
⑤ ₩370,000

해설

(1) 가중평균법에 의한 완성품환산량 = $\frac{₩160,000 + ₩210,000 + ₩340,000 + ₩460,000}{₩900}$ = 1,300단위

(2) 완성품 단위당 원가 = $\frac{₩160,000 + ₩210,000 + ₩340,000 + ₩460,000}{1,000단위 + (500단위 \times 기말재공품완성도)}$ = ₩900/단위

∴ 기말재공품완성도 = 60%

(3) 선입선출법에 의한 완성품환산량 = 1,300단위 − 300단위 = 1,000단위

(4) 선입선출법에 의한 완성품 단위당 원가 = $\frac{₩340,000 + ₩460,000}{1,000단위}$ = ₩800/단위

(5) 선입선출법에 의한 기말재공품원가 = ₩800/단위 × (500단위 × 60%) = ₩240,000

정답 32 ①

33 (주)관세는 결합공정을 통해 제품 A와 B를 생산하고 있으며, 결합원가를 순실현가치법에 의해 배분한다. 제품 A는 분리점에서 즉시 판매되고 있으나, 제품 B는 추가가공을 거쳐서 판매된다. (주)관세의 당기 영업활동 관련 자료는 다음과 같다.

구 분	생산량(단위)	판매량(단위)	단위당 추가가공원가	단위당 판매가격
제품 A	4,000	3,000	–	₩250
제품 B	6,000	4,000	?	₩350

당기 결합원가 발생액이 ₩800,000이고, 제품 B에 배분된 결합원가가 ₩480,000일 경우, 제품 B의 단위당 추가가공원가는? (단, 기초 및 기말재공품은 없다)

① ₩32
② ₩48
③ ₩69
④ ₩80
⑤ ₩100

해설

(1) ₩800,000(당기 결합원가 발생액) = 제품 A 결합원가 + ₩480,000(제품 B 결합원가)
∴ 제품 A 결합원가 = ₩320,000

(2) 결합원가 배부율
₩320,000(제품 A) : ₩480,000(제품 B) = 40% : 60%

(3) 제품 A의 순실현가치 = 4,000단위 × ₩250 = ₩1,000,000

(4) 제품 B의 순실현가치 = ₩1,000,000 × $\frac{60\%}{40\%}$ = ₩1,500,000

(5) ₩1,500,000 = (6,000단위 × ₩350) – (6,000단위 × 제품 B의 단위당 추가가공원가)
∴ 제품 B의 단위당 추가가공원가 = ₩100

33 ⑤ 정답

34 단일공정을 통해 손소독제를 생산하는 (주)관세는 가중평균법에 의한 종합원가계산을 채택하고 있다. 공정전반에 걸쳐 25%의 감손이 비례적으로 발생하며, 모든 감손은 정상적인 것으로 간주한다. 직접재료는 공정초기에 전량 투입되고, 전환원가는 공정전반에 걸쳐 균등하게 발생한다. 생산 관련 자료가 다음과 같을 때, 비분리계산법에 의한 당기완성품의 단위당 원가는?

구 분	수량(단위)	완성도	직접재료원가	전환원가
기초재공품	1,750	?	₩250,000	₩300,000
당기투입	8,000	–	₩1,200,000	₩800,000
완성품	6,000	100%	?	?
기말재공품	1,800	40%	?	?

① ₩270
② ₩275
③ ₩360
④ ₩362
⑤ ₩367

해설

구 분	감손 후 물량	완성도	감손율	수 율	투입량
당기완성품	6,000단위	100%	1 × 25% = 25%	75%	8,000단위
기말재공품	1,800단위	40%	40% × 25% = 10%	90%	2,000단위

(1) 당기완성품 투입량 = $\frac{6{,}000\text{단위}}{75\%}$ = 8,000단위

(2) 기말재공품 투입량 = $\frac{1{,}800\text{단위}}{90\%}$ = 2,000단위

(3) 직접재료원가 완성품환산량 = 8,000단위 + 2,000단위 = 10,000단위

(4) 가공원가 완성품환산량 = (8,000단위 × 100%) + (2,000단위 × 40%) = 8,800단위

(5) 단위당 직접재료원가 = $\frac{₩250{,}000 + ₩1{,}200{,}000}{10{,}000\text{단위}}$ = ₩145/단위

(6) 단위당 전환원가 = $\frac{₩300{,}000 + ₩800{,}000}{8{,}800\text{단위}}$ = ₩125/단위

(7) 완성품원가 = 8,000단위 × (₩145/단위 + ₩125/단위) = ₩2,160,000

(8) 당기완성품의 단위당 원가 = $\frac{₩2{,}160{,}000}{6{,}000\text{단위}}$ = ₩360/단위

- **비분리계산법**
  감손으로 인한 물량감소와 관계없이 계속 일정하게 가공비가 투입된다고 가정하므로 실제 물량이 아닌 최초 투입량을 기준으로 가공비에 대한 완성품환산량을 계산하는 방법이다.
- **수율** = 1 − 감손율 = $\frac{\text{감손 후 물량}}{\text{투입량}}$

정답 34 ③

35 당기에 설립된 (주)관세는 3,000단위를 생산하여 2,500단위를 판매하였으며, 영업활동 관련 자료는 다음과 같다.

구 분	단위당 변동원가	고정원가
직접재료원가	₩250	–
직접노무원가	₩150	–
제조간접원가	₩100	?
판매관리비	₩200	₩150,000

변동원가계산에 의한 영업이익이 전부원가계산에 의한 영업이익에 비해 ₩62,500이 적을 경우, 당기에 발생한 고정제조간접원가는? (단, 기말재공품은 없다)

① ₩312,500
② ₩325,000
③ ₩355,000
④ ₩375,000
⑤ ₩437,500

해설

(1) 단위당 고정제조간접원가 = $\frac{₩62,500}{3,000단위 - 2,500단위}$ = ₩125/단위

(2) 당기에 발생한 고정제조간접원가 = ₩125/단위 × 3,000단위(생산량) = ₩375,000

35 ④ 정답

36 (주)관세는 제품 A 100단위를 생산 · 판매하고 있으며, 제조원가와 판매관리비는 각각 50%가 고정비이다. 신규 고객으로부터 단위당 ₩1,800에 50단위를 공급해 달라는 특별주문을 받았다. 특별주문수량에 대해 단위당 변동판매관리비 중 20%는 발생하지 않는다. 특별주문을 수락할 경우 (주)관세의 영업이익에 미치는 영향은? (단, 특별주문수량을 생산하는 데 필요한 여유생산설비를 충분히 확보하고 있다)

	제품 A
매출액	₩400,000
제조원가	₩240,000
판매관리비	₩60,000

① ₩38,000 감소
② ₩18,000 감소
③ ₩12,000 증가
④ ₩18,000 증가
⑤ ₩38,000 증가

해설

(1) 단위당 변동제조원가 = $\frac{₩240,000 \times 50\%(\text{고정비})}{100\text{단위}}$ = ₩1,200/단위

(2) 단위당 변동판매관리비 = $\frac{₩60,000 \times 50\%(\text{고정비})}{100\text{단위}}$ = ₩300/단위

(3) 특별주문 단위당 변동판매관리비 = ₩300/단위 × (1 − 20%) = ₩240/단위

(4) 특별주문 수락 시 증분이익 = 증분수익 − 증분비용 = ₩1,800 × 50단위 − (₩1,200/단위 + ₩240/단위) × 50단위
= <u>₩18,000 증가</u>

2022년 제39회

정답 36 ④

37 (주)관세는 가전제품을 생산하여 판매하는 기업으로 투자중심점인 사업부 A, B, C, D를 운영하고 있다. 다음 자료를 이용하여 각 사업부의 성과를 평가할 때 옳지 않은 것은?

	사업부 A	사업부 B	사업부 C	사업부 D
평균영업자산	₩750	₩840	₩800	₩800
영업이익	₩210	₩210	₩220	₩210
최저필수수익률	10%	10%	12%	10%

① 잔여이익은 사업부 A가 사업부 D보다 크다.
② 잔여이익은 사업부 B가 사업부 C보다 크다.
③ 투자수익률은 사업부 D가 사업부 B보다 크다.
④ 투자수익률은 사업부 C가 사업부 D보다 크다.
⑤ 잔여이익은 사업부 A가 가장 크고, 투자수익률은 사업부 C가 가장 크다.

해설

⑤ 사업부 A는 잔여이익과 투자수익률 모두 제일 크다.

구 분	잔여이익	투자수익률
사업부 A	₩210 − (₩750 × 10%) = ₩135	(₩210/₩750) × 100 = 28%
사업부 B	₩210 − (₩840 × 10%) = ₩126	(₩210/₩840) × 100 = 25%
사업부 C	₩220 − (₩800 × 12%) = ₩124	(₩220/₩800) × 100 = 27.5%
사업부 D	₩210 − (₩800 × 10%) = ₩130	(₩210/₩800) × 100 = 26.25%

잔여이익 = 영업이익 − (영업자산 × 최저필수수익률)

$$\text{투자수익률} = \frac{\text{영업이익}}{\text{영업자산}} \times 100$$

37 ⑤ 정답

38 (주)관세의 20x1년 매출액은 ₩5,000(판매수량 1,000단위)이고, 영업이익은 ₩2,000이다. 변동비율은 36%, 법인세율이 20%일 때, 안전한계율(가)과 법인세 차감 후 영업이익 ₩2,112을 달성하기 위한 매출액(나)은?

	(가)	(나)
①	57.5%	₩5,250
②	57.5%	₩6,000
③	62.5%	₩6,000
④	62.5%	₩6,250
⑤	64%	₩6,250

해설

(1) 안전한계율 $= \frac{\text{영업이익}}{\text{공헌이익}} = \frac{\text{영업이익}}{\text{매출액} - \text{변동비}} = \frac{₩2,000}{₩5,000 - (₩5,000 \times 0.36)} = \underline{62.5\%}$

(2) 고정원가 = 공헌이익 − 영업이익 = ₩3,200 − ₩2,000 = ₩1,200

(3) 세전이익 $= \frac{\text{세후이익}}{1 - \text{법인세율}} = \frac{₩2,112}{(1 - 0.2)} = ₩2,640$

(4) 세후영업이익을 달성하기 위한 매출액 $= \frac{\text{고정원가} + \text{세전이익}}{\text{공헌이익률}} = \frac{₩1,200 + ₩2,640}{(1 - 0.36)} = \underline{₩6,000}$

2022년 제39회

정답 38 ③

39 **전략적 원가관리에 관한 설명으로 옳지 않은 것은?**

① 품질원가계산에서 품질검사 장비의 유지 및 보수와 관련된 비용은 예방원가에 해당한다.
② 제품수명주기원가계산은 제품을 기획하는 단계부터 폐기되는 시점까지 모든 원가를 식별하여 측정한다.
③ 원가기획이란 가치공학 등의 기법을 활용하여 설계, 개발, 상품 기획의 단계에서 원가를 절감하는 활동을 말한다.
④ 적시재고시스템은 공장 내에 재고가 거의 없기 때문에 원가계산을 단순하게 하는 역류원가계산을 사용하기도 한다.
⑤ 표준원가계산에서 차이분석은 실제원가를 표준원가와 비교하는데 반하여 카이젠원가계산에서 차이분석은 목표원가절감금액을 실제원가절감금액과 비교한다.

해설

① 품질원가계산에서 품질검사 장비의 유지 및 보수와 관련된 비용은 평가원가에 해당한다.

40 **(주)관세의 20x1년도 2분기 직접재료예산 관련 자료이다. 5월의 직접재료 구입예산은? (단, 매월 말 재공품 재고는 무시한다)**

- 제품 예산생산량은 4월 1,000단위, 5월 1,200단위, 6월 1,500단위이다.
- 월말 직접재료의 목표재고량은 다음 달 생산량에 필요한 직접재료량의 5%이다.
- 제품 1단위를 생산하는 데 직접재료 2kg이 투입되며, 직접재료의 구입단가는 kg당 ₩10이다.

① ₩22,800
② ₩23,700
③ ₩24,300
④ ₩25,200
⑤ ₩25,500

해설

(1) 당월 재료구입액 = 1,200단위 × 2kg × ₩10 = ₩24,000
(2) 기초 원재료구입액 = 1,200단위 × 2kg × 5% × ₩10 = ₩1,200
(3) 기말 원재료구입액 = 1,500단위 × 2kg × 5% × ₩10 = ₩1,500
(4) 5월 직접재료 구입예산 = ₩24,000 − ₩1,200 + ₩1,500 = ₩24,300

39 ① 40 ③ 정답

제4과목

2023 회계학

1교시 응시시간 : 80분 과목당 문항 수 : 40문항

※ 아래 문제들에서 특별한 언급이 없는 한, 기업의 보고기간(회계기간)은 매년 1월 1일부터 12월 31일까지이다. 또한 기업은 주권상장법인으로 계속해서 한국채택국제회계기준(K-IFRS)을 적용해오고 있다고 가정하고, 보기 중에서 물음에 가장 합당한 답을 고르시오. 단, 자료에서 제시한 모든 항목과 금액은 중요하며, 자료에서 제시한 것 외의 사항은 고려하지 않고 답한다. 예를 들어 법인세에 대하여 언급이 없으면 법인세효과는 고려하지 않는다.

01 다음 설명과 관련된 유용한 재무정보의 질적특성은?

재무정보에 예측가치, 확인가치 또는 이 둘 모두가 있다면 그 재무정보는 의사결정에 차이가 나도록 할 수 있다.

① 비교가능성
② 이해가능성
③ 검증가능성
④ 표현충실성
⑤ 목적적합성

해설

한국채택국제회계기준(K-IFRS) 재무보고를 위한 개념체계 2.7
목적적합성 : 재무정보에 예측가치, 확인가치 또는 이 둘 모두가 있다면 그 재무정보는 의사결정에 차이가 나도록 할 수 있다.

근본적 질적 특성
- 목적적합성
  - 예측가치 : 정보이용자들이 미래 결과를 예측하기 위해 사용하는 절차의 투입요소로 재무정보가 사용될 수 있다면 그 재무정보는 예측가치를 갖는다.
  - 확인가치 : 과거의 기대치를 확인 또는 수정함으로써 정보이용자의 의사결정에 영향을 미칠 수 있는 질적 특성으로, 과거 평가에 대해 피드백을 제공한다면 확인가치를 갖는다.
- 표현충실성
  - 완전한 서술 : 필요한 기술과 설명을 포함하여 정보이용자가 서술되는 현상을 이해하는 데 필요한 모든 정보를 포함해야 한다.
  - 중립적 서술 : 재무정보의 선택이나 표시에 편의가 없어야 한다.
  - 오류 없는 표현 : 현상의 기술에 오류나 누락이 없고, 보고 정보를 생산하는 데 사용되는 절차의 선택과 적용 시 절차상 오류가 없음을 의미한다.

정답 01 ⑤

02 다음에서 설명하고 있는 측정기준은?

> 기업이 접근할 수 있는 시장의 참여자 관점을 반영한다. 시장참여자가 경제적으로 최선의 행동을 한다면 자산의 가격을 결정할 때 사용할 가정과 동일한 가정을 사용하여 그 자산을 측정한다.

① 공정가치
② 사용가치
③ 이행가치
④ 역사적 원가
⑤ 현행원가

해설

한국채택국제회계기준(K-IFRS) 재무보고를 위한 개념체계 6.13
공정가치는 기업이 접근할 수 있는 시장의 참여자 관점을 반영한다. 시장참여자가 경제적으로 최선의 행동을 한다면 자산이나 부채의 가격을 결정할 때 사용할 가정과 동일한 가정을 사용하여 그 자산이나 부채를 측정한다.

03 '고객과의 계약에서 생기는 수익'과 관련된 내용 중 기간에 걸쳐 수행의무를 이행하는 것은?

① 고객은 기업이 수행하는 대로 기업의 수행에서 제공하는 효익을 동시에 얻고 소비한다.
② 고객이 자산을 인수하였다.
③ 고객에게 자산의 법적 소유권이 있다.
④ 자산의 소유에 따른 유의적인 위험과 보상이 고객에게 있다.
⑤ 기업이 자산의 물리적 점유를 이전하였다.

해설

한국채택국제회계기준(K-IFRS) 제1115호 고객과의 계약에서 생기는 수익 35
다음 기준 중 어느 하나를 충족하면, 기업은 재화나 용역에 대한 통제를 기간에 걸쳐 이전하므로, 기간에 걸쳐 수행의무를 이행하는 것이고 기간에 걸쳐 수익을 인식한다.

(1) 고객은 기업이 수행하는 대로 기업의 수행에서 제공하는 효익을 동시에 얻고 소비한다.
(2) 기업이 수행하여 만들어지거나 가치가 높아지는 대로 고객이 통제하는 자산(예 재공품)을 기업이 만들거나 그 자산 가치를 높인다.
(3) 기업이 수행하여 만든 자산이 기업 자체에는 대체 용도가 없고, 지금까지 수행을 완료한 부분에 대해 집행 가능한 지급청구권이 기업에 있다.

02 ① 03 ① 정답

04 (주)관세는 20x1년 1월 1일에 종업원 100명에게 각각 주식 20주를 부여하고 가득기간 동안 종업원이 계속 근무할 것을 요구하는 조건을 부과하였다. 20x1년 1월 1일 현재 부여한 주식의 단위당 공정가치는 ₩1,000이며 이는 부여일의 주가와 동일하다. 부여일부터 3년 동안 배당금은 지급되지 않을 것으로 예상되었다. 부여한 주식은 회사의 누적 연평균 영업이익 성장률이 20% 이상이면 20x2년 말에, 15% 이상이면 20x3년 말에 가득된다. 각 연도별 영업이익과 퇴사자에 대한 현황은 다음과 같다.

구 분	20x1년도	20x2년도
당해연도 실제 영업이익	22% 증가	16% 증가
다음연도 예상 영업이익	20% 증가	8% 증가
당해연도 실제 퇴사자	8명	5명
다음연도 예상 퇴사자	6명	3명

(주)관세가 20x2년도 포괄손익계산서에 보고할 보상비용은?

① ₩200,000
② ₩220,000
③ ₩240,000
④ ₩260,000
⑤ ₩280,000

해설

(1) 20x1년 말 보고할 보상비용 = (100명 − 8명 − 6명) × 20주 × ₩1,000 × $\frac{1년}{2년}$ = ₩860,000

(2) 20x2년 말 보고할 보상비용 = (100명 − 8명 − 5명 − 3명) × 20주 × ₩1,000 × $\frac{2년}{3년}$ − ₩860,000 = ₩260,000

누적보상원가 = 보고기간 말 총보상원가 × $\frac{누적기간}{가득기간}$

당기 주식보상비용 = 당기말 누적보상원가 − 전기말 누적보상원가

정답 04 ④

05 (주)관세는 20x1년 11월 1일 외국에 소재하는 (주)한국에게 상품 $20,000를 외상으로 판매하였다. 외상으로 판매한 대금 $20,000 중 $10,000는 20x1년 12월 1일에 회수하였으며, 나머지는 20x2년 4월 1일에 회수한다. 관련 환율(₩/$)에 대한 자료는 다음과 같다.

일 자	20x1. 11. 1.	20x1. 12. 1.	20x1. 12. 31.
환율(₩/$)	₩1,100	₩1,150	₩1,200

(주)관세가 20x1년도 포괄손익계산서에 보고할 외환차이는? (단, (주)관세의 기능통화는 원화이다)

① ₩500,000

② ₩1,000,000

③ ₩1,500,000

④ ₩2,000,000

⑤ ₩2,500,000

해설

(1) 평가차손 = $10,000 × (₩1,200 − ₩1,100) = ₩1,000,000
(2) 처분차손 = $10,000 × (₩1,150 − ₩1,100) = ₩500,000
(3) 포괄손익계산서에 보고할 외환차이 = ₩1,000,000 + ₩500,000 = ₩1,500,000

06 재무제표 표시에 관한 설명으로 옳은 것은?

① 자산을 유동자산과 비유동자산으로 구분하여 표시하는 경우, 이연법인세자산은 유동자산으로 분류한다.

② 영업주기는 현금회수 여부와 상관없이 영업활동을 위한 자산의 취득시점부터 판매시점까지 소요되는 기간이다.

③ 수익과 비용 항목을 당기손익과 기타포괄손익으로 표시하는 보고서에 특별손익 항목도 표시할 수 있다.

④ 비용을 성격별로 분류하는 기업은 비용의 기능에 대한 추가 정보를 공시하여야 한다.

⑤ 주석은 실무적으로 적용 가능한 한 체계적인 방법으로 표시한다.

해설

한국채택국제회계기준(K-IFRS) 제1001호 재무제표 표시

① 기업이 재무상태표에 유동자산과 비유동자산, 그리고 유동부채와 비유동부채로 구분하여 표시하는 경우, 이연법인세자산(부채)은 유동자산(부채)으로 분류하지 아니한다(56문단).

② 영업주기는 영업활동을 위한 자산의 취득시점부터 그 자산이 현금이나 현금성자산으로 실현되는 시점까지 소요되는 기간이다(68문단).

③ 수익과 비용의 어느 항목도 당기손익과 기타포괄손익을 표시하는 보고서 또는 주석에 특별손익 항목으로 표시할 수 없다(87문단).

④ 비용을 기능별로 분류하는 기업은 감가상각비, 기타 상각비와 종업원급여비용을 포함하여 비용의 성격에 대한 추가 정보를 공시한다(104문단).

05 ③ 06 ⑤ 정답

07 (주)관세는 20x1년 중에 건물(취득원가 ₩5,000, 감가상각누계액 ₩2,000)을 처분하고 ₩1,000의 유형자산처분이익을 인식하였다. 20x1년도 (주)관세의 건물에 대한 자료는 다음과 같으며, 원가모형을 적용하고 있다.

계정과목	20x1년 초	20x1년 말
건 물	₩10,000	₩9,000
감가상각누계액	(4,000)	(2,500)
장부금액	₩6,000	₩6,500

(주)관세의 건물에 대한 취득과 처분으로 인한 20x1년도 순현금유출액은? (단, 건물에 대한 취득과 처분은 모두 현금거래이다)

① ₩0
② ₩500
③ ₩1,000
④ ₩1,500
⑤ ₩2,000

해설

(1) 현금유입액 = ₩5,000 − ₩2,000 + ₩1,000 = ₩4,000

(차) 현 금	4,000	(대) 건 물	5,000
감가상각누계액	2,000	유형자산처분이익	1,000

(2) 현금유출액 = ₩9,000(건물 기말가액) + ₩5,000(건물 기중처분액) − ₩10,000(건물 기초가액) = ₩4,000(건물 기중취득액)
(3) 순현금유출액 = 현금유출액 − 현금유입액 = ₩4,000 − ₩4,000 = ₩0

2023년 제40회

08 (주)관세는 20x1년 1월 1일 재고자산(원가 ₩35,000)을 판매하고 20x1년 12월 31일과 20x2년 12월 31일에 각각 ₩20,000씩 수령하기로 하였다. 재고자산 판매일 현재 할인율은 연 10%이다. 동 거래와 관련된 회계처리가 (주)관세의 20x1년도 당기순이익에 미치는 영향은? [단, 명목가치와 현재가치의 차이는 중요하고, 정상연금 ₩1의 현재가치는 1.7355(2기간, 10%)이며, 기대신용손실은 고려하지 않는다]

① ₩290 감소
② ₩290 증가
③ ₩3,181 증가
④ ₩3,471 증가
⑤ ₩5,000 증가

정답 07 ① 08 ③

해설

(1) 매출액 = ₩20,000 × 1.7355 = ₩34,710
(2) 현재가치할인차금 = ₩20,000 + ₩20,000 − ₩34,710 = ₩5,290
(3) 이자수익 = ₩34,710 × 10% = ₩3,471
(4) 20x1년 당기순이익에 미치는 영향
매출액 − 매출원가 + 이자수익 = ₩34,710 − ₩35,000 + ₩3,471 = ₩3,181 증가

구 분	회계처리			
20x1년 1월 1일	(차) 매출원가	35,000	(대) 상 품	35,000
	장기 외상매출금	40,000	매출액	34,710
			현재가치할인차금	5,290
20x1년 12월 31일	(차) 현 금	20,000	(대) 장기 외상매출금	20,000
	현재가치할인차금	3,471	이자수익	3,471

09 자본의 감소를 가져오는 거래는?

① 주주총회에서 보통주에 대해 현금배당을 지급하기로 결의하였다.
② 자기주식을 재발행하고 자기주식처분이익을 인식하였다.
③ 보통주를 현금납입 받아 신주발행하였다.
④ 이월결손금을 보전하기 위하여 보통주자본금을 무상감자하였다.
⑤ 주주총회에서 사업확장적립금을 별도적립금으로 대체하기로 결의하였다.

해설

	차 변	대 변	자본의 변동
①	이익잉여금	미지급배당금	감 소
②	현 금	자기주식 자기주식처분이익	증 가
③	현 금	자본금	증 가
④	자본금	미처리결손금	불 변
⑤	사업확장적립금	별도적립금	불 변

09 ① 정답

10 (주)관세의 20x1년도 보통주 귀속 당기순이익은 ₩1,253,000이다. 20x1년도 보통주와 관련된 자료가 다음과 같을 때 기본주당이익은? (단, 가중평균유통보통주식수 계산 시 월수를 가중치로 사용한다)

• 기초 유통보통주식수	3,200주
• 7월 1일 – 유상증자(발행금액은 주당 ₩2,000이고 증자 직전 주식의 공정가치는 주당 ₩2,500이다)	1,000주
• 10월 1일 – 자기주식 취득	800주

① ₩250
② ₩315
③ ₩350
④ ₩385
⑤ ₩431

해설

(1) 7월 1일 무상주식수

$$\frac{(\text{공정가치} - \text{발행가액}) \times \text{증자주식수}}{\text{공정가치}} = \frac{(₩2,500 - ₩2,000) \times 1,000\text{주}}{₩2,500} = 200\text{주}$$

(2) 무상주 안분

$$200\text{주} \times \frac{3,200\text{주}}{3,200\text{주} + 800\text{주}} = 160\text{주}$$

$$200\text{주} \times \frac{800\text{주}}{3,200\text{주} + 800\text{주}} = 40\text{주}$$

(3) 가중평균유통보통주식수 = {(3,200주 + 160주) × 12/12} + {(800주 + 40주) × 6/12} – (800주 × 3/12) = 3,580주

(4) $\text{기본주당이익} = \frac{₩1,253,000}{3,580\text{주}} = \underline{₩350}$

$$\text{기본주당이익} = \frac{\text{당기순이익}}{\text{가중평균유통보통주식수}}$$

정답 10 ③

11 지분법을 적용하는 관계기업의 회계처리에 관한 설명으로 옳지 않은 것은?

① 관계기업에 대한 투자를 최초 인식할 때는 원가로 측정한다.

② 피투자자의 당기순손익 중 투자자의 몫은 투자자의 당기순손익으로 인식한다.

③ 기타포괄손익으로 인하여 피투자자의 순자산변동이 발생한 경우 그 변동액 중 투자자의 몫은 투자자의 기타포괄손익으로 인식한다.

④ 관계기업이 해외사업장과 관련된 누적 외환차이가 있고 기업이 유의적인 영향력을 상실하여 지분법 사용을 중단한 경우 기업은 해외사업장과 관련하여 이전에 기타포괄손익으로 인식했던 손익을 당기손익으로 재분류할 수 없다.

⑤ 피투자자에게서 받은 현금배당액은 투자자산의 장부금액을 줄여준다.

해설

한국채택국제회계기준(K-IFRS) 제1028호 관계기업과 공동기업에 대한 투자 23
관계기업이나 공동기업이 해외사업장과 관련된 누적 외환차이가 있고 기업이 지분법의 사용을 중단하는 경우, 기업은 해외사업장과 관련하여 이전에 기타포괄손익으로 인식했던 손익을 당기손익으로 재분류한다.

12 (주)관세는 확정급여제도를 채택하고 있으며, 20x1년도 확정급여제도와 관련된 자료는 다음과 같다.

20x1년 초 확정급여채무의 현재가치	₩180
당기근무원가	40
사외적립자산에서 지급된 퇴직금	50
20x1년 말 확정급여채무의 현재가치	160
확정급여채무 계산 시 적용한 20x1년 초 할인율	연 10%

(주)관세가 20x1년도에 인식할 확정급여채무에 대한 보험수리적 이익(재측정요소)은? (단, 모든 거래는 연도 말에 발생하였다고 가정한다)

① ₩10

② ₩20

③ ₩28

④ ₩49

⑤ ₩50

해설

보험수리적 이익 = ₩180(20x1년 초 확정급여채무의 현재가치) + ₩18(이자비용) + ₩40(당기근무원가) − ₩50(사외적립자산에서 지급된 퇴직금) − ₩160(20x1년 말 확정급여채무의 현재가치) = ₩28

13 (주)관세의 20x1년 말 현재 재무비율과 관련된 자료는 다음과 같다.

• 당좌자산	₩200	• 재고자산	₩100
• 비유동자산	700	• 비유동부채	400
• 당좌비율	100%		

• 유동자산은 당좌자산과 재고자산으로만 구성
• 기초자본과 기말자본의 차이는 당기순이익으로만 구성

(주)관세의 20x1년도 당기순이익이 ₩160인 경우 20x1년도 자기자본이익률은? (단, 자기자본이익률 계산 시 평균자본을 사용한다)

① 27%　　② 34%
③ 40%　　④ 50%
⑤ 67%

해설

(1) 유동부채 = $\frac{\text{당좌자산}}{\text{당좌비율}} \times 100 = \frac{₩200}{100} \times 100 = ₩200$

(2) 기말자본 = ₩200(당좌자산) + ₩100(재고자산) + ₩700(비유동자산) − ₩200(유동부채) − ₩400(비유동부채) = ₩400

(3) 기초자본 = ₩400(기말자본) − ₩160(당기순이익) = ₩240

(4) 평균자기자본 = $\frac{\text{기초자본} + \text{기말자본}}{2}$ = ₩320

(5) 자기자본이익률 = $\frac{₩160}{₩320} \times 100$ = 50%

> **자본** = 자산 − 부채
> **자기자본이익률** = $\frac{\text{당기순이익}}{\text{평균자기자본}} \times 100$

2023년 제40회

14 현재 (주)관세의 당좌자산은 ₩2,000이고, 재고자산은 ₩1,000이며, 유동부채는 ₩1,500이다. 다음 거래를 추가로 반영할 경우 당좌비율과 유동비율의 변화는? (단, 유동자산은 당좌자산과 재고자산으로만 구성된다)

- 매출채권 ₩300을 현금으로 회수하다.
- 토지를 처분하면서 현금 ₩400을 수취하다.
- 재고자산 ₩900을 취득하면서 ₩700은 현금으로 지급하고, ₩200은 외상으로 하였다.

	당좌비율	유동비율
①	감 소	감 소
②	감 소	증 가
③	불 변	감 소
④	증 가	불 변
⑤	증 가	증 가

해설

(1) 매출채권 ₩300을 현금으로 회수하다.
→ 유동자산(당좌자산)과 유동부채에 변동이 없으므로 당좌비율 및 유동비율 불변

(2) 토지를 처분하면서 현금 ₩400을 수취하다.

(차) 현 금	400	(대) 토 지	400

→ 유동자산(당좌자산) ₩400 증가

(3) 재고자산 ₩900을 취득하면서 ₩700은 현금으로 지급하고, ₩200은 외상으로 하였다.

(차) 재고자산	900	(대) 현 금	700
		외상매입금	200

→ 당좌자산 ₩700 감소, 재고자산 ₩900 증가, 유동자산 ₩200 증가, 유동부채 ₩200 증가

(4) 거래 반영 전후 비교

구 분		계산식	비율변동
당좌비율	반영 전	$\frac{₩2,000}{₩1,500} \times 100 = 133\%$	감소
	반영 후	$\frac{₩2,000 + ₩400 - ₩700}{₩1,500 + ₩200} \times 100 = 100\%$	
유동비율	반영 전	$\frac{₩2,000(\text{당좌자산}) + ₩1,000(\text{재고자산})}{₩1,500} \times 100 = 200\%$	증가
	반영 후	$\frac{₩3,000 + ₩400 + ₩200}{₩1,500 + ₩200} \times 100 = 212\%$	

$$\text{당좌비율} = \frac{\text{당좌자산}}{\text{유동부채}} \times 100$$

$$\text{유동비율} = \frac{\text{유동자산}}{\text{유동부채}} \times 100$$

14 ② 정답

15 (주)관세의 20x1년 초 자본총액이 ₩2,000,000이고, 20x1년 중 다음과 같은 거래가 발생하였을 때, 20x1년 말 자본총액은?

- 설립 이후 처음으로 액면가 ₩500인 자기주식(원가법 적용) 10주를 주당 ₩700에 구입하였다.
- 주주총회 결과 기존 주주들에게 10% 주식배당(배당 직전 자본금 ₩1,000,000)을 실시하기로 결의하고, 즉시 신주를 발행하여 교부하였다.
- 액면가 ₩500인 보통주 100주를 주당 ₩800에 발행하였으며, 주식발행과 관련된 직접원가는 ₩5,000이다.
- 자기주식 6주를 주당 ₩600에 재발행하였다.
- 액면가 ₩500인 보통주 100주를 발행하면서 그 대가로 신뢰성 있게 측정된 토지(공정가치 ₩55,000)를 현물출자 받았다.
- 20x1년 당기순이익은 ₩200,000이고, 기타포괄손실은 ₩10,000이다.

① ₩2,236,600
② ₩2,316,600
③ ₩2,319,400
④ ₩2,331,600
⑤ ₩2,339,400

해설

거래내역	자본변동
설립 이후 처음으로 액면가 ₩500인 자기주식(원가법 적용) 10주를 주당 ₩700에 구입하였다.	10주 × ₩700 = ₩7,000(자본감소)
주주총회 결과 기존 주주들에게 10% 주식배당(배당 직전 자본금 ₩1,000,000)을 실시하기로 결의하고, 즉시 신주를 발행하여 교부하였다.	자본불변
액면가 ₩500인 보통주 100주를 주당 ₩800에 발행하였으며, 주식발행과 관련된 직접원가는 ₩5,000이다.	100주 × ₩800 − ₩5,000 = ₩75,000(자본증가)
자기주식 6주를 주당 ₩600에 재발행하였다.	6주 × ₩600 = ₩3,600(자본증가)
액면가 ₩500인 보통주 100주를 발행하면서 그 대가로 신뢰성 있게 측정된 토지(공정가치 ₩55,000)를 현물출자 받았다.	₩55,000(자본증가)
20x1년 당기순이익은 ₩200,000이고, 기타포괄손실은 ₩10,000이다.	₩200,000 − ₩10,000 = ₩190,000(자본증가)

∴ 20x1년 말 자본총액 = ₩2,000,000 − ₩7,000 + ₩75,000 + ₩3,600 + ₩55,000 + ₩190,000 = ₩2,316,600

2023년 제40회

16 (주)관세는 20x1년 1월 1일 다음과 같은 사채를 발행하고 동 사채를 상각후원가로 후속 측정하는 금융부채로 분류하였다. 20x2년 말 상각후원가 측정 금융부채의 장부금액은? (단, 다음의 현가계수를 이용하며, 화폐금액은 소수점 첫째자리에서 반올림한다)

- 액면금액 – ₩1,000,000(사채발행비는 발생하지 않음)
- 표시이자율 – 연 10%(이자는 매년 말 지급)
- 발행시점의 유효이자율 – 연 8%
- 만기 – 4년

기 간	단일금액 ₩1의 현재가치		정상연금 ₩1의 현재가치	
	8%	10%	8%	10%
4	0.7350	0.6830	3.3121	3.1699

① ₩965,276

② ₩981,804

③ ₩1,018,478

④ ₩1,035,628

⑤ ₩1,051,508

해설

(1) 20x1년 사채 장부금액 = ₩1,000,000 × 0.7350 + ₩100,000 × 3.3121 = ₩1,066,210

20x1년 사채 발행 시 회계 처리			
(차) 현 금	1,066,210	(대) 사 채	1,000,000
		사채할증발행차금	66,210

(2) 20x1년 말 사채할증발행차금 = ₩100,000 – (₩1,066,210 × 0.08) = ₩14,703

20x1년 말 회계 처리			
(차) 이자비용	85,297	(대) 현 금	100,000
사채할증발행차금	14,703		

(3) 20x2년 초 사채 장부금액 = ₩1,066,210 – ₩14,703 = ₩1,051,507

(4) 20x2년 말 상각후원가 측정 사채의 장부금액 = ₩1,051,507 – {₩100,000 – (₩1,051,507 × 0.08)} = ₩1,035,628

유효이자 = 사채장부가액 × 유효이자율(시장이자율)

16 ④ 정답

17 (주)관세는 20x1년 초 신기술 개발 중인 (주)한국을 합병하면서 이전대가로 공정가치 ₩200,000의 주식(액면금액 ₩150,000)을 발행·교부하였다. (주)한국의 신기술 개발비를 제외한 식별가능한 순자산의 공정가치는 ₩170,000(장부금액 ₩210,000)이다. 합병 시 (주)한국의 신기술 개발비는 무형자산 정의를 충족하며, 공정가치는 ₩20,000인 것으로 확인되었다. (주)관세가 동 합병으로 인식할 영업권 또는 염가매수차익은?

① 영업권 ₩10,000
② 영업권 ₩30,000
③ ₩0
④ 염가매수차익 ₩10,000
⑤ 염가매수차익 ₩30,000

해설

염가매수차익(영업권) = ₩200,000(이전대가) − ₩170,000(순자산 공정가치) − ₩20,000(무형자산 공정가치) = ₩10,000

(차) 순자산	170,000	(대) 이전대가	200,000
무형자산	20,000		
영업권	10,000		

18 도매업을 영위하는 (주)관세의 거래 중 금융부채를 발생시키는 거래를 모두 고른 것은?

ㄱ. 상품 ₩1,000을 외상으로 구입하였다.
ㄴ. 건물 임대료 ₩1,000을 미리 수취하였다.
ㄷ. 상품을 판매하기로 하고 계약금 ₩1,000을 수취하였다.
ㄹ. 일반사채(액면금액 ₩1,000, 표시이자율 연 8%, 만기 3년, 매년 말 이자지급)를 액면발행하였다.

① ㄱ, ㄷ
② ㄱ, ㄹ
③ ㄴ, ㄷ
④ ㄴ, ㄹ
⑤ ㄷ, ㄹ

해설

ㄱ·ㄹ 외상매입금과 사채는 금융부채에 해당한다.
ㄴ·ㄷ 선수금은 비금융부채에 해당한다.

금융부채
확정된 현금 등의 금융자산을 인도하기로 한 계약상의 의무로 외상매입금, 지급어음, 차입금, 사채 등이 있다.

정답 17 ① 18 ②

19 **무형자산에 관한 설명으로 옳지 않은 것은?**

① 내용연수가 비한정인 무형자산은 상각하지 아니한다.
② 무형자산을 최초로 인식할 때에는 원가로 측정한다.
③ 내부적으로 창출한 영업권은 자산으로 인식하지 아니한다.
④ 최초에 비용으로 인식한 무형항목에 대한 지출은 그 이후에 무형자산의 원가로 인식할 수 없다.
⑤ 무형자산의 경제적 효익이 소비될 것으로 예상되는 형태를 반영한 방법을 신뢰성 있게 결정할 수 없을 경우 상각방법은 정률법을 사용한다.

해설

한국채택국제회계기준(K-IFRS) 제1038호 무형자산 97
무형자산의 상각방법은 자산의 경제적 효익이 소비될 것으로 예상되는 형태를 반영한 방법이어야 한다. 다만, 그 형태를 신뢰성 있게 결정할 수 없는 경우에는 정액법을 사용한다. 각 회계기간의 상각액은 이 기준서나 다른 한국채택국제회계기준서에서 다른 자산의 장부금액에 포함하도록 허용하거나 요구하는 경우를 제외하고는 당기손익으로 인식한다.

20 **(주)관세는 20x1년 초 (주)한국의 지분상품을 취득(매매수수료 ₩1,000을 포함하여 총 ₩11,000을 지급)하고 당기손익-공정가치 측정 금융자산으로 분류하였다. 20x1년 말 동 지분상품의 공정가치는 ₩9,000이다. (주)관세는 20x2년 4월 초 동 지분상품을 공정가치인 ₩11,000에 처분하였다. (주)관세가 동 지분상품과 관련하여 20x2년도에 인식할 당기손익은?**

① 손실 ₩1,000
② 손실 ₩2,000
③ ₩0
④ 이익 ₩1,000
⑤ 이익 ₩2,000

해설

(1) 20x1년 초 취득 시 장부가액 : ₩10,000(취득 시 매매수수료 ₩1,000 당기비용 처리)
(2) 20x1년 말 동 지분상품의 공정가치(장부가액) : ₩9,000(장부가액과 공정가치 차이 금액인 ₩1,000 당기비용 처리)

20x2년 4월 초 처분 시 회계 처리			
(차) 현 금	11,000	(대) 당기손익-공정가치 측정 금융자산	9,000
		금융자산처분이익	2,000

19 ⑤ 20 ⑤ 정답

21 (주)관세는 20x1년 초 채무상품(액면금액 ₩1,000,000, 표시이자율 연 5%, 매년 말 이자지급, 3년 만기)을 ₩875,640에 구입하여 기타포괄손익-공정가치 측정 금융자산으로 분류하였다. 취득 당시 유효이자율은 연 10%이고, 20x1년 말 동 채무상품의 공정가치는 ₩950,000이다. 20x1년도 (주)관세가 동 금융자산과 관련하여 인식할 기타포괄이익은? (단, 화폐금액은 소수점 첫째자리에서 반올림한다)

① ₩36,796
② ₩37,564
③ ₩50,000
④ ₩74,360
⑤ ₩87,564

해설

(1) 이자수익 = ₩875,640 × 10% = ₩87,564

(차) 금융자산	37,564	(대) 이자수익	87,564
현 금	50,000		

(2) 20x1년 금융자산의 장부가액 = ₩875,640 + (₩87,564 − ₩50,000) = ₩913,204
(3) 20x1년 금융자산 관련 인식할 기타포괄손익 = ₩950,000(20x1년 말 동 채무상품의 공정가치) − ₩913,204 = ₩36,796

2023년 제40회

22 (주)관세는 거래처가 발행한 이자부어음(액면금액 ₩100,000, 만기 3개월, 이자율 연 12% 만기 시 지급)을 1개월간 보유한 후 금융기관에 연 15% 이자율로 할인하였다. 동 거래로 어음과 관련된 위험과 보상은 모두 금융기관에 이전되었다. (주)관세가 동 어음과 관련하여 인식할 처분손실은? (단, 이자는 월할계산한다)

① ₩425
② ₩575
③ ₩1,000
④ ₩1,575
⑤ ₩2,575

해설

(1) 어음의 만기가액 = ₩100,000 + ₩100,000 × 12% × $\frac{3}{12}$ = ₩103,000

(2) 어음의 할인가액 = ₩103,000 × 15% × $\frac{2}{12}$ = ₩2,575

(3) 금융기관으로부터 어음할인 시 받는 금액 = ₩103,000 − ₩2,575 = ₩100,425

(4) 어음을 1개월간 보유함에 따른 어음가액 = ₩100,000 + ₩100,000 × 12% × $\frac{1}{12}$ = ₩101,000

(5) 동 어음과 관련하여 인식할 처분손실 = ₩101,000 − ₩100,425 = ₩575

정답 21 ① 22 ②

23 (주)관세는 20x1년 1월 1일 만기 3년, 표시이자와 상환할증금이 없는 액면금액 ₩100,000의 전환사채를 액면발행하였다. 발행시점에 유사한 조건의 일반사채 시장이자율은 연 5%이며, 사채발행비용은 발생하지 않았다. 동 전환사채는 액면금액 ₩5,000당 (주)관세의 보통주 1주로 전환할 수 있으며, 보통주 1주당 액면금액은 ₩500이다. 20x2년 초에 액면가액 60%에 해당하는 전환사채가 보통주로 전환되었을 경우 증가하는 주식발행초과금은? [단, 전환권 행사 시 전환권대가는 주식발행초과금으로 대체하는 것으로 하며, 단일금액 ₩1의 현재가치는 0.8638(3기간, 5%)이고, 계산 시 화폐금액은 소수점 첫째자리에서 반올림한다]

① ₩51,819
② ₩54,419
③ ₩56,591
④ ₩62,591
⑤ ₩90,699

해설

(1) 일반사채 발행금액 = ₩100,000 × 0.8638 = ₩86,380
전환권대가 = ₩100,000 − ₩86,380 = ₩13,620

20x1년 1월 1일 전환사채 회계 처리			
(차) 현 금	100,000	(대) 사 채	100,000
전환권 조정	13,620	전환권대가	13,620

(2) 20x1년 말 전환권 조정 금액 = ₩86,380 × 5% = ₩4,319

20x1년 말 전환사채 회계 처리			
(차) 이자비용	4,319	(대) 전환권 조정	4,319

(3) 20x2년 초 전환사채가 보통주로 전환 시 주식발행초과금

$$[\{₩100,000 - (₩13,620 - ₩4,319)\} - (\frac{₩100,000}{₩5,000} \times ₩500) + ₩13,620] \times 60\% = \underline{₩56,591}$$

> **전환권의 대가 = 전환사채의 총발행가액 − 순수사채금액**

23 ③ 정답

24 (주)관세의 재고자산과 관련된 자료는 다음과 같다. (주)관세가 저가기준에 의한 평균원가소매재고법에 따라서 재고자산을 평가한다고 할 때 기말재고자산의 원가는? (단, 원가율 계산 시 백분율 기준 소수점 셋째자리에서 반올림한다)

구 분	원 가	판매가
기초재고액	₩50,000	₩60,000
당기순매입액	112,500	170,000
순인상액	–	20,000
순인하액	–	10,000
정상파손	5,000	7,500
비정상파손	1,000	1,500
당기순매출액	–	130,000

① ₩65,549

② ₩65,650

③ ₩68,377

④ ₩71,390

⑤ ₩71,500

해설

(1) 원가율

$$= \frac{\text{기초재고액(₩50,000)} + \text{당기순매입액(₩112,500)} - \text{비정상파손(₩1,000)}}{\text{기초재고액(₩60,000)} + \text{당기순매입액(₩170,000)} + \text{순인상액(₩20,000)} - \text{비정상파손(₩1,500)}} \times 100$$

$$= \frac{161{,}500}{248{,}500} \times 100 = 65\%$$

(2) 기말재고자산 판매가 + 당기순매출액(₩130,000) + 정상파손(₩7,500)

= 기초재고액(₩60,000) + 당기순매입액(₩170,000) + 순인상액(₩20,000) – 순인하액(₩10,000) – 비정상파손(₩1,500)

∴ 기말재고자산 판매가 = ₩101,000

(3) 기말재고자산 원가 = ₩101,000 × 0.65 = ₩65,650

2023년 제40회

정답 24 ②

25 20x1년 초에 설립한 (주)관세의 기말 상품과 원재료에 대한 자료는 다음과 같다.

재고자산 품목	단위당 취득원가	단위당 일반판매가	단위당 확정판매가	단위당 현행대체원가
상품(50개)	₩20,000	₩17,000	₩18,000	–
원재료(50kg)	1,000	–	–	₩900

상품 중 40개는 확정판매계약이 체결되어 보관중이다. 일반판매 시에는 판매가격의 10%에 해당하는 판매비용이 소요될 것으로 예상되며, 원재료를 이용하여 생산하는 제품은 원가 이상으로 판매될 것으로 예상된다. (주)관세가 상품과 원재료에 대하여 인식할 재고자산평가손실은?

① ₩110,000　② ₩115,000
③ ₩127,000　④ ₩132,000
⑤ ₩199,000

해설

제품이 원가 이상으로 판매될 것이 예상된다면 원재료에 대해서 평가손실을 인식하지 않는다.
(1) 확정판매계약 수량(40개) 재고자산평가손실 = (₩20,000 − ₩18,000) × 40개 = ₩80,000
(2) 확정판매계약 수량 초과(10개) 재고자산평가손실 = {₩20,000 − ₩17,000 × (1 − 0.1)} × 10개 = ₩47,000
(3) 재고자산평가손실 = (1) + (2) = ₩127,000

26 재고자산에 관한 설명으로 옳지 않은 것은?

① 재고자산은 정상적인 영업활동을 통하여 판매할 목적으로 보유하는 자산이라는 점에서 사용할 목적으로 보유하는 유형자산과는 구별된다.
② 선입선출법, 평균법 등의 평가방법은 실제 물량흐름과 상관없이 일정한 가정을 전제로 정의된 것이다.
③ 재고자산의 취득원가는 매입가격 이외에도 재고자산을 현재의 상태에 이르기까지 소요된 부대비용을 포함하여 인식한다.
④ 기업이 선택한 방법에 의하여 측정한 재고자산의 원가보다 순실현가치가 낮은 경우 저가법을 선택한 경우에 한하여 재고자산평가손실을 계상할 수 있다.
⑤ 수입한 재고자산의 취득원가에는 수입관세(과세당국으로부터 추후 환급받을 수 있는 금액은 제외)가 포함된다.

해설

④ 기업이 선택한 방법에 의하여 측정한 재고자산의 원가보다 순실현가치가 낮은 경우 저가법을 사용하여 재고자산을 순실현가치로 측정하고 재고자산평가손실을 계상하여야 한다.

저가법에 의한 재고자산 = Min[취득원가, 순실현가능가치]

27 투자부동산에 관한 설명으로 옳지 않은 것은?

① 임대수익이나 시세차익을 얻기 위하여 보유하는 부동산은 투자부동산으로 분류된다.
② 투자부동산은 최초 인식시점에서 원가로 측정한다.
③ 투자부동산을 개발하지 않고 처분하기로 결정하는 경우에는 재고자산으로 재분류하지 않는다.
④ 투자부동산의 공정가치 변동으로 발생하는 손익은 발생한 기간의 당기손익에 반영한다.
⑤ 투자부동산의 인식 후 측정에 있어서 자산의 분류별로 공정가치모형과 원가모형 중 선택하여 적용할 수 있다.

해설

한국채택국제회계기준(K-IFRS) 제1040호 투자부동산 32A (1)
투자부동산을 포함한 특정 자산군의 공정가치와 연동하는 수익 또는 그 자산군에서 얻는 수익으로 상환하는 부채와 연계되어 있는 모든 투자부동산은 공정가치모형 또는 원가모형을 선택하여 평가한다.

28 유형자산에 관한 설명으로 옳은 것을 모두 고른 것은?

ㄱ. 자가사용 부동산의 경우 그 부동산에서 창출된 현금흐름이 생산이나 공급과정을 통해 다른 자산에도 귀속되는 속성이 있으므로 유형자산으로 분류한다.
ㄴ. 유형자산의 교환거래로서 상업적 실질이 결여된 경우라면 취득한 자산의 원가는 제공한 자산의 공정가치로 인식한다.
ㄷ. 유형자산의 사용 후 원상복구 의무를 부담하는 경우에 예상되는 복구원가는 조건 없이 해당 유형자산의 원가에 가산한다.
ㄹ. 감가상각자산의 취득과 관련하여 정부보조금(상환의무 없음)을 수령한 경우 그 보조금은 해당 자산이 감가상각되는 기간과 비율에 따라 당기손익으로 인식한다.

① ㄱ, ㄴ　　② ㄱ, ㄹ
③ ㄴ, ㄷ　　④ ㄴ, ㄹ
⑤ ㄷ, ㄹ

해설

ㄴ. 한국채택국제회계기준(K-IFRS) 제1016호 유형자산 BC20
유형자산의 교환거래로서 상업적 실질이 결여되어 있거나 취득한 자산과 제공한 자산 모두의 공정가치를 신뢰성 있게 측정할 수 없는 경우라면 취득한 자산의 원가는 제공한 자산의 장부금액으로 측정한다.

ㄷ. 일반기업회계기준(KGAAP) 10장 유형자산 : 실무지침 10.3
유형자산의 경제적 사용이 종료된 후에 원상회복을 위하여 자산을 제거, 해체하거나, 부지를 복원하는 데 소요될 것으로 추정되는 (현재가치로 할인되지 아니한) 원가가 해당 자산의 잔존가치보다 작거나 복구원가가 중요하지 않은 경우 또는 별도의 장에서 규정한 충당부채의 인식요건을 충족하지 못하는 경우에는 복구원가를 자산의 원가로 인식하지 않는다.

정답 27 ⑤ 28 ②

29 (주)관세는 20x1년 7월 1일에 기계설비를 취득(취득원가 : ₩1,000,000, 내용연수 : 4년, 잔존가치 : 취득원가의 10%)하고, 원가모형을 적용한다. 정률법(ㄱ)과 연수합계법(ㄴ)에 따른 20x2년도의 감가상각비는? (단, 정률상각률은 0.5로 적용하고, 감가상각은 월할계산한다)

① ㄱ - ₩250,000, ㄴ - ₩180,000

② ㄱ - ₩375,000, ㄴ - ₩270,000

③ ㄱ - ₩375,000, ㄴ - ₩315,000

④ ㄱ - ₩625,000, ㄴ - ₩450,000

⑤ ㄱ - ₩625,000, ㄴ - ₩495,000

해설

정률법(ㄱ)

(1) 20x1년 감가상각비 = ₩1,000,000 × 0.5 × $\frac{6}{12}$ = ₩250,000

(2) 20x2년 감가상각비 = (₩1,000,000 − ₩250,000) × 0.5 = ₩375,000

연수합계법(ㄴ)

(1) 20x1년 감가상각비

{₩1,000,000 − (₩1,000,000 × 10%)} × $\frac{4}{1+2+3+4} \times \frac{6}{12}$ = ₩180,000

(2) 20x2년 감가상각비

{₩1,000,000 − (₩1,000,000 × 10%)} × $\{(\frac{4}{1+2+3+4} \times \frac{6}{12}) + (\frac{3}{1+2+3+4} \times \frac{6}{12})\}$ = ₩315,000

감가상각비
- 정률법 : (취득원가 − 기초감가상각누계액) × 상각률
- 연수합계법 : (취득원가 − 잔존가치) × $\frac{\text{잔여내용연수}}{\text{내용연수합계}}$

29 ③ 정답

30 (주)관세는 20x1년 초 기계장치를 ₩500,000에 취득(내용연수 : 5년, 잔존가치 : ₩0, 정액법 상각)하고, 원가모형을 적용한다. 동 기계장치의 회수가능액이 20x1년 말과 20x2년 말에 각각 ₩320,000과 ₩310,000일 경우 20x2년도에 인식할 손상차손환입액은?

① ₩50,000
② ₩60,000
③ ₩70,000
④ ₩80,000
⑤ ₩90,000

해설

(1) 20x1년 말

손상차손인식 전 기계장치 장부가액	₩500,000 − (₩500,000 × $\frac{1}{5}$) = ₩400,000
손상차손인식액	₩400,000 − ₩320,000 = ₩80,000
손상차손인식 후 기계장치 장부가액	₩320,000

(2) 20x2년 말

손상차손환입 전 기계장치 장부가액	₩320,000 − (₩320,000 × $\frac{1}{4}$) = ₩240,000
손상차손환입한도액	Min[₩310,000, ₩500,000 − (₩500,000 × $\frac{2}{5}$) = ₩300,000] = ₩300,000
손상차손환입액	₩300,000 − ₩240,000 = ₩60,000

2023년 제40회

정답 30 ②

31 (주)관세는 선입선출법을 적용한 종합원가계산을 채택하고 있으며, 제품생산 최종공정과 관련된 자료는 다음과 같다.

기초재공품수량	100개 (완성도 40%)	기초재공품원가		₩10,000
당기착수량	500개	당기발생원가	전공정원가	40,000
			직접재료원가	6,000
			전환(가공)원가	26,000
당기완성품수량	400개	당기완성품원가		?
기말재공품수량	200개 (완성도 80%)	기말재공품원가		?

전공정 완성품은 공정 초에 모두 대체되고, 직접재료는 공정의 50% 시점에 투입되며, 전환(가공)원가는 공정 전반에 걸쳐 균등하게 발생한다. (주)관세의 최종공정의 당기완성품원가는?

① ₩42,000 ② ₩46,000
③ ₩52,000 ④ ₩56,000
⑤ ₩58,000

해설

(1) 단위당 전공정원가

$$\frac{₩40,000}{400개(당기완성품수량) - 100개(기초재공품수량) + 200개(기말재공품수량)} = ₩80/개$$

(2) 단위당 직접재료원가

$$\frac{₩6,000}{400개(당기완성품수량) + 200개(기말재공품수량)} = ₩10/개$$

(3) 단위당 전환(가공)원가

$$\frac{₩26,000}{400개(당기완성품수량) - 100개(기초재공품수량) \times 40\% + 200개(기말재공품수량) \times 80\%} = ₩50/개$$

(4) 당기완성품원가 = 기초재공품원가(₩10,000) + 전공정원가{₩80/개 × (400개 − 100개)} + 직접재료원가(₩10/개 × 400개) + 전환원가[₩50/개 × {400개 − (100개 × 40%)}] = ₩56,000

31 ④ 정답

32 (주)관세는 제조부문(사출, 열처리)과 보조부문(냉방, 전력)을 이용하여 제품을 생산하고 있다. 냉방부문의 원가는 ₩330,000, 전력부문의 원가는 ₩200,000이며, 각 부문 간 용역수수관계는 다음과 같다.

사용부문 / 제공부문	제조부문		보조부문	
	사 출	열처리	냉 방	전 력
냉 방	40%	50%	–	10%
전 력	30%	10%	60%	–

(주)관세는 보조부문원가를 단계배부법으로 배부하며 전력부문부터 배부한다. (주)관세의 열처리부문에 배부된 보조부문원가 합계액은?

① ₩220,000

② ₩225,000

③ ₩245,000

④ ₩250,000

⑤ ₩270,000

해설

(1) 전력부문에서 열처리부문에 배부된 원가 = ₩200,000 × 10% = ₩20,000

(2) 전력부문에서 냉방부문에 배부된 원가 = ₩200,000 × 60% = ₩120,000

(3) 냉방부분에서 열처리부문에 배부된 원가 = (₩330,000 + ₩120,000) × $\frac{50\%}{90\%}$ = ₩250,000

(4) 열처리부문에 배부된 보조부문원가 합계액 = ₩20,000 + ₩250,000 = ₩270,000

2023년 제40회

정답 32 ⑤

33 (주)관세의 20x1년 재고자산은 다음과 같다.

항 목	기 초	기 말
원재료	₩100,000	₩120,000
재공품	210,000	240,000
제 품	10,000	20,000

20x1년 중 매입한 원재료는 ₩200,000이고, 원재료의 제조공정 투입액은 모두 직접재료원가이다. 매출원가는 ₩560,000이고, 기본원가(Prime Costs)와 전환(가공)원가의 비율이 1 : 2라고 할 때, (주)관세의 20x1년 제조간접원가는?

① ₩30,000

② ₩210,000

③ ₩390,000

④ ₩420,000

⑤ ₩570,000

해설

(1) 당기제품제조원가
 = 매출원가(₩560,000) − 기초제품원가(₩10,000) + 기말제품원가(₩20,000)
 = ₩570,000

(2) 당기투입원가
 = 당기제품제조원가(₩570,000) − 기초재공품원가(₩210,000) + 기말재공품원가(₩240,000)
 = ₩600,000

(3) 당기원재료투입원가(직접재료비)
 = 기초원재료금액(₩100,000) + 당기매입원재료(₩200,000) − 기말원재료금액(₩120,000)
 = ₩180,000

(4) 전환(가공)원가
 = ₩600,000(당기투입원가) − ₩180,000(당기원재료투입원가) = ₩420,000

(5) 기본원가 : 전환(가공)원가(₩420,000) = 1 : 2
 ∴ 기본원가 = ₩210,000

(6) 직접노무비 = 기본원가(₩210,000) − 직접재료비(₩180,000) = ₩30,000

(7) 제조간접원가 = ₩420,000[전환(가공)원가] − ₩30,000(직접노무비) = ₩390,000

기초원가 = 직접재료비 + 직접노무비
전환(가공)원가 = 직접노무비 + 제조간접비

33 ③ 정답

34 활동기준원가계산에 관한 설명으로 옳지 않은 것은?

① 활동별로 합리적인 원가동인(Cost Driver)을 설정하므로 실적과 성과평가의 연관성이 명확해진다.
② 제품구성이 자주 변화하는 기업이라도 활동기준원가계산을 사용하면 신축적인 원가계산이 가능하다.
③ 제조간접원가의 비중이 큰 기업일수록 활동기준원가계산을 도입하면 정확한 원가계산이 가능하다.
④ 활동분석을 통해 비부가가치 활동을 제거하므로 원가절감에 도움이 된다.
⑤ 원가동인인 묶음(Batch) 크기를 줄이면 묶음수준 활동원가가 절감된다.

해설

⑤ 원가동인인 묶음의 크기를 줄이면 묶음 수가 늘어나고, 묶음수준 활동원가는 묶음 수와 비례하므로 묶음수준 활동원가가 증가한다.

35 (주)관세는 연산품(결합제품) X와 Y를 생산하고 있다. 제품 X는 추가가공원가 ₩100,000을 투입해야 판매가 가능하고, 단위당 판매가격은 ₩50,000이다. 제품 Y는 분리점에서 즉시 판매되며, 단위당 판매가격은 ₩87,500이다. 20x1년 (주)관세는 제품 X를 30개, 제품 Y를 40개 생산하여 즉시 판매하였고, 두 제품의 결합원가는 ₩1,400,000이다. 각 제품의 판매비 등 다른 비용은 없으며 재공품도 없다. (주)관세가 고려하는 결합원가 배부방법은 다음과 같다.

ㄱ. 물량기준법
ㄴ. 순실현가치법
ㄷ. 균등이익률법

결합원가 배부방법에 따른 제품 Y의 매출총이익의 크기를 옳게 나열한 것은?

① ㄱ > ㄴ > ㄷ
② ㄱ > ㄷ > ㄴ
③ ㄴ > ㄱ > ㄷ
④ ㄴ > ㄷ > ㄱ
⑤ ㄷ > ㄱ > ㄴ

해설

ㄱ. 물량기준법

Y의 매출총이익 = (₩87,500 × 40개) − (₩1,400,000 × $\frac{40개}{70개}$) = ₩2,700,000

ㄴ. 순실현가치법
X의 순실현가치 = ₩50,000원 × 30개 − ₩100,000 = ₩1,400,000
Y의 순실현가치 = ₩87,500 × 40개 = ₩3,500,000

Y의 매출총이익 = ₩3,500,000 − (₩1,400,000 × $\frac{₩3,500,000}{₩1,400,000 + ₩3,500,000}$) = ₩2,500,000

ㄷ. 균등이익률법

균등이익률 = 1 − $\frac{₩1,400,000 + ₩100,000}{₩1,500,000 + ₩3,500,000}$ = 70%

Y의 매출총이익 = ₩3,500,000 × 70% = ₩2,450,000

2023년 제40회

정답 34 ⑤ 35 ①

36 (주)관세는 제품 X와 Y를 생산 · 판매한다. 두 제품의 20x1년도 예산자료는 다음과 같다.

구 분	제품X	제품Y
생산 및 판매량	1,000단위	2,000단위
단위당 판매가격	₩200	₩150
공헌이익률	25%	40%

총고정비는 ₩102,000이고, 예상 법인세율은 30%이다. 손익분기점 분석과 관련하여 옳지 않은 것은? (단, 예산 매출배합은 일정하게 유지된다)

① 제품X와 제품Y의 매출액기준 배합비율은 각각 40%와 60%이다.

② 회사전체 손익분기점 매출액은 ₩300,000이다.

③ 회사전체 세전목표이익 ₩85,000을 얻기 위해서는 제품Y의 매출액이 ₩330,000이어야 한다.

④ 회사전체의 예산판매량이 10% 증가하면 세후영업이익은 25% 증가한다.

⑤ 회사전체의 20x1년도 실제 판매량이 2,700단위라면, 세후영업이익은 ₩51,000으로 예상된다.

해설

⑤ 20x1년도 세후 영업이익

$$\{(2{,}700\text{단위} \times \frac{1}{3} \times ₩200 \times 25\%) + (2{,}700\text{단위} \times \frac{2}{3} \times ₩150 \times 40\%) - ₩102{,}000\} \times (1 - 30\%) = \underline{₩35{,}700}$$

① 총매출액 = 1,000단위 × ₩200 + 2,000단위 × 150₩ = ₩500,000

$$\therefore \text{배합비율} = \frac{100\text{단위} \times ₩200}{₩500{,}000} : \frac{2{,}000\text{단위} \times ₩150}{₩500{,}000} = \underline{40\% : 60\%}$$

② 손익분기점 매출액 × (25% × 40% + 40% × 60%) − ₩102,000 = 0

∴ 손익분기점 매출액 = ₩300,000

③ ₩85,000 = 총매출액 × (25% × 40% + 40% × 60%) − ₩102,000

∴ 총매출액 = ₩550,000

제품 Y의 매출액 : ₩550,000 × 60% = ₩330,000

④ (1) 현재 세후영업이익

{(1,000단위 × ₩200 × 25%) + (2,000단위 × ₩150 × 40%) − ₩102,000} × (1 − 30%) = ₩47,600

(2) 예상 판매량 10% 증가 시 세후영업이익

{(1,100단위 × ₩200 × 25%) + (2,200단위 × ₩150 × 40%) − ₩102,000} × (1 − 30%)

= ₩59,500

$$\text{(3) 세후영업이익 변동 : } \frac{₩59{,}500 - ₩47{,}600}{₩47{,}600} \times 100 = 25\% \text{ 증가}$$

이익 = 매출액 × 공헌이익률 − 고정원가

36 ⑤ 정답

37 상품매매기업인 (주)관세는 20x1년도 1월과 2월의 매출액을 다음과 같이 예상하고 있다.

구 분	1월	2월
예상매출액	₩120,000	₩150,000

(주)관세의 전기 말 재무상태표에 표시된 상품재고액은 ₩25,500, 매입채무는 ₩34,000이었다. (주)관세는 상품원가의 120%로 판매가격을 책정하며, 월말재고는 다음 달 매출원가의 30%를 보유한다. 매월 구입한 상품의 70%는 현금매입이고, 나머지 30%는 외상매입이다. 외상매입 대금은 구입한 달의 다음 달에 전부 지급한다. (주)관세가 상품매입과 관련하여 20x1년도 1월에 지급할 금액은? (단, 매입에누리, 매입환출, 매입할인은 발생하지 않는다)

① ₩110,000 ② ₩110,200
③ ₩112,000 ④ ₩112,400
⑤ ₩113,400

해설

(1) 20x1년 1월 예상매출원가 = $\frac{₩120,000}{120\%}$ = ₩100,000

(2) 20x1년 1월 말 월말재고(2월 매출원가의 30%) = $\frac{₩150,000}{120\%} \times 30\%$ = ₩37,500

(3) 당기상품매입액 = ₩100,000 − ₩25,500 + ₩37,500 = ₩112,000

(4) 20x1년 1월 지급할 금액 = ₩112,000 × 70% + ₩34,000(전기 말 매입채무) = ₩112,400

38 (주)관세는 최근에 신제품 X를 개발 완료했다. 신제품 X는 향후 3년간 생산 · 판매되며, 예상되는 수익 및 원가는 다음과 같다.

- 연구개발 및 설계원가는 ₩2,000이고 1차연도에 전액 비용처리한다.
- 생산량은 1차연도에 400단위, 2차연도와 3차연도에는 각각 500단위이다.
- 단위당 판매가격은 ₩100이다.
- 단위당 변동제조원가는 ₩50이고, 생산량 100단위마다 ₩1,000의 작업준비원가가 발생한다.
- 마케팅 및 고객서비스 활동에서 발생하는 연간 고정원가는 ₩15,000이다.

신제품 X의 제품수명주기 전체의 총이익은? (단, 생산량은 모두 판매되고, 화폐의 시간가치는 고려하지 않는다)

① ₩7,000 ② ₩9,000
③ ₩11,000 ④ ₩25,000
⑤ ₩39,000

정답 37 ④ 38 ②

해설

(1) 1차연도 총이익

$$\{400단위 \times (₩100 - ₩50) - \frac{400단위}{100단위} \times ₩1,000\} - ₩15,000 - ₩2,000 = -₩1,000$$

(2) 2, 3차연도 총이익

$$\{500단위 \times (₩100 - ₩50) - \frac{500단위}{100단위} \times ₩1,000\} - ₩15,000 = ₩5,000$$

(3) 신제품 X의 제품수명주기 전체 총이익

-₩1,000(1차연도) + ₩5,000(2차연도) + ₩5,000(3차연도) = ₩9,000

39 (주)관세의 제조간접원가는 외주가공비, 감가상각비, 기타제조원가로 구성된다. 생산량이 1,000단위와 2,000단위일 때 각각의 제조간접원가 및 추정된 원가함수는 다음과 같다.

구 분	원가행태	생산량	
		1,000단위	2,000단위
외주가공비	변동원가	?	₩10,000
감가상각비	고정원가	₩2,000	?
기타제조원가	혼합원가	?	?
제조간접원가	혼합원가	?	?
고저점법을 이용하여 추정한 원가함수		제조간접원가 = ₩9 × 생산량 + ₩5,000	

(주)관세의 생산량이 3,000단위일 때 예상되는 기타제조원가 총액은?

① ₩15,000　② ₩15,500

③ ₩16,000　④ ₩17,000

⑤ ₩17,500

해설

(1) 외주가공비 단위당 원가 $= \frac{₩10,000}{2,000단위} = ₩5/단위$

(2) 3,000단위 생산 시 제조간접원가 = ₩9/단위 × 3,000단위 + ₩5,000 = ₩32,000

(3) 기타제조원가 = 제조간접원가(₩32,000) - 외주가공비(3,000단위 × ₩5/단위) - 감가상각비(₩2,000) = ₩15,000

39 ① 정답

40 (주)관세가 20x1년 초에 편성한 예산(고정예산)과 실제결과는 다음과 같다.

구 분	실제결과	고정예산
판매량	110단위	100단위
매출액	₩3,300	₩2,500
변동원가	2,200	1,000
고정원가	600	500
영업이익	₩500	₩1,000

(주)관세의 경영자는 실제 영업이익이 고정예산 영업이익보다 감소한 이유를 분석하고 있다. 이에 관한 내용으로 옳지 않은 것은?

① 매출가격차이는 ₩550 유리하다.
② 매출조업도차이는 ₩150 유리하다.
③ 변동원가차이는 ₩1,100 불리하다.
④ 변동예산차이는 ₩500 불리하다.
⑤ 고정원가예산차이는 ₩100 불리하다.

해설

④ 변동예산차이 : $(\frac{₩2,200}{110단위} \times 100단위)$ − ₩1,000(고정예산 변동원가) = ₩1,000 불리

① 매출가격차이 : ₩3,300 − $\{\frac{₩2,500}{100단위} \times 110단위(실제판매량)\}$ = ₩550 유리

② 매출조업도차이 : {₩25(고정예산 판매단위당 가격) × 110단위 − $\frac{₩1,000}{100단위}$ × 110단위} − {₩2,500(고정예산 매출액) − ₩1,000(고정예산 변동원가)} = ₩150 유리

③ 변동원가차이 : ₩2,200(실제결과 변동원가) − {₩10(고정예산 판매단위당 변동원가) × 110단위} = ₩1,100 불리

⑤ 고정원가예산차이 : ₩600(실제결과 고정원가) − ₩500(고정예산 고정원가) = ₩100 불리

2023년 제40회

정답 40 ④

제4과목

2024 회계학

1교시 응시시간 : 80분 과목당 문항 수 : 40문항

※ 아래 문제들에서 특별한 언급이 없는 한, 기업의 보고기간(회계기간)은 매년 1월 1일부터 12월 31일까지이다. 또한 기업은 주권상장법인으로 계속해서 한국채택국제회계기준(K-IFRS)을 적용해오고 있다고 가정하고, 보기 중에서 물음에 가장 합당한 답을 고르시오. 단, 자료에서 제시한 모든 항목과 금액은 중요하며, 자료에서 제시한 것 외의 사항은 고려하지 않고 답한다. 예를 들어 법인세에 대하여 언급이 없으면 법인세효과는 고려하지 않는다.

01 **회계정책, 회계추정치 변경과 오류에 관한 설명으로 옳은 것은?**

① 오류수정은 성격상 추가 정보가 알려지는 경우에 변경이 필요할 수도 있는 근사치인 회계추정치 변경과 구별된다.

② 새로운 회계정책을 과거기간에 적용하는 경우, 과거기간에 인식된 금액의 추정에 사후에 인지된 사실을 이용할 수 있다.

③ 거래 및 기타 사건에 대하여 적용할 수 있는 한국채택국제회계기준이 없는 경우, 경영진은 판단에 따라 회계정책을 적용하여 회계정보를 작성할 수 없다.

④ 과거에 발생한 거래와 실질이 다른 거래, 기타 사건 또는 상황에 대하여 다른 회계정책을 적용하는 경우에는 회계정책의 변경에 해당한다.

⑤ 과거에 발생하지 않았던 거래, 기타 사건에 대하여 새로운 회계정책을 적용하는 경우에는 회계정책의 변경에 해당한다.

해설

② 새로운 회계정책을 과거기간에 적용하는 경우, 과거기간에 인식된 금액의 추정에 사후에 인지된 사실을 이용할 수 없다.
③ 거래 및 기타 사건에 대하여 적용할 수 있는 한국채택국제회계기준이 없는 경우, 경영진은 판단에 따라 회계정책을 적용하여 회계정보를 작성할 수 있다.
④ 과거에 발생한 거래와 실질이 다른 거래, 기타 사건 또는 상황에 대하여 다른 회계정책을 적용하는 경우는 회계정책의 변경에 해당하지 않는다.
⑤ 과거에 발생하지 않았던 거래, 기타 사건에 대하여 새로운 회계정책을 적용하는 경우는 회계정책의 변경에 해당하지 않는다.

01 ① 정답

02 재무제표 표시에 관한 설명으로 옳지 않은 것은?

① 경영진은 재무제표를 작성할 때 계속기업으로서의 존속가능성을 평가해야 한다.
② 한국채택국제회계기준에서 요구하거나 허용하지 않는 한 자산과 부채 그리고 수익과 비용은 상계하지 아니한다.
③ 기업이 명확히 식별 가능한 영업주기 내에서 재화나 용역을 제공하는 경우, 재무상태표에 유동자산과 비유동자산 및 유동부채와 비유동부채를 구분하여 표시한다.
④ 자산과 부채의 실현 예정일에 대한 정보는 기업의 유동성과 부채 상환능력을 평가하는 데 유용하다.
⑤ 대여자가 즉시 상환을 요구할 수 있는 채무는 보고기간 후 재무제표 발행승인일 전에 상환을 요구하지 않기로 합의하면 비유동부채로 분류한다.

해설

보고기간 말 이전에 장기차입약정을 위반했을 때 대여자가 즉시 상환을 요구할 수 있는 채무는 보고기간 후 재무제표 발행승인일 전에 채권자가 약정위반을 이유로 상환을 요구하지 않기로 합의하더라도 유동부채로 분류한다.

03 (주)관세는 20x1년 말 현재 다음의 항목을 보유하고 있다. 20x1년 말 현금및현금성자산으로 보고할 금액은?

• 보관중인 현금	₩200	• 선일자수표	₩700
• 타인발행수표	600	• 당좌개설보증금	400
• 배당금지급	500	• 우편환 증서	200

① ₩800
② ₩1,000
③ ₩1,300
④ ₩1,500
⑤ ₩2,200

해설

현금및현금성자산 = ₩200(보관중인 현금) + ₩600(타인발행수표) + ₩500(배당금지급통지서) + ₩200(우편환증서)
= ₩1,500

선일자수표는 수취채권으로 분류하고, 당좌개설보증금은 사용이 제한된 예금으로 현금및현금성자산이 아니다.

정답 02 ⑤ 03 ④

04 (주)관세는 20x1년 1월 1일 금융기관에 금융자산(장부금액 ₩500, 공정가치 ₩600)을 ₩700에 양도하였다. (주)관세는 채무자가 채무를 이행하지 못할 경우, ₩300의 지급보증(지급보증의 공정가치 ₩100)을 제공하고 있다. 20x1년 2월 1일 채무자의 채무불이행으로 인하여 (주)관세는 지급보증의무 ₩200을 이행하였다. (주)관세가 20x1년 1월 1일 인식할 지속관여자산관련부채(가)와 20x1년 2월 1일 발생한 지급보증비용(나)은?

	(가)	(나)
①	₩400	₩100
②	₩400	₩200
③	₩500	₩100
④	₩500	₩200
⑤	₩500	₩300

해설

(1) 20x1년 1월 1일 회계처리

차변	금액	대변	금액
(차) 현 금	₩700	(대) 금융자산	₩500
		(대) 지급보증부채(관련보증부채)	₩100
		(대) 금융자산처분이익	₩100

차변	금액	대변	금액
(차) 지속관여자산	₩300	(대) 관련보증부채	₩300

(2) 20x1년 2월 1일 회계처리

차변	금액	대변	금액
(차) 지급보증부채(관련보증부채)	₩100	(대) 현금	₩200
(차) 지급보증비용	₩100		

차변	금액	대변	금액
(차) 관련보증부채	₩300	(대) 지속관여자산	₩300

04 ④ 정답

05 동일한 규격의 상품을 판매하는 (주)관세의 1월 중 재고자산에 대한 거래내역은 다음과 같다. 선입선출법에 의한 (주)관세의 1월 매출총이익은? (단, 재고자산감 모손실과 평가손실은 없다)

일 자	내 역	수 량	매입단가	단위당 판매가격
1일	재 고	150개	₩300	
3일	매 입	200개	₩350	
8일	매 출	180개		₩600
15일	매 입	350개	₩400	
26일	매 출	250개		₩600

① ₩94,000
② ₩110,000
③ ₩129,000
④ ₩155,643
⑤ ₩165,000

해설

※ 주어진 선지에는 답이 없어 전항 정답 처리된 문제입니다.
(1) 1월 8일자 매출원가 = (150개 × ₩300) + (30개 × ₩350) = ₩55,500
(2) 1월 8일자 매출총이익 = (180개 × ₩600) − ₩55,500 = ₩52,500
(3) 1월 26일자 매출원가 = (170개 × ₩350) + (80개 × ₩400) = ₩91,500
(4) 1월 26일자 매출총이익 = (250개 × ₩600) − ₩91,500 = ₩58,500
(5) 1월 매출총이익 = ₩52,500 + ₩58,500 = ₩111,000

06 공정가치측정에 관한 설명으로 옳지 않은 것은?

① 공정가치는 측정일에 정상적 미래 수익창출활동을 통해 받게 될 유입가격으로 정의한다.
② 측정일 현재의 시장 상황에서 자산을 매도하거나 부채를 이전하는 시장참여자 사이의 상거래에서 자산이나 부채가 교환되는 것으로 가정하여 공정가치를 측정한다.
③ 공정가치측정은 자산을 매도하거나 부채를 이전하는 거래가 자산이나 부채의 주된(또는 가장 유리한) 시장에서 이루어지는 것으로 가정한다.
④ 공정가치를 측정하기 위해 사용하는 가치평가기법은 관련된 관측할 수 있는 투입변수를 최대한으로 사용하고 관측할 수 없는 투입변수를 최소한으로 사용한다.
⑤ 비금융자산의 공정가치측정은 다른 기준서에서 특정하는 회계단위(개별 자산일 수도 있다)와 일관되게 자산을 매도하는 것을 가정한다.

해설

공정가치는 측정일에 시장참여자 사이의 정상거래에서 자산을 매도하면서 수취하거나 부채를 이전하면서 지급하게 될 가격을 말한다.

정답 05 해설참조 06 ①

07 다음 자료를 이용하여 계산한 (주)관세의 매출채권회전율과 평균회수기간은? (단, 매출채권회전율 계산 시 평균 매출채권을 사용하고, 1년은 360일로 계산한다)

• 기초 순매출채권	₩100	• 기말 순매출채권	₩150
• 외상매출액	₩200		

① 0.8회, 285일

② 0.8회, 225일

③ 1.6회, 225일

④ 1.6회, 150일

⑤ 2.4회, 150일

해설

(1) 매출채권회전율 = 매출액 / 평균매출채권 = ₩200 / [(₩100 + ₩150) / 2] = 1.6회

(2) 매출채권평균회수기간 = 360일 / 1.6회 = 225일

08 고객과의 계약에서 생기는 수익에 관한 설명으로 옳지 않은 것은?

① 자산은 고객이 그 자산을 통제할 때 또는 기간에 걸쳐 통제하게 되는 대로 이전된다.

② 자산에 대한 통제란 자산을 사용하도록 지시하고 자산의 나머지 효익의 대부분을 획득할 수 있는 능력을 말한다.

③ 기간에 걸쳐 이행하는 수행의무의 진행률은 보고기간 말마다 다시 측정한다.

④ 기간에 걸쳐 이행하는 수행의무의 적절한 진행률 측정방법에는 산출법과 투입법이 포함된다.

⑤ 기업이 만든 자산이 기업에 대체 용도는 있지만 지급청구권은 없다면, 기간에 걸쳐 수익을 인식한다.

해설

기업이 만든 자산이 기업에 대체 용도가 없고 지급청구권은 있다면, 기간에 걸쳐 수익을 인식한다.

한국채택국제회계기준(K-IFRS) 제1115호 고객과의 계약에서 생기는 수익 35

다음 기준 중 어느 하나를 충족하면, 기업은 재화나 용역에 대한 통제를 기간에 걸쳐 이전하므로, 기간에 걸쳐 수행의무를 이행하는 것이고 기간에 걸쳐 수익을 인식한다.

• 고객은 기업이 수행하는 대로 기업의 수행에서 제공하는 효익을 동시에 얻고 소비한다.

• 기업이 수행하여 만들어지거나 가치가 높아지는 대로 고객이 통제하는 자산(예 재공품)을 기업이 만들거나 그 자산 가치를 높인다.

• 기업이 수행하여 만든 자산이 기업 자체에는 대체 용도가 없고, 지금까지 수행을 완료한 부분에 대해 집행 가능한 지급청구권이 기업에 있다.

07 ③ 08 ⑤ 정답

09 (주)관세의 20x1년도 보통주와 관련된 자료는 다음과 같다. (주)관세의 20x1년도 기본주당이익 산정을 위한 가중평균유통보통주식수가 1,095주일 때, 9월 1일에 발행된 유상증자 주식수는? (단, 가중평균유통보통주식수는 월할계산하며, 주식수는 소수점 첫째 자리에서 반올림한다)

내 역	주식수
1월 1일 : 유통보통주식주	800주
4월 1일 : 유상증자(주당 발행금액 ₩100, 증자직전 주당 공정가치 ₩150)	300주
9월 1일 : 유상증자(공정가치 발행)	?

① 50주
② 100주
③ 120주
④ 150주
⑤ 210주

해설

(1) 20x1년 4월 1일 무상주 = 300주 × (₩150 − ₩100) / ₩150 = 100주
(2) 무상증자 비율 = 100주 / (800주 + 200주) = 10%
(3) 가중평균유통보통주식수 = 800주 × 1.1 × 12/12 + 200주 × 1.1 × 9/12 + X × 4/12 = 1,095주
∴ X = 150주

10 (주)관세는 20x1년부터 고객충성제도를 운영하고 있으며, 관련 자료는 다음과 같다.

- 구매 ₩10당 고객충성포인트 1점을 고객에게 보상하며, 각 포인트는 (주)관세의 제품을 미래에 구매할 때 ₩1의 할인과 교환할 수 있다.
- 20x1년 3월 1일에 고객은 제품을 총 ₩20,000에 구매하고 미래 구매에 교환할 수 있는 2,000포인트를 얻었다. 대가는 고정금액이고 구매한 제품의 개별 판매가격은 총 ₩20,000이다.
- 20x1년 3월 1일에 (주)관세는 1,800포인트가 교환될 것으로 예상하였으며, 교환될 가능성에 기초하여 포인트의 개별 판매가격을 총 ₩1,800으로 추정하였다.
- (주)관세가 고객에게 포인트를 제공하는 약속은 수행의무이다.

(주)관세가 20x1년 3월 1일에 인식할 수익은? (단, 포인트의 유효기간은 3년이며, 화폐금액은 소수점 첫째 자리에서 반올림한다)

① ₩18,200
② ₩18,349
③ ₩19,621
④ ₩20,000
⑤ ₩21,800

2024년 제41회

정답 09 ④ 10 ②

해설

20x1년 3월 1일에 고객이 제품을 ₩20,000에 구매하였고, 고객충성제도로 인해 적립된 2,000포인트 중 1,800포인트가 미래에 사용될 것으로 예상됩니다. 따라서 (주)관세는 매출 ₩20,000을 전액 수익으로 잡지 않고, 제품의 개별 판매가격 ₩20,000과 추정된 포인트의 개별 판매가격 ₩1,800에 각각 배분해야 합니다.

(1) 상대적 판매가격에 따른 거래가격 배분에 따르면,
제품에 배분된 거래가격(매출) = ₩20,000 × ₩20,000 / (₩20,000 + ₩1,800) = ₩18,349
포인트에 배분된 거래가격(계약부채) = ₩20,000 × ₩1,800 / (₩20,000 + ₩1,800) = ₩1,651

(2) 20x1년 3월 1일 회계처리

(차) 현 금	₩20,000	(대) 매 출	₩18,349
		(대) 계약부채	₩1,651

11 확정급여제도를 채택하고 있는 (주)관세의 20x1년도 관련 자료는 다음과 같다.

- 20x1년 초 사외적립자산의 공정가치는 ₩1,000이다.
- 20x1년 초 확정급여채무의 현재가치는 ₩1,200이다.
- 당기근무원가는 ₩200이다.
- 사외적립자산에 출연된 현금은 ₩300이다.
- 20x1년 말 현재 사외적립자산의 공정가치와 확정급여채무의 현재가치는 각각 장부금액과 동일하다.
- 순확정급여부채 계산 시 적용한 할인율은 연 5%이다.
- 모든 거래는 연도 말에 발생한다.

(주)관세가 20x1년 말 재무상태표에 보고할 순확정급여부채는?

① ₩100　　② ₩110
③ ₩160　　④ ₩260
⑤ ₩500

해설

(1) 20x1년 초 순확정급여부채 = ₩1,200 − ₩1,000 = ₩200
(2) 확정급여채무 이자비용 = ₩1,200 × 5% = ₩60
(3) 사외적립자산 이자수익 = ₩1,000 × 5% = ₩50
(4) 20x1년 말 순확정급여부채 = ₩200 + (₩60 − ₩50) + ₩200(당기근무원가) − ₩300(사외적립자산에 적립된 현금)
= ₩110

11 ② 정답

12 (주)관세는 20x1년 초 다음과 같은 조건으로 전환사채를 액면발행하였다. 20x1년 말까지 전환권이 행사되지 않은 경우, (주)관세가 20x1년 말 재무상태표에 부채로 보고할 전환사채의 장부금액은? [단, 단일금액 ₩1의 현재가치는 0.6830(4기간, 10%), 정상연금 ₩1의 현재가치는 3.1700(4기간, 10%)을 적용한다]

- 액면금액 – ₩100,000
- 표시이자율 – 연 5%(매년 말 지급)
- 만기일 – 20x4년 12월 31일
- 전환조건 – 사채액면금액 ₩1,000당 보통주(주당 액면금액 ₩500) 2주로 전환
- 원금상환방법 – 상환기일에 액면금액의 100%를 일시상환
- 전환사채 발행시점에 일반사채의 시장이자율 – 연 10%

① ₩82,565
② ₩84,150
③ ₩87,565
④ ₩89,150
⑤ ₩98,000

해설

(1) 20x1년 1월 1일 사채 발행금액 = ₩100,000 × 0.6830 + ₩100,000 × 5% × 3.1700 = ₩84,150
(2) 20x1년 12월 31일 사채 장부금액 = ₩84,150 × 1.1 – ₩100,000 × 5% = ₩87,565

13 법인세에 관한 설명으로 옳은 것을 모두 고른 것은?

ㄱ. 법인세비용(수익)은 당기법인세비용(수익)과 이연법인세비용(수익)으로 구성된다.
ㄴ. 기업이 집행가능한 상계권리를 가지고 있는 경우 또는 기업이 순액으로 결제할 의도가 있는 경우에는 당기법인세자산과 당기법인세부채를 상계한다.
ㄷ. 이연법인세자산의 장부금액은 매 보고기간 말에 검토한다.
ㄹ. 기업 간 비교가능성을 높이기 위해 이연법인세자산과 이연법인세부채는 현재가치로 할인한다.

① ㄱ, ㄷ
② ㄱ, ㄹ
③ ㄴ, ㄷ
④ ㄴ, ㄹ
⑤ ㄷ, ㄹ

해설

ㄴ. 기업이 법적으로 집행가능한 상계권리를 가지고 있고 순액으로 결제할 의도가 있는 경우에는 당기법인세자산과 당기법인세부채를 상계한다.
ㄹ. 이연법인세자산과 부채는 보고기간 말까지 제정되었거나 실질적으로 제정된 세율에 근거하여 당해 자산이 실현되거나 부채가 결제될 회계기간에 적용될 것으로 기대되는 세율을 사용하여 측정한다.

정답 12 ③ 13 ①

14 주식기준보상에 관한 설명으로 옳은 것은?

① 현금결제형 주식기준보상거래로 용역을 제공받는 경우에는 그에 상응한 자본의 증가를 인식한다.
② 주식선택권의 행사가격이 ₩30이고 기초주식의 공정가치가 ₩20이라면 내재가치는 ₩10이다.
③ 현금결제형 주식기준보상거래에서는 매 보고기간 말과 결제일까지의 공정가치 변동액을 기타포괄손익으로 인식한다.
④ 주식기준보상약정에서 가득은 권리의 획득을 의미하며, 가득조건에는 용역제공조건과 성과조건이 있다.
⑤ 종업원 및 유사용역제공자와의 주식기준보상거래에서는 기업이 용역을 제공받는 날, 종업원 및 유사용역제공자가 아닌 자와의 거래에서는 부여일을 측정기준일로 한다.

해설

① 현금결제형 주식기준보상거래로 재화나 용역을 제공받는 경우에는 그에 상응한 보상원가를 부채의 증가로 인식한다.
② 내채가치는 (기초주식의 공정가치 − 행사가격)으로 계산하여, ₩0이다.
③ 현금결제형 주식기준보상거래에서는 매 보고기간 말 결제일에 공정가치 변동액을 당기손익으로 인식한다.
⑤ 종업원 및 유사용역제공자와의 주식기준보상거래에서는 부여일, 종업원 및 유사용역제공자가 아닌 자와의 거래에서는 기업이 용역을 제공받는 날을 측정기준일로 한다.

15 자본회계에 관한 설명으로 옳지 않은 것은?

① 주식의 할증발행 시 액면금액에 해당하는 금액은 자본금계정, 액면금액을 초과하는 금액은 주식발행초과금계정의 대변에 각각 기록한다.
② 주식의 발행과 관련하여 직접적으로 발생하는 신주발행비는 납입된 현금수취액에서 차감한다.
③ 자기주식의 취득 시 원가법으로 회계처리한 후 재발행하는 경우 재발행금액과 취득원가가 일치하지 않으면 자기주식처분손익이 발생한다.
④ 유상감자의 대가가 액면금액에 미달하는 경우 감자차익이 발생하고 이는 자본잉여금으로 분류한다.
⑤ 배당을 받을 권리가 있는 주주를 확정짓는 날인 배당기준일에 배당예상금액을 미지급배당금계정의 대변에 기록한다.

해설

배당을 받을 권리가 있는 주주를 확정짓는 날인 배당기준일에 배당예상금액은 미지급 배당금계정의 차변에 기록한다.

14 ④ 15 ⑤ 정답

16

(주)관세는 20x1년 초 기계장치(취득원가 ₩10,000, 내용연수 10년, 잔존가치 ₩0, 정액법 상각)를 취득한 후 재평가모형을 적용하고 있다. 20x1년 말과 20x2년 말 공정가치가 각각 ₩12,600, ₩6,000인 경우, 동 기계장치의 재평가가 20x2년도 포괄손익계산서의 당기순이익에 미치는 영향은? (단, 취득 후 동 기계장치에 대한 손상은 발생하지 않았으며, (주)관세는 재평가잉여금의 일부를 이익잉여금으로 대체하는 정책은 채택하지 않고 있다)

① ₩1,400 감소
② ₩1,600 감소
③ ₩3,000 감소
④ ₩5,000 감소
⑤ ₩5,200 감소

해설

(1) 20x1년 감가상각비 = ₩10,000 ÷ 10년 = ₩1,000
(2) 20x1년 재평가잉여금(기타포괄이익) = ₩12,600 − (₩10,000 − ₩1,000) = ₩3,600
(3) 20x2년 감가상각비 = ₩12,600 ÷ 9년 = ₩1,400
(4) 20x2년 재평가 후 손실 발생 = ₩6,000 − (₩12,600 − ₩1,400) = (−)₩5,200
재평가감이 발생한 경우 전기 이전에 발생한 재평가잉여금을 우선 감소시키고 나머지는 재평가손실로 당기손익으로 처리한다.
(5) 20x2년 당기순이익 감소 = ₩1,400 + (₩5,200 − ₩3,600) = ₩3,000

2024년 제41회

17

(주)관세는 20x1년 초 ₩2,000,000의 해상구조물(내용연수 4년, 잔존가치 ₩200,000, 정액법 상각)을 설치하였다. 동 해상구조물은 내용연수 종료 후 이전상태로 원상복구 의무가 있으며, 이는 충당부채의 인식요건을 충족한다. 내용연수 종료시점의 복구원가는 ₩200,000으로 예상되며, 복구충당부채의 산정 시 적용할 유효이자율은 연 10%이다. (주)관세가 동 해상구조물과 관련하여 20x1년도 포괄손익계산서에 인식할 총 비용은? [단, 단일금액 ₩1의 현재가치는 0.6830(4기간, 10%)이다]

① ₩136,600
② ₩484,150
③ ₩497,810
④ ₩499,176
⑤ ₩534,165

해설

(1) 20x1년 초 복구충당부채 = ₩200,000 × 0.6830 = ₩136,600
(2) 20x1년 감가상각비 = (₩2,136,600 − ₩200,000) ÷ 4년 = ₩484,150
(3) 20x1년 복구충당부채 이자비용 = ₩136,600 × 10% = ₩13,660
(4) 20x1년 당기순이익 감소 = ₩484,150 + ₩13,660 = ₩497,810

정답 16 ③ 17 ③

18 (주)관세의 20x1년 말 재고자산 관련 자료가 다음과 같을 때 기초상품재고액은? (단, 재고자산감모손실과 평가손실은 없다)

• 총매입액	₩3,750	• 매입리베이트	₩250
• 기말상품재고액	375	• 총매출액	6,000
• 매출에누리	500	• 매출총이익	1,125

① ₩1,000 ② ₩1,250
③ ₩1,500 ④ ₩1,750
⑤ ₩2,000

해설

(1) 매출원가 = 매출 − 매출총이익 = (₩6,000 − ₩500) − ₩1,125 = ₩4,375
(2) 기초상품재고액 = 매출원가 + 기말상품재고액 − 당기매입액 = ₩4,375 + ₩375 − (₩3,750 − ₩250) = ₩1,250

19 (주)관세의 20x1년 초 자본내역과 20x2년 2월 개최한 주주총회 관련 자료는 다음과 같다.

• 20x1년 초 자본내역	: 보통주자본금 ₩50,000(단, 보통주자본금 변동없음) 배당평균적립금 ₩500 미처분이익잉여금 ₩150
• 20x1년도 당기순이익	: ₩4,000
• 20x2년 2월 28일 주주총회 결의내용	
• 배당평균적립금 이입	: ₩500
• 현금배당	: 보통주자본금의 3%(현금배당 시 상법의 규정에 따라 1/10을 이익준비금으로 적립)
• 주식배당	: ₩300
• 사업확장적립금 적립	: ₩100

주주총회 결의 후 (주)관세의 차기이월미처분이익잉여금은?

① ₩2,100 ② ₩2,600
③ ₩2,650 ④ ₩2,750
⑤ ₩2,900

해설

(1) 20x1년 말 재무상태표 미처분이익잉여금 = ₩4,000 + ₩150 = ₩4,150
(2) 이익잉여금 처분액 = ₩1,500(현금배당) + ₩150(이익준비금) + ₩300(주식배당) + ₩100(사업확장적립금 적립)
= ₩2,050
(3) 차기이월미처분이익잉여금 = ₩4,150 + ₩500(배당평균적립금 이입) − ₩2,050 = ₩2,600

18 ② 19 ② 정답

20 (주)관세는 20x1년 초 액면금액 ₩100,000, 매년 말 액면이자 연 8% 지급조건, 5년 만기의 사채를 ₩92,416에 발행하였다. 동 사채 발행일의 시장이자율(연 10%)과 유효이자율은 일치하며, 유효이자율법에 따라 사채발행차금을 상각한다. (주)관세가 20x3년도에 상각할 사채할인발행차금은? (단, 계산금액은 소수점 첫째 자리에서 반올림한다)

① ₩1,242
② ₩1,366
③ ₩1,502
④ ₩1,653
⑤ ₩1,821

해설

(1) 20x1년 사채장부가액 = ₩92,416 × 1.1 − ₩100,000 × 8% = ₩93,657
(2) 20x2년 사채장부가액 = ₩93,657 × 1.1 − ₩100,000 × 8% = ₩95,022
(3) 20x3년 사채할인발행차금 = ₩95,022 × 10% − ₩100,000 × 8% = ₩1,502

21 다음 중 수정을 요하는 보고기간후사건을 모두 고른 것은?

ㄱ. 보고기간말과 재무제표 발행승인일 사이에 투자자산의 공정가치 하락
ㄴ. 영업중단계획의 발표
ㄷ. 보고기간말에 존재하였던 현재의무가 보고기간 후에 소송사건의 확정에 의해 확인되는 경우
ㄹ. 보고기간 후에 발생한 화재로 인한 주요 생산설비의 파손
ㅁ. 재무제표가 부정확하다는 것을 보여주는 부정이나 오류를 발견한 경우

① ㄱ, ㄴ
② ㄱ, ㅁ
③ ㄴ, ㄹ
④ ㄷ, ㄹ
⑤ ㄷ, ㅁ

해설

ㄱ・ㄴ・ㄹ. 투자자산의 공정가치 하락, 영업중단계획의 발표, 보고기간 후에 발생한 화재로 인한 파손은 보고기간 말 존재하였던 상황과 관련된 게 아닌, 보고기간 후에 발생한 상황으로 수정을 요하지 않는 사건이다.

정답 20 ③ 21 ⑤

22 퇴직급여제도에 관한 설명으로 옳지 않은 것은?

① 퇴직급여에는 퇴직연금과 퇴직일시금 등의 퇴직금, 퇴직후생명보험이나 퇴직후의료급여 등과 같은 그 밖의 퇴직급여가 포함된다.

② 확정기여제도에서 기업의 법적의무나 의제의무는 기업이 기금에 출연하기로 약정한 금액으로 한정된다.

③ 확정급여제도에서 기업의 의무는 약정한 급여를 전직·현직 종업원에게 지급하는 것이다.

④ 확정기여제도를 채택하는 경우에는 기업이 각 기간에 부담하는 채무나 비용을 측정하기 위해 보험수리적가정이 필요하다.

⑤ 확정급여채무의 현재가치와 당기근무원가를 결정하기 위해서는 예측단위적립방식을 사용하며, 적용할 수 있다면 과거근무원가를 결정할 때에도 동일한 방식을 사용한다.

해설

확정기여제도를 채택하는 경우에는 기업이 각 기간에 부담하는 채무나 비용을 측정하기 위해 보험수리적 가정을 세울 필요가 없고 그 결과 보험수리적 손익이 발생할 가능성도 없다.

23 (주)관세는 20x1년 초 기계장치(취득원가 ₩10,000, 잔존가치 ₩0, 내용연수 5년, 정액법 상각)를 취득하였다. 20x3년 초 ₩3,000의 자본적 지출로 내용연수가 2년 연장되었으며, 감가상각방법을 연수합계법으로 변경하였다. 20x3년 말 (주)관세가 기계장치에 대해 인식할 감가상각비는?

① ₩1,800

② ₩2,000

③ ₩2,600

④ ₩3,000

⑤ ₩4,333

해설

(1) 20x2년 말 감가상각누계액 = ₩10,000 ÷ 5년 × 2년 = ₩4,000

(2) 20x3년 감가상각비 = (₩10,000 − ₩4,000 + ₩3,000) × 5년 ÷ (5년 + 4년 + 3년 + 2년 + 1년) = ₩3,000

22 ④ 23 ④ 정답

24 별도재무제표에 관한 설명으로 옳지 않은 것은?

① 종속기업, 공동기업 및 관계기업에 대한 투자를 원가법을 적용하여 표시한 재무제표는 별도재무제표이다.

② 종속기업, 관계기업, 공동기업 참여자로서 투자지분을 소유하지 않은 기업의 재무제표는 별도재무제표가 아니다.

③ 종속기업에 대한 투자에 대하여 연결이 면제되는 경우, 그 기업의 유일한 재무제표로서 별도재무제표만을 재무제표로 작성할 수 있다.

④ 종속기업에 대한 투자에 대하여 연결재무제표를 작성할 경우에 별도재무제표는 이에 추가하여 표시하는 재무제표이다.

⑤ 종속기업, 공동기업, 관계기업에서 받는 배당금은 기업이 배당을 수취한 시점에 그 기업의 별도재무제표에 인식한다.

해설

종속기업, 공동기업, 관계기업에서 받는 배당금은 기업이 배당을 받을 권리가 확정되는 시점에 그 기업의 별도재무제표로 인식한다.

25 (주)관세의 20x1년 초 자본총계는 ₩50,000이다. 다음의 자료를 반영한 기말 자본총계는? (단, (주)관세의 주당 액면금액은 ₩100이며, 20x1년 이전 자기주식 거래는 없었다)

일 자	자본거래내역
2월 28일	현금배당 ₩2,000, 주식배당 50주
5월 15일	자기주식 20주 주당 ₩150에 취득
7월 17일	유상증자 100주(주당 발행금액 ₩200)
9월 10일	무상증자 100주
10월 5일	자기주식 10주 주당 ₩180에 매각
11월 11일	자기주식 10주 소각

① ₩63,800
② ₩65,300
③ ₩66,800
④ ₩67,800
⑤ ₩75,300

해설

주식배당, 무상증자, 자기주식 소각은 순자산가액의 변동이 없으므로,
20x1년 말 자본총계 = ₩50,000 − ₩2,000(현금배당) − ₩150 × 20주(자기주식 취득) + ₩200 × 100주(유상증자) + ₩180 × 10주(자기주식 매각) = ₩66,800

정답 24 ⑤ 25 ③

26 다음 자료를 이용하여 계산한 법인세 납부액은? (단, 당기법인세부채와 이연법인세자산(부채)는 당기손익과 관련된 것이다)

법인세비용	₩1,500	당기법인세부채 증가	₩500
이연법인세자산 증가	200	이연법인세부채 증가	100

① ₩1,100　　② ₩1,300

③ ₩1,500　　④ ₩1,900

⑤ ₩2,100

해설

(차) 이연법인세자산	₩200	(대) 당기법인세부채	₩500
(차) 법인세비용	₩1,500	(대) 이연법인세부채	₩100
		(대) 현 금(법인세납부액)	₩1,100

₩1,500 − (₩500 + ₩100 − ₩200) = ₩1,100

27 (주)관세의 20x1년도 매출, 매입, 재고자산과 관련된 자료이다. 다음 설명 중 옳은 것은?

매출액	₩20,000	매입액	₩18,000
기초매출채권(순액)	5,000	기말매출채권(순액)	4,000
기초매입채무	4,000	기말매입채무	2,000
기초재고자산	2,000	기말재고자산	3,000

① 매입으로 인한 현금지급액은 매입액보다 ₩2,000 작다.

② 매출원가는 매입으로 인한 현금지급액보다 ₩1,000 작다.

③ 매출로 인한 현금회수액은 매출액보다 ₩1,000 작다.

④ 매출총이익은 ₩2,000이다.

⑤ 매출과 매입으로 인한 순현금유입액은 ₩1,000이다.

해설

- 매출로 인한 현금회수액 = ₩5,000(기초매출채권) + ₩20,000(매출액) − ₩4,000(기말매출채권) = ₩21,000
- 매입으로 인한 현금지급액 = ₩4,000(기초매입채무) + ₩18,000(매입액) − ₩2,000(기말매입채무) = ₩20,000
- 매출원가 = ₩2,000(기초재고자산) + ₩18,000(매입액) − ₩3,000(기말재고자산) = ₩17,000

⑤ 매출과 매입으로 인한 순현금유입액 = ₩21,000 − ₩20,000 = ₩1,000

① 매입으로 인한 현금지급액은 매입액보다 ₩2,000 크다.

② 매출원가는 매입으로 인한 현금지급액보다 ₩3,000 작다.

③ 매출로 인한 현금회수액은 매출액보다 ₩1,000 크다.

④ 매출총이익은 ₩3,000이다.

26 ① 27 ⑤ 정답

28 (주)관세의 20x1년 당기순이익이 ₩2,500일 때, 다음 자료를 반영한 영업에서 창출된 현금은?

매출채권의 증가	₩1,000	재고자산의 감소	₩500
매입채무의 증가	800	법인세비용	1,000
감가상각비	200	토지처분이익	100
이자비용	600	사채상환손실	250

① ₩3,750
② ₩4,150
③ ₩4,350
④ ₩4,750
⑤ ₩5,750

해설

법인세비용차감전순이익		₩2,500
가감		
	법인세비용	₩1,000
	감가상각비	₩200
	토지처분이익	(₩100)
	이자비용	₩600
	사채상환손실	₩250
	매출채권증가	(₩1,000)
	재고자산감소	₩500
	매입채무증가	₩800
영업에서 창출된 현금		₩4,750

29 자본변동표에 관한 설명으로 옳지 않은 것은?

① 지배기업의 소유주와 비지배지분에게 각각 귀속되는 금액으로 구분하여 표시한 해당기간의 총포괄손익을 주석에 표시한다.
② 자본의 각 구성요소별로 회계정책 변경의 결과 인식된 소급적용의 영향에 관한 정보는 자본변동표에 표시한다.
③ 자본변동표나 주석에 당해 기간 동안에 소유주에 대한 배분으로 인식된 배당금액과 주당배당금을 표시한다.
④ 자본의 구성요소는 각 분류별 납입자본, 각 분류별 기타포괄손익의 누계액과 이익잉여금의 누계액 등을 포함한다.
⑤ 보고기간시작일과 종료일 사이의 자본의 변동은 당해 기간의 순자산 증가 또는 감소를 반영한다.

해설

비지배지분이 있는 경우에 총포괄손익은 지배기업의 소유주와 비지배지분에 각각 귀속되는 금액으로 구분하여 포괄손익계산서에 공시한다.

정답 28 ④ 29 ①

30 다음은 (주)관세의 20x1년과 20x2년 말 사채 관련 자료이다.

계정과목	20x1년	20x2년
사 채	₩2,000	₩4,000
사채할인발행차금	(200)	(800)

사채의 발행, 상환, 이자지급은 모두 현금으로 이루어졌다. (주)관세는 20x2년 말 사채 액면 ₩2,000을 조기상환하고, 액면 ₩4,000의 사채를 신규 발행하였다. 20x2년도 당기손익에 인식된 사채상환이익은 ₩300, 사채이자비용은 ₩600(사채할인발행차금상각 ₩100 포함)이다. (주)관세의 20x2년도 사채 관련 재무활동 순현금흐름은? (단, 이자지급은 재무활동현금흐름으로 분류한다)

① ₩1,000
② ₩1,100
③ ₩1,200
④ ₩1,600
⑤ ₩2,100

해설

사채관련 순액분개

(차) 상각이자비용	₩600	(대) 사 채	₩2,000
(차) 사채할인발행차금	₩600	(대) 사채상환이익	₩300
(차) 현 금(재무활동순현금흐름)	₩1,100		

31 (주)관세는 표준원가계산제도를 사용하고 있으며 3월과 4월의 표준은 동일하다. 3월에는 1,000단위의 제품을 생산하였으며 고정제조간접원가의 조업도차이는 ₩500(불리)이고, 소비차이는 ₩200(유리)이었다. 4월에는 1,500단위의 제품을 생산하였고 고정제조간접원가는 조업도차이가 ₩500(유리)이고, 소비차이는 ₩300(불리)이다. 4월의 고정제조간접원가 실제발생액은?

① ₩1,800
② ₩2,200
③ ₩2,300
④ ₩2,800
⑤ ₩3,200

해설

(1) 3월과 4월 사이 변동한 조업도차이 = ₩500(유리) − ₩500(불리) = ₩1,000(유리)
(2) 3월과 4월 사이 증가한 생산량 = 1,500단위 − 1,000단위 = 500단위
(3) 단위당 표준배부율 = (1) / (2) = ₩2
(4) 4얼 조업도 차이 = 1,500단위(표준조업도) × ₩2 − 기준조업도(X) × ₩2 = 500(유리)
∴ X = 1,250단위
(5) 고정제조간접원가 예산액 = 1,250단위 × ₩2 = ₩2,500
(6) 고정제조간접원가 실제발생액 = ₩2,500 − 300(불리, 소비차이) = ₩2,800

30 ② 31 ④ 정답

32 (주)관세는 종합원가계산방법을 사용하고 있는데 재료는 공정초기에 전량이 투입되며 가공비는 공정전반에 걸쳐 균등하게 발생한다. 20x1년의 원가자료는 다음과 같다. 검사에 합격한 수량의 5%를 정상공손으로 간주하며 공정의 10% 시점에 검사를 하는 경우 정상공손수량은?

기초재공품 : 수 량	2,000단위	당기완성량		4,000단위
재료비	₩50,000	공손수량		500단위
가공비	40,000	기말재공품 :	수 량	500단위
완성도	20%		완성도	60%
당기발생원가 : 착수량	3,000단위			
재료비	₩80,000			
가공비	60,000			

① 115단위
② 125단위
③ 195단위
④ 205단위
⑤ 225단위

해설

정상공손수량 = [(4,000단위 − 2,000단위) + 500단위] × 5% = 125단위
기초재공품은 전기에 검사를 통과하였으므로 당기완성량에서 기초재공품수량을 제외한다.

2024년 제41회

33 (주)관세는 종합원가계산과 결합원가계산을 혼합하여 사용한다. 결합공정에 의해 4 : 1의 비율로 제품A와 제품B를 생산하고 있으며 결합원가는 상대적 판매가치법에 의해 배분한다. 제품A의 판매가격은 kg당 ₩75이고, 제품B의 판매가격은 kg당 ₩200이다. 당기에 결합공정에서 원재료 20,000 kg이 공정에 투입되어 발생한 원가와 물량자료는 다음과 같다. 기초재공품은 없고 공손 및 감손은 발생하지 않았다.

완 성 품	10,000 kg	재료원가	₩200,000
기말재공품	10,000 kg(가공원가 완성도 50%)	가공원가	300,000

상대적 판매가치법을 기준으로 결합원가를 결합제품에 배분할 경우 제품B에 배분될 결합원가 배분액은?

① ₩40,000
② ₩80,000
③ ₩120,000
④ ₩160,000
⑤ ₩200,000

정답 32 ② 33 ③

해설

(1) 재료원가 완성품환산량 = 10,000kg(완성품) + 10,000kg(기말재공품) = 20,000kg
(2) 가공원가 완성품환산량 = 10,000kg(완성품) + 10,000kg × 50%(기말재공품) = 15,000kg
(3) 재료원가 완성품환산량단가 = ₩200,000(재료원가) / 20,000kg = ₩10
(4) 가공원가 완성품환산량단가 = ₩300,000(가공원가) / 15,000kg = ₩20
(5) 재료원가 완성품원가 = ₩10 × 10,000kg = ₩100,000
(6) 가공원가 완성품원가 = ₩20 × 10,000kg = ₩200,000
(7) 완성품의 결합원가 = ₩100,000 + ₩200,000 = ₩300,000
(8) 상대적 판매가치법에 따른 결합원가 배분

구 분	완성품	판매가치비율	결합원가배분액
제품A	10,000kg × 4/5 = 8,000kg	8,000kg × ₩75 = ₩600,000(60%)	₩300,000 × 60% = ₩180,000
제품B	10,000kg × 1/5 = 2,000kg	2,000kg × ₩200 = ₩400,000(40%)	₩300,000 × 40% = ₩120,000
합 계	10,000kg		₩300,000

34 (주)관세는 제품A를 생산하고 있다. 제품A의 단위당 판매가격은 ₩150이다. 제품A의 제조와 관련된 내용은 다음과 같다. 변동원가계산에 의한 영업이익이 ₩7,500일 때 전부원가계산에 의한 영업이익은?

제조간접원가 :		기초제품재고량	0단위
단위당변동원가	₩15	생 산 량	150단위
총 고정원가	6,000	판 매 량	100단위

① ₩8,250
② ₩9,500
③ ₩11,000
④ ₩12,750
⑤ ₩13,500

해설

(1) 기말제품재고량 = 150단위(생산량) − 100단위(판매량) = 50단위
(2) 단위당 고정원가 = ₩6,000(총고정원가) / 150단위(생산량) = ₩40

(3) 변동원가계산하의 영업이익	₩7,500
(−) 기초 재고자산의 고정제조간접비	−
(+) 기말 재고자산의 고정제조간접비	₩40 × 50단위 = ₩2,000
전부원가계산하의 영업이익	₩9,500

34 ② 정답

35 (주)관세는 제품A와 제품B 두 종류의 제품을 생산하고 있다. [자료1]은 제품A, B의 생산원가자료이며, [자료2]는 활동원가계산을 위한 자료이다. 활동기준원가계산에 의한 제품A의 단위당 제조원가는?

[자료1] 생산원가자료

구 분	제품A	제품B	합 계
직접재료원가	₩4,000	₩2,500	₩6,500
직접노무원가	5,000	4,000	9,000
제조간접원가			7,300
생산량	10단위	20단위	

[자료2] 활동원가자료

구 분	활동원가	원가동인 총건수	제품A의 건수	제품B의 건수
검사활동	₩2,000	1,000	600	400
처리활동	1,500	500	300	200
주문활동	1,800	800	400	400
운반활동	2,000	1,250	700	550
합 계	₩7,300			

① ₩462
② ₩1,272
③ ₩1,312
④ ₩1,362
⑤ ₩1,422

해설

(1) 건수당 검사활동원가 = ₩2,000 ÷ 1,000건 = ₩2
(2) 건수당 처리활동원가 = ₩1,500 ÷ 500건 = ₩3
(3) 건수당 주문활동원가 = ₩1,800 ÷ 800건 = ₩2.25
(4) 건수당 운반활동원가 = ₩2,000 ÷ 1,250건 = ₩1.6
(5) 제품A의 단위당 제조원가 = [₩4,000(직접재료원가) + ₩5,000(직접노무원가) + (2원 × 600건 + 3원 × 300건 + 2.25원 × 400건 + 1.6원 × 700건)] ÷ 10단위 = ₩1,312

정답 35 ③

36 (주)관세가 생산 · 판매하고 있는 제품A와 B의 연간 최대 판매가능수량은 각각 2,000단위와 1,000단위이다. 제품A의 단위당 공헌이익은 ₩15이고, 단위당 노무시간은 1시간이다. 제품B의 단위당 공헌이익은 ₩20이고, 노무시간당 공헌이익은 ₩10이다. 연간 최대노무시간이 3,000시간일 때 달성할 수 있는 최대 공헌이익은?

① ₩20,000
② ₩25,000
③ ₩30,000
④ ₩35,000
⑤ ₩40,000

해설

(1) 제품A 생산 = 2,000단위 × ₩15(노무시간당 공헌이익) = ₩30,000
(2) 제품B 생산 = 1,000단위 × ₩10(노무시간당 공헌이익) = ₩10,000
(3) 달성가능한 최대공헌이익 = (1) + (2) = ₩40,000

37 (주)관세는 단위당 2kg의 재료를 사용하여 제품A를 생산한다. 재료의 kg당 가격은 ₩3이며, 다음 분기 목표재료사용량의 20%를 분기말 재고로 유지한다. 20x1년 제품A의 1분기와 2분기 생산량이 각각 3,000단위와 5,000단위일 때 1분기 재료구입예산액은?

① ₩14,400
② ₩18,000
③ ₩20,400
④ ₩24,000
⑤ ₩27,600

해설

(1) 1분기 재료구입액 = 3,000단위 × 2kg × ₩3 = ₩18,000
(2) 기초 원재료구입액 = 3,000단위 × 2kg × 20% × ₩3 = ₩3,600
(3) 기말 원재료구입액 = 5,000단위 × 2kg × 20% × ₩3 = ₩6,000
(4) 1분기 재료구입예산액 = ₩18,000 − ₩3,600 + ₩6,000 = ₩20,400

36 ⑤ 37 ③ 정답

38 (주)관세의 20x1년 영업활동에 관한 자료이다. 법인세율이 20%일 때 현금흐름분기점 판매수량은? (단, 감가상각비를 제외한 모든 비용과 수익은 현금거래이며, 손실이 발생할 경우 법인세가 환급된다고 가정한다)

단위당 판매가격	₩500
단위당 변동원가	200
총고정원가(감가상각비 ₩10,000 포함)	50,000
판매수량	600단위

① 100단위
② 125단위
③ 150단위
④ 175단위
⑤ 200단위

해설

매출액과 총비용이 일치하여 이익이 ₩0이 되는 손익분기점 판매량을 구하는 문제이다.
매출액 = 변동원가 + 고정원가 = X(손익분기점 판매량) × ₩500(단위당 판매가격)
= X × ₩200 + (₩50,000 − ₩10,000) + [X × (₩500 − ₩200) − ₩50,000] × 20%
∴ X = 125단위

39 전략적 원가관리에 관한 설명으로 옳지 않은 것은?

① 제품수명주기원가계산은 장기적 의사결정 보다 단기적 의사결정에 더욱 유용하다.
② 목표원가계산은 시장의 수요에 기초해서 제품의 수익성이 확보될 수 있도록 원가를 관리하는 방법이다.
③ 카이젠원가계산은 내부프로세스의 혁신적인 변화보다는 제조단계에서 지속적으로 원가를 절감하고자 한다.
④ 목표원가는 예상 목표가격에서 목표이익을 차감하여 가치공학 등의 기법을 수행하여 생산개시 전에 결정된다.
⑤ 제품수명주기원가계산은 대부분의 제품원가가 제조이전단계에서 확정된다는 인식하에 제조이전단계에서 원가절감을 강조한다.

해설

제품수명주기원가계산은 제품이 존속하는 기간인 각 제품의 수명주기 동안 실제로 그 제품과 관련하여 발생한 모든 원가를 집계하는 것이기 때문에 장기적 의사결정에 더욱 유용하다.

정답 38 ② 39 ①

40 (주)관세는 평균영업자산과 영업이익을 사용하여 투자수익률과 잔여이익을 계산하고 있다. 20x1년 평균영업자산이 ₩10,000이고, 투자수익률은 12%이다. 잔여이익이 ₩200일 때 최저요구(필수)수익률은?

① 7%
② 8%
③ 9%
④ 10%
⑤ 11%

해설

(1) 영업이익 = 12%(투자수익률) × ₩10,000(영업자산) = ₩1,200
(2) 잔여이익 = 영업이익 − 영업자산 × 최소요구수익률 → 최소요구수익률 = (영업이익 − 잔여이익) / 영업자산 = (₩1,200 − ₩200) / ₩10,000 = 10%

40 ④ 정답

2025 시대에듀 합격자 관세사 1차 3개년 기출문제집 한권으로 끝내기

개정12판1쇄 발행	2024년 10월 15일 (인쇄 2024년 08월 21일)
초 판 발 행	2013년 04월 05일 (인쇄 2013년 03월 13일)
발 행 인	박영일
책 임 편 집	이해욱
편 저	관세사시험연구소
편 집 진 행	박종옥 · 오지민
표지디자인	김도연
편집디자인	차성미 · 곽은슬
발 행 처	(주)시대고시기획
출 판 등 록	제10-1521호
주 소	서울시 마포구 큰우물로 75 [도화동 538 성지 B/D] 9F
전 화	1600-3600
팩 스	02-701-8823
홈 페 이 지	www.sdedu.co.kr

I S B N	979-11-383-7193-3 (13320)
정 가	27,000원

기출문제 완전 정복은

관세사 1차

3개년 기출문제집

최신 출제유형에 완벽하게 대비할 수 있도록 3개년(2022~2024년) 기출문제를 수록하였습니다.
최신법령을 반영한 상세한 해설을 통해 어려운 개념과
헷갈리는 내용도 꼼꼼하게 체크할 수 있도록 구성하였습니다.

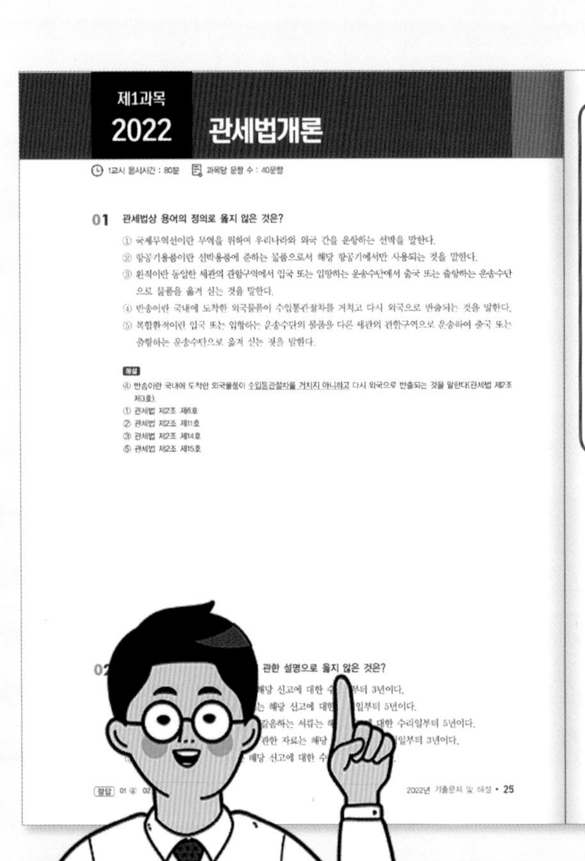

제1과목
2022 관세법개론

1교시 응시시간 : 80분 과목당 문항 수 : 40문항

01 관세법상 용어의 정의로 옳지 않은 것은?

① 국제무역선이란 무역을 위하여 우리나라와 외국 간을 운항하는 선박을 말한다.
② 항공기용품이란 선박용품에 준하는 물품으로서 해당 항공기에서만 사용되는 것을 말한다.
③ 환적이란 동일한 세관의 관할구역에서 입국 또는 입항하는 운송수단에서 출국 또는 출항하는 운송수단으로 물품을 옮겨 싣는 것을 말한다.
④ 반송이란 국내에 도착한 외국물품이 수입통관절차를 거치고 다시 외국으로 반출되는 것을 말한다.
⑤ 복합환적이란 입국 또는 입항하는 운송수단의 물품을 다른 세관의 관할구역으로 운송하여 출국 또는 출항하는 운송수단으로 옮겨 싣는 것을 말한다.

해설

④ 반송이란 국내에 도착한 외국물품이 수입통관절차를 거치지 아니하고 다시 외국으로 반출되는 것을 말한다(관세법 제2조 제3호).
① 관세법 제2조 제6호
② 관세법 제2조 제11호
③ 관세법 제2조 제14호
⑤ 관세법 제2조 제15호

2022년 기출문제 및 해설 • 25

해설

신고서류의 보관기간(관세법 시행령 제3조 제1항)

1. 다음의 어느 하나에 해당하는 서류 : 해당 신고에 대한 수리일부터 5년
   가. 수입신고필증
   나. 수입거래관련 계약서 또는 이에 갈음하는 서류
   다. 제237조에 따른 지식재산권의 거래에 관련된 계약서 또는 이에 갈음하는 서류
   라. 수입물품 가격결정에 관한 자료
2. 다음의 어느 하나에 해당하는 서류 : 해당 신고에 대한 수리일부터 3년
   가. 수출신고필증
   나. 반송신고필증
   다. 수출물품 · 반송물품 가격결정에 관한 자료
   라. 수출거래 · 반송거래 관련 계약서 또는 이에 갈음하는 서류
3. 다음의 어느 하나에 해당하는 서류 : 해당 신고에 대한 수리일부터 2년
   가. 보세화물반출입에 관한 자료
   나. 적재화물목록에 관한 자료
   다. 보세운송에 관한 자료

03 관세법상 납세의무자에 관한 설명으로 옳지 않은 것은?

① 「관세법」 제253조(수입신고 전의 물품 반출) 제4항에 따라 관세를 징수하는 물품인 경우 해당 물품을 즉시 반출한 자는 납세의무자가 된다.
② 우편으로 수입되는 물품인 경우 그 수취인은 납세의무자가 된다.
③ 수입을 위탁받아 수입업체가 대행수입한 물품인 경우 대통령령으로 정하는 상업서류에 적힌 물품수신인은 납세의무자가 된다.
④ 화주가 불분명하고 수입물품이 수입신고 전에 양도된 경우 그 양수인은 납세의무자가 된다.
⑤ 「관세법」 제160조(장치물품의 폐기) 제2항에 따라 관세를 징수하는 물품인 경우 운영인 또는 보관인은 납세의무자가 된다.

해설

③ 수입을 위탁받아 수입업체가 대행수입한 물품인 경우인 경우 그 물품의 수입을 위탁한 자가 납세의무자가 된다(관세법 제19조 제1항 제1호 가목).
① 관세법 제19조 제1항 제8호
② 관세법 제19조 제1항 제9호
④ 관세법 제19조 제1항 제1호 다목
⑤ 관세법 제19조 제1항 제4호

26 • 제1과목 관세법개론 03 ③ 정답

※ 도서의 구성 및 이미지는 변경될 수 있습니다.

고득점 답안의 비결은

관세사 2차

논술답안백서

관세사 2차 시험의 최신기출문제와 모의문제 및 그 해설을 실었습니다.
최신기출문제 부분에서는 관련 법령과 함께 현직 관세사의 답안 작성 요령을,
모의문제 부분에서는 콕 찝은 고득점 비법을 익혀 고득점까지 노릴 수 있도록 구성하였습니다.

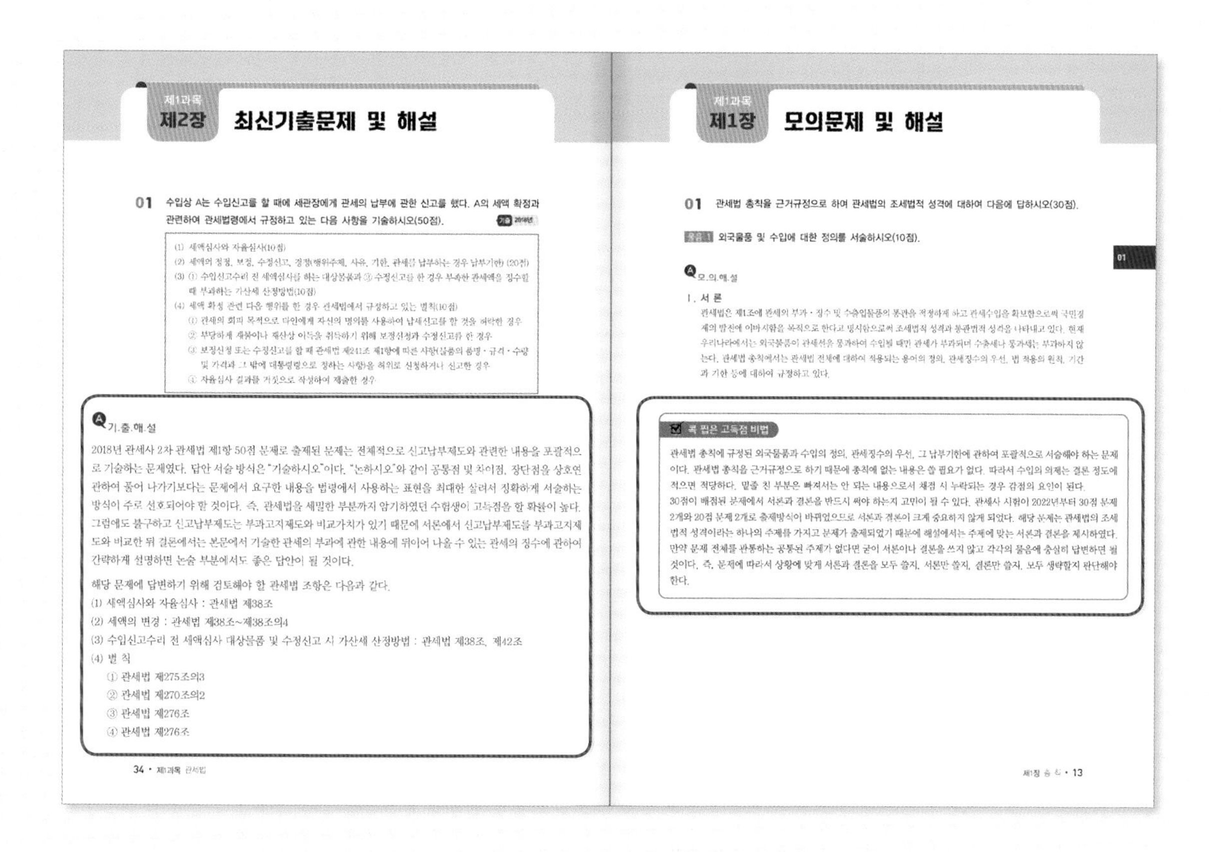

제1과목
제2장 최신기출문제 및 해설

01 수입상 A는 수입신고를 할 때에 세관장에게 관세의 납부에 관한 신고를 했다. A의 세액 확정과 관련하여 관세법령에서 규정하고 있는 다음 사항을 기술하시오(50점). 기출 2018년

(1) 세액심사와 자율심사(10점)
(2) 세액의 정정, 보정, 수정신고, 경정(행위주체, 사유, 기한, 관세를 납부하는 경우 납부기한) (20점)
(3) ① 수입신고수리 전 세액심사를 하는 대상물품과 ② 수정신고를 한 경우 부족한 관세액을 징수할 때 부과하는 가산세 산정방법(10점)
(4) 세액 확정 관련 다음 행위를 한 경우 관세법에서 규정하고 있는 벌칙(10점)
① 관세의 회피 목적으로 타인에게 자신의 명의를 사용하여 납세신고를 할 것을 허락한 경우
② 부당하게 재물이나 재산상 이득을 취득하기 위해 보정신청과 수정신고를 한 경우
③ 보정신청 또는 수정신고를 할 때 관세법 제241조 제1항에 따른 사항(물품의 품명ㆍ규격ㆍ수량 및 가격과 그 밖에 대통령령으로 정하는 사항)을 허위로 신청하거나 신고한 경우
④ 자율심사 결과를 거짓으로 작성하여 제출한 경우

기.출.해.설

2018년 관세사 2차 관세법 제1항 50점 문제로 출제된 문제는 전체적으로 신고납부제도와 관련한 내용을 포괄적으로 기술하는 문제였다. 답안 서술 방식은 "기술하시오"이다. "논하시오"와 같이 공통점 및 차이점, 장단점을 상호연관하여 풀어 나가기보다는 문제에서 요구한 내용을 법령에서 사용하는 표현을 최대한 살려서 정확하게 서술하는 방식이 주로 선호되어야 할 것이다. 즉, 관세법을 세밀한 부분까지 암기하였던 수험생이 고득점을 할 확률이 높다. 그럼에도 불구하고 신고납부제도는 부과고지제도와 비교가치가 있기 때문에 서론에서 신고납부제도를 부과고지제도와 비교한 뒤 결론에서는 본문에서 기술한 관세의 부과에 관한 내용에 뒤이어 나올 수 있는 관세의 징수에 관하여 간략하게 설명하면 논술 부분에서도 좋은 답안이 될 것이다.

해당 문제에 답변하기 위해 검토해야 할 관세법 조항은 다음과 같다.
(1) 세액심사와 자율심사 : 관세법 제38조
(2) 세액의 변경 : 관세법 제38조~제38조의4
(3) 수입신고수리 전 세액심사 대상물품 및 수정신고 시 가산세 산정방법 : 관세법 제38조, 제42조
(4) 벌 칙
① 관세법 제275조의3
② 관세법 제270조의2
③ 관세법 제276조
④ 관세법 제276조

34 • 제1과목 관세법

제1과목
제1장 모의문제 및 해설

01 관세법 총칙을 근거규정으로 하여 관세법의 조세법적 성격에 대하여 다음에 답하시오(30점).

물음 1 외국물품 및 수입에 대한 정의를 서술하시오(10점).

01

모.의.해.설

I. 서 론
관세법은 제1조에 관세의 부과ㆍ징수 및 수출입물품의 통관을 적정하게 하고 관세수입을 확보함으로써 국민경제의 발전에 이바지함을 목적으로 한다고 명시함으로써 조세법적 성격과 통관법적 성격을 나타내고 있다. 현재 우리나라에서는 외국물품이 관세선을 통과하여 수입될 때만 관세가 부과되며 수출세나 통과세는 부과하지 않는다. 관세법 총칙에서는 관세법 전체에 대하여 적용되는 용어의 정의, 관세징수의 우선, 법 적용의 원칙, 기간과 기한 등에 대하여 규정하고 있다.

콕 찝은 고득점 비법

관세법 총칙에 규정된 외국물품과 수입의 정의, 관세징수의 우선, 그 납부기한에 관하여 포괄적으로 서술해야 하는 문제이다. 관세법 총칙을 근거규정으로 하기 때문에 총칙에 없는 내용은 쓸 필요가 없다. 따라서 수입의 의제는 결론 정도에 적으면 적당하다. 밑줄 친 부분은 빠져서는 안 되는 내용으로서 채점 시 누락되는 경우 감점의 요인이 된다.
30점이 배점된 문제에서 서론과 결론을 반드시 써야 하는지 고민이 될 수 있다. 관세사 시험이 2022년부터 30점 문제 2개와 20점 문제 2개로 출제방식이 바뀌었으므로 서론과 결론이 크게 중요하지 않게 되었다. 해당 문제는 관세법의 조세법적 성격이라는 하나의 주제를 가지고 문제가 출제되었기 때문에 해설에서는 주제에 맞는 서론과 결론을 제시하였다. 만약 문제 전체를 관통하는 공통된 주제가 없다면 굳이 서론이나 결론을 쓰지 않고 각각의 물음에 충실히 답변하면 될 것이다. 즉, 문제에 따라서 상황에 맞게 서론과 결론을 모두 쓸지, 서론만 쓸지, 결론만 쓸지, 모두 생략할지 판단해야 한다.

제1장 총 칙 • 13

※ 도서의 구성 및 이미지는 변경될 수 있습니다.

나는 이렇게 합격했다

자격명: 위험물산업기사
구분: 합격수기
작성자: 배*상

나는할수있다 69년생50중반직장인 입니다. 요즘 자격증을2개정도는가지고 입사하는젊은친구들에게 일을시키고 지시하는 역할이지만 정작 제자신에게 부족한점이많다는것을느꼈기 때문에자격증을따야겠다고 결심했습니다.처음 시작할때는과연되겠냐?하는의문과걱정 이한가득이었지만 시대에듀인강을우연히접하게 되었고잘차려진밥상과같은커리큘럼은뒤늦게시작한늦깍이수험생이었던저를 합격의길로인도해주었습니다.직장생활을 하면서취득했기에더욱기뻤습니다.

합격은 시대에듀

감사합니다!

당신의 합격 스토리를 들려주세요.
추첨을 통해 선물을 드립니다.